Auf der Reise zu Hause
www.reise-know-how.de

- Ergänzungen nach Redaktionsschluss
- kostenlose Zusatzinformationen und Downloads
- das komplette Verlagsprogramm
- aktuelle Erscheinungstermine
- Newsletter abonnieren

Bequem einkaufen im Verlagsshop

Oder Freund auf Facebook werden

Vorwort

Nur vier bis fünf Flugstunden trennen Gran Canaria von Mitteleuropa: Die Insel liegt im Herzen des Kanarischen Archipels, auf dem gleichen Breitengrad wie Florida und etwa 200 km von der westafrikanischen Küste entfernt. Ganzjährig milde Luft- und Wassertemperaturen, schöne Strände und sauberes Wasser ermöglichen im Winter wie im Sommer perfekten Badeurlaub. Über 2,5 Millionen Touristen kommen jedes Jahr her.

Neuerdings macht Gran Canaria auch als Wanderinsel von sich reden. Immer mehr Besucher begeistern sich für die landschaftliche Vielfalt der Insel und brechen ins Hinterland auf. Da ist viel zu entdecken: zerklüftetes Gebirge, Kiefernwälder und Stauseen, Almen und Palmenoasen. Und noch immer gibt es Küsten- und Bergdörfer, in denen Touristen eine Seltenheit sind; die Freundlichkeit, die dem Besucher dort entgegenschlägt, ist unverfälscht, echte kanarische Lebensart.

Ausführlich werden in diesem Reiseführer die großen Ferienzentren mit ihren Vor- und Nachteilen beschrieben. Daneben wird besonderes Augenmerk auf die abseits dieser Regionen gelegenen, touristisch wenig erschlossenen Gebiete gelegt. Alle Ortsbeschreibungen werden durch begründete Hotel-, Pensions- und Apartmentempfehlungen ergänzt. Sie beruhen ausnahmslos auf persönlicher Begutachtung des Autors. Auch gibt es viele Tipps, wo man auf Gran Canaria preiswert Urlaub machen kann.

Ob es sich um Ausflüge mit Auto, Bus oder Fahrrad, um Besichtigungs- oder Einkaufstouren oder um Wassersportmöglichkeiten handelt, der Leser findet mit Sicherheit alles, was ihn interessiert. Zwölf attraktive Wanderrouten machen ihn überdies mit der abwechslungsreichen Landschaft vertraut.

Dieter Schulze

Inhalt

Vorwort 5
Kartenverzeichnis 8
Die Regionen im Überblick 10

■ Der Süden: Costa Canaria 12

Sonne und Strand pur 14

Überblick 14
Bahía Feliz 18
San Agustín 22
Playa del Inglés 25
Maspalomas 34
Meloneras 42
Pasito Blanco 45

■ Der Südwesten und Westen 48

Im Schatten des Passats 50

Überblick 50
Von Arguineguín nach Anfi 54
Puerto Rico und Playa Amadores 58
Puerto de Mogán 64
Mogán 71
La Aldea de San Nicolás 76

■ Der Norden 80

Grün, ländlich und kanarisch 82

Überblick 82
Agaete 85
Puerto de las Nieves 94
Gáldar 99
Sardina del Norte 103
Santa María de Guía 105
El Roque-Pagador 108
Moya 109
Fontanales 110
Firgas 112
Arucas 114
Teror 118
Vega de San Mateo 123
Santa Brígida 126
Monte Lentiscal 128
Jardín Canario 129
Bandama 132

■ Hauptstadt Las Palmas 134

Kosmopolitisch und voller Kontraste 136

Überblick 136
Die Altstadt 141
Jachthafen und Gartenstadt 154
Hafenviertel und Canteras-Strand 156

■ Der Osten 170

Schönheiten auf den zweiten Blick 172

Überblick 172
Telde 175
Ingenio 179
Barranco de Guayadeque 180
Agüimes 183
Arinaga 187
Pozo Izquierdo 188

Inhalt, Steckbrief Gran Canaria

■ Zentrales Bergland 190

Großartig und gigantisch 192

Überblick	192
Fataga	195
San Bartolomé de Tirajana	197
Santa Lucía	200
Cruz Grande	204
Ayacata	205
Tejeda	208
Cruz de Tejeda	214
Artenara	217

■ Die 12 schönsten Wanderungen 222

Die Insel zu Fuß entdecken 224

1. Auf den Wolkenfels und um ihn herum	228
2. Gigantischer Talkessel – Runde ab La Goleta	231
3. Der Sonne entgegen – von Cruz de Tejeda nach Tejeda	235
4. Durch Mandelbaumhaine – Start und Ziel Tejeda	238
5. Spektakulärer Königsweg – von Cruz Grande nach Ayacata	241
6. Über den Schluchten des Südens – Runde um San Bartolomé de Tirajana	245
7. Von Santa Lucía zur Festung La Fortaleza	248
8. Panoramaweg zum Altavista	251
9. Zum Blauen Tümpel – Charco Azul	254
10. Agaete-Tal und Tamadaba-Massiv – auf alten Pilgerwegen	256
11. Kleine Runde im Lorbeerwald – Los Tilos	261
12. In den Krater des Bandama	263

Steckbrief Gran Canaria

■ **Lage:** Gran Canaria liegt ca. 200 km von der Westsahara und 1200 km vom spanischen Festland entfernt. Die Kanaren gehören geografisch zu Afrika, politisch aber als „ultraperiphere Region" zu Europa.

■ **Fläche:** Mit 1560 km^2 ist Gran Canaria nach Teneriffa und Fuerteventura die drittgrößte kanarische Insel; ihr Durchmesser beträgt ca. 50 km, die Küste misst 236 km.

■ **Klima:** Die durch den Passat provozierte Wetterscheide verläuft von Nordwest nach Südost und teilt die Insel in zwei Hälften. Im Norden stauen sich die feuchten Passatwolken, im Süden ist es meist sonnig und trocken.

■ **Höchster Berg:** Pico de las Nieves (Schneegipfel), 1949 m

■ **Einwohner:** ca. 850.000 Einwohner, davon fast die Hälfte in Las Palmas

■ **Religion:** katholisch

■ **Sprache:** Spanisch

■ **Hauptstadt:** Las Palmas (ca. 384.000 Einw.)

■ **Verwaltung:** Die Kanarischen Inseln sind teilautonom und seit 1927 in zwei Provinzen geteilt: Gran Canaria bildet mit Lanzarote und Fuerteventura die Ostprovinz Las Palmas de Gran Canaria, Teneriffa mit La Palma, Gomera und El Hierro die Westprovinz Santa Cruz de Tenerife. Gran Canaria ist in 21 Gemeinden (municipios) eingeteilt und wird von einem Inselrat (Cabildo Insular) verwaltet.

■ **Wirtschaft:** Jedes Jahr besuchen etwa 3 Mio. Touristen die Insel. Viel Geld kommt auch über den Hafen, einen der größten Containerhafen Spaniens. Vorerst nur 6 % der verbrauchten Energie stammen aus erneuerbaren Quellen wie Sonne und Wind.

■ **Zeit:** MEZ minus 1 Stunde

Inhalt

■ Praktische Reisetipps von A bis Z 266

Anreise	268
Autofahren	271
Behinderte unterwegs	274
Diplomatische Vertretungen	274
Einkaufen und Mitbringsel	275
Ein- und Ausreisebestimmungen	279
Essen und Trinken	280
Geldfragen	286
Information	288
Internet	290
Kinder	291
Kleidung	293
Medizinische Versorgung	293
Nachtleben	294
Notfälle	294
Öffnungszeiten	295
Post	296
Routenplanung	296
Sicherheit	299
Sport und Erholung	300
Sprachurlaub	312
Telefonieren	312
Unterkunft	314
Verkehrsmittel	318
Versicherungen	321
Weiterreise	322

Karten

Gran Canaria, Blattschnitt Umschlagklappe vorn

Landkarten
Süden (Costa Canaria)	16
Südwesten und Westen	52
Norden	84
Osten	174
Zentrales Bergland	194

Wanderkarten
Wanderung 1	229
Wanderung 2	232
Wanderung 3	236
Wanderung 4	239
Wanderung 5, Teil 1/Teil 2	242/243
Wanderung 6	246
Wanderung 7	249
Wanderung 8	252
Wanderung 9	255
Wanderung 10	257
Wanderung 11	262
Wanderung 12	264

Panorama-Wanderkarten
Agaete-Tal	92
Roque Nublo	206

Ortspläne
Meloneras, Maspalomas, Playa del Inglés Umschlagklappe hinten
Bahía Feliz/San Agustín	20
Playa Amadores/Puerto Rico	60
Puerto de Mogán	65
Agaete	86
Puerto de las Nieves	95
Las Palmas (Überblick)	138
Las Palmas (Altstadt)	142
Las Palmas (Hafenviertel und Canteras-Strand)	158

Themenkarten
Archäologische Funde	340
Buslinien	319

Inhalt

■ Land und Leute — 324

Was bietet die Insel?	326
Warmes Klima zu allen Jahreszeiten	326
Landschaftliche Vielfalt	329
Attraktive Strände und Küsten	330
Naturreichtum	331
Kultur und Festkalender	334
Archäologische Fundstätten	339
Geschichtlicher Überblick	341

■ Anhang — 350

Literaturtipps	352
Kleine Sprachhilfe	352
Busfahrplan	358
Register	366
Der Autor	372

Highlights
Die Tipps, die zu Beginn der Kapitel als Highlights genannt werden, erkennt man im Buch an der gelben Hinterlegung im Text.

Preiskategorien bei Hotels, Pensionen & Apartments für ein DZ ohne Frühstück:

Untere Preisklasse *:	bis 45 €
Mittlere Preisklasse **:	45–90 €
Obere Preisklasse ***:	90–130 €
Luxuspreisklasse ****:	über 130 €

Preiskategorien für ein Hauptgericht mit Nachspeise oder Getränk:

Untere Preisklasse *:	bis 15 €
Mittlere Preisklasse **:	15–25 €
Obere Preisklasse ***:	ab 25 €

Exkurse

Der Süden – Costa Canaria

Am Swimmingpool – britisch-deutscher Revierkampf	27
Yumbo Center – eine Hochburg der Schwulen	32
Finca Montecristo – Kunst und Botanik	41
Estación Espacial – Agenten in geheimer Mission	47

Der Südwesten und Westen

In den Höhlen von Soria – der Traum vom Ausstieg	58

Der Norden

König Tenesor Semidán – Verrat am kanarischen Volk?	99
„Blütenkäse" – eine Käsespezialität	106
Los Tilos – Gran Canarias letzter Lorbeerwald	110
Gott und die Chemie im Kampf gegen die Heuschrecken	112
General Monagas – die Venezuela-Connection	120
James Krüss – fast ein Kanarier	133

Hauptstadt Las Palmas

Hunde auf der Plaza Santa Ana – ein kanarisches Verwirrspiel	146
Sprungbrett in die Neue Welt – von Gran Canaria in den unbekannten Westen	150

Der Osten

Mudéjar – ein arabischer Import	176

Land und Leute

Die kanarische Kiefer – ein Feuerspezialist	333

Die Regionen im Überblick

1 Der Süden (S. 12)

An der Costa Canaria blüht die Ferienindustrie. Hier liegt auch der schönste Inselstrand (S. 26 und S. 35), der sich über 6 km vom Ortsrand San Agustíns bis zum Leuchtturm von Maspalomas erstreckt. Spaß macht der Wüstentrip durch die Dünen (S. 35), an ihrem Rand liegt eine von einem Palmenhain flankierte Lagune (S. 36). Vom Leuchtturm westwärts und direkt am Meer läuft der Paseo de Meloneras (S. 42) – im zugehörigen Ferienort geht es feudaler zu als in Playa del Inglés, viele Hotels ähneln Palästen. Ein beliebtes Ausflugsziel für jung und alt ist der Palmitos-Park (S. 40), eine altkanarische Nekropolis ist in Arteara zu sehen (S. 33).

2 Der Südwesten und Westen (S. 48)

Auch im Südwesten reiht sich ein Ferienort an den nächsten. Längs der Steilküsten wurden künstliche Strände mit „karibischem" Sand geschaffen, so in Anfi (S. 55) und Playa Amadores. Zu einer Schiffsreise laden Fähren ein, die im Shuttle-Service zwischen den wichtigsten Orten verkehren (S. 53). Einer von ihnen ist das attraktive, weit aufs Wasser gebaute Puerto de Mogán (S. 64). Über den Barranco de Arguineguín gelangt man zu einem palmengesäumten Stausee (S. 57), über Mogán in den vom Tourismus bisher verschonten Westen der Insel. Auf dem Mirador del Balcón (S. 78) und im Grand Canyon (S. 79) schwebt man über dem Abgrund.

3 Der Norden (S. 80)

Die Küste ist meist steil und unzugänglich, doch landeinwärts ist viel zu entdecken: subtropische Täler (S. 91), Kiefern- und Lorbeerwald (S. 110), fruchtbare Felder und Almen. In dieser feuchtgrünen Region siedelten bevorzugt die Ureinwohner (S. 100), nach der Conquista entstanden schmucke Städtchen wie Teror (S. 118). Unweit der Hauptstadt Las Palmas wurde Spaniens größter botanischer Garten angelegt (S. 129), nahebei lohnt der Bandama-Krater einen Besuch (S. 132).

Die Regionen im Überblick

4 Las Palmas (S. 134)

Die größte Stadt der Kanaren hat einen wunderbaren Strand (S. 160) und eine mit Museen und Tapas-Bars gespickte Altstadt (S. 141) – zwischen beiden liegt die „Gartenstadt" mit Jachthafen und Doramas-Park (S. 154). Seit über 500 Jahren kommen über den Hafen Menschen aus aller Herren Länder – kein anderer Ort auf dem Archipel ist so kosmopolitisch! Zum maritimen Flair gesellt sich eine ambitionierte Kulturszene. Das Auditorium (S. 161) thront wie eine Festung über dem Meer, bei „Playa Viva" (S. 169) treffen sich Blues- und Rockfreunde unter freiem Himmel. Im Winter legen an der Muelle Santa Catalina (S. 156) Kreuzfahrtriesen an. Und wem es in der Metropole zu laut wird, flüchtet in die Wildnis von El Confital (S. 161).

5 Der Osten (S. 170)

Die verkarstete Küstenplattform bietet Platz für einen Flughafen, ausufernde Gewerbegebiete und mit Plastikplanen abgedeckte Tomatenplantagen. Aber es gibt auch Schönes im Osten: Fein herausgeputzt ist die Küstenpromenade von Arinaga mit dem inselbesten Tauchspot (S. 187), stimmungsvoll sind die Altstadtviertel von Telde (S. 176) und Agüimes (S. 183). In der von Höhlen durchlöcherten Schlucht von Guayadeque erlebt man, wie Mensch und Natur in Einklang leben können (S. 180).

6 Zentrales Bergland (S. 190)

Die dramatische Landschaft des Zentrums ist ein Wanderparadies und wurde von der Unesco zum Biosphärenreservat erklärt. Vom Pico de las Nieves, dem höchsten Gipfel der Insel (1949 m), senken sich tiefe Schluchten zur Küste hinab, werden überragt von den Felsfestungen Roque Nublo (S. 205) und Roque Bentayga (S. 213). Zu entdecken sind schöne Bergdörfer wie Tejeda (S. 208) und Fataga (S. 195), spektakulär sind die Höhlen von Artenara (S. 217), Acusa Seca (S. 220) und Fortaleza Grande (S. 203).

Überblick | 14
Bahía Feliz | 18
San Agustín | 22
Playa del Inglés | 25
Maspalomas | 34
Meloneras | 42
Pasito Blanco | 45

Ein blauer Himmel, von dem fast immer die Sonne scheint, darunter ein Streifen Meer und sanft geschwungene Dünen –

Der Süden: Costa Canaria

kein anderes Inselmotiv beflügelt die Urlaubsträume so sehr wie die Landschaft in Gran Canarias Süden.

◁ Aussichtsbalkon
unterhalb des Hotels Riu Palace (Playa del Inglés)

SONNE UND STRAND PUR

Das Urlaubsmekka Gran Canarias: Rings um die Südspitze der Insel gibt es kilometerlange Strände und Sonne satt, herrliche Dünen und eine Lagune. Von der Surfer-Hochburg bis zum feudalen Resort reihen sich Ferienorte unterschiedlichen Charakters.

Überblick

Freizeitlandschaft

Wer heute vom Flughafen südwärts fährt, entdeckt nur noch wenig vom „ursprünglichen" Gran Canaria. An seine Stelle ist eine moderne Freizeitlandschaft mit Unterkünften für bis zu 200.000 Besuchern, mit Lokalen und Läden, Spiel- und Sportanlagen getreten. Sie reicht von Bahía Feliz über Playa del Inglés bis nach Meloneras. Ihre Beliebtheit hat vor allem einen Grund: In diesem Küstenabschnitt gibt es großartige Strände, der Sand ist feinkörnig und hell. Die Urlaubsaktivitäten konzentrieren sich auf einen 6 km langen Abschnitt, der an seiner schmalsten Stelle 150 m misst, nach Süden hin aber, als **Dünenlandschaft,** weit ins Land hineinreicht.

Angst vor einem verregneten Urlaub brauchen die Besucher nicht zu haben: Das zentrale Bergmassiv schützt den Süden vor dem Nordostpassat und beschert ihm ein **sonnensicheres Klima.** Die jährliche Niederschlagsmenge beläuft sich auf etwa 65 mm, die Durchschnittstemperatur beträgt 22 °C.

Rückblick

Bis 1962 gab es im Inselsüden nur Wüste und verbrannte Erde. Tagelöhner fristeten auf den Tomatenplantagen des Grafen *Conde de la Vega Grande* eine karge Existenz, weiter südlich lebten ein paar

◩ Jogging zwischen Playa del Inglés und Maspalomas

Küstenfischer. Fremde verirrten sich nur selten hierher, bestenfalls Naturliebhaber und Wissenschaftler, die rings um den Süßwasserteich La Charca Flora und Vogelarten studierten. Doch dann wollte der Graf aus seinem „nutzlosen" Land Profit schlagen: Er ließ einen Bebauungsplan ausschreiben und verkaufte Parzellen an in- und ausländische Investoren, auf dass sie Hotels, Apartment-

HIGHLIGHTS

- **Playa:** vom Ortsrand San Agustíns bis zum Leuchtturm von Maspalomas | 26
- **Arteara:** Totenkult der Altkanarier | 33
- **Dunas de Maspalomas:** eine Mini-Sahara | 35
- **La Charca:** Lagune mit Wandervögeln | 36
- **Palmitos-Park:** Erlebniswelten rund ums Tier | 40
- **Paseo de Meloneras:** vom Leuchtturm in Richtung Pasito Blanco | 42

Diese Tipps erkennt man im Buch an der gelben Hinterlegung im Kapitel.

Süden

Kurzinfo Costa Canaria

■ **Touristeninformation:** Büros in Playa del Inglés, San Augustín und Maspalomas.
■ **Hauptpost:** Edificio Mercurio, Av. Tirajana s/n, Playa del Inglés, Mo–Fr 8.30–14, Sa 9.30–13 Uhr.
■ **Markt:** Wochenmarkt in San Fernando (siehe Maspalomas), Mi & Sa, Bauernmarkt jeden 2. Sonntag.
■ **Krankenhaus:** Hospital San Roque, Calle Mar de Siberia 1, Meloneras, Tel. 928063600, www.clinicasanroque.com (auch für Versicherte der gesetzlichen Krankenkassen); Clínica Roca, Calle Buganvilla 1, San Agustín, Tel. 928769004 (privat).
■ **Transfer ab Flughafen:** 25–50 Min.
■ **Taxi:** Tel. 928772828, www.taxismaspalomas.es

und Ferienhäuser bauten. Binnen weniger Jahre entstand so eine der größten Touristenzonen Spaniens.

Einheimische

Die Costa Canaria ist fest in der Hand des **Pauschaltourismus,** von der Speisekarte bis zu Hinweisschildern ist alles in deutscher und englischer Sprache verfasst. Einheimische existieren nur als Statisten im Dienstleistungssektor. Viele von ihnen pendeln täglich zwischen Hauptstadt und Süden oder haben sich in Vecindario angesiedelt. Einige haben ihren Wohnsitz im Viertel San Fernando, von den Touristen in Playa del Inglés durch die Hauptverkehrsstraße getrennt.

Offizielle Hauptstadt der „reichsten Gemeinde Spaniens" ist das nördlich gelegene Bergdorf San Bartolomé de Tirajana, doch wurden die wichtigsten Behörden nach Maspalomas verlegt.

Laut und leise

Die Urlaubszentren sind miteinander verschmolzen. Während Bahía Feliz, San Agustín, Maspalomas und Meloneras eher ruhig sind, kann es in den Vergnügungszonen von Playa del Inglés stürmisch zugehen. Dies ist kein Ort, an dem Langeweile aufkommt. Hier konzentrieren sich Discos und Kneipen, man möchte sich nicht nur erholen, sondern auch „etwas erleben".

Touristenattraktionen

An der Costa Canaria und in der näheren Umgebung gibt es **Freizeitparks** und touristische Attraktionen, die bequem mit dem Bus erreichbar sind. Die Angebote reichen von **Holiday World** und **Aqualand** (siehe „Maspalomas") über **Reitausflüge auf Kamelen** (siehe „Maspalomas") bis hin zum Besuch des **Vogelparks** (siehe „Los Palmitos") und der **Wildweststadt** (siehe „Bahía Feliz"). **„Mundo Aborigen"** und der **Archäologische Park von Arteara** erinnern an die Welt der Altkanarier.

Bus-Service

Die öffentlichen Busse der Gesellschaft **GLOBAL** sorgen an der Costa Canaria für hervorragende Verbindungen. Las Palmas erreicht man z.B. mit Linie 01, 30, 50 und 91, Puerto de Mogán mit Linie 01, 32, 33 und 38. Mit der 66 kommt man zum Flugharjeta fen, mit der 36 und 90 nach Telde. Schönste Natur erlebt man mit Bus 18 via Fataga und San Bartolomé in die Bergwelt von Tejeda (Busfahrplan siehe „Anhang").

Bahía Feliz

„Glückliche Bucht" *(bahía feliz)* heißt der erste, wenig aufregende Ferienort auf dem Weg vom Flughafen zur Costa Canaria. Längs der niedrigen Felsküste ziehen sich ein paar Großhotels und Bungalowanlagen, vor allem skandinavische und britische Familien sieht man hier. Ihr Urlaubsalltag spielt sich im Freizeitbereich der Hotels und im Centro Comercial ab, für abendliche Unterhaltung sorgt die Tanzshow Garbo's.

An der Küste lädt eine Promenade mit dem wohlklingenden Namen „Paseo de Joan Miró" zum Flanieren ein. Baden kann man am flach abfallenden Ortsstrand, der dunkelsandigen und meist steinigen, durch ein Kap geschützten **Playa de Tarajalillo.** Hier hat auch der renommierte Club Mistral seinen Sitz – die Bedingungen fürs Windsurfen sind optimal. Für Anfänger eignen sich die Sommermonate am besten, da der Wind dann weniger stark in die Bucht drängt. Im Winter ist der Wind heftiger und weht aus Nordost.

Playa del Águila

Die südwestlich gelegene, zumeist steinige Playa del Águila ist gleichfalls ein geschätztes Surferrevier, viele Jahre befand sich hier die Surfstation des ehemaligen Weltmeisters *Dunkerbeck* – seit einiger Zeit steht „Side Shore" zum Verkauf. Der zugehörige Ferienort ist ohne Glanz und Glamour, doch das inzwischen älter gewordene (Stamm-)Publikum weiß die Ruhe zu schätzen: in den Wintermonaten ist der Sun Club oft ausgebucht, allerdings stehen Apartments auch hier zum Verkauf. Mit dem Bus kommt man in 10 Minuten zu den Sandstränden der Costa Canaria. Alternativ bietet sich ein Küstenspaziergang über Treppenwege an; doch sind diese nicht in bester Verfassung, werden wohl erst, wie befürchtet wird, „nach der Krise" ausgebessert.

Sioux City

Im felsigen „Tal des Adlers" wurde 1972 eine Wildweststadt errichtet – mit Sheriff-Büro und Saloons, Bank, Gefängnis und Friedhof. Jeden Tag wird eine 90-minütige Show geboten, in der viel geschossen, gehängt und gehenkt wird; auch ein Western Museum und eine

> Surferhochburg Bahía Feliz

Bahía Feliz/San Agustín

Übernachtung
1 Hotel Gloria Palace
2 Hotel Don Gregory
7 Hotel Meliá Tamarindos, Hotel Iberostar Costa Canaria
8 Hotel IFA Beach
12 Sun Club
15 Orquídea
16 Bluebay Beach Club

Essen und Trinken
3 Greek Tavern
4 El Puente
5 Loopy's Tavern
9 Balcón Canario
11 Bamira
13 Rincón Canario

Reptilienausstellung gibt es. Einmal in der Woche wird eine teure Barbecue organisiert.

■ **Sioux City,** GC-500 Abfahrt Km. 9, Tel. 928762 982, www.siouxcity.es, Di–So 10–17 Uhr, Eintritt 21 €, Kinder bis 11 Jahre 15 €, Freitagabend mit Barbecue 52 €, Kinder bis 11 Jahre 22 €; Preis der Buskarte ab Playa del Inglés (Linie 29) wird mit Eintrittsgebühr verrechnet.

Praktische Tipps

Unterkunft

■ **Orquídea***,** Av. de Windsurfing s/n, GC-500, Km. 8,4, Tel. 928157125, www.nordotel.es. Das Personal der großzügig konzipierten, elfstöckigen Hotelanlage ist auf ein vorwiegend britisches und skandinavisches Publikum eingestellt. Es gibt 255 Hotelzimmer, daneben Reihenbungalows, einen Pool-Garten mit schönen Palmen, Café-Bars und Animation (Musik bis 22 Uhr), Spa nicht im Preis inbegriffen.

■ **Bluebay Beach Club**–***,** Av. Pablo Picasso s/n, Playa de Tarajalillo, Tel. 902100655, www.bluebayresorts.com. Von vielen der 158 gut ausgestatteten Apartments hat man direkten Blick aufs Meer. Die Einrichtung ist etwas in die Jahre gekommen, einige Gäste bemängeln die Qualität des Essens. Zur Anlage gehören ein Schwimmbad mit Jacuzzi und Sauna, Kinderpool und Spielplatz, Einkaufsläden und Supermarkt. Mit einem Shuttle-Bus kommt man nach San Agustín, Parkplätze für Mietautos sind kostenlos.

Nachtleben
3 C. C. San Agustin
6 Casino
15 Dinner Show

Aktiv
10 Diving Center Náutico
14 Club Mistral (Surfen)
17 Aeroclub (Luftsport)
18 Gran Karting

Typisch kanarisch

Die sympathische *Mari Carmen* und *Paco,* der gut Deutsch spricht, servieren auf ihrer Meeresterrasse authentische kanarische Küche: frischen Fisch mit Mojo, Gofio, Ziegenkäse und großzügig bemessenem Salat. Besonders schön ist es hier zum Sonnenuntergang!

■ **Rincón Canario*,** Playa del Águila, GC-500, Km. 9,2, Tel. 928761563, www.restauranterinconcanario.com, tgl. 11–24 Uhr.

■ **Sun Club**,** Calle Los Pinos 3, Playa del Águila, Tel. 928766405, www.libertyholidays.es. Etwas ältere Apartmentanlage mit üppig bepflanztem Garten, Pool und Tennisplatz.

Essen und Trinken

■ **Bamira**,** Calle Los Pinos 11, Playa del Águila, Tel. 928767666, www.bamira.com. Nur abends, Mi geschlossen. Mit einem Mix aus mitteleuropäischer und asiatischer Küche begeistern *Anna* und *Herbert Eder,* die kunst- und reiseverliebten Österreicher, ihr Publikum. An der Ortseinfahrt von Playa de Águila sofort in Richtung Marina Sol; das Restaurant befindet sich gegenüber, erkennbar an den die Fassade entlang kletternden Gänsen!
■ **Rincón Canario*,** siehe Tipp im Kasten.

Aktiv

■ **Gokart:** Gran Karting, GC-500, Km. 8, Tel. 928 157190, www.grankarting.com, tgl. 10–21 Uhr, Tickets je nach Alter und Dauer 3–25 €. Die 1650 m lange Piste liegt an der Straße nach Las Palmas (nördlich Bahía Feliz) und ist die längste Gokart-Bahn des Archipels. Auf einer abgetrennten Strecke dürfen auch Jugendliche und Kids ans Steuer.
■ **Luftsport:** Aeroclub, GC-500, Km. 7,5, El Berriel/Bahía Feliz, Tel. 928157000. Wer die Insel aus der Vogelperspektive erleben will, fährt zum Sportflugplatz nördlich Bahía Feliz und startet im Hubschrauber oder Propellerflieger zu einem erlebnisreichen Ausflug in die Lüfte. Fallschirm- und Tandemsprünge sind gleichfalls möglich.
■ **Surfen:** Club Mistral, GC-500, Km. 8,4, Playa de Tarajalillo, Tel. 928157158 (in Deutschland Tel. 0881-9096010), www.club-mistral.com. Optimales Einsteiger- und Slalom-Revier mit konstantem Wind. Auch Unterkünfte werden vermittelt.

San Agustín

Der ruhige Urlaubsort ist durch die vielbefahrene, parallel zur Küste verlaufende GC-1 zweigeteilt: Oberhalb der Straße liegen am Hang locker gebaute Bungalow- und Chalet-Siedlungen für Überwinterer aus Mittel- und Nordeuropa. Auch das große Wellness-Hotel Gloria Palace steht dort. Unterhalb der Straße reihen sich eine Handvoll strandnaher, ein wenig in die Jahre gekommener Komforthotels. Das Einkaufszentrum San Agustín bedürfte dringend eines „Rebranding". Am schönsten präsentiert sich der Ferienort an der Küste, die durch eine Flanierpromenade erschlossen ist. Diese führt von den Klippen am nördlichen Ortsende über mehrere Strände bis zum 3 km entfernten Nachbarort Playa del Inglés.

Strand

Herzstück der Küste ist die dunkelsandige, etwa 600 m lange und 50 m breite **Playa de San Agustín.** Vorspringender Fels schützt vor starker Brandung und erlaubt bei Nordwind gefahrloses Baden. Oft sieht man hier auch ein paar Surfer, denen es in Bahía Feliz und Pozo Izquierdo zu dramatisch zugeht. Spaziert man auf der Promenade in Richtung Bahía Feliz, kommt man geradewegs zum Restaurant Balcón Canario, wo man über Eisenleitern von einer Felsplattform ins Meer steigen kann.

Die **Playa de Morro Besudo** liegt nordöstlich in Richtung Bahía Feliz und ist über Treppenwege erreichbar; die **Playa de las Burras** am Küstenweg in Richtung Playa del Inglés: ein graubrauner Strand mit Fischerbooten und kleinem Wassersportzentrum.

Praktische Tipps

Info

■ **Touristeninformation,** Oficina de Información Turística El Portón, Calle Las Retamas 2 (gegenüber Casino), Tel. 928769262, Fax 928778151, http://turismo.maspalomas.com, jeden zweiten Sa und So geschlossen. Freundlich und effizient, hier lässt man sich gerne beraten!

Unterkunft

Alle hier vorgestellten Hotels liegen südlich der vierspurigen Hauptverkehrsstraße, Gäste, die baden gehen wollen, sind nicht auf Fußgängerüberführungen angewiesen.

▷ Hotel Meliá Tamarindos in San Agustín

□ Karte Seite 20, Übersichtskarte Seite 16

■ **Meliá Tamarindos*****, Las Retamas 3, Tel. 928 774090, Fax 928774091, www.solmelia.com. Das elegante Hotel ist durch weitläufige Gartenanlagen vom 200 m entfernten Sandstrand getrennt; die Terrassen mit ihren holzgeschnitzten Balkonen verleihen dem Haus kanarisches Flair. 311 Zimmer gibt es, bei der Buchung ist darauf zu achten, dass man eines mit Meerblick erhält – in den zur Landseite gelegenen Räumen ist mit Lärmbelästigung zu rechnen. Zum Hotel gehören das bekannteste Spielcasino der Insel, eine Disco und das Show-Restaurant Casino Palace. Das Frühstücksbüfett wird im Freien eingenommen, mittags gibt es Snacks an einem der beiden Süßwasser-Pools. Ein Tennishartplatz mit Flutlicht und ein Squashcourt können nur gegen Gebühr benutzt werden. Gleiches gilt für die neuen Kureinrichtungen und den Schönheitssalon.

■ **Iberostar Costa Canaria*****, Las Retamas 1, Tel. 928760200, Fax 928761426, www.costa-canaria.com. Das Viersternehaus befindet sich inmitten eines Palmengartens, vom Strand nur durch die Fußgängerpromenade getrennt. Es verfügt über 246 Zimmer mit Marmorbad und großem Balkon, überdies gibt es drei Bungalow-Suiten im Garten. Den Gästen stehen Salons, Bars und Geschäfte zur Verfügung, das Mittagsbüfett wird im Garten eingenommen. Zum Sportangebot gehören Tennis, Sauna und Massage, für Golfer ein Putting Green mit neun Löchern (alles gegen Gebühr). Fahrräder sind ausleihbar.

■ **Gloria Palace*****, Las Margaritas s/n, Tel. 928 128500, Fax 928767929, www.gloriapalaceth.com. Vom Hotel Gloria Palace erreicht man den Strand in knapp 20 Minuten entlang einer verkehrsreichen Zufahrtstraße, die auf einer Brücke überquert werden muss. Trotz dieser ungünstigen Lage ist das relativ preiswerte Luxushotel empfehlenswert. Es liegt windgeschützt auf einer Anhöhe – schön ist die elegante Empfangshalle mit künstlichen Wasserfällen, weißem Marmor und viel Grün. Die 448 Zimmer, davon 84 Suiten, sind hell und komfortabel, alle haben Meerblick. Zum Hotel gehört ein 6000 m² großer Garten mit zwei Pools – jener auf der Dachterrasse bleibt FKK-Anhängern vorbehalten. Angeschlossen ist ein Thalasso-Therapiezentrum mit 5 Bädern und Beauty Farm, Massagen, Fango und Algenpackungen. Weiterer Pluspunkt: Stündlich fährt ein Gratis-Bus nach Meloneras.

■ **IFA Beach*****, Los Jazmines 25, Tel. 928774000, Fax 928768599, www.lopesan.com. Gepflegtes,

7-stöckiges Mittelklassehotel: Von der subtropischen Gartenanlage führt ein Weg unmittelbar zum Strand. Alle 200 Zimmer haben direkten oder halbseitigen Meerblick, im sechsten Stock befindet sich eine FKK-Terrasse. Im Erdgeschoss sind Zimmer für Rollstuhlfahrer eingerichtet.

■ **Don Gregory****, Las Tabaibas 11, Tel. 928762 658, Fax 928769996, www.hotelesdunas.com. Das legere, 8-stöckige Komforthotel liegt am dunklen Sandstrand Las Burras im Grenzbereich zu Playa del Inglés. Es verfügt über 225 Zimmer sowie 17 Maisonette-Suiten. Don Gregory ist für seine gute Küche bekannt, eine eigene Bäckerei versorgt die Gäste mit Brot und Kuchen. Beliebter Aufenthaltsort ist der große Palmengarten mit Liegewiesen und Süßwasser-Pool. Man kann Boccia, Gartenschach und Tischtennis spielen, Tennis (mit Flutlicht) gegen Gebühr.

Essen und Trinken

■ **El Puente*****, Calle Las Dalias 3, Mobil: 679 771036, www.restauranteelpuente.com, Di–So ab 17.30 Uhr. Schon seit 1974 gibt es dieses Restaurant: in bester Lage mit verglaster Terrasse über dem Meer und Ausblick bis zu den Dünen von Maspalomas. Serviert werden flambiertes Fleisch und vielfältig zubereiteter Fisch; Seezunge gibt es auf drei verschiedene Art.

■ **Greek Tavern****, C.C. San Agustín, L. 67-69, Tel. 928766785, www.greek-taverna.com, tgl. ab 13 Uhr. Im Einkaufszentrum ist es nicht leicht, griechisches Ambiente zu kreieren. Doch *Mihail* von der Insel Kalimnos und seine finnische Frau *Lena* haben es geschafft, ihre luftige Terrasse zu einem beliebten Treff von Canarios und deutschen Residenten zu machen. Unter den 20 Vorspeisen ist „Taverna Meze" zu empfehlen: mit Tsatsiki, Houmus, Fleischbällchen, Salat und Pita-Brot. Der „Stolz des Küchenchefs" beinhaltet als Hauptgericht alle bekannten Klassiker. Dazu trinkt man Wein aus Griechenland oder Mazedonien, ein griechischer Joghurt mit Honig und Mandeln beschließt das Mahl.

■ **Loopy's Tavern***, Las Retamas 7, Tel. 928762 892, www.loopys-restaurant.com, tgl. ab 13 Uhr. In dem traditionsreichen Lokal geht es locker zu, die Wände sind mit Postkarten aus mehreren Jahrzehnten tapeziert. Geboten werden gute Fleischgerichte und eine große Auswahl von Pizzen.

■ **Balcón Canario***-**, Paseo Marítimo/Calle Los Jazmines 15 bajo, Tel. 928778967. Am Ostende der Playa de San Agustín: romantisch gelegenes Terrassencafé mit kleinen Gerichten, direkt am Meer!

Nachtleben

■ **Casino Tamarindos:** Hotel Meliá Tamarindos, Tel. 928762724, www.casinotamarindos.es, tgl. ab 20, im Sommer ab 21 Uhr. Um eingelassen zu werden, muss man seinen Ausweis dabei haben, auch sollte die Kleidung den ästhetischen Normen des Direktors entsprechen.

■ **Casino Palace Dinner Show:** Casino Palace, Hotel Meliá Tamarindos, Tel. 928774090, Di–Sa ab 22 Uhr, Eintritt ca. 50 € (ohne Dinner). Tanz- und Ballettvorführungen sind das Kernstück der fulminanten zweistündigen Revue; dazu gibt es Slapstickeinlagen sowie akrobatische Kunststücke, auf Wunsch auch ein exquisites Abendessen.

■ **Live-Musik:** Bars im C.C. San Agustín, aber nur am Wochenende.

Aktiv

■ **Tauchen:** Diving Center Náutico, Interclub Atlantic, Calle Jazmines 2, Tel. 928778168, Fax 928 778774. Die traditionsreiche Tauchschule bietet Schnuppertauchen im Pool und eine breite Palette von Kursen. Mehrmals wöchentlich startet das in Arguineguín stationierte Boot zu Tauchtrips, die nötige Ausrüstung kann man sich leihen.

■ **Wellness:** Talasoterapia Canarias, Hotel Gloria Palace, Tel. 928765689. Hervorragend ausgestattetes Spa Center mit großem Therapieangebot.

Playa del Inglés

Playa del Inglés ist das touristische Vergnügungszentrum des Südens, eine vor mehr als 50 Jahren aus dem Boden gestampfte Ferienstadt. Sie liegt an einem breiten, 6 km langen Strand mit weitläufigen Dünen. Nirgendwo auf der Insel gibt es mehr Hotels, Apartment- und Bungalowanlagen und nirgendwo mehr Unterhaltungsangebote als hier. Wer hier Urlaub macht, will seinen Badeurlaub mit Spaß und Abwechslung verknüpfen, sucht „Urlaub mit allem Drum und Dran". Aktivangebote gibt es zuhauf, und auch nach Sonnenuntergang ist jede Menge los: In den groß angelegten, über die Stadt verstreuten **Einkaufs- und Vergnügungszentren** *(Centros Comerciales)* finden sich auf mehrere Etagen Läden und Lokale, Discos und Nightclubs. In Prospekten wird Playa del Inglés als „Metropole der Lebensfreude" gepriesen. Gays aus allen Ländern sehen das ebenso: „Auf den Sommer in Mykonos folgt der Winter in Playa del Inglés". Bis in die frühen Morgenstunden wird geschwoft – und am nächsten Tag ruht man sich aus, entweder am Pool seiner Anlage oder am Meer.

Überblick

In den letzten 20 Jahren ist die Stadt immer mehr mit den Nachbarorten San Agustín und Maspalomas verschmolzen. Nach Norden wird sie von der Hauptstraße GC-500 begrenzt, jenseits derer sich der Ortsteil **San Fernando** befindet. Dort wohnen vorwiegend im Tourismus beschäftigte Kanarier mit ihren Familien. Südwärts geht von der GC-500 die **Av. de Tirajana** ab – eine Straße mit vielstöckigen Hotels, die die Touristenstadt geradlinig durchschneidet. Höhere Hotels entstanden auch längs der Straßen Gran Canaria und Italia, doch insgesamt ist die Bebauung nicht so dicht wie etwa in Benidorm oder an der Costa del Sol, vor allem zur Küste hin überwiegen niedrige, von Grün eingefasste Bungalowanlagen. Entscheiden Sie sich für ein Haus in erster Strandlinie, blicken Sie über die Dünen aufs Meer und werden vom Trubel der Vergnügungszentren verschont.

Paseo und Playa

Hoch auf sandigen Klippen verläuft der Promenadenweg **Paseo Costa Canaria.** Er ist von Hotelgärten und hohen Palmen gesäumt und gehört zum Besten, das Playa del Inglés zu bieten hat. Immer hat man den Dünenstrand und das Meer vor Augen, an mehreren Stellen führen Treppen hinab. Der Hauptzugang erfolgt über **Anexo II,** eine nicht gerade hübsche Vergnügungsmeile, deren Abriss seit langem diskutiert wird. Schöner ist der Zugang über die Av. de Tirajana, von der ein Flanierweg – vorbei am Hotel RIU Palace und dem Besucherzentrum (siehe Info) – zu einer grandiosen **Aussichtsplattform** führt: Zu Füßen des Betrachters liegt eine sich majestätisch auftürmende Dünenlandschaft, in deren Mulden sich manch einer vor neugierigen Blicken versteckt. An der Terrasse starten durch Bohlen markierte Wege, die – vom Winde verweht – quer durch die Dünen zum Meer führen.

Playa del Inglés

Der ==6 km lange Strand== reicht vom Ortsrand San Agustíns bis zum Leuchtturm von Maspalomas. Für viele ist es der größte Urlaubsgenuss, mehrmals täglich auf und ab zu spazieren. Die Wasserqualität wird laufend überprüft, der Strand täglich gereinigt. Beim Anexo II gibt es ein Balneario mit Umkleidekabinen (Schrank- und Schließfächer gegen Gebühr), eine Rotkreuzstation und ein Water Sport Center (mit Verleih von Tretbooten, Jetski und Parasailing). Für FKK-Freunde ist ein eigener Küstenabschnitt reserviert, ebenso für Schwule und Lesben (erkennbar an der Regenbogenfahne über dem Kiosk 7).

Blick von der Promenade auf den Paradestrand

Praktische Tipps

Info

■ **Touristeninformation,** Av. España/Av. Estados Unidos, Tel. 928771550, Fax 928767848, www.grancanaria.com, Mo–Fr 9–20, Sa 9–13 Uhr. Im Büro des Patronato am Westrand des Yumbo Center wird man umfassend über Gran Canaria und die Costa Canaria informiert. Angeschlossen ist ein Kunsthandwerksladen.

■ **Touristenbüro Anexo II,** Paseo Marítimo, Tel. 928768409, http://turismo.maspalomas.com, tgl. 9–20 Uhr. Freundlicher Service, direkt an der Strandpromenade.

■ **Besucherzentrum,** Centro de Visitantes, Av. de Tirajana s/n, Tel. 928765242, tgl. 10–17 Uhr (oft ohne Angabe von Gründen geschlossen). Unterhalb des Hotels RIU Palace erfährt man in Text, Bild und Film viel Wissenswertes zum Naturreservat der Dü-

Am Swimmingpool – britisch-deutscher Revierkampf

Bei windigem Wetter freut man sich über den Hotelpool. Doch da sind Konflikte angesagt. Deutsche Touristen sind bekanntlich die ersten, die frühmorgens aufstehen. Sie haben sich den Ruf erworben, besonders schnell Liegen per Handtuch in Beschlag zu nehmen. Für die Briten, an der Costa Canaria den Deutschen zahlenmäßig unterlegen, war dies Anlass zu einem spöttisch-satirischen Feldzug in ihrer Boulevardpresse. Inzwischen schlagen sie organisiert zurück. „Ban the Krauts from the Pool" (Vertreibt die „Krauts" vom Pool) – so lautet der Slogan auf ihren aus England mitgebrachten Tüchern. Und wenn die deutsche Belegbrigade ihren Wecker auf 6 Uhr gestellt hat, so ist dies meist schon zu spät: Ein britischer Voraustrupp hat die Liegen am Pool bereits fachmännisch unter Kontrolle gebracht.

---

nen. Ein kleiner botanischer Garten zeigt Wüstenpflanzen; auch von einem Biologen geführte Touren werden angeboten (leider nur auf Spanisch).

Unterkunft

Mehr als 300 Hotel- und Apartmentanlagen wetteifern um die Gunst der Touristen. Am ruhigsten wohnt man an der Strandpromenade, beste Dünenlage genießt das Hotel RIU Palace. Einfache, aber preiswerte Pensionen findet man in den von Kanariern bewohnten Ortsteilen San Fernando (siehe „Playa del Inglés") und El Tablero (siehe „Maspalomas").

■ **Bohemia Suites & Spa****,** Av. Estados Unidos 28, Tel. 928760058, www.hotel-bohemia.com. Die Eröffnung des Fünfsterne-Boutique-Hotels wurde in den letzten Jahren immer wieder verschoben, doch 2013 soll es buchbar sein: 67 Zimmer, Strand und Paseo sind in wenigen Minuten erreichbar.

■ **Vital Suites****,** Av. de Gran Canaria 80, Tel. 928730233, www.vitalsuites.com. Komforthotel am Rande der Dünen mit Blick auf den Campo de Golf. Nach der Klage eines deutschen Nachbarn werden nur noch die Suiten, nicht mehr die Doppelzimmer unterhalb des Pools vermietet.

■ **RIU Palace****,** Plaza de Fuerteventura 1, Tel. 928769500, Fax 928769800, www.riu.com. Keine Unterkunft liegt schöner: Unmittelbar vor dem Hotel breiten sich die Dünen aus, über Wüstensand läuft man zum Meer hinab. Das Hotel besticht durch seine geschickte Verknüpfung klassischer und moderner Architekturelemente. In weitem majestätischem Bogen sind die 368 Zimmer über 4 Stockwerke verteilt, lassen an ein klassisches Grand Hotel denken. Die meisten Zimmer (nicht jedoch die Einzelzimmer!) haben Meerblick und großen Balkon. In eleganten Aufenthaltsräumen erklingt Pianomusik, auf der Terrasse wird Sekt serviert. Weitere Besonderheiten: ein Fitnessraum, zwei Tennisplätze (einer mit Flutlicht) und obendrein – für Viele gewiss wichtig – keine Animation!

■ **Sandy Beach****,** Calle Los Menceyes 1, Tel. 928724000, www.seaside-hotels.de. Dank seiner maurischen Architektur hebt sich der halbrunde Bau positiv von der Umgebung ab. Von den gepflegten und geräumigen Zimmern (mit Umkleideraum, Bademantel, Slipper) blickt man auf die Gartenlandschaft (mit Pool), in der auch die Mahlzeiten eingenommen werden. Halbpension ist sehr zu empfehlen: Die variierenden Büfetts mit Show-Cooking sind besser als alles, was die Restaurants vor Ort bieten. Brot- und Backwaren kommen aus der hoteleigenen Konditorei. Im 10. Stock befinden sich eine türkische und finnische Sauna sowie ein kleiner Wellness-Bereich. Eine Etage tiefer kann man auf der FKK-Terrasse alle Hüllen fallen lassen. Gleichfalls im Haus: der Aktiv-Spezialist Freemotion.

■ **Buenaventura*****, Plaza de Ansite 1, Tel. 928 761650, Fax 928768348, www.lopesanhotels.com. Der 8-stöckige Hotelkomplex mit 724 Zimmern liegt 1 km vom Strand (hoteleigener Busservice) und glänzt mit wenig ansprechender Architektur. Es möchte vor allem eine jüngere und kontaktfreudige Klientel anlocken, die auf Kreativität setzt und darunter Teilnahme an Partys, Fitness- und Animationsprogrammen versteht. Live-Musik gibt es selbstverständlich täglich – und wem die Art der Musik nicht gefällt, der zieht 200 m weiter zum Einkaufs- und Vergnügungszentrum Kasbah. Zum Hotel gehören vier Tenniskunstrasenplätze, zwei Süßwasser-Pools, Sauna und Massageraum. Die hoteleigene Tauchschule bietet Kurse an.

■ **Parque Tropical*****, Av. de Italia 2, Tel. 928774 012, www.hotelparquetropical.com. Architektonisch interessantes Hotel mit 235 Zimmern am steilen Küstenabschnitt im Norden: Drei- bis vierstöckige Gebäude sind um einen tropischen Garten gruppiert, zu nächtlicher Stunde leuchten Springbrunnen und Wasserfälle. Die Zimmer sind klein, doch bieten sie Blick ins Grüne. Die Badebucht El Veril erreicht man über eine vom Hotel hinabführende Treppe, zum Sandstrand von Playa del Inglés läuft man auf der Promenade 10 Minuten.

■ **Casas Pepe**-*****, Av. de Bonn 1, Tel. 928762 818, www.casas-pepe.com. Drei jeweils dreistöckige Apartmenthäuser mit nur 53 Wohneinheiten, direkt an der Strandpromenade oberhalb der Dünen. Laut einer Leserzuschrift die „mit Abstand grünste Anlage mit vielen Palmen und Blumen und Kakteen", der Pool (mit kostenlosem Getränke-Selfservice) wird im Winter beheizt. Das Haus steht unter deutscher Leitung.

■ **Pension San Fernando***, Calle La Palma 16, C.C. San Fernando, Tel. 928763951, www.hostalsf.comze.com. Einfach eingerichtetes Haus oberhalb der Hauptstraße GC-500 mit 65 Einzel- und Doppelzimmern. Nur Etagenbad, doch mit 20–25 € sehr preiswert. Weitere Pensionen befinden sich in El Tablero (siehe dort).

Vermittlung von Ferienwohnungen

■ **Immorent****, Mobil: 630197347 und 630436775, www.immorent-canarias.com.

Essen und Trinken

■ **Rías Bajas*****, Edificio Playa del Sol, Av. de Tirajana/Ecke Av. de Estados Unidos, Tel. 928764033, www.riasbajas-playadelingles.com, tgl. 13–16 und 20–24 Uhr. Das elegante galicische Restaurant wartet mit frischen Fischgerichten und Meeresfrüchten auf. Als Vorspeise ist *empanada* zu empfehlen, eine mit Thunfisch und Gemüse gefüllte Teigtasche, als Nachspeise die köstliche Mandeltorte.

■ **El Mundo****, Av. de Tirajana (Ed. Tenesor), Tel. 928937850, Mo–Sa 13–16, 19.30–23 Uhr. An der Hauptstraße von Playa del Inglés gibt es kreative Küche in modernem Ambiente. Mittags bekommt man ein preiswertes Dreigängemenü!

■ **Mamma Mia****, C.C. Yumbo, Mobil: 633346899, www.mammamiagrancanaria.com. Im Untergeschoss des Einkaufszentrum Yumbo (wo früher die Lesbenbar war) bietet *Stefano* authentische italienische Küche. Die Auswahl an Gerichten ist begrenzt, doch alles ist frisch präpariert. Auch gute Cocktails gibt es!

■ **Dali's****, C.C. Yumbo, II. Ebene, Tel. 928771173, tgl. außer Mo ab 18 Uhr. Ein von Belgiern geführtes Schwulenlokal mit französisch angehauchter Kost.

■ **Greek Village****, Av. Sargentos Provisionales 30, Santa Clara, Tel. 928773664, www.greek-taver

na.com, tgl. ab 13 Uhr. *Mikhail* aus Kalimnos und *Lena* aus Finnland haben nach ihrem Erfolg in San Agustín auch in Playa del Inglés ein griechisches Lokal eröffnet. Guten Appetit bei Oliven mit Feta und Zwiebeln, gefüllten Weinblättern, Gyros und Tsatsiki, der zarten Lammhaxe, Houmus und Honig-Joghurt!

■ **Bali****, Av. de Tirajana/Ecke Av. Bonn, Tel. 928 763261, www.restaurantebali.com, Mo geschlossen. Das Restaurant an der Straßenkreuzung Bonn/Tirajana im Apartmenthaus Tinache lädt zu einer Kostprobe indonesisch-chinesischer Küche ein. Lecker schmecken die Fleischspieße, z.B. mit Hühnchen und Erdnusssoße *(sate ajam)* oder mit Langusten *(sate udang)*. Nur auf Vorbestellung gibt es die „Reistafel Bali" mit 21 Klassikern von süßsauer bis scharf (inkl. Ente, Lamm, Schwein, Rind, Langusten, Fisch und Gemüse).

■ **La Casa Vieja****, GC-60 Km. 47,9, Tel. 928769 010, www.grillrestaurantelacasavieja.com, tgl. ab 13 Uhr. Das „Alte Haus" an der Straße nach Fataga war lange Zeit beste Adresse für traditionell-kanarische Küche – bleibt abzuwarten, wie sich Beliebtheit auf Qualität auswirkt. In rustikalem Ambiente serviert Familie *Martín* Kaninchen in Nusssoße, mariniertes Zicklein, Fisch und Fleisch vom Grill und als Dessert erfrischende Sorbets.

◩ Aussichtsbalkon auf die Dünen

■ **Mesón San Fernando****, Calle Marcial Franco, Bloque 8, San Fernando, Tel. 928760980, www.larutadelbuenyantar.com/fernando.html, tgl. ab 13 Uhr. Rustikales Lokal mit Schwerpunkt Fisch, dazu Paella und Fleisch vom Grill, mittags ein preiswertes Menü.
■ **Las Camelias***, Av. de Tirajana 15, Tel. 928760236, www.buffetlascamelias.com, tgl. ab 12 Uhr. Um einmal richtig satt zu werden, geht man ins Lokal mit dem größten internationalen Büfett der Insel. Seit über 30 Jahren lautet die Parole „Eat as much as you can" – doch bitte nichts mitnehmen!
■ **Café de Paris***, C.C. Yumbo, Local 343, tgl. ab 10 Uhr. Café und Konditorei auf der zweiten Ebene des Yumbo Center. Mit gutem Kaffee und leckeren Käse-, Obst- und Sahnetorten. Die Preise sind in den vergangenen Jahren spürbar gestiegen – oft wird, ohne die Gäste zu fragen, eine Kugel Eis zum Kuchen dazuverkauft.

Einkaufen

■ **Einkaufszentren:** Die Einkaufszentren sind zugleich der Treffpunkt aller, die sich vergnügen wollen. Am beliebtesten ist das um einen Hauptplatz formierte Yumbo mit 200 Läden und Lokalen auf vier Etagen (www.cc-yumbo.com). Hier wie auch im Cita (www.cc-cita.com) bekommt man außer Waren des täglichen Bedarfs auch allerlei Modisches, Schmuck und Elektronik. Die Ladenzone Anexo II ist vom Abriss bedroht.
■ **Markthalle & Wochenmarkt:** s. Maspalomas
■ **Bauernmarkt:** Mercado Agrícola y Ganadero del Sur, San Fernando, jeden zweiten Sonntag 8–13 Uhr. Man findet den Markt zwischen Freibad und Stadion, 1,8 km oberhalb des zentralen Kreisels an der GC-500 (Cruce de San Fernando). Die Produzenten verkaufen ihre Ware selbst: Wein aus Fataga, Ziegenkäse aus San Bartolomé, Anisbrot aus Agüimes, Olivenöl aus Santa Lucía und eingelegte Oliven aus Temisas, Gofio und Zuckerrohrsaft.
■ **Kunsthandwerk:** FEDAC, Tienda de Playa del Inglés, Centro Insular de Turismo, Av. de España/Av. de los Estados Unidos, Mo–Fr 10–14 und 16–19 Uhr. Klassisches kanarisches Kunsthandwerk von Keramik über Leinendecken bis zum geflochtenen Korb: schön, aber keine Schnäppchen!
■ **Souvenirs:** Fundgrube, C.C. Yumbo (eine von mehreren Filialen an der Costa Canaria), Tel. 928143410, www.fundgrube.es, tgl. ab 9.30 Uhr. Großes Geschäft mit Kosmetika, Tabakwaren und Likören.
■ **Bücher und Zeitschriften:** Bazar Mónica, Av. de Tirajana 3, Ap. Aloe, Local 13, Tel./Fax 928762 865. Dank des Engagements seines Besitzers Señor *Pedro* wurde Bazar Mónica zu einer beliebten Anlaufadresse für deutsche Touristen und Residenten.

Aktiv

■ **Baden:** Nur Fuerteventura kann mit diesen Stränden konkurrieren: heller Sand nonstop von San Agustín bis Maspalomas! Unangenehm wird's allerdings, wenn starker Wind aus östlicher Richtung weht. An solchen Tagen wird er aufgewirbelt und den Liegenden ins Gesicht gepeitscht. Bitte auch immer die Flaggen beachten, die anzeigen, ob das Baden erlaubt ist. Die starke Strömung wird von Touristen oft unterschätzt!
■ **Fun- und Wassersport:** Water Sport Center, Anexo II, Tel. 928766683. Beim Parasailing schweben die vom Motorboot gezogenen „Fallschirmflieger" in 120 m Höhe über dem Meer. Das Abenteuer dauert 8–15 Minuten, dann wird das Seil eingezogen und man landet sanft auf dem Boot. Auch im Angebot: Tretboot fahren, Windsurfen, Wasserski und Jetski.
■ **Jogging & Strandlauf:** Am frühen Morgen, wenn die Disco-Gänger ihren Rausch ausschlafen, wird der lange Strand von Joggern frequentiert. Am besten läuft es sich bei Ebbe, wenn der feuchte, meernahe Sand einen relativ festen Untergrund bietet. Muss man auf weichen Sand ausweichen, droht Muskelkater, dem man mit festen Sportschuhen entgegenwirken kann.

■ **Luftsport:** Skydive, Mobil: 675573245, www.skydivegrancanaria.es. Ein Infostand befindet sich am Südende der Parkfläche von Anexo II. Mit einem Tandemsprung darf man seinen Mut unter Beweis stellen – natürlich in Begleitung eines Profis.
■ **Motorradverleih:** Sun Fun, Av. de Gran Canaria 30, Tel./Fax 928763829, www.sunfun-motorrad.com.
■ **Radfahren:** Free Motion, Av. Aléreces Provisionales s/n, Hotel Sandy Beach, Tel. 928777479, www.free-motion.net. Rad- und Mountainbiketouren, Quadtouren, Wandern, Outdoor Camps und Powerkiting; Radverleih auch bei Happy Biking, Hotel IFA Continental, Playa del Inglés, Av. de Italia 3, Tel. 928766832, www.happy-biking.com.
■ **Tauchen:** Divingcenter Sun Sub, Plaza de Ansite 1, Tel. 928778165, www.sunsub.com. Die Tauchschule hat ihren Sitz im Hotel Buenaventura und kooperiert mit dem Diving Center Náutico. Land-, Boots- und Nachttauchgänge.
■ **Tennis:** In allen größeren Hotels gibt es Tennisplätze, bei Jugendlichen beliebt: Hotel Buenaventura.
■ **Wandern:** Anmeldung beim Evangelischen Tourismuspfarramt unter Tel. 928776502, www.kirche-grancanaria.de. Die (preiswerten) Wanderungen finden im Winter am Dienstag und an jedem zweiten Donnerstag statt.

Ein weicher Landeplatz – die Dünen der Costa Canaria

Yumbo Center – eine Hochburg der Schwulen

Seit Jahren steht Playa del Inglés bei Schwulen hoch im Kurs. Nirgends auf den Kanaren gibt es mehr Gay-Bars, Shops mit Lederklamotten, Video-Kabinen, Dark Rooms und Apartmentanlagen „for Gays only". Vor allem auf der ersten, also unteren Ebene des Yumbo Center (www.cc-yumbo.com) geben sich Schwule und Transvestiten vom Abend bis zum Morgengrauen ein Stelldichein. Auf der zweiten Ebene gibt es beliebte Restaurants wie Dali's, auf der obersten Ebene öffnet am Wochenende ab 24 Uhr die Disco New Heaven.

■ **Adonis,** Lokal 111/11–12, Tel. 928765672, www.adonisworld.de, tgl. ab 19 Uhr. In dieser Café-Bar mit Außenterrasse und Korbsesseln fühlen sich bis Mitternacht auch die Heteros wohl; *Klaus, Kay* und ihr Team haben vorwiegend deutsche Gäste und sorgen für ein schönes Ambiente und tolle Musik, besonders gut schmeckt der aus Wodka, Curaçao und Obstsaft gemixte Adonis-Cocktail, serviert mit Wunderkerze.

■ **Gran Café Latino,** Lokal 121–04, Tel. 928778 870, www.grancafelatino.com, tgl. ab 18.30 Uhr. Gays aus aller Herren Länder genießen hier leckeren Kaffee und rhythmische Musik (sabor latino: Salsa, Samba und Merengue).

■ **Spartacus,** Lokal 151/03–04, Tel. 928766540, www.spartacus-gc.de, tgl. ab 20 Uhr. Terrassenbar unter deutscher Leitung mit vielen Cocktails und hausgemachter Sangría.

■ **Dali's,** Ebene II (siehe „Essen und Trinken")

■ **Gay Pride Maspalomas:** Das etwa einwöchige Festival findet jeweils im Mai gleichfalls im Yumbo Center statt. Schwule und Lesben treffen sich zu Straßen-Entertainment und Dance-Sessions, Lesbian Pool Party und Drag Gala Night. Und natürlich: kein Gay Pride ohne Gay Parade!

■ **Im Internet:** Auf der Website www.gaymaspalomas.com sind alle wichtigen Schwulen-Adressen in Playa del Inglés aufgeführt.

Kultur

■ **Kulturbüro:** Oficina Cultural, Av. de Tirajana 14 (Hotel Rey Carlos), Playa del Inglés, Tel. 928778245, Mo–Fr 10–13 Uhr. Im Kulturbüro können Karten bestellt werden – auch für die Klassikkonzerte in Las Palmas (mit und ohne Transfer).

Nachtleben

■ **Discos:** Es gibt in Playa del Inglés mehr Disco-Pubs als in jedem anderen Ort der Kanaren. Sie sind mit moderner Technologie ausgestattet, wetteifern um die Gunst der Gäste mit „Happy Hours" und freiem Eintritt für Frauen. Die meisten befinden sich im Umkreis des Zentrums Kasbah (Pachá/Garage, vorwiegend junges Publikum), wichtigster Schwulentreff ist das Yumbo Center. In den Discos der Av. de Tirajana vergnügen sich die über 40-Jährigen. Neuerdings florieren auch Discos im Freizeitzentrum Holiday World. Am meisten los ist freitags und samstags zwischen Mitternacht und frühem Morgen. Infos: www.maspalomas-tonight.com.

Karneval

■ **Februar/März:** *Fiesta de Carnaval*. Ist der Karneval in Las Palmas zu Ende, darf an der Costa Canaria weitergefeiert werden. Galafeste und Shows finden vorwiegend auf dem Platz am Yumbo Center, teilweise auch in Hotels und Discos statt. Zu den Höhepunkten zählen der Karnevalsumzug im Umkreis der Avenida de Tirajana, die Wahl der Drag Queen, der Königin der Transvestiten, und natürlich das Begräbnis der Sardine mit einem Feuerwerk am Strand von Maspalomas.

In der Umgebung

Auf der GC-60 verlässt man Playa del Inglés und fährt in die Bergwelt Richtung Fataga hinauf. Schon nach wenigen Minuten ist die Welt der Bettenburgen vergessen.

Mundo Aborigen

7 km nördlich von Playa del Inglés entstand in karger Landschaft das **Freilichtmuseum „Welt der Ureinwohner"**. Auf einem 110.000 m² großen Felsplateau wurde mit Steinhäusern, Höhlen und Plätzen ein altkanarisches Dorf rekonstruiert. 100 lebensgroße Figuren stellen Szenen des Alltags und religiös inspirierte Zeremonien dar. Unter Wissenschaftlern ist Mundo Aborigen heftig umstritten: Geschichte, so wird moniert, sei hier zu einem Wachsfigurenkabinett geronnen, das von kitschigen Szenen beherrscht ist. Altkanarische Wirklichkeit werde so nicht er-, sondern verklärt.

■ **Mundo Aborigen,** GC-60 Km. 42,7, Tel. 928172 295, tgl. 9–18 Uhr, Eintritt 10 €, Kinder bis 12 J. frei.

Mirador de Fataga

An der Degollada de las Yeguas, knapp oberhalb von Mundo Aborigen, schuf man eine große **Aussichtsterrasse** (Mirador), von der sich ein spannender Blick auf die bizarr aufragenden Bergrücken des einsamen Barrancos bietet.

■ **Mirador de Fataga,** Degollada de las Yeguas, GC-60 Km. 41,5.

Arteara

Nach mehreren Haarnadelkurven senkt sich die Straße und erlaubt den Blick auf eine palmenbestandene Schlucht. Kurz darauf, bei Km. 37,4, ist die Zufahrt zum Weiler Arteara erreicht, wo man eine **altkanarische Fundstätte (Nekropolis)** besichtigen kann. Touristen müssen ihren Wagen am Ortseingang abstellen und durch den Ort zu Fuß laufen. Nach 800 m erreicht man das (meist geschlossene) Besucherzentrum, hinter dem sich ein riesiges Gräberfeld auftut: einer der größten Tumuli-Friedhöfe der Insel. 809 Grabstellen vom 5. Jh. v. Chr. bis zum 17. Jh. n. Chr. wurden entdeckt, doch sind nur noch wenige als solche erkennbar. Die meisten Gräber sind eingestürzt, viele Skelette hat man im Laufe der Jahre entwendet. Noch in den 1950er Jahren, so erzählt man, spielten die Dorfkinder mit den altkanarischen Schädeln Fußball.

Heute ist das Gelände abgesichert, auf ausgeschilderten Wegen geht man durch den neu geschaffenen **„Archäologischen Park".** Auf Schautafeln werden Flora und Fauna sowie Bestattungsriten erklärt. Kommt man zum Herbstbeginn hierher, erlebt man um 9 Uhr morgens ein interessantes Schauspiel: Der erste Sonnenstrahl fällt auf den *Tumulo del Rey*, das „Königsgrab". Die Forscherin *Rosa Schlueter* ist überzeugt: „Dieses Grab muss in der Kultur der Altkanarier eine ganz außergewöhnliche Rolle gespielt haben." Nur schade, dass sich die verantwortlichen Gemeindepolitiker für Arteara nicht groß interessieren. So sind zwar die Grabhügel rund um die Uhr zugänglich, doch das *Centro de Interpretatación*, der Ausstellungspavillon am Eingang, öffnet nur für Gruppen nach telefonischer Anmeldung.

■ **Parque Arqueológico de Arteara,** Tel. 928 720035.

Kamel-Safari

Urlauber, die an altkanarischer Kultur nicht interessiert sind, finden vielleicht Gefallen an einer Kamel-Safari. Davor oder danach serviert *Carmen* Fruchtsäfte und ein Menü.

■ **Camel Safari Park,** La Barranda, GC-60 Km. 36,7, Tel. 928798680, ab 9 Uhr.

Fataga

siehe „Zentrales Bergland"

Maspalomas

El Oasis

Zusammen mit Meloneras, in das es nahtlos übergeht, ist Maspalomas das Filetstück der Costa Canaria. Die **Palmenoase**, bis 1960 einsam und inmitten wüstenartiger Landschaft, ist zwar heute in die Touristenmetropole Costa Canaria eingemeindet, doch hat sich der Küstenabschnitt am Südzipfel Gran Canarias einen eigenen Charakter bewahrt. Die Hotels sind weitläufig und von sattem Grün umgeben, erinnern nicht an die Betonklötze des Nachbarorts Playa del Inglés. Die bekanntesten Häuser sind Maspalomas Oasis, Palm Beach und Residencia: exklusiv und vom Trubel der strandnahen, aber unattraktiven Einkaufszeile abgeschirmt.

Leuchtturm

Wahrzeichen von Maspalomas ist der über 60 m hohe Leuchtturm, der mitsamt einer kleinen Schiffsanlegestelle nach Plänen des Ingenieurs *Juan de León y Castillo* in den Jahren 1885–1889 entstand. Über 100 Jahre wies ein Wächter vorbeifahrenden Schiffen den Weg, die moderne Technik hat seine Arbeit überflüssig gemacht. Seit Jahren wird die Er-

> Ideal für Strandläufer:
Strand und Dünen von Maspalomas

Maspalomas

öffnung eines Meeresmuseums in Aussicht gestellt. Derweil sonnen sich die Touristen auf der alten Mole und genießen den Blick längs der Küste.

Strand

Baden kann man am **6 km langen feinsandigen Strand,** der sich von der Felslandschaft am Leuchtturm nordostwärts erstreckt und dabei immer breiter wird. Am Beginn des Strandes gibt es (gegen Gebühr) Sonnenschirme und Liegen, Umkleidekabinen, Duschen und Toiletten. Auf halber Strecke zwischen Maspalomas und Playa del Inglés ist es am ruhigsten – dort haben sich auch die FKK-Fans ihr Areal gesichert und sich in Steinburgen verschanzt. Ein kurzer Abschnitt bleibt den Schwulen vorbehalten.

Der herrliche Strandsand wird übrigens nicht, wie oft zu lesen ist, von der nahen Sahara herübergeweht, sondern stammt aus dem Meer: Feinste, von der Brandung zerriebene Partikelchen von Muscheln und Korallen werden an die Küste geschwemmt, wo sie bei Niedrigwasser trocknen.

Dünen

Der Strand geht landeinwärts in die **Dunas de Maspalomas** über: eine grandiose Dünenlandschaft, so groß, dass man sie als „**Mini-Sahara**" bezeichnet. Jedes Jahr wandern die Dünen mehrere Meter landeinwärts, wobei sie der Wind in immer neuen Formen zu hohen Sandbergen aufwirft. 250 ha stehen unter Naturschutz – auf ausgewiesenen, mit Bohlen

markierten Wegen kann man die Dünen zu Fuß durchqueren. In ihren Talsohlen, die bis ans Grundwasser ausgeweht sind, behaupten sich kanarische Tamarisken, an ihren Rändern wachsen Salz liebende Pflanzen mit stark verdickten Blättern.

Lagune

Seit 1987 das „Gesetz zum Schutz der Küsten" verabschiedet wurde, ist jegliche Bautätigkeit in Strand- und Dünennähe untersagt. Davon profitierte auch **La Charca,** eine nur durch einen Priel vom Meer getrennte Lagune, in der sich Süß- und Salzwasser mischen. In ihrem Brackwasser schwimmen großmäulige Meeräschen, im Schilfbett nisten Reiher, Moorhühner und andere Wasservögel. Im Herbst gesellt sich gern ein Flamingo dazu; er unterscheidet sich von den Edelreihern *(garcetas)* durch seine großen, rosafarbenen Füße. Von einer überdachten **Aussichtsterrasse** am Südufer der Lagune kann man die Tiere beobachten – manchmal sieht man auch Rieseneidechsen, die sich auf Steinplatten sonnen.

Parque Botánico

Zwei Kilometer landeinwärts, unterhalb des Aussichtspunkts Mirador Campo de Golf, wurde ein Botanischer Garten angelegt. Mehr als **500 subtropische Pflanzen** wachsen hier, u.a. Palmen, kaktusartige Sukkulenten und Ziersträucher, Aroma- und Heilkräuter.

■ **Parque Botánico,** Av. Touroperador Neckermann 1, Mo–Sa 10–18 Uhr.

Weitere Feriensiedlungen

Angrenzend an den Golfplatz (Campo de Golf) errichtete man zwischen 1980 und 1995 die Feriensiedlung **Campo Internacional;** die großzügigen, in viel Grün eingebetteten Bungalowanlagen sind ruhig und bieten sich für Urlaub mit Kindern an. Abendliches Highlife spielt sich hier nicht ab. Einkaufen kann man im **C. C. Faro 2,** fast vor der Haustür befinden sich der Freizeitpark **Holiday World,** die **Markthalle** von San Fernando und das Wasserparadies **Aqualand.** Die Entfernung zum Strand (1,5 bis 3 km) wird von vielen Gästen als Mangel empfunden – nur wenige Anlagen bieten kostenlosen Bustransfer.

Auf einer Anhöhe jenseits der Schnellstraße liegt die gleichfalls in den 1980er Jahren entstandene Siedlung **Sonnenland.** Die Entfernung zum Meer beträgt etwa vier Kilometer. Wenigstens auf diese Urbanisation, meinen Kanarier, hätte man verzichten können.

Praktische Tipps

Info

■ **Touristeninformation:** Mirador del Golf, Av. Touroperador TUI, Campo Internacional, Tel. 928 769585, Mo–Sa 9–16 Uhr.
■ **Internet:** http://turismo.maspalomas.com

▷ Auch so kann „all inclusive" aussehen: Club Calimera Esplendido

Unterkunft

■ **Palm Beach******, Av. del Oasis s/n, Tel. 928721 032, Fax 928141808, www.hotel-palm-beach.com. Das Fünf-Sterne-Design-Hotel ist nur durch eine schmale Straße vom Dünenstrand und dem Paseo getrennt. Im „Zauberberg" des Südens darf man sich verlieren, der Pool mit Palmeninsel ist von einem großen Park umgeben. Alle 328 Zimmer sind im 1970er Jahre Retro-Stil eingerichtet und verfügen über Terrassen, der Blick ist am schönsten vom 4. Stock aufwärts. Der Morgen beginnt mit einem hervorragenden Büfett-Frühstück. Hat man mal keine Lust auf Strand, geht man ins Health Center mit Sauna und angewärmtem Pool (33 °C) oder spielt Tennis. Man kann sich aber auch am Gartenschach, bei Tischtennis, Boccia und Shuffleboard vergnügen. Abends wird zu Live-Musik getanzt.

■ **Grand Hotel Residencia******, Av. del Oasis 32, Tel. 928723100, Fax 928723108, www.seaside-hotels.de. Fünf Sterne und ein großes „L" (Leading small hotel of the world): Architektonisch ansprechendes Luxus-Hotel neben dem Palm Beach, halb maurische Festung, halb mediterrane Villa. Auffallend ist die Liebe zum Detail – von handbemalten portugiesischen Kacheln bis zur blau dekorierten Holzdecke und der nostalgischen Bibliothek. An die große Lobby schließen sich Bar und Bridge-Raum an, gespeist wird im ersten Stock rings um einen lichten Patio. Die 94 im Kolonialstil eingerichteten Zimmer und Suiten gruppieren sich in zweistöckigen Villen um einen gewundenen Pool. Ein ganz besonderes Flair hat der Spa-Bereich: Vor einer Miró-Replik liegt ein Thermalpool, daneben warten Saunen und Türkische Bäder, „tropischer Regen" und ein orientalisch inspiriertes Rasul-Bad mit Schlammbehandlung.

■ **IFA Faro******, Calle Cristóbal Colón 1, Tel. 928 142214, Fax 928141940, www.lopesan.com. Das fünfstöckige Strandhotel liegt an der Südspitze der

Insel neben dem Leuchtturm, von vielen der 188 im mediterranen Stil eingerichteten Zimmer hat man vollen Meerblick. Der Süßwasserpool im Garten ist beheizt, FKK-Freunde ziehen sich aufs Dach zurück.

■ **Club Calimera Esplendido**,** Av. de Sunair 3, Tel. 928140264, Last-Minute Tel. 928566969, www.calimera.com und www.paradisehotels.es. Vor allem bei deutschen Gästen ist der Club beliebt: Die 182 Bungalows sind geräumig und gemütlich, verfügen über Küche und Bad, Sat-TV (mit vielen deutschen Programmen) und Klimaanlage. Sie sind flach gebaut und gruppieren sich um eine große, exotisch bepflanzte Poollandschaft (Becken beheizt und mit Hydromassagen). Frühstücks-, Mittags- und Abendbüfets sind Teil des All-inclusive-Angebots, ebenso Snacks an der Poolbar, Kaffee und Kuchen sowie Eis und Getränke. Tagsüber wählt man zwischen diversen Aktiv- und Animationsprogrammen, abends werden Elvis- und andere Shows aufgeführt. Kostenfrei ist der Parkplatz am Hotel, nicht im Preis enthalten der Besuch des Wellness-Centers. Zum Dünenstrand läuft man, vorbei an der Lagune, 15–20 Minuten.

■ **Ap. Oasis**,** Av. El Oasis 14, Tel. 928141952, www.oasismaspalomas.com. Mehrere kleinere Apartmenthäuser (insgesamt 90 Wohneinheiten) haben eine privilegierte Lage an der naturgeschützten Lagune und nur wenige Schritte vom Strand. In erster Linie liegen die Häuser 5 (Oasis Palmera), 7 (Oasis Mar), 9 (La Paz), 11 (Cocoteros), 13 (Maypa) und 19 (Veroles) – wählen Sie unbedingt Meerblick! Die Rezeption ist rund um die Uhr besetzt und befindet sich in zweiter Strandlinie. Weitere Apartments an der Lagune: www.apartelcapricho.com.

■ **Bungalows Laura**,** Calle TT.00. TUI s/n, Campo International, Tel. 928761025 (17–20 Uhr) oder Mobil: 619240320, www.bungalows-laura.com. Die komplett renovierte, von *Renate Berger* liebevoll geführte Anlage liegt 3 km vom Strand und verfügt über 12 Bungalows, alle mit Bad und gut ausgestatteter Küche. Gäste genießen das gemütliche Ambiente, den Garten und das Baden im Pool. Ein paar Katzen sorgen dafür, dass sich in den Bungalows kein Ungeziefer ausbreitet. Im „Katzen-Café" werden sie von der Besitzerin gefüttert.

Essen und Trinken

■ **El Velero Casa Antonio**,** Paseo del Faro s/n, Tel. 928141153, tgl. ab 12 Uhr. Ein Wandbild von einem Segelschiff im Sturm, dazu die nahe Brandung – hier kommt Meeresstimmung auf! In der offenen Küche schwingt Señor *Antonio* schon seit 1980 den Kochlöffel, am liebsten bereitet er kanarische Klassiker zu. Fischen Fisch kann man sich in der Vitrine aussuchen, vorzüglich schmeckt *pescado a la sal*, der mit einer dicken Salzkruste gebacken wird, auf dass das Fleisch zart und saftig bleibt. Günstig ist das Menü zur Mittagszeit.

■ **Café de Paris*,** Hotel IFA Faro, Paseo del Faro s/n, tgl. ab 10 Uhr. Im Terrassencafé des Hotels genießt man bei einer Tasse Kaffee den Blick auf den Leuchtturm. Die hohen Preise für Torten schrecken viele Besucher ab.

▷ Touri-Karawane im Tamarisken-Wald

☐ Karte Umschlag hinten, Übersichtskarte S. 16

Preiswert essen

Jeden Freitag gibt es bei der deutschen Fleischerei in der Markthalle von San Fernando ein sehr günstiges Menü. Am besten vorbestellen unter Mobil: 6176453903! Im Internet: www.marktfleischerei.es.

206gc sg

Einkaufen

■ **Markthalle:** Mercado Municipal, Av. Alejandro del Castillo, San Fernando, Mo–Sa 8–14 Uhr. Im Einheimischenvorort bekommt man Frischwaren aller Art, u.a. von der deutschen Bäckerei *Zipf* und vom Metzger (siehe Tipp im Kasten).
■ **Wochenmarkt:** Mercadillo, San Fernando, Mi und Sa 8–14 Uhr. Inseltypische Produkte und Souvenirs, Musikerzeugnisse, Kleider und Lederwaren, Schuhe und Brieftaschen, Uhren und Schmuck.
■ **Einkaufszentrum:** C.C. Faro II, Campo Internacional. Mit Souvenirläden, Fotogeschäften und Boutiquen.
■ **Schmuck:** Perla Canaria, Ctra. Palmitos (nahe Aqualand), tgl. ab 9.30 Uhr. Die Ausstellungsfläche misst 1000 m²!

Aktiv

■ **Freizeitpark:** Holiday World, Av. Touroperador TUI 218, Campo Internacional, Tel. 928730498, www.holidayworld-maspalomas.com, tgl. ab 9, Themenpark ab 17, im Sommer ab 18 Uhr; gezahlt wird für die einzelnen Attraktionen. Das Vergnügungszentrum bleibt bis Mitternacht geöffnet: mit Minigolf und Bowling-Bahnen, Riesenrad und Laserdrome, Schiffsschaukel und Kinderkarussell, Spielhöllen, Kneipen, Discos u.a.

■ **Gokart:** Karting Maspalomas, Carretera Palmitos Park Km. 2, Tel. 928148546, tgl. 10–22 Uhr. An der Straße nach Los Palmitos können Junior- und Spezialkarts gemietet werden, von Kindern auch motorbetriebene Bumper-Boats. Der konkurrierenden, mit Guinness-Rekorden aufwartenden Gran-Karting-Bahn von Tarajalillo hat diese Bahn nur die bessere Lage voraus.
■ **Golf:** Campo de Golf Maspalomas, Av. Neckermann s/n, Tel. 928762581, www.maspalomasgolf.net. Der flache 18-Loch-Platz (Länge 6220 m) ist von Sanddünen und Palmen umgeben, das grüne Areal mutet neben den wüstenhaften Dünen surreal an. Die Anlage bietet eine Driving Range mit zweistöckiger Übungsrampe und Putting Green. Aufgrund der großen, nicht so schnellen Greens und der weichen Fairways wird Hobbygolfern der Einstieg leicht gemacht.
■ **Kamelsafari:** Camello Safari, Charca de Maspalomas, Tel. 928760781, tgl. 9–16.30 Uhr. Die *Esta-*

ción de Camellos befindet sich zwischen der Charca de Maspalomas und dem Campo de Golf. Den Ritt durch die Dünen kann man direkt vor Ort buchen. *Susi* aus Winterthur schrieb: „Wer zuviel erwartet, wird enttäuscht! Statt alleine sitzt man zu zweit auf einem Kamel bzw. auf dem Gestell, das auf dessen Rücken befestigt ist. Die Tour geht über abgelatschte Wege statt – wie der Prospekt glauben macht – über unberührte Dünen."

■ **Reiten:** Pretty Horse, Ctra. Palmitos, Mobil: 649420264. Der Reitstall an der Straße nach Los Palmitos bietet geführte Ausflüge in die Bergregion. Weitere Adressen erhält man bei der Touristeninfo.

■ **Wasserpark:** Aqualand, Ctra. Palmitos Km. 3, Tel. 928140525, www.aqualand.es/grancanaria, Eintritt 25 €, Kinder bis zwölf 18 €, online etwas billiger, ebenso im 2-Park-Ticket (+ Palmitos-Park). Bereits um 10 Uhr können Spiel und Spaß beginnen. Aqualand verfügt über 29 Rutschbahnen, ein Wellenschwimmbad mit künstlichem Fluss sowie über eine Minigolfbahn.

■ **Wellenreiten:** Das Meer am Leuchtturm an der Inselsüdspitze rückt an wenigen Wintertagen zum Spot für Experten auf: Weht der Wind von Süd bzw. West, bildet sich eine fantastische Welle (Beaufort 3–5).

In der Umgebung

Los Palmitos

Der 200.000 m² große **Palmitos-Park**, eine subtropische Oase mit Wasserspielen und kleinen Seen, befindet sich in der „Schlucht der kleinen Palmen" und ist 12 km von Maspalomas entfernt. Zu entdecken sind eine Vielzahl exotischer Vögel, Affen, Schildkröten und Riesenechsen. Dazu gibt es eine wunderbare Sammlung von Schmetterlingen, Kakteen, Agaven und Orchideen. Kindern – aber nicht nur ihnen – gefallen die

Shows mit Delfinen, Papageien und Raubvögeln. In einem Aquarium tummeln sich Hunderte von Fischen aus dem Pazifik und dem Amazonas.

■ **Palmitos Park,** www.palmitospark.es, Eintritt 28,50 €, Kinder bis zwölf Jahre 21 €, online etwas billiger, ebenso im 2-Park-Ticket (+ Aqualand), tgl. 9–18 Uhr.

Hinweis: Das über dem Palmitos-Park gelegene, bei dem Brand von 2007 von den Flammen erfasste Hotel wurde renoviert, kann aber aufgrund juristischer Streitigkeiten vorerst nicht neu eröffnet werden.

Monte León & Ayagaures

Die beiden Orte lassen sich zu einer attraktiven Gebirgsrundtour verbinden. Auf der gut ausgebauten GC-503 gelangt man über Montaña de la Data zum noblen Wohnort **Monte León.** Deren prominentester Bewohner war lange Zeit der Konzertmanager *Justus Frantz*. Später passiert man den Aussichtsbalkon Cima Pedro González und genießt einen großartigen Blick in die umliegenden Canyons. Gut erkennen kann man auch die 18 km lange Staubpiste, auf der sich vereinzelte Autos (und Wanderer) von Ayagaures nach Arteara quälen.

Ayagaures am gleichnamigen Stausee ist nach drei weiteren Kilometern erreicht. Es lohnt sich, in den Barranco auf einer nur anfangs asphaltierten Piste ein Stück hinaufzufahren, bis der zweite Stausee, der romantische **Embalse de Gambuesa**, erreicht ist. Am gegenüberliegenden Ufer lugen aus dem Palmendickicht die Häuser des Weilers **Ayagau-**

◁ In Ayagaures: Sie angelt, er hält Wache

Finca Montecristo – Kunst und Botanik

Ein Künstler und Naturliebhaber, der Deutschfranzose Guy Martin (geb. 1951), entwarf im Tal von Ayagaures einen botanischen Garten mit über 5000 Blumen und Pflanzen. *Guy Martin* versteht etwas von seinem Handwerk. Von 1972 bis 2007 lebte er in Paris, wo er erst ein Blumengeschäft im Quartier Latin, dann eines nahe der Place de la Concorde eröffnete. Aufgrund seiner ausgefallenen Arrangements galt er schon früh als der bekannteste Florist der Pariser Kulturszene, belieferte Stars wie *Romy Schneider, Maria Callas* und *Salvador Dalí*. Beim Spaziergang durch die Anlage sieht man Skulpturen von *Guy Martin, Ana Luisa Benitez* und anderen zeitgenössischen Künstlern. In einem kleinen Laden gibt es Honig, Chutney und eingelegte Früchte, Deko-Ware und Schmuck. Nach Voranmeldung werden im Höhlenrestaurant kreative Speisen aufgefahren, und vielleicht ist auch ein Gästezimmer frei, in dem man übernachten kann.

■ **Centro Internacional de Arte,** Barranco de Ayagaures 85, (= GC-504, vorbei am Aqualand, Km 5,5), Tel. 928144032, www.guymartininternational.com, Mi und Sa 11–18 Uhr, Eintritt 4 €.

res Alto hervor (erreichbar via Staudamm). Auf Wanderwegen gelangt man von dort ins zentrale Bergland um San Bartolomé.

Für die Rückfahrt nach Maspalomas empfiehlt sich die GC-504: In sanften Kurven verläuft die auch bei Radfahrern beliebte Straße im grünen Schilfbett des Barrancos.

El Tablero

Die große Siedlung liegt nördlich der Autobahn, 4 km oberhalb von Maspalomas. Aufregend ist das Leben hier nicht, doch immerhin gibt es einheimische Bars und für Feinschmecker das **Restaurant Gaudí***** (Calle Cuba 3), zumeist jüngere Leute trifft man in den beiden Pensionen mit jeweils sechs Zimmern.

- **Lofi***, Las Américas 41, Tel. 928141108
- **Álvarez***, Las Américas 29, Tel. 928142058

Meloneras

Westlich des Leuchtturms führt der **Paseo, eine attraktive Palmenpromenade,** kilometerlang in Richtung Pasito Blanco. Vorbei ist die Zeit, da es zur Landseite nichts als Steppe und Halbwüste gab. Um die Jahrtausendwende begann man mit dem Bau eines neuen Nobel-Resorts, dessen **Hotelpaläste** mit ihren Türmen und Kuppeln wie Schlösser anmuten. Leider schieben sich dazwischen auch hier die für Spanien typischen „Einkaufszentren", die sich – von einem anderen Investor erbaut – nicht um die feudale Architektur ringsum scheren. Weiter landeinwärts entstanden ein großes **Kongress- und Konzertzentrum** (*Auditorio/Centro de Congresos*) und eine moderne Privatklinik. In villenartigen Reihenhäusern verbringt Gran Canarias begüterte Schicht das Wochenende – den Golfplatz Meloneras hat sie unmittelbar vor der Haustür.

Das Einzige, was man in Meloneras bisher vermisst, ist ein Strand. Doch bald wird Abhilfe geschaffen: Die nördlich angrenzende Kiesbucht wird mit Sand aufgeschüttet und die Promenade bis zum Jachthafen Pasito Blanco verlängert.

Praktische Tipps

Unterkunft

- **Hotel Lopesan Costa Meloneras******, Calle Mar Mediterráneo 1, Tel. 928128100, Fax 928128 122, www.lopesan.com. Von kanarischer Kolonialarchitektur inspiriertes Palasthotel. Die beiden kolossalen, turmgekrönten Seitenflügel umschließen einen zum Atlantik hin sich öffnenden Garten, dessen Pool ins Meer überzugehen scheint. Des Rätsels Lösung: Das Wasser ergießt sich über Felswände zur Promenade hinab. Wie nicht anders zu erwarten, sind alle 1136 Zimmer und Suiten komfortabel, ausgestattet mit Marmorbad, Sat-TV und Klimaanlage. Dazu gibt es sechs Restaurants und mehrere Bars. Ferner im Angebot: ein großes Spa (siehe „Wellness") und die Tennisschule Peter Burwash International, Beauty Farm und Fitness Center, Minigolf und Billard.
- **Gran Hotel Lopesan Villa del Conde******, Calle Mar Mediterráneo 7, Tel. 928563200, Fax 928563222, www.lopesan.com. Das Fünfsternehotel ist einem kanarischen Bilderbuchdorf nachempfunden: Am Eingang steht eine gewaltige „Kathedrale", die mit ihren Türmen und Kuppeln die Küstensilhouette dominiert. Der fünfschiffige In-

> Im Garten des Hotels Costa Meloneras

☐ Karte Umschlag hinten, Übersichtskarte S. 16

nenraum mit hohen Säulen, Sterngewölben und Kristalllüstern beherbergt keinen Altar, sondern die Rezeption. Über begrünte, terrassenförmig angelegte Plazas mit Pools gelangt man zu pastellfarbenen Herrenhäusern, in denen sich die Zimmer befinden. Den besten Ausblick bieten die Häuser „F" (nur Suiten) und „E". In die niedrige Klippenküste ist ein Thalasso-Zentrum mit Hallenbad und „See" eingelassen. Mit dem Namen verbeugt sich *Lopesan*, der kanarische Hoteleigentümer, vor Graf *Conde de la Vega Grande,* dem einst die gesamten Ländereien des Südens gehörten.

■ **RIU Palace Meloneras****,** Calle Mar Mediterráneo s/n, Tel. 928143182, Fax 928142544, www.riu.com. Das vierstöckige Hotel verfügt über 305, die zweigeschossige Villenanlage über 144 Zimmer; zur gemeinsamen Gartenanlage gehören zwei Pools und ein separates Kinderbecken, auf zwei Kunstrasenplätzen wird Tennis gespielt (mit Flutlicht). Zum Dünenstrand läuft man gut zehn Minuten. Längs der Küste schließt sich das familienfreundliche Clubhotel RIU Gran Canaria mit weiteren 639 Einheiten an.

■ **Baobab***,** Calle Mar Adriático 1, Tel. 928142 240, www.lopesan.com. Das Hotel mit großer Poollandschaft und 677 Zimmern liegt ca. 300 m vom Strand und hat einen ganz eigenen Charakter. Man fühlt sich nach Afrika versetzt: dunkle Erdtöne, vom schwarzen Kontinent inspirierte Kunst- und Design-Objekte, afrikanische Rhythmen und Pflanzen. Gute Noten erhält das abendliche Büfett, besonders schön sitzt man auf den Terrassen, die sich zum künstlichen Fluss hin öffnen.

Essen und Trinken

■ **Casa Serafin***,** C.C. Playa Meloneras, Tel. 928 145025, www.casaserafin-melonerasplaya.com, tgl. ab 12 Uhr. Historische Fotos zeigen, wie „Serafin" früher aussah. Heute ist es ein Restaurant der gehobenen Preisklasse, wo man essen sollte, womit das Haus emsig wirbt: frischen Fisch und Paella.

■ **Las Rías***,** C.C. Varadero, Tel. 928140062, www.lasrias-meloneras.com, tgl. ab 12 Uhr. Galicisches Top-Restaurant im Obergeschoss des Einkaufszentrums, teuer und gut, aber vom Ambiente her nicht so schön wie das Zwillingslokal Rías Bajas in Playa del Inglés. Gourmets schwören auf „Fisch im Salzmantel" *(pescado a la sal),* doch auch die übrigen Gerichte schmecken vorzüglich. Als Dessert gibt es hausgemachtes Feigeneis.

■ **Casa Lola**,** C.C. Boulevard El Faro, Local 32, Tel. 928140574, www.casalolamaspalomas.com. „Lola" gibt es schon seit 1965: Es war eines der ersten Lokale westlich des Leuchtturms, eine Strandbude fern der Zivilisation. Noch heute gehört es der Familie *Peña, Dolores* ist in die Fußstapfen ihrer Eltern getreten. Im Angebot: Reisgerichte, Fisch und Meeresfrüchte, in kleinerem Umfang auch Fleisch.

■ **Faro Grill**,** C.C. Boulevard Faro, Local 43, Tel. 928145379, www.restaurantegrillfaro.com, tgl. ab 12 Uhr. Großer Andrang, mitten in der Restaurantmeile. Von allem ist etwas im Angebot: Fisch und Fleisch, Pizza und Pasta, serviert von flinken Kellnern.

Maximilian's: Entspannt am Rand

In Meloneras gibt es viele Promenadenlokale, doch hier stimmen die Preise! Die Küche ist klassisch mediterran, das Ambiente locker-elegant und die Bedienung freundlich. Es gibt frische Pasta und gut belegte Pizza, Tintenfisch-Carpaccio, saisonweise auch Spargel mit Trüffelsoße. Fleischliebhaber dürfen sich auf exquisite, 250 g schwere Rinderfilets freuen (davon können zwei Personen satt werden!), wahlweise mit Pilz-, Trüffel- oder Gorgonzola-Soße.

■ **Maximilian's*-****, El Boulevard Faro, Tel. 928147034, tgl. 12–24 Uhr.

■ **Pingüino Soul*-****, Paseo Meloneras/Calle Mar Mediterráneo, Tel. 928142181, tgl. 9–23 Uhr. Sonnenuntergang an der Promenade: Die Tische sind zum Meer hin ausgerichtet, stimmungsvolle Leuchten sorgen für romantisches Flair. Es gibt appetitlich arrangierte Törtchen, Waffeln und Crepes, Säfte und Milkshakes, dazu viele Eisvarianten – von Caramel über After Eight bis Ferrero Rocher. Dem Besitzer gehört auch das Lokal mit Cocktailbar gleich nebenan.

■ **Terraza Boulevard***, El Boulevard Faro, www.terrazaboulevard.com, tgl. ab 10 Uhr. Ob nachmittags oder abends: einer der beliebtesten Treffpunkte an der Promenade. Hausgemachte Torten und Hefegebäck, Tapas und Cocktails.

▣ Sich sonnen, aufs Meer schauen ... – an der Mole von Meloneras

Einkaufen

In den **"Centros Comerciales"** (am schönsten: Boulevard Faro) gibt es Markenläden und Outlets, Kosmetik-, Schmuck- und Elektronikläden, Supermarkt und Restaurants. Auf den Außenterrassen genehmigt man sich einen Drink, einige Pubs bieten zur Abendzeit Live-Musik.

Aktiv

■ **Wellness:** Gran Spa Corrallium im Hotel Lopesan Costa Meloneras, Mar Mediterráneo 1, Tel. 928128 181, tgl. 9–22 Uhr. Das Spa Center ist auch für Nicht-Hotelgäste zugänglich. Auf 3000 m² bietet es eine Kneipp-Grotte und Wasserfälle, eine afrikanische Sauna und ein türkisches Dampfbad, einen Eis-Canyon mit eingebautem Iglu und Entspannungsräume mit weichen Wasserbetten. Der Clou der Anlage ist die Lavahöhle mit einem stark salzhaltigen „Toten Meer", das den Körper schwerelos treiben lässt. Im Außenbereich befinden sich ein warmer Pool mit Luft- und Wassermassagedüsen sowie weitere, unterschiedlich temperierte Schwimmbecken.
■ **Radfahren:** Free Motion, C.C. Oasis Beach, Av. Cristóbal Colón s/n, Tel. 928777479, www.free-motion.net, So geschlossen. Radverleih, Radwandern (Easy Riding) und E-Bike-Touren, Wanderungen, Quad-Safaris.
■ **Golf:** Meloneras Golf, Tel. 928145309, www.lopesanhr.com. Anspruchsvolle, vom renommierten Landschaftsarchitekten *Ron Kirby* entworfene 18-Loch-Anlage westlich von Meloneras.
■ **Weitere Angebote:** siehe „Maspalomas"

Nachtleben

■ **Palacio de Congresos (ExpoMeloneras):** Av. de Colón/Plaza de las Convenciones. Tel. 928128 000, www.expomeloneras.com. Zukünftig sollen hier Konzerte und andere Kulturveranstaltungen stattfinden.
■ **Casino:** Gran Casino Costa Meloneras, Calle Mar Mediterráneo 1, Tel. 928143909, tgl. ab 20 Uhr. Glücksritter strömen ins Casino, Abendkleidung ist erwünscht. Im Veranstaltungssaal finden um 21.30 Uhr häufig Live-Shows statt, ein Mix aus Akrobatik, Tanz und Gesang.

Pasito Blanco

Im Villenort mit **Jachthafen** treffen sich Liebhaber des Segel- und Wassersports. Die wohlhabenden Anwohner lebten viele Jahre ungestört: Sie engagierten einen Sicherheitsdienst, der Touristen und andere Ortsfremde stoppte, wenn sie Pasito Blanco besuchen wollten. Doch braucht man sich von Wächtern nicht einschüchtern zu lassen: Laut spanischer Gesetzgebung sind alle Küsten öffentlicher Besitz – die Anlieger sind verpflichtet, niemanden am Betreten des Strandes zu hindern.

Seit der Eröffnung einer **Schiffsverbindung** von Pasito Blanco zu den Nachbarorten ist der exklusive Charakter des Ortes aufgebrochen. Mehrmals täglich verkehren die Lineas Blue Bird auf der Strecke Pasito Blanco-Arguineguín–Anfi del Mar-Puerto Rico–Puerto de Mogán. Es wird nicht lange dauern, bis schöne Bars und Cafés am Strand von Pasito Blanco aus dem Boden sprießen. Schon jetzt treffen sich Chillout-Fans in dem ins Meer vorgeschobenen **Club La Punta** – mit Restaurant und großer Terrasse, besonders schön zum Sonnenuntergang.

Info

■ **Im Internet:** www.pasitoblanco.com

Aktiv

■ **Schiffsausflüge:** Lineas Blue Bird, Mobil: 629 989633 und 629989366.

In der Umgebung

Strände

Westlich von Pasito Blanco zweigen von der GC-500 mehrere Pisten zu attraktiven, auch von FKK-Fans gern besuchten Stränden ab. Es folgen nacheinander die **Playa de Carpinteras** (Km. 22,9, hier auch Camping mit sanitären Einrichtungen und Rundsteinhäuser der Ureinwohner) sowie die **Playa Triana** (Km. 24) und die lange **Playa del Llano de los Militares** (Km. 24,8). Die Strände verfügen über Parkplätze und sind werktags nur wenig besucht.

Salobre

Im kargen Niemandsland, oberhalb der Autobahn und 10 km von der Küste entfernt, entstand im frühen 21. Jh. ein neuer Villenort. Doch bis heute sind viele Häuser nicht verkauft, und auch das mo-

Estación Espacial – Agenten in geheimer Mission

Im Mai 1960 wurde 5 km westlich von Maspalomas eine Satellitenkontrollstation eingerichtet, an die das nordamerikanische Raumfahrtzentrum NASA angeschlossen war. Doch wurde in dem Sperrgebiet nicht nur das Apollo-Programm vorbereitet. *Alberto Voto,* Ex-Agent der geheimen NATO-Eingreiftruppe Gladio, erklärte im kanarischen Fernsehen, Einheiten dieser Organisation seien hier für den Tag X ausgebildet worden: Für den Fall, dass Linksbündnisse bei Wah-len in Europa siegen sollten, hatten sie einsatzbereit zu sein. Heute weiß man: Anders als etwa in Chile brauchte die NATO in Europa keine Bevölkerung vor demokratisch gewählten Regierungen zu schützen. Die NASA zog ab und machte 1980 den Weg frei für INTA, das Instituto Nacional de Técnica Aerospacial.

Fortan ging es darum, Satelliten zu überwachen, wobei der Aktionsradius von Irland bis zum Äquator und von der brasilianischen Küste bis zur Adria reichte. Satelliteninfos wurden in Pasito Blanco ausgewertet und archiviert, Notsignale zu Wasser, in der Luft und zu Lande über Raumsonden geortet. Seit einigen Jahren werden von der Station auch Mikrosatelliten in die Erdumlaufbahn befördert; so wurde Helios die Aufgabe zugedacht, verborgene Nuklearwaffen zu sichten. Für weitere Nachforschungen wende man sich an:

■ **Estación Espacial de Maspalomas,** Montaña Blanca, estacion.maspalomas@inta.es.

---

numentale **Sheraton-Hotel** ringt um zufriedene Gäste. Zwar wird diesen tagsüber ein kostenloser Shuttle zum Strand angeboten, doch abends ist in dem künstlich geschaffenen Ort nichts los – und das Unterhaltungsangebot des Hotels ist nicht jedermanns Sache. Wohl fühlen sich passionierte Golfspieler: Inmitten der sonnenverglühten Landschaft sprießt grüner Rasen, der **27-Loch-Golfplatz** wird intensiv genutzt.

■ **Sheraton Salobre Golf & Resort****,** Autopista GC-1 Km. 53, El Salobre, Tel. 928943000, www.sheraton.com/grancanaria; Golfplatz, Tel. 928 010103, www.salobregolfresort.com.

Raumfahrtzentrum

Westlich des Kreisels Montaña Blanca (GC-500 Km. 21) erblickt man rechts der Straße zwei riesige Parabolspiegel, die nicht zur Tourismuslandschaft des Südens passen. Es handelt sich um die **Estación Espacial de Maspalomas,** auch bekannt unter dem Namen **CEC** (Centro Espacial de Canarias) – eine Anlage des Instituts für Luftfahrttechnik (INTA), das dem spanischen Verteidigungsministerium untersteht ist (siehe Exkurs).

◁ Einsamer Strand westlich der Costa Canaria

Überblick | 50
Von Arguineguín nach Anfi | 54
Puerto Rico und Playa Amadores | 58
Puerto de Mogán | 64
Mogán | 71
La Aldea de San Nicolás | 76

Auf Gran Canaria weht der kühle Passatwind meist von Nordost. Von den hohen Bergen im Inselzentrum wird er so ausgebremst,

Der Südwesten und Westen

dass er den Südwesten nicht erreicht. Nie peitscht hier Sand dem Strandbesucher ins Gesicht.

◁ Playa de la Verga – karibischer Sand für kanarischen Strand

IM SCHATTEN DES PASSATS

Warm und angenehm lebt es sich im Windschatten des Passats. Der Atlantik präsentiert sich als „Meer der Ruhe", an der Steilküste wurden künstliche Strände geschaffen. In Puerto de Mogán endet die künstliche Ferienwelt, die Schluchten des Westens blieben vom Tourismus verschont.

Überblick

Südwesten

Die zerklüftete Südwestküste, von sandigen Badebuchten unterbrochen, gilt als **sonnensicherste Region** Gran Canarias mit der geringsten Luftfeuchtigkeit. Das Meer ist ruhig, die Winde wehen schwach. Da überrascht es nicht, dass sich jeder freie Küstenabschnitt in eine Touristensiedlung verwandelt hat. Von Süden kommend hat sich der Pauschaltourismus bis Puerto de Mogán ausgedehnt. Immerhin entstand um den dortigen Jachthafen eine beschaulich-pittoreske Ferienanlage.

Architektonische Meisterstücke sind freilich Mangelware. Besonders schlimm hat es Puerto Rico erwischt. Schon früh entwickelte sich der Ort von einer zierlichen Ansiedlung zu dem nach Playa del Inglés größten touristischen Zentrum. Terrassenförmig wurden die Wohnungen in die Hänge geschlagen, bis diese in ihrer Gesamtheit zubetoniert waren. Dem Bürgermeister der Gemeinde Mogán, dem der Küstenstreifen von Arguineguín bis Veneguera untersteht, reichen die bisherigen Bettenzahlen noch immer nicht aus. Der Felsküste werden stets neue Urlaubsorte abgerungen, so in Patalavaca, Tauro und Taurito.

◿ Bootstrips unter und über Wasser

Westen

In Mogán ist die künstliche Touristenwelt zu Ende – hier beginnt „das andere Gran Canaria". Von dort geht es 60 km längs der Küste bis Agaete hinauf –

HIGHLIGHTS

- **Bootsfahrten:** an der Südwestküste entlang | 53
- **Anfi:** mit weißem Sandstrand, Palmen und Maroa-Insel | 55
- **Barranco de Arguineguín:** führt zum Stausee von Soria | 57
- **Puerto de Mogán:** mit schönem Jachthafen | 64
- **Mirador del Balcón:** schwebend über dem Abgrund | 78
- **Grand Canyon:** hinauf ins Inselzentrum | 79

Diese Tipps erkennt man im Buch an der gelben Hinterlegung im Kapitel.

Überblick

Südwesten und Westen

durch eine kaum besiedelte Landschaft. Hier gibt es keine Vergnügungsparks mehr, auch keine Hotels mit Animation. Einziger Ort mit Unterkünften ist La Aldea de San Nicolás im Tal der Tomatenfelder.

Ausflüge

Von großem landschaftlichem Reiz sind die Täler und Schluchten *(barrancos)*. Das **Tal von Soria** kann man von Arguineguín am besten erkunden (GC-505). Dabei stößt man zu einem grün schimmernden **Stausee** vor, der zu den malerischsten Winkeln der Insel zählt. Eine schmale Asphaltpiste verbindet Barranquillo Andrés mit der von Mogán in die Bergwelt führenden, gut ausgebauten GC-605. Auf dieser kommt man zum **Stausee Cueva de Las Niñas** und weiter nach Ayacata.

Grandios ist auch die Strecke **von Mogán nach La Aldea de San Nicolás** und von dort über die atemberaubende, steil zum Meer abfallende **Küstenstraße nach Agaete**. Oder man wählt die GC-210, die durch eine tief eingeschnittene Schlucht (Gran Canarias „**Grand Canyon**") nach **Artenara** hinaufführt. Um Flora und Fauna zu schützen, wurden weite Teile der Region zum Naturschutzpark erklärt.

Bootsfahrten

Die ruhige See lädt zu gemütlichen Bootsfahrten entlang der Küste ein. **Linienschiffe** verkehren zwischen Pasito Blanco, Arguineguín, Anfi del Mar, Puerto Rico und Puerto de Mogán. Die Fahrt erlaubt einen interessanten Vergleich zwischen den verschiedenen Ausdrucksformen touristischer Architektur: Kahle Betonklötze wechseln mit blumengeschmückten Häusern.

Bus-Service

Busse der Linien 32 und 33 verkehren zwischen Playa del Inglés und Puerto de Mogán, dazu gibt es Direktverbindungen von Las Palmas nach Puerto Rico (31), Playa del Cura (91) und Puerto de Mogán (01). Von dort geht es ins Bergdorf Mogán (38, 84) und weiter mit der 38 nach Veneguera und La Aldea de San Nicolás (Busfahrplan siehe „Anhang").

Kurzinfo Westen und Südwesten

- **Touristeninformation:** Büros in Puerto Rico, Puerto de Mogán und La Aldea de San Nicolás.
- **Internet:** www.costa-mogan.com und http://turismo.mogan.es.
- **Post:** in Puerto Rico, Puerto de Mogán und La Aldea de San Nicolás.
- **Autovermietung:** in Puerto Rico und der Hafenzeile von Puerto de Mogán.
- **Markt:** Arguineguín Di 8–14, Puerto de Mogán Fr 8–14 Uhr.
- **Transfer ab Flughafen:** 1–1½ Std., La Aldea 2½ Std.
- **Taxi:** Puerto Rico Tel. 928152740, Mogán Tel. 902192019, La Aldea de San Nicolás Tel. 928890102.

Von Arguineguín nach Anfi

Arguineguín

Arguineguín präsentiert sich auf den ersten Blick als gesichtslose Urbanisation, ein Gewerbeort mit schnell hochgezogenen, funktionalen Betonblocks. Angenehm überrascht wird man an der Küste. Über einem schmalen Strand verläuft eine begrünte Promenade, die nordwestwärts zur „Puesta del Sol" führt, einer niedrigen Klippe, von deren Terrassenlokalen man einen schönen Sonnenuntergang genießt. In südöstlicher Richtung führt die Promenade zum Hafen, dem Arguineguín seine Entstehung verdankt. Nicht umsonst heißt *arguin* im Berberischen „stilles Meer" – schon die Ureinwohner gingen hier auf Fischfang. Noch immer sticht vom Hafen eine kleine Flotille in See, die u.a. die Cofradía de Pescadores, das Restaurant der Fischergenossenschaft, mit Frischware beliefert. Auch die Shuttle-Schiffe der Blue Bird und Líneas Salmón legen hier an. Angrenzend ans Hafenareal findet am Dienstagvormittag ein großer **Wochenmarkt** statt. Viel Kitsch und Ramsch geht über den Tresen, auch etwas Fisch, Blumen und Backwaren. Noch weiter südlich rottet in in einer geschützten Bucht eine Zementfabrik vor sich hin. Demnächst, so heißt es, werde sie abgerissen, ein arabischer Multi plant an dieser Stelle den Bau eines Luxushotels.

- Siesta in Arguineguín
- Anfi: Ein Bett am Strand ...

Anfi

Folgt man der Straße in Richtung Puerto Rico, wird die Küste steiler. Die hier entstandenen Feriensiedlungen gehören zum Küstenabschnitt **Patalavaca**, es folgt die unterhalb der Straße geschaffene **Timeshare-Anlage Anfi** mit einer attraktiven Badebucht, der **Playa de la Verga**. Ihr weißer Sand wurde von den Bahamas importiert – ein Strand mit karibischem Flair! Wächter hindern Autofahrer an der Zufahrt, doch zu Fuß darf man passieren. Die palmenbestandene Küstenzeile mit ihren Restaurants, Bars und Geschäften ist für alle zugänglich, besonders attraktiv ist die vorgelagerte, über eine Brücke erreichbare künstliche Insel Maroa mit viel Grün und einer schicken Lounge Bar. Von dort ist es nicht weit zur Anlegestelle für die Fährschiffe und zum Jachthafen.

Timesharing: Rattenfänger am Paseo

An der Promenade von Anfi kann man ihnen nur schwer entgehen: Junge Leute überreichen ahnungslosen Touristen eine Einladung zum Besuch eines „Urlaubsclubs" (früher sagte man „Timeshare-Anlage"), damit sie „die Vorteile eines Ferienerlebnisses der besonderen Art" kennen lernen können. Für ihre Teilnahme, so heißt es verheißungsvoll, würden Besucher mit großzügigen Geschenken belohnt. Schon so manch ein Tourist hat sich von den psychologisch geschulten Mitarbeitern zum Kauf einer Immobilie verleiten lassen. Ehe er es sich versah, unterschrieb er einen Kaufvertrag und erwarb für viel Geld das zeitlich befristete Nutzungsrecht an einem Apartment. Viele Käufer haben ihre Entscheidung später bereut. Gut zu wissen: Laut EU-Richtlinie kann der Kaufvertrag binnen zehn Tagen widerrufen werden.

Praktische Tipps

Info

■ **Touristeninformation:** Kiosco, Calle Miguel Marrero s/n, Mo–Fr 10–13 Uhr. Der Infostand an der Promenade ist nur unregelmäßig besetzt.

Unterkunft

■ **Radisson Blue Resort Gran Canaria****,** La Verga, Patalavaca, Tel. 928150400, www.radissonblu.com/resort-grancanaria. Das ehemalige Steigenberger-Hotel, 1 km nördlich Arguineguín, wurde neu designt. Geboten wird Komfort in exklusiver Atmosphäre. Die Eingangshalle befindet sich im Dachgeschoss, mit Fahrstuhl gelangt man zu der in Meereshöhe gelegenen Rezeption. Viele skandinavische und deutsche Urlauber kommen hierher, genießen die verhaltene Eleganz des Hauses. Sie leben in 189 Luxuszimmern und Suiten, haben von dort einen weiten Panoramablick über den Atlantik. Die exotische Poollandschaft mit Palmeninseln und Grotten reicht hinab bis zum kleinen Strand.

■ **Club Puerto Anfi***,** Anfi del Mar, Barranco de la Verga 7, Tel. 928152970 und 928152933, www.anfi.com. Vereinzelt und saisonweise werden Apartments auch an Touristen vermietet.

■ **Dorado Beach**,** Av. de los Guaires s/n, Patalavaca, Tel. 928150780, Fax 928150932. Das 9-stöckige Apartmenthaus mit Spa und Pool thront über einer kleinen, künstlichen Sandbucht. Die meisten der 195 Apartments verfügen über Meerblick. Man hat es nicht weit bis ins Ortszentrum, eine Promenade lädt zum Spaziergang ein.

Essen und Trinken

In Arguineguín:

■ **Pizzeria Ciao*,** Calle La Lajilla s/n, Centro Recreativo Puesto del Sol, Arguineguín, Tel. 928736107, www.restaurantepizzeriaciao.es, tgl. 12–24 Uhr. Ein schöner Ort für den Sonnenuntergang: Der Italiener (mit Terrasse überm Meer) bietet Pizza und Pasta, Fisch und Fleisch. Vor dem Essen kann man sich im Pool nebenan erfrischen.

■ **Cofradía de Pescadores**,** Puerto Pesquero s/n, Tel. 928150963, Mo geschlossen. Das Lokal im Fischerhafen gibt es schon seit Jahrzehnten. *Manuel „El Picao"* und seine Tochter bieten klassische Fischgerichte und Meeresfrüchte, auf Wunsch auch auf der Terrasse.

In Anfi/Patalavaca:

■ **La Aquarela***,** Ap. Aguamarina, Barranco de la Verga, Tel. 928735891, tgl. 13.30–16 und 19–23 Uhr, im Juni geschlossen. Zum Gourmet-Restaurant gehört eine Weinbar, in der man exquiste, aber teure Tapas serviert.

■ **Anfi Maroa Club de Mar**,** Playa de la Verga, Tel. 638490670, www.anfi.com, tgl. 10–24 Uhr. Für alle zugänglich ist der Beachclub auf einer künstlichen, über Brücke erreichbaren Insel unterhalb des Anfi-Hotels. Man kann es sich auf Bali-Liegen bequem machen, Drinks und auch kleinere Speisen bestellen.

Aktiv

■ **Wassersport:** Watersport Centre Anfi Beach, Marina Anfi del Mar, Tel. 928151440, Mobil: 606129 214, www.luismolinasport.com. Große Auswahl: u.a. Wasserski, Tretboot und Kayak, Banana und Hobie Cat, Benito Cruiser und Fuerza 7. Daneben gibt es Touren im Segelboot und Walbeobachtung.

▷ Soria-Stausee
am Ende der Schlucht von Arguineguín

Feste

■ **16. Juli:** *Fiesta de Nuestra Señora del Carmen.* Am 16. Juli huldigt man *Carmen,* der Schutzheiligen des Meeres, mit einer Bootsprozession von Arguineguín nach Puerto de Mogán.

In der Umgebung

Barranco de Arguineguín

Die GC-505, eine landschaftlich reizvolle, 23 km lange Straße, führt vom Kreisel südlich Arguineguíns durch ein wasserreiches, fruchtbares Tal in die Bergwelt hinauf. Nach 8 km passiert man eine Palmenoase mit einer schönen Camping-Anlage mit Pool und Lokal.

■ **Camping El Pinillo,** GC-505 Km. 8,3, Mobil: 629907826, Tel. 928185770, www.clubccgc.com (Club de Camping y Caravaning Gran Canaria) Holzhütten *(cabañas)* für 4 Pers. mit je zwei Doppeldeckerbetten und Matratzen 25 € (Bettzeug mitbringen); **Restaurant** Tel. 928185770, Mo geschlossen, Besitzer *Nino* bietet Di–Fr ein günstiges Menü an.

Soria

Die GC-505 führt dann vorbei an **Cercados de Espino** und **Barranquillo Andrés** und endet in **Soria** am gleichnamigen Stausee (Presa de Soria). Dort kann man sich in der **Casa Fernando** mit einem Frühstück (Sandwiches oder selbstgebackenes Brot mit Anis) oder kleinen kanarischen Speisen stärken. Die Bar ist zentraler Treffpunkt am See, viele kommen nur für einen *zumo papaya* und einen kurzen Plausch mit *Julian* vorbei (Tel. 928172346, tgl. ab 10 Uhr). Im Supermarkt hinter der Bar stellt man sich

In den Höhlen von Soria – der Traum vom Ausstieg

In den frühen 1970er Jahren entdeckten junge Menschen aus nördlichen Gefilden die ausgebauten Höhlen am See von Soria und schlossen sich zu einer libertären Gemeinschaft zusammen. Zulauf bekamen sie von Campingfreaks, die bei Ausflügen von Tauro nach Soria mit den Aussteigern in Kontakt kamen und vom dortigen Leben so angetan waren, dass sie nicht nach Mitteleuropa zurück wollten.

Seit sich das Leben auf dem Archipel an den Normen der EU orientiert, ist die Zeit für utopische Experimente vorbei. Ausländer ohne Aufenthaltsgenehmigung hatten, so hieß es unisono in den Medien, nichts auf der Insel zu suchen. Die Staatsmacht rückte den Aussteigern auf die Pelle und dehnte ihre Kontrollen aus. Auch auf Gran Canaria sollte es fortan keinen „herrschaftsfreien Raum" mehr geben. Bleiben konnte nur, wer sich in die Gesellschaft einfügte, sich bei der *extranjería* (Fremdenpolizei) meldete und seine Kinder brav zur Schule schickte. So hatten sich die „Aussteiger" ihr Leben früher nicht vorgestellt.

> ### Wandertipps
>
> **1.** In Barranquillo Andrés, drei Kilometer unterhalb von Soria, zweigt eine Straße in Westrichtung ab und stellt eine Verbindung zur GC-605 Mogán–Ayacata her. Folgt man ihr 3,2 km bis zur Passhöhe, geht es links auf einem Wanderweg zur 1214 m hohen **Montaña de Tauro** hinauf (hin und zurück 2 Std.).
>
> **2.** Von Soria kommt man in 5 Std. via Chira-See und Cruz Grande nach San Bartolomé.

Puerto Rico und Playa Amadores

Puerto Rico

Puerto Rico ist das nach Playa del Inglés **zweitgrößte Ferienzentrum der Insel** und zugleich eine **Hochburg der Wassersportler.** Der Ort, so heißt es in Broschüren, „schmiegt sich malerisch in einen Talkessel". Die Wirklichkeit sieht leider anders aus: Auch die letzten freien Berghänge sind zubetoniert, Kabinenbahnen fahren zu den höchstgelegenen Apartmenthäusern hinauf, von wo sich der ersehnte „weite Blick auf das Meer" eröffnet.

Vor allem Briten und Skandinavier verbringen hier ihren Urlaub. Der Ort liegt windgeschützt und wurde in den letzten Jahren üppig bepflanzt, damit der Blick nicht allein auf die Bausünden falle. Eine von zwei Molen umrahmte, 500 m lange Bucht mit feinsandigem

den Warenkorb für ein Picknick in den Bergen zusammen – wer lieber am See essen möchte, folgt der Straße noch ein Stück längs des Nordufers. Wo der Asphalt endet, geht es nur mit Jeep ins Landesinnere weiter (Richtung Ayacata).

Strand bietet gute Bademöglichkeiten. Doch zu Zeiten der Vollbelegung erweist sich der Strand als zu klein, nicht wenige Touristen sind dann gezwungen, auf den Pool ihrer Anlage oder einen Beachclub im Talgrund auszuweichen.

Playa Amadores

Die meisten deutschen Reiseveranstalter haben sich von Puerto Rico verabschiedet und sind in die neue Ferienstadt Playa Amadores umgezogen. Sie liegt 2 km westlich und ist mit Puerto Rico durch eine herrliche **Klippenpromenade** verbunden. Der helle, 400 m lange **Strand** ist wellengeschützt, der weiße Korallensand angeblich aus Kuba importiert. Für das leibliche Wohl ist gesorgt, über 40 Läden, Cafés und Restaurants warten auf Kundschaft. Nur schade, dass wahrscheinlich auch hier die Hänge nach dem Vorbild Puerto Ricos zubetoniert werden – am schönsten wohnt man an der Südseite des Ortes in den Hotels Gloria Palace.

Praktische Tipps

Info

■ **Touristeninformation:** Av. de Mogán s/n, Tel. 928158 804, Fax 922561050, Mo–Fr 9.30–14.30 und 17–19, Sa 9.30–14.30 Uhr. Im Pavillon am zentralen Verkehrskreisel werden Stadtpläne, Broschüren und Busfahrpläne ausgegeben.
■ **Internet:** http://turismo.mogan.es

> Auch über einen Küstenweg erreichbar – der weiße Sandstrand von Playa de Amadores

Unterkunft

■ **Gloria Palace Royal***,** Calle Ana Lindts s/n, Playa Amadores, Tel. 928128640, www.gloriapalaceth.com. Top-Hotel im Südwesten: Das Viersternehaus mit natürlicher Steinfassade liegt oberhalb der Badebucht und fügt sich sehr gut in den Steilhang ein. Die Klippenlage wird optimal genutzt: Alle Räume öffnen sich mit Panoramafenstern nach außen, sodass man aus jedem Winkel das Meer im Blick hat. Die 200 Zimmer sind je 50 m² groß, die Suiten zwischen 90 und 250 m² und ausgestattet mit einer Kitchenette. Außerdem gibt es geräumige Salons mit WiFi, eine große Pool-Landschaft und ein Spa.
■ **Gloria Palace Amadores***,** Av. de la Cornisa s/n, Playa Amadores, Tel. 928128510, Fax 928128 517, www.gloriapalaceth.com. Von jedem Zimmer des Hotels sieht man das Meer. Mit dem Panorama-

Playa Amadores, Puerto Rico

■ Übernachten
4 Hotel Gloria Palace Amadores
5 Hotel Gloria Palace Royal

■ Essen und Trinken
1 Beach Club Amadores
2 Ciao Ciao
3 Café del Mar - Palmrest
6 La Taberna Timanfaya
9 Don Quijote

■ Aktiv
7 Tauchen / Segeln / Wasserski
8 Badeausflug / Wal- und Delfinbeobachtung / Hochseeangeln
10 Centro Deportivo Puerto Rico (Tennis und Squash)

fahrstuhl geht es hinab zur Straße und zum Paseo Marítimo, der den Ferienort mit Puerto Rico verbindet. Die Bushaltestelle befindet sich in unmittelbarer Nähe. Zur Gartenanlage gehören zwei beheizte Pools mit Barservice. Das Restaurant liegt unterhalb der Rezeption, in der Salon-Bar finden abendliche Shows statt. Außerdem gibt es ein modernes Zentrum für Thalassotherapie sowie einen Spielpark und Miniclub für Kinder.

Essen und Trinken

■ **Don Quijote****–***, Edificio Porto Novo 12, Puerto Base, Puerto Rico, Tel. 928560901, www.rest donquijote.com, So und Mo geschlossen. Das vorzügliche, wenn auch nicht ganz billige Lokal wird von *Elsa* aus Holland und *Pacheco* aus Extremadura engagiert geführt. Neu ist das *menú de degustación*: erst Lachs-Carpaccio oder Salat, dann *gambas al ajillo*, deftige Wurst oder grüner Spargel, Fisch in Kapernsoße oder Filet *Stroganoff*, und zum Abschluss *Dame Blanche* (Minzlikör mit heißer Schokolade verrührt und mit heller Vanillesoße drapiert). Wer abends kommen will, sollte unbedingt reservieren!

■ **La Taberna Timanfaya*****, Av. de Veneguera 6, Ap. Sanfe, Puerto Rico, Tel. 928725453, www.lata berna.cc, Mo–Sa ab 18 Uhr. Restaurant mit täglich wechselnder Speisekarte. Lecker sind die Fischge-

■ **Café del Mar – Palmrest**,** Playa Amadores, Tel. 928725086, tgl. 10–23 Uhr. „Erstes" Lokal der Gastro-Meile: Kommt man auf dem Promenadenweg von Puerto Rico, geht es hinterm Kreisel gleich die Treppe hinunter zum Strand. Man isst Sandwiches und Salat, Pasta und Pizza; Spezialität des Hauses sind Räucherforelle mit Erdnuss-Soße und Truthahnfilet auf Rucola.

Schiffsausflüge

■ **Linienverkehr:** Shuttle-Schiffe verkehren stündlich 10–17 Uhr auf der Strecke Pasito Blanco–Arguineguín–Anfi–Puerto Rico–Puerto de Mogán. Karten erhält man an Bord, beim Kauf einer Hin- und Rückfahrkarte lässt sich Geld sparen.

■ **Badeausflug:** Vormittags um 10 oder 10.30 Uhr startet der Trip, mit nostalgischem Windjammer, Katamaran oder Motorschiff schippert man die Küste entlang. An einer einsamen Bucht ankert das Schiff und man hat die Möglichkeit zu baden, zu schnorcheln und zu angeln; manchmal werden auch Trips auf Banana Boats und Wasserscootern angeboten. Nach dem Essen an Bord geht es in den Hafen zurück. Tickets erhält man über Reiseveranstalter oder direkt vor Ort.

richte, z.B. geschmortes Kabeljaufilet mit Kräuterkartoffeln. Oft werden Werke kanarischer Künstler ausgestellt.

■ **Beach Club Amadores*-***,** Tel. 928560056, www.amadoresbeachclub.com, tgl. 11–24 Uhr. Tolle Lage auf dem Kap und deshalb stets gut besucht: Fusion-Restaurant, Chillout-Bar und Relax-Terrasse.

■ **Ciao Ciao**,** Playa Amadores, Lokal 35, Tel. 928 562001, www.ciaociao-amadores.com. Am nördlichen Ende der Gastro-Meile residiert Signore *Salvatore* aus Capri. Besonders schön ist es hier bei Sonnenuntergang, wenn die Badegäste fort sind und man in aller Ruhe Spaghetti mit Meeresfrüchten oder Carpaccio genießen kann.

■ **Wal- und Delfinbeobachtung:** Katamaran Spirit of the Sea, Puerto Base, Tel. 928562229, www.dolphin-whale.com. Die Touren starten mehrmals wöchentlich ab 10 Uhr und dauern 2–5 Std. Das Schiff ist mit Glasboden, Hydrophonen und Unterwasserkameras ausgestattet, doch nicht immer ist die Suche erfolgreich.

■ **Hochseeangeln:** Canary Sport Fishing, Puerto Base, Puerto Rico, Mobil: 618737372, www.whitemarlin.com. Mit dem White Marlin, einem 12 m langen Katamaran, geht es tgl. um 9 und 15 Uhr aufs Meer hinaus – mit einem Picknick auf hoher See.

■ **Jachthafen:** Puerto Deportivo Puerto Rico, 27° 46" nördl. Breite, 15° 37" westl. Länge, Tel. 928561 141. 531 Anlegeplätze, maximaler Tiefgang 11 m.

Aktiv

■ **Segeln und Surfen:** Sail & Surf Overschmidt, Puerto de Escala, Pantalan 1; Kontakt: *Helmut* und *Karin Dembski,* Ap. X-54, Puerto de Mogán, Tel./Fax 928565292, www.segelschule-grancanaria.de. Es gibt Kurse für Anfänger und Fortgeschrittene, angeschlossen ist ein Surfboardverleih mit günstigem 10-Stunden- und Wochentarif. Overschmidt ist die einzige Segelschule mit amtlicher Prüfungskommission für die Abnahme des Sportbootführerscheins „Segeln & Motor". Für sämtliche Kurse benötigt man ein ärztliches Attest, in dem die einwandfreie physische Kondition bescheinigt wird.

■ **Tauchen:** Top Diving, Puerto Escala, Tel. 928560 609, www.topdiving.net. Kursteilnehmer wird von der Costa Canaria kostenlos abgeholt.
■ **Tennis:** Centro Deportivo Puerto Rico, Av. de la Cornisa s/n, Tel. 928560134. Tennis- und Squashcourts neben der zentralen Bushaltestelle, daneben Bowling und Minigolf.
■ **Wasserski:** Escuela Esquí Náutico, Puerto Escala, Pantalan 2, Puerto Rico, Tel. 928561620.

In der Umgebung

Playa de Tauro

Der Timeshare-Riese Anfi del Mar plant für diesen Küstenbereich den Bau eines Jachthafens, im Tal entstanden bereits große **Hotelanlagen** und ein **Golfplatz** (Anfi Tauro Golf, Valle de Tauro, Tel. 928128840). Die beliebte, 2 km landein-

Puerto Rico:
Am Hafen steigt man aufs Shuttle-Schiff
Playa de Taurito:
Apartments ziehen sich die Hänge hoch

wärts gelegene Campinganlage Anexo II wurde von Anfi „geschluckt".

Playa del Cura

Kleine Bucht mit Promenade und 200 m Sandstrand. Auch an diesem Ort sind die Hänge mit Apartments bedeckt, im Talgrund befindet sich ein Einkaufszentrum. Beste Anlage ist das modern-minimalistische **Sunprime Riviera Beach & Spa***** (http://rivierabeach.sunprime.net): mit Naturmaterialien und -farben sowie einem Spa mit Meerblick; der Pool-Garten geht in den Strandbereich über. Bescheidener ist das **Riviera & Marina Resort** **-*** mit 270 Zimmern in den Hotels Riviera Beach & Vista sowie der Apartmentanlage Riviera Mar (Tel. 928560 937, www.rivieramarinaresorts.com).

Playa de Taurito

Der auch unter dem Namen *Diablito* („Teufelchen") bekannte 250 m lange, feinsandige Strand war in den 1970er Jahren ein Geheimtipp von Blumenkindern und Nudisten. Es kümmerte sie nicht, wer da in der herrschaftlichen Villa im Oberlauf des Barrancos wohnte. Denn man ließ sie in Frieden – und auch der ältere Herr, der in dem Haus residierte, wollte in Ruhe gelassen werden. Es handelte sich um *Arthur Axmann*, Reichsjugendführer und Nachfolger *Baldur von Schirachs*. Anfang der 1980er Jahre verkaufte er sein Anwesen und machte so den Weg für eine weitere Touristenurbanisation frei.

Heute ist der ganze Barranco verbaut, überdimensionierte Hotelkästen ziehen sich die Hänge hinauf. In der Mitte des

Tals ließ man Raum für einen (kostenpflichtigen) Meerwasser-Pool. Da geht man lieber gleich vor zum Strand und badet dort – schöner und gratis. Der Plan, die Bucht von Taurito mit der von Puerto de Mogán durch eine Promenade zu verbinden, ist am Widerstand der Ökologen gescheitert. So bleibt man im Tal isoliert und bedarf des Mietwagens, um sich den Urlaub zu verschönern. Wer „Playa de Taurito" bucht, sollte eines der beiden nahe am Strand liegenden Hotels wählen (Mindestalter 18 Jahre):

■ **Taurito Princess*****, Tel. 928565400, Fax 928 565566, www.princess-hotels.com.
■ **Suite Princess****, Tel. 928565510, Fax 928565 708, www.princess-hotels.com.

Puerto de Mogán

Der beliebte Ferienort liegt an der Mündung eines breit auslaufenden Barrancos. Bis Mitte der 1980er Jahre gab es hier nur ein idyllisches Fischerdorf, dann wurde ihm – weit aufs Meer gebaut – eine touristische Anlage vor die Nase gesetzt. Immerhin ist sie die architektonisch schönste der Insel: mit Häusern in mediterranen Farben und exotisch bepflanzten Gassen, kleinen Brücken und Stegen – und all dies autofrei. In Broschüren preist man das hier entstandene „andalusische Dorf" oder spricht gar von „**Klein-Venedig**": Wasserwege durchziehen die üppige grüne Anlage, von den Cafés an der Promenade schaut man auf schnittige Boote. Wer hier wohnt, genießt vor allem die ruhigen Morgen- und Abendstunden. Von 10 bis 16 Uhr füllt sich der Ort – besonders schlimm ist es am Freitag, wenn der Markt stattfindet und sich riesige Menschentrauben durch den Puerto wälzen.

Hafen

An der Landspitze, wo sich auch die dreistöckige Hafenkommandantur befindet, legen die **Schiffe** aus Puerto Rico, Anfi, Arguineguín und Pasito Blanco an (Karten an Bord). Eine ins Meer vorgetriebene, mehrere hundert Meter lange Mole schuf Raum für zahlreiche Boote und Jachten; im hinteren Teil des Hafens liegt die Fischerei-Flotte. Wenn die Männer ihren Fang sortieren, kann man Fische von erstaunlicher Größe bestaunen: Tun, Zackenbarsch, Goldbrassen und vieles mehr. Das Restaurant der Kooperative befindet sich direkt an der Mole – frischeren Fisch (zu überhöhtem Preis) gibt es nirgendwo! Eine gute Adresse (allerdings nur, was das Panorama betrifft) ist das Terrassencafé am **Leuchtturm El Faro:** Hoch thront man über dem Meer und genießt den herrlichen Rundblick.

Wer einen Blick auf den Meeresgrund riskieren will, nimmt an einer 40-minütigen **U-Boot-Fahrt** teil. Die 20 m lange und 5 m breite Yellow Submarine startet ab 10 Uhr achtmal täglich. Durch große Bullaugen sieht man Schwärme von Fischen, die von einem mitfahrenden Beiboot gefüttert werden. Höhepunkt ist die Besichtigung der *Alexandra*, eines gesunkenen Wracks, in dessen Umkreis sich oft Taucher tummeln.

■ **Yellow Submarine,** Puerto, Tel. 928565108, www.atlantida-submarine.com, Preis 29 €, Kinder

Puerto de Mogán

bis zwölf die Hälfte, kostenloser Zubringer ab Costa Canaria (auf Flyer achten!).

Altstadt

Der winzige **Dorfplatz** war früher Treffpunkt der Moganeros. Er wird „Platz des Sonnenuntergangs" (Plaza de Puesta del Sol) genannt – eine Bezeichnung, die aus jenen Zeiten stammt, als der Blick aufs Meer noch nicht versperrt war. Von hier winden sich Gassen steil und winklig die Altstadt hinauf, die sich malerisch an den Hang schmiegt. Über den steilen Treppenweg Juan Deniz gelangt man zu einem **Mirador** (= Aussichtsplattform) mit prächtigem Blick über den Hafen. So manch ein Haus trägt die Aufschrift *Se alquila*: Zu sehr unterschiedlichen Preisen werden Zimmer und Apartments vermietet.

Badebucht

In der Bucht östlich des Talgrunds wurde ein künstlicher, 200 m langer und 50 m breiter Strand angelegt – für die vielen Touristen, die hier braun werden wollen, ist er zu klein. Eine Mole schützt vor Brandung, das Baden ist deshalb auch bei Flut ungefährlich. Allerdings erscheint das Wasser zuweilen trüb, natürliche Dämme behindern die freie Wasserzirkulation. Viele Einheimische sind nicht so auf Sand versessen wie die Touristen; sie bevorzugen den angrenzenden Felsabschnitt, von wo aus man zu den Hotelanlagen von Taurito hinüberschauen kann.

Talgrund

Beliebt sind die Restaurants und Snackbars unmittelbar an der Promenade. In zweiter und dritter Reihe entstanden teure, aber keineswegs schmucke Ladenzeilen, weiter aufwärts Hotels und Apartmentanlagen sowie ein Einkaufszentrum. So hat sich das „Venedig des Atlantiks" leider nicht in den Talgrund

> Puerto de Mogán:
Blick über das alte Dorf auf Hafen und Strand

verlängert ... Am Berghang entsteht derweil in einer Talfalte ein **Archäologischer Park** mit lang verschütteten Steinhäusern und Gräbern der Ureinwohner (Barranquillo Lomo Los Gatos).

Lomo Quiebre

Von der 1 km talaufwärts gelegenen Siedlung kommt man auf einer für Autos gesperrten schattenlosen Piste in ca. 3 Stunden quer über die Berge zur **Playa de Veneguera.** Der Kiesstrand ist etwa 500 Meter breit und wenig besucht – ideal für alle, die den Tourismus hinter sich lassen wollen. Vergessen Sie nicht, ausreichend Wasser mitzunehmen!

Praktische Tipps

Info

■ **Info-Stand:** neben der Brücke an der Promenade, unregelmäßig geöffnet.
■ **Internet:**
   http://turismo.mogan.es
   www.marinamogan.com
   www.costa-mogan.com
■ **Bus:** Die zentrale Haltestelle befindet sich am Ringkampfstadion unweit der Ortseinfahrt.

Unterkunft

■ **Hotel Cordial Mogán Playa***–****,** Av. Los Marrero 2, Tel. 928724100, Fax 928142487, www.

cordialcanarias.com, 487 Zimmer. Eine sehr gute Wahl: Das Viersternehotel auf der linken, sonnigen Talseite erscheint als verspieltes Schloss. Empfangen werden die Gäste in einer gigantischen Kuppelhalle mit Grotten und Wasserspielen, die sich im geschützten Pool-Garten (mit zwei temperierten Becken) fortsetzen. Selbst ein weißer Sandstrand wurde angelegt, so dass man sich nicht einmal zur fünf Gehminuten entfernten Playa bequemen muss. Original ist eine kleine archäologische Fundstätte, die geschickt in die Anlage integriert wurde. Das Hotel verteilt sich auf neun Gebäude mit 2–5 Etagen. Die Zimmer sind komfortabel, besonders schön wohnt man im Gartenbereich, einer Oase mit tropischen Bäumen und Pflanzen – und sogar einer Kapelle. Hotelfrühstück und Abendbüfett sind von bester Qualität, gut auch das Aktivangebot, der Wellnessbereich und das abendliche Unterhaltungsprogramm; für Kinder von 4 bis 12 Jahren gibt es einen Miniclub.

■ **Hotel Puerto de Mogán****–****, Puerto s/n, Tel. 928565066, Fax 928565438, www.hotelpuertodemogan.com. Das 2-stöckige, zwischen Badebucht und Jachthafen gelegene Hotel hat Patina angesetzt. Schön ist freilich auch heute noch die Terrasse mit Pool und Café, von wo man auf das Meer schaut. Wer will, kann über Stufen direkt in die Fluten steigen und zur Bucht hinüberschwimmen. Das Hotel verfügt über insgesamt 56 Zimmer, außerdem werden rund ums Hotel 84 Apartments vermietet. Gegen Gebühr: Spa-Center mit Pool, Dampfbad und Massage.

■ **Ap. La Venecia de Canarias****, Av. El Castillete, Puerto X-328, Tel. 928565600, Fax 928565714, www.laveneciadecanarias.net. Über 70 Hafenapartments werden vermittelt, an der Rezeption spricht man englisch. Man hat die Wahl zwischen zwei Wohnungstypen (45 bzw. 60 m^2). Wer sich für die kleinere Version mit einem Schlafzimmer entscheidet, nimmt in Kauf, dass er die Dachterrasse mit anderen teilen muss, Blick auf den Jachthafen ist nicht garantiert. Gäste der großen Apartments mit zwei Schlafzimmern haben eine eigene Dachterrasse.

■ **Ap. Marina****, Puerto, Tel. 928565095, Fax 928 565506, www.barmarina-mogan.com. Die Besitzer der Bar Marina vermieten über 20 freundlich-funktionale Apartments, die meisten im Hafen, mit 1 oder 2 Schlafzimmern.

■ **Ap. El Petromar****, Calle Las Conchas 14 (Altstadt), Tel. 928565316, www.apartamentoselpetromar.com. *Antonio,* der Besitzer des Restaurants Orillas del Mar, vermietet 5 Apartments mit Dachterrasse und Blick über den Hafen, auch ein Boot steht den Gästen zur Verfügung.

■ **Casa Lila****, La Puntilla 20, Tel. 928565403, Mobil: 627657333 und 634679666, www.apartmentscasalila.com. Die gemütliche Casa Lila – mit einer großen Sonne auf der Fassade – liegt an der Südseite des Barrancos, 250 m vom Strand entfernt. Die sechs Apartments (50–80 € für 1–5 Personen) sind individuell gestaltet, haben Kochmöglichkeit, Sat-TV (mit vielen deutschen Programmen), Safe und Internetzugang. Im Winter sind die Zimmer zur wärmeren Süd- und Westseite vorzuziehen, besonders begehrt ist das Dachterrassenapartment mit Panoramablick. Taucht ein Problem auf, ist der freundliche *Taufik* mit Rat und Tat zur Stelle. *Lila,* die Besitzerin, ist Heilpraktikerin und bietet Behandlungen an, z.B. Massagen, Atemtherapie und Fußreflexologie. Sie vermietet übrigens auch das modern ausgestattete **Ap. Vista Park**** in der Av. de las Artes 33 und die einfachere, aber mit 600 € pro Monat preisgünstige **Casita** auf der gegenüber liegenden Hangseite.

■ **Pension La Playa***, Calle La Corriente 13, Tel. 928565374 (*María,* nur spanisch). Die Pension (früher „Salvador") liegt nicht, wie der Name verspricht, am Strand, sondern am Altstadthang. Eine gute Adresse für alle, die – wie eine Leserin schrieb – „Kontakt zu Einheimischen suchen und ein paar Kakerlaken nicht scheuen". Mit fünf Zimmern, Küche und Etagenbad sowie großer Terrasse. DZ 20–25 €.

■ **Hostal Volver,** Calle Las Conchas 11, www.volverhostel.com, Mobil: 636154560. Laut Gästebuch „ein idealer Ort für gesellige Abenteurer", Abendpartys und „community sharing". In der von *Andrea* ge-

□ Stadtplan Seite 64, Übersichtskarte Seite 52

leiteten, pfiffig-bunten Herberge gibt es drei Zimmer mit je 6 Betten, ein DZ und zwei Bäder, dazu eine Gemeinschaftsküche sowie eine Terrasse mit Grill und Blick auf den Hafen; weitere drei Zimmer in einem Nebenhaus. Pro Bett werden 17 € verlangt.
■ **Ap. Vermittlung im Internet:** www.moganelsirocco.com

Essen und Trinken

■ **Los Guayres*****, Av. Los Marrero 2, Tel. 928724100, www.cordialcanarias.com, Di–Sa 18.30–22 Uhr. Hier sind Spitzenköche am Werk. Geboten wird kreative kanarische Küche, wunderbar ist das fünfgängige Degustationsmenü ab 47 €. Schön sitzt man auch auf der Außenterrasse!
■ **Tu Casa****, Av. de las Artes 18, Tel. 928565078. In dem hundertjährigen Haus am Strand tischt *Roberto* aus Barcelona je nach Tageszeit unterschiedliche Speisen auf: Tagsüber serviert er tapa-ähnliche Gerichte *para picar* („zum Pieksen"), abends noblere Speisen, etwa Schwertfisch-Carpaccio auf Rucola-Salat, *saltimboca a la romana* (Filet mit Schinken und Salbei) und als Dessert *panna cotta*, „gekochte Sahne" mit Himbeersoße.
■ **Cofradía de Pescadores****, Muelle, Tel. 928565321. In der „Genossenschaft der Fischer" bestellte ich beim letzten Besuch Seezungenrücken in Lachssoße *(lomo de lenguado en salsa de salmón)*: nicht billig, aber von guter Qualität. Man sitzt direkt am Hafen und hat einen fantastischen Blick!
■ **El Faro****, Muelle, Tel. 928565285. Auf der Plattform rund um den Leuchtturm sitzt man hoch über dem Wasser, trinkt einen Kaffee und schaut den ein- und auslaufenden Schiffen zu. Angeboten werden auch kleine Gerichte.
■ **Playa de Mogán****, Av. del Castillete 18, Tel. 928565135, Mi geschlossen. *Pepe* bietet in seinem Lokal frischen Fisch, den man sich in der Vitrine aussuchen kann. Beliebt ist der Vorspeisenteller *plato mixto de tapas*, aber auch die für zwei Personen ausgelegte *parrillada de pescado*, die leicht drei satt

Pensionen in Lomo Quiebre

Ideal für Rucksacktouristen: Der Ortsteil Lomo Quiebre liegt 1 km talaufwärts und bietet einfache, aber extrem preiswerte Unterkünfte. Sie verfügen über eine gut ausgestattete Küche, Etagenbad und Gemeinschaftsterrasse. Doppelzimmer kosten durchweg 20–26 €, doch auf kleine Unterschiede sollte man achten. Eva liegt direkt an der Straße, hier sollte man deshalb ein Zimmer im Obergeschoss wählen! Die übrigen Pensionen sind leiser, doch dafür geht es über viele Stufen bergauf ... Beste Aussicht bieten die Dachterrassen von Lumi.

■ **Pension Eva***, Lomo Quiebre – Av. de Marinero 65, Tel. 928565235; 9 Zimmer, verteilt auf 2 Stockwerke mit je einem Bad und einer Küche.
■ **Pension Juan Deniz***, Lomo Quiebre – El Pastor 10, Tel. 928565539; 13 Zimmer, dazu 7 Küchen und Bäder; schönen Ausblick bieten die Zimmer 8, 9, 12 und 13.
■ **Pension Lumi***, Lomo Quiebre – Las Manchas 5, Tel. 928565318; 8 Zimmer, 1 Küche und 2 Bäder.

machen kann. Anstatt eines Desserts sollte man den *café mejicano* wählen, der als alchimistisches Spektakel zelebriert wird: Das Licht wird ausgeschaltet, der Rand eines Weinglases mit Zitrone eingerieben, dann mit Zuckerrand versehen und mit einer (geheim gehaltenen) alkoholischen Flüssigkeit entzündet. Doch damit nicht genug: Erst jetzt werden Kaffee und Sahnehäubchen beigemischt und das Ganze vor den Augen des Gastes mit einem meterhohen phosphorizierenden Strahl flambiert.
● **Orillas del Mar****, Av. del Castillete 10, Tel. 928565316, www.apartamentoselpetromar.com, Mi geschlossen. Der Name „Meeresufer" stammt noch aus jener Zeit, als es in Puerto de Mogán keinen Jachthafen gab und die Wellen direkt vor der Terras-

se ausrollten. Das älteste Lokal im Ort bietet Fisch, Meeresfrüchte und Paella, oft auch Livemusik: *Antonio* greift mit seinen Freunden zur Gitarre und singt von unerwiderter Liebe, von Sehnsucht nach dem Meer und jenen Zeiten, als sich fast alle Bewohner noch ihr Brot als Fischer verdienten.

■ **Zona Verde****, Mobil: 617026709, tgl. ab 18 Uhr. Das Gartenlokal liegt ein Stück landeinwärts abseits des Touri-Rummels und ist ideal für einen romantischen Abend. Für Trattoria-Ambiente sorgen die schlichten, bunt eingedeckten Tische unterm Baum, der große Grill und das lodernde Feuer. Darin wird Fleisch gebrutzelt: mariniertes Lamm-, Rinder- und Schweinefilet, mächtige Koteletts. Dazu gibt es hausgemachte Soßen und mediterranen, üppigen Salat. Gern bestellt wird auch der Tapas-Teller mit iberischem Schinken, Käse und Wurst, köstlich vorneweg das Carpaccio vom geräucherten Schwertfisch. Als Dessert sei das hausgemachte Ingwer-Vanille-Eis mit Mango empfohlen. Bei *Stephane*, der das Kochen bei seiner Großmutter in der Bretagne gelernt hat, gibt es keine Karte – fragen Sie nach den Tagesspezialitäten!

■ **Basil's Bistro****, Puerto, Local 108, Tel. 928 565342, tgl. 10.30–24 Uhr. Die Bezeichnung „Bistro" ist untertrieben: In erster Linie servieren *Basilio* und sein Team feine internationale Küche, z.B. mit Avocado überbackenes Fogolero-Fischfilet oder Seezunge Walewska mit Garnelen gefüllt, Rinderfilet mit Austernpilzen, Filet Mignon und raffiniert abgeschmecktes Chataeubriand – alles in großzügigen Portionen auf Riesentellern serviert. Nachmittags greift man eher zu Kaffee & Kuchem, lecker ist das hausgemachte Tiramisú.

■ **Casito Mediterraneo***-**, Puerto, Local 107 (früher: Berliner Gärtchen), Mobil: 678923671, www.puertodemogan.de. Nachmittags gibt es bei *Christiane* und *Robert* hausgemachten Kuchen und Kaffee, ansonsten Tapas, Salate, Fisch und Meeresfrüchte.

■ **Cafe de Mogán***, Puerto X-128. Beliebtes Café an der Hafenpromenade mit Frühstücksgedeck und Kuchen.

Einkaufen

■ **Einkaufszentrum:** Shopping Center, Av. Los Marrero s/n. Gegenüber vom Hotel Cordial Mogán Playa mit Supermarkt, Geschäften und Boutiquen.
■ **Wochenmarkt:** Mercadillo, Puerto, Fr 8–14 Uhr. Eine Vielzahl von Marktständen mit Obst, Gemüse und Kunsthandwerk, vor allem aber Klamotten und Kitsch.

Nachtleben

■ **Unterhaltungsshows** erlebt man im Hotel Cordial Mogán Playa, **Live-Musik** z.B. in der Art Bodega Calypso (Paseo de los Pescadores 4) und in der Bar Marina (Puerto), deren Besitzer jedes Jahr ein kleines Jazzfestival organisiert.

Aktiv

■ **Schiffsausflüge:** Die Líneas Salmón und Blue Bird verkehren etwa stündlich von 10 bis 17 Uhr auf der Strecke Arguineguín–Puerto Rico–Puerto de Mogán.
■ **Hochseeangeln:** Ausflugsinfos bekommt man in der Bar Marina an der Promenade.
■ **Segeln:** Sail & Surf Overschmidt, Leiter: *Helmut* und *Karin Dembski* (auch Vermittlung preiswerter Zimmer und Apartments), Ap. X-54, Puerto de Mogán, Tel./Fax 928565292, www.segelschule-grancanaria.de. Ganzjährig finden Ausbildungstörns, das Manöver- und Skippertraining statt. Auch das Chartern von Jachten ist möglich.
■ **Tauchen:** Atlantic Diving, Hotel Club de Mar, Puerto de Mogán, Mobil: 689352049, www.hotelpuertodemogan.com; Extra Divers, Hotel Cordial Mogán Playa, Mobil: 687132688, www.extradivers-kanaren.com. Das Meer rund um Puerto de Mogán ist strömungsarm, deshalb ideal für Anfänger.
■ **Jachthafen:** Puerto Deportivo Puerto de Mogán, 27° 49" nördl. Breite, 15° 40" westl. Länge,

225 Anlegeplätze, maximaler Tiefgang 12 m, Tel. 928565668.

■ **Radfahren:** Free Motion, Hotel Cordial Mogán Playa, Av. de los Marreros 2, Tel. 928777479, www.free-motion.net, Sa geschlossen. Bewährter Radverleih, Radwandern (Easy Riding) und E-Bike-Touren, Wanderungen, Quad-Safaris. Weniger konditionsstarke Radler könnten mit einem Ausflug von Lomo Quiebre zur Playa de Veneguera beginnen – zurück via Veneguera und Mogán.

In der Umgebung

Die küstennahe Straße von Mogán über La Aldea de San Nicolás nach Agaete gehört zu den **landschaftlich schönsten Strecken** der Insel. Stichstraßen führen hinunter in die Barrancos von Veneguera, Tasarte und Tasartico, am Strand von Tasarte gibt es ein Fischlokal. Einen Ausflug lohnt auch das bergige Zentrum. Details siehe Mogán!

Mogán

Das Bergdorf Mogán liegt attraktiv in den oberen Hängen des Barrancos und ist eingerahmt von subtropischer Vegetation, Palmen und üppigen Feldern. Hier wachsen Avocados und Auberginen, Orangen und Zitronen. Mogán ist **Gemeindehauptstadt,** ihr unterstehen

◹ Startklar zum Auslaufen

die Touristensiedlungen von Puerto Rico bis Puerto de Mogán. Leider ist der Wohlstand vor allem in private Taschen geflossen und spiegelt sich nicht in der Stadtarchitektur. Der erst vor wenigen Jahren angelegte Dorfplatz wirkt ein wenig protzig, neben der Kirche entstand ein überdimensionierter Betonbau, der nie fertiggestellt wurde. Die alten Männer des Orts, auf die heute niemand mehr hört, schütteln den Kopf und schweigen – sie treffen sich wie ihre Väter am liebsten unter dem uralten Lorbeerbaum der Bar El Laurel.

Mühle

Am südlichen Ortsausgang steht eine alte, um 1700 erbaute Windmühle. Sie wurde 1875 Opfer eines Brandes, doch im Jahr 2000 aufwendig restauriert und kann nun besichtigt werden. Eine Wendeltreppe erschließt mehrere Stockwerke.

■ **Molino de Viento,** GC-200 Km. 60, tgl. 8–17 Uhr. Eintritt frei.

Wandertipp

Rund um Mogán wurden mehrere **caminos reales (Königswege)** restauriert. Von der mit Bus 38 erreichbaren Degollada de Tasarte (GC-200 Km. 45,7) geht es auf dem ausgeschilderten Weg PR-GC 47 (Länge 6,2 km) über Veneguera nach Mogán.

Praktische Tipps

Info

■ **Internet:** www.turismo.mogan.es

Unterkunft

■ **Acaymo**,** Calle Tostador 14, Tel. 928569079. Über dem gleichnamigen Lokal werden Apartments vermietet.

Essen und Trinken

■ **Acaymo**,** Calle Tostador 14, Tel. 928569263, Mo geschlossen. Restaurant am unteren Ortsrand mit rustikal eingerichteten Räumen, das Fleisch wird auf einem Holzkohlegrill zubereitet.
■ **Gladiator**,** Calle San José 26, Tel. 928568870, wechselnder Ruhetag. Kleines gemütliches Lokal an der Durchgangstraße mit Dach- und Gartenterrasse. Signore *Tonino* und Signora *Anna* aus Rom bieten gute italienische Küche zu fairem Preis – alles wird frisch gemacht, Gefriertruhe und Mikrowelle gibt es nicht.
■ **Casa Enrique**,** Calle San José 7, Tel. 928569 542, tgl. ab 12 Uhr. Im Ortskern servieren Señora *Saro* und *Alejandro* deftige kanarische Küche. Außer der „richtigen" Karte mit Fleisch und Fisch gibt ein wechselndes „Tapas-Menü" *(para picatear),* vorneweg selbstgebackenes Landbrot mit Anis und Alioli. Gut schmecken Eintöpfe und Suppen sowie das preiswerte *Menú del día,* auch die hausgemachten Desserts sind nicht zu verachten.

▷ Die Alte Mühle in Mogán kann besichtigt werden

☐ Übersichtskarte Seite 52

In der Umgebung

Grill-Museo

Das **Grillrestaurant** an der Straße Mogán – Veneguera wurde nach dem Brand von 2007 neu aufgebaut – ein schöner Zwischenstopp! Kanarisches wird angeboten: Fleisch vom Holzkohlegrill, dazu reichhaltige Salate und frisch gepresster Fruchtsaft. Angeschlossen ist ein kleines **Ethnomuseum** mit Landwirtschaftsgerät von anno dazumal (Eintritt frei).

■ **Las Cañadas,** GC-200 Km. 52,1 (Bushaltestelle), Tel. 928943590, Mi geschlossen.

Pajonales

Ab der Haarnadelkurve El Pie de la Cuesta (2 km oberhalb von Mogán) windet sich die GC-605 in unzähligen Kehren durch den **Naturpark Pajonales** nach Ayacata hinauf. Sie passiert dabei den **Stausee Cueva de las Niñas** mit seinem herrlich gelegenen, doch am Wochenende überlaufenen Picknickplatz. Zur Weiterfahrt empfohlen: Ayacata – GC-60 – Aserrador – GC-606 – El Carrizal – GC-210 – La Aldea de San Nicolás – GC-200 – Mogán.

036gc sg

Veneguera

Das Dorf unterhalb der GC-200 nach La Aldea de San Nicolás liegt am Fuße eines riesigen Vulkan-kraters, auf dem sich der Kiefernwald Ojeda erhebt. Nur etwa noch 80 Menschen leben in Veneguera, wichtigster Treff ist die **Bar** am Dorfplatz – sie ist preiswert und offeriert kanarische Tapas. Hier erfährt man auch, wo man sich im Ort für ein paar Tage einquartieren kann.

Eine schmale, schlecht ausgebaute Piste führt durch anfangs üppige Vegetation zur 7 km entfernten **Playa de Veneguera.** Alle Versuche, auch hier große Hotels zu bauen, sind bisher am Widerstand ökologischer Gruppen gescheitert.

Los Azulejos

Auf halber Strecke zwischen den Abfahrten nach Veneguera und Tasarte (Km. 49) erblickt man **farbige Felsschichten,** die unterhalb einer Quelle türkis aufleuchten. *Los Azulejos* (Kacheln) werden sie genannt, auch die

Straßenbar hat sich diesen Namen gegeben. Die Verfärbung des Vulkangesteins rührt daher, dass es von Natrium-Eisen-Silikat durchdrungen ist. Besonders schön erstrahlen die Wände, wenn nach vorherigem Regen das Wasser der fernen Wälder über sie gleitet!

Tasarte

11 km schlängelt sich die asphaltierte GC-205 über das Straßendorf durch den Barranco hinab, vorbei an blumenumrankten Bauernhäusern, Papaya- und Avocadopflanzungen. An der **Playa de Tasarte** fahren am frühen Morgen die Fischer aus, um das Restaurant La Oliva mit frischer Ware zu versorgen. Lecker ist die Kalamar-Platte, gut schmecken auch Tunfischfilet, gegrillter Tintenfisch und Wrackbarsch, dazu frischer Salat und die bekannten Runzelkartoffeln.

■ **La Oliva**,** Playa de Tasarte, Tel. 928894358, tgl. 10–18 Uhr.

Mirador de Tasartico

Am Aussichtsplateau an der Passhöhe (6 km südlich von La Aldea de San Nicolás, Km. 42,6) lohnt eine Rast mit Blick auf die Tomatenplantagen im Aldea-Tal. Eine asphaltierte Straße führt von hier 6,5 km zum Weiler Tasartico hinab.

Tasartico

Die Bewohner des Dorfs scheinen noch immer überrascht, wenn Touristen hier haltmachen. Tatsächlich gibt es außer einer Bar nahe der Ortskirche nichts Aufregendes zu sehen. Von hier erreicht man nach 3,8 km – vorbei an Treibhäusern und am Ende auf Piste – die **Playa del Asno,** einen 200 m breiten Fels- und Steinstrand. Der angeschlossene Campingplatz sollte ganzjährig geöffnet sein, doch die Rezeption ist oft nicht besetzt.

■ **Zona de Acampada Villamar*,** Playa del Asno, Mobil: 696924163, Tel./Fax 928894715.

Güigüí

Das **Naturschutzgebiet** ist eines der wenigen fast unberührten Gebiete der Insel. Die beiden nur zu Fuß auf sonnendurchglühtem Weg erreichbaren Strände Güigüí Grande und Güigüí Chico waren mal beliebte Treffpunkte von Hippies. Auch heute kann man hier unterhalb der Steilküste eine romantische Nacht verbringen, doch oft ist man enttäuscht: Der feine dunkle Sand ist im Winter fortgespült, am Strand tritt nacktes Kieselgestein zutage. Zu Güigüí Chico gelangt man (via Felsnase) nur bei Ebbe, bei herannahender Flut ist man vom Rückweg abgeschnitten. Bevor man sich zu dieser anstrengenden Tour entschließt, sollte man die aktuellen Gezeiten erfragen. Der Einstieg zur Tour befindet sich 1 km unterhalb Tasartico. **Achtung:** Der Weg ist nur mit Steinmännchen markiert, für die Strecke hin und zurück sind sechs Stunden einzuplanen. Essen und Getränke bitte mitnehmen, denn es gibt in Güigüí keine Einkehrmöglichkeit!

▷ Auf dem Weg nach Güigüí

La Aldea de San Nicolás

Inmitten einer großen Talsenke liegt die über 8000 Einwohner zählende Streusiedlung, die auf veralteten Karten noch „San Nicolás de Tolentino" genannt wird. Graue Plastikplanen bedecken die Felder und schützen die für den Export gezüchteten **Tomaten** vor dem scharfen, vor allem im Sommer durch den Barranco peitschenden Wind. Die meisten Bewohner sind in der „Cooperativa" vereinigt. Sie sortieren und verpacken die Tomaten vor Ort, dann werden diese in Lkw verfrachtet und auf kurvenreicher Strecke nach Las Palmas gebracht, wo man sie weiterverlädt.

Der Ort liegt am Schnittpunkt landschaftlich attraktiver Straßen, hat selber jedoch – architektonisch und kulturell – wenig zu bieten. Gruppen ab 10 Personen haben die Möglichkeit, nach telefonischer Voranmeldung im Rahmen eines Rundgangs alte **Mühlen** und museal ausstaffierte **Läden** kennenzulernen; es gibt u.a. ein Musikmuseum, einen Schuhladen und eine Friseurstube – Teil des EU-prämierten Projekts „Lebendige Traditionen" (Tel. 928892485, Mobil: 629 487907, Mo–Fr 10–13 Uhr).

Kaktusgarten

Auf einem 17.000 m² großen Areal an der Straße nach Mogán wachsen Tausende von Kakteen aus aller Welt: in allen erdenklichen Formen von kugelrund bis

phallisch. Beim Spaziergang erfährt man auch Einiges über die Lebensweise der Altkanarier. Empfehlenswert ist ein Besuch des Lokals mit Bodega, in der man Wein und Kaktuslikör probieren kann.

■ **Cactualdea**, El Hoyo-Tocodomán, Tel. 928891 228, Mobil: 607943429 (*Juan* „el aleman"), tgl. 10–18 Uhr, letzter Einlass 17 Uhr, Eintritt 6 €, Kinder 3 € (unter 12 Jahren frei), noch besser mit Menü 10 €.

Hafen

Der Fischerhafen mit Mole und mehreren Restaurants liegt 5 km vom Ortskern entfernt. Der 400 m lange **Strand** lädt nicht gerade zum Baden ein; er ist mit großen Kiessteinen übersät. Und doch kann man sich in dieser Bucht wohlfühlen. Man spaziert die Promenade entlang, läuft zum *Charco* (Teich) oder macht in der angrenzenden Kiefern- und Palmenoase ein Picknick.

Durch den Tunnel am Nordende der Bucht gelangt man bei Ebbe zu einem winzigen Sandstrand. Zur zweiten, schöneren Badestelle kommt man – via Fischerkapelle – auf einem alten „Schmugglerpfad". Knapp 10 Minuten läuft man zur malerischen **Playa Chica,** wo man bei ruhiger See wunderbar baden und tauchen kann. Selten sind dort mehr als 5–10 Personen, nur ein paar Angler leisten Gesellschaft.

Praktische Tipps

Info

■ **Touristeninformation:** Av. Dr. Fleming 57, Molino de la Ladera, Tel. 928890378, häufig geschlossen. Das Büro befindet sich am Abzweig zur Straße nach Mogán.
■ **Internet:** www.la-aldea.es

Unterkunft

■ **Hotel La Aldea Suites*****, Calle Transversal Federico Rodríguez Gil s/n, Tel./Fax 928891035, www.laaldeasuites.com. Ein Hotel, wie es in den Süden passt, aber nicht in ein von Landwirtschaft geprägtes Dorf. Die 27 teuren, im Landhausstil eingerichteten Suiten, sind bei Wanderern wenig begehrt. Anfahrt: von der zentralen Rotunda auf der breiten Avenida 200 m südwärts zur nächsten Rotunda, dort links und sogleich wieder rechts.

◁ Musealer Laden Juan Déniz
▷ Zwischenstopp in La Aldea

La Aldea de San Nicolás

Wandertipp

La Aldea de San Nicolás ist ein guter Ausgangspunkt für trittsichere Wanderer. Fahren Sie mit dem Auto oder Bus 38 zur Passhöhe an der GC-200 (Km. 42,6) hinauf, so führt linkerhand, direkt neben der Bushaltestelle, ein Weg steil aufwärts zum **Kiefernwald von Inagua**. Allerdings ist er von Juni bis Oktober gesperrt – dies ist die Brutzeit des vom Aussterben bedrohten Blaufinken *(pinzón azul)*!

■ **Hotel Los Cascajos**,** Los Cascajos 9, Tel. 928 891165, Fax 928890901. Ideal für Wanderer: Der emsige *Segundo Medina* hat ein kleines Hotel erbauen lassen; es liegt 100 m entfernt an einer ruhigen Seitenstraße und verfügt über 20 Zimmer und 13 Apartments, davon sieben für Familien mit Kind. Kontakte knüpft man in der Cafeteria im Erdgeschoss. Zum Abendessen trifft man sich in der Bar Segundo zu einem preiswerten *menú del día* (So Abend geschlossen).
■ **Pension Segundo*,** Calle Alfonso XIII, Tel. 928 890901. 5 einfache Zimmer über dem gleichnamigen Lokal an der Kirche.
■ **Casa Minerva*,** Las Marciegas 125, Tel. 928890 550. 1 km vor Erreichen des Hafens entdeckt man in einer scharfen Linkskurve das nach der Besitzerin „Minervina" benannte Haus. Die hilfsbereite Kanarierin bietet im Obergeschoss ihres Hauses zwei Apartments mit gemeinsamer Terrasse und weitem Blick auf die Berge und das nahe Meer.
■ **Albergue La Hoyilla*,** Calle Barranquillo Las Panchas s/n, Tel./Fax 928891252, Mobil: 630649 095. *Chicha* leitet die Herberge mit viel Engagement und bietet Platz für vorerst 40 Personen. Es gibt zwei Einzel- und fünf Doppelzimmer, dazu zwei Säle mit je 14 Betten. Ab Touristeninfo 1,3 km Richtung Küste, vor einer Rechtskurve (Km. 32,7) rechts in die Erdpiste einbiegen!

■ **Landhäuser:** Auf Wochenbasis kann über Grantural die Finca El Molino, über Casitas Canarias die Finca El Lomito gebucht werden (Adressen siehe „Praktische Reisetipps, Unterkunft, Individuell").

Essen und Trinken

Tapas-Bars befinden sich im Umkreis der Kirche, frischen Fisch bekommt man in den Lokalen am Hafen. Zum Fischessen ist vor allem das preiswerte Lokal **El Charco** zu empfehlen.

Fest

■ **10./11. September:** *Fiesta del Charco.* Die Bewohner strömen zum *Charco,* dem „Tümpel" am Strand und singen Spottlieder auf den Bischof *Delgado y Venegas*. Bei seinem Besuch 1766 hatte er Männer und Frauen beim nackten Baden im Teich ertappt. So entsetzt war er, dass er die sündigen Bewohner allesamt exkommunizierte. – Gleichfalls erinnert wird an die alte Methoden des Fischfangs: Altkanarier schütteten Pflanzengift in den Teich, damit die Fische betäubt und mit der Hand leicht gefangen werden konnten. Die sich heute am Fangwettbewerb beteiligen, verzichten auf giftigen Zusatz – es siegt, wer die meisten Fische mit Korb oder bloßen Händen erhascht. Danach wird bei Salsa-Musik bis tief in die Nacht gefeiert!

In der Umgebung

Küstenstraße

Die fast 40 km lange GC-200 nach Agaete ist eine Panoramastraße. Nach 6 km kann man am **Mirador del Balcón,** einer in den Fels geschlagenen Plattform, die atemberaubende Aussicht auf die **Steilküste** genießen – und auch danach

ergeben sich immer wieder herrliche Ausblicke!

Grand Canyon

Auch die von La Aldea nach Artenara führende GC-210 ist fantastisch: Die 30 km lange, kaum befahrene Straße schraubt sich in Serpentinen die karge Felslandschaft hinauf, ist an einigen Stellen so eng, dass man hofft, es werde kein Auto entgegenkommen. Sie weckt Assoziationen an den Grand Canyon und führt an mehreren Stauseen, an einer alten Mühle und am Höhlenweiler Acusa vorbei.

Variante: Am Stausee Presa de Parralillo (Km. 22) geht es auf der abenteuerlichen GC-606 in 4 km steil nach El Carrizal hinauf. In der Dorfbar (nur Sa/So) kann man vor der Weiterfahrt nach Ayacata (dort Anschluss an die GC-60) eine Pause einlegen.

Im Grand Canyon: Stausee Parralillo

- Überblick | 82
- Agaete | 85
- Puerto de las Nieves | 94
- Gáldar | 99
- Sardina del Norte | 103
- Santa María de Guía | 105
- El Roque-Pagador | 108
- Moya | 109
- Fontanales | 110
- Firgas | 112
- Arucas | 114
- Teror | 118
- Vega de San Mateo | 123
- Santa Brígida | 126
- Monte Lentiscal | 128
- Jardín Canario | 129
- Bandama | 132

Das Gegenbild zum trockenen Süden: Auf Terrassenfeldern wachsen Kartoffeln, Kürbis und Kresse. Hier, wo es feucht und fruchtbar

Der Norden

ist, entstanden in vortouristischer Zeit zahlreiche Bauerndörfer. Noch heute dreht sich viel um Landwirtschaft – selbst Wein und Kaffee werden angebaut.

◁ Grüne Hänge bei Teror

GRÜN, LÄNDLICH UND KANARISCH

Die Küste ist brandungsumtost und schwer zugänglich, doch landeinwärts, wo der Nordostpassat für üppiges Grün sorgt, ist viel zu entdecken: subtropische Täler, Kiefern- und Lorbeerwald, fruchtbare Felder und Almen. Hier wohnen die meisten Einheimischen, Touristen sind rar …

Überblick

Im äußersten Nordwesten liegt Agaete, ein hübsches Städtchen am Ausgang des gleichnamigen Tals, in dem man noch viel Ruhe findet. Von Puerto de las Nieves, dem vorgelagerten Hafen, setzt man mit dem Schiff nach Teneriffa über. Weniger geschützt sind die Orte der Nordküste – dort schlägt das Meer heftig an Strand und Fels, an den Bau eines Hafens ist nicht zu denken.

Wer vom Norden spricht, denkt freilich nicht allein an die Küste von Gáldar bis Las Palmas, sondern auch ans Hinterland. Kanarier sprechen von **CAMPO & COSTA,** um anzudeuten, wie kontrast- und facettenreich der Norden ist. Nur wenige Minuten von der Schnellstraße am Meer entfernt beginnt eine Bilderbuchlandschaft. Laub- und Eukalyptusbäume säumen die Landstraßen, man fährt durch grüne Barrancos, vorbei an saftig-feuchten Berghängen.

„Vom Kastanienwald kehrte ich ins Dorf zurück, und überall glänzten die Feigenbäume in den Schatten der Berge. Man hörte das Widerhallen der Meerschnecken, vermischt mit dem Quaken der Frösche. Wären nicht die Palmen, die Bananen und andere tropische Pflanzen, erinnerte diese Landschaft an Galizien", so schrieb der spanische Schriftsteller *Miguel de Unamuno* über den Norden Gran Canarias.

La Caleta – Agaetes Küste

Unterkünfte

Außerhalb der Hauptstadt, die in einem eigenen Kapitel vorgestellt wird, ist die Zahl der verfügbaren Unterkünfte begrenzt. Als Ausgangspunkt für einen Urlaub empfiehlt sich vor allem das Tal von Agaete. Hotels, Apartments und Privatunterkünfte verlocken zu Erholungs-

HIGHLIGHTS

- **Valle de Agaete:** subtropisches Tal, darüber das Tamadaba-Massiv | 91 (und Seite 256; Wanderung 10)
- **Puerto de las Nieves:** gut zum Fischessen | 98
- **Cueva Pintada:** „bemalte Höhle" in einem archäologischen Park | 100
- **Los Tilos:** Lorbeerwald | 110 (und Seite 261; Wanderung 11)
- **Teror:** Gran Canarias stimmungsvoller Wallfahrtsort | 118
- **Jardín Canario:** Spaniens größter botanischer Garten | 129
- **Bandama:** perfekter Kegel, grandioser Krater | 132 (und Seite 263; Wanderung 12)

Diese Tipps erkennt man im Buch an der gelben Hinterlegung im Kapitel.

Norden

Kurzinfo Norden

- **Touristeninformation:** Büros in Agaete/Puerto de las Nieves, Gáldar, Guía, Firgas, Vega de San Mateo und Arucas.
- **Post:** Filialen in Agaete, Gáldar und Guía, Arucas, Santa Brígida und Teror.
- **Transfer ab Flughafen:** 1–1½ Std.
- **Taxi:** Agaete Tel. 928898510, Guía Tel. 908 882846, Firgas Tel. 928625105, Santa Brígida Tel. 928640176, San Mateo Tel. 928660345.
- **Markt:** Do 8–14 Uhr in Gáldar, Sa/So 8–14 Uhr in Vega de San Mateo, So 8–14 Uhr in Teror.

und Wanderurlaub in kanarischem Ambiente. Kleine Hotels gibt es auch in Vega de San Mateo, Santa Brígida, Arucas und Teror.

Bus-Service

Gut sind alle Verbindungen zur Hauptstadt, so verkehren Busse etwa stündlich zwischen Las Palmas und Agaete (nicht selten mit Umsteigen in Gáldar!). Die 101 fährt weiter nach La Aldea de San Nicolás, 102 nach Los Berrazales oben im Tal und 103 zum Hafen Puerto de las

Agaete

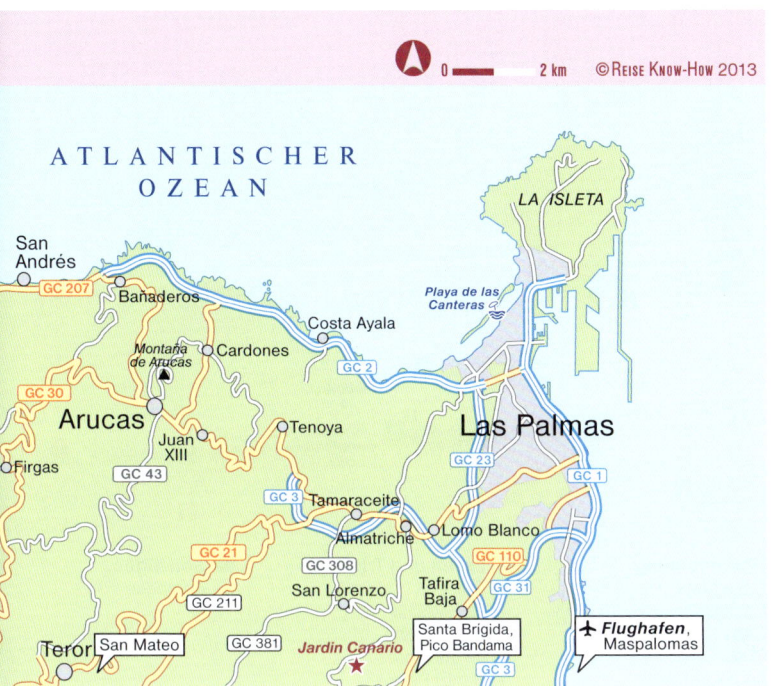

Nieves. Um nach Sardina zu kommen, muss man in Gáldar umsteigen. Im Busfahrplan (siehe „Anhang") finden sich auch Verbindungen – meist ab Las Palmas – nach Moya, Arucas und Teror, Santa Brígida und Vega de San Mateo.

Agaete

Agaete zählt knapp 4000 Einwohner und gehört zu den ältesten und reizvollsten Dörfern der Insel. Es liegt an der Mündung eines langen, üppig begrünten Tals und duckt sich im Schatten des über 1400 m hohen Berges **Tamadaba**. Weißgetünchte Häuser sind terrassenförmig in den Hang gebaut, im Talgrund erhebt sich die Kuppel der Ortskirche. Das öffentliche Leben spielt sich rund um die zentrale Plaza ab: Hier lamentieren alte Männer über die jüngste Niederlage ihres Fußballclubs, arbeitslose Jugendliche treffen sich neben der Kirche und rauchen einen Joint. Vom Garten am Flussbett weht der Duft von Orangen heran, Kinder spielen mit herrenlosen Hunden.

Agaete

- **Übernachtung**
  1 Casa Luna
  2 Casa Lola
  3 Casa Coca
  8 Casa Saro
  9 Ap. El Angosto

- **Essen und Trinken**
  4 Dulcería La Esquina
  5 Café Huerto de las Flores
  7 Bar El Perola

- **Sonstiges**
  6 Apotheke

Kultur

Wichtig für das kulturelle Leben des Dorfs ist die zentral gelegene **Bibliothek** (Calle Lago 2), die sogar deutschsprachigen Lesestoff bereitstellt. Agaete, das immer stolz auf sein reiches Kulturleben war, wird vom Rathaus knapp gehalten: Die Museen bleiben saisonweise geschlossen, und auch im **Centro Cultural** (Calle Concepción 11) findet nur selten eine Kunstausstellung statt. Gleichwohl lohnt der Besuch, denn das Gebäude, ein historisches Herrenhaus aus dem 16. Jh., gefällt mit seinen rings um einen Innenhof gruppierten Holzbalkonen – im Hintergrund ein paar Palmkronen.

Botanische Oase

Der Eingang zum „Blumengarten" befindet sich an der von der Bibliothek ins trockene Flussbett hinabführenden Straße, zwei Minuten vom Kirchplatz entfernt. Anstatt Blumen findet man hier vor allem **Zitronen-, Orangen- und Avocadobäume,** aber auch seltene Pflanzen aus der Karibik mit so exotischen Namen wie *totumo* (Frucht des Kürbisbaums)

Agaete

Seifenmanufaktur Jacaranda

Wie der violett blühende Palisander-Baum *(jacaranda)*, so *Monicas* Seife: Sie ist schön anzuschauen, duftet zart und ist (fast) nur aus Naturstoffen gemacht. Oliven- und Kokosöl, Kakao- und Karité-Butter kommen zum Einsatz, dazu Mineralien für eine intensivere Farbe und je nach Sorte Kamille oder Zimt, Lavendel oder Aloe Vera, Orangen- oder Zitronenblüten. Die Masse wird gerührt, dann geschnitten – jedes Stück ist ein Unikat, ein schönes Souvenir!

■ **Jabones Artesanos,** Calle Lago 4, neben der Bibliothek

---

und *gunanábanas* (Herzapfel). Einst war der Garten Treffpunkt der modernistischen Schriftsteller *Tomás Morales, Alonso Quesada* und *Saulo Torón.* Zum Frühjahrsbeginn wird ihrer gedacht: Am **„Tag der Poesie"** spielen kanarische Musikgruppen auf, Honoratioren der Stadt rezitieren Gedichte der Autoren.

■ **Huerto de las Flores** (mit kleiner Touristeninfo), Calle Huertas, vorerst nur Mi–So 12–16 Uhr, Eintritt 1,50 €; einen kostenlosen Blick auf den Garten hat man vom zugehörigen **Café** (ab 2013 unter neuer Leitung).

Maipéz & Casa del Café

Am Ortsausgang Richtung Tal fand man Überreste einer altkanarischen Beerdigungsstätte. Wegen der dunklen, verkarsteten Lava wird sie *Maipéz* oder auch *Malpaís* (schlechtes Land) genannt. Die Lava ergoss sich nach dem letzten, vor 3000 Jahren erfolgten Vulkanausbruch in breiter Spur zum Meer. In ihren Höhlen legten die Altkanarier 700 Tumuli-Gräber an. Das Gelände, das zum **Archäologischen Park** erklärt wurde, ist durch Lehrpfade erschlossen; ein 2012 eröffnetes Besucherzentrum bietet Ein- und Ausblicke. Hier ist auch die Casa del Café untergebracht, die über den Kaffeeanbau im Agaete-Tal informiert.

■ **Maipéz (Centro de Visitantes) & Casa del Café,** www.cafedeagaete.es, bei Redaktionsschluss „aus Spargründen" geschlossen.

Skulpturenpark

Auf dem Weg nach Puerto de las Nieves, kurz hinter dem surreal anmutenden „Haus mit den Eiern", wurde zwischen Drachenbäumen und Palmen der Park **La Palmita** mit geometrischen, bunten Skulpturen geschaffen. Am Restaurant vorbei kommt man zu einer Gruppenherberge: Sie ist einem altkanarischen Dorf nachempfunden und besteht aus sechs Rundbauten aus Naturstein und einem strohbedeckten *Tagoror* (Versammlungsplatz).

Strände

Leicht zu erreichen ist der **Strand am Hafen** Puerto de las Nieves und das nördlich gelegene **Naturschwimmbecken** (siehe dort). Die nordwestlich von Agaete gelegene Playa de la Caleta, eine romantische **Felsbucht,** lohnt nur bei Ebbe den Besuch. Der Weg ist leicht beschrieben: „Straße zum Himmel" *(Camino al cielo)* nennen Ortsbewohner die ummauerte Straße zum Friedhof. Über

Agaete

Fiesta de la Rama (4./5. August)

Eines der ältesten Feste auf Gran Canaria – in Agaete wird es noch aufregender gefeiert als in San Pedro fünf Wochen zuvor. In der Nacht zum 5. August ziehen die Talbewohner zum Berg hinauf und sammeln moosbewachsene Zweige *(ramas)*. Begleitet von immergleichen, hypnotisierenden Rhythmen bewegt sich die Menge am Folgetag tanzend zum Meer. Früher wurden die Wellen mit den Zweigen aufgepeitscht: ein altkanarisches Ritual, um Regen zu erflehen. Heute begnügt man sich damit, die Zweige zu Füßen der *Virgen de las Nieves* (Schneejungfrau) in der Kapelle niederzulegen. Am nächsten Tag wird das Marienbildnis in einer feierlichen Prozession aus der Hafenkapelle in die Kirche von Agaete überführt. Zwei Wochen später kehrt die Schneejungfrau in ihre Kapelle zurück. In einem Museum neben der Kirche wird das „Fest des Zweiges" dokumentiert.

■ **Museo de la Rama,** Calle Párroco Alonso Luján 5, Tel. 928554382, vorerst nur Mi–So 10–12 Uhr.

eine Piste rechts an diesem vorbei (anfangs asphaltiert) erreicht man den Strand in knapp 15 Minuten – über Steintreppen geht es hinab.

Praktische Tipps

Info
■ **Touristeninformation:** Huerto de las Flores, Di–Fr 11–14, Sa 11–13.30 Uhr.
■ **Internet:** www.aytoagaete.es
■ **Fähre:** Regelmäßig Verbindungen nach Santa Cruz de Tenerife mit einer Schnellfähre der Fred. Olsen S.A. Die Fahrzeit beträgt ca. 70 Min.

Unterkunft

Im Ort hat man hat die Wahl zwischen Privatzimmern und Apartments, im Tal und im Hafen gibt es auch Hotels und restaurierte Fincas.

Im Ort:
■ **Casa Luna***-****,** Calle Guayarmina 42, Tel. 928 554481, Mobil: 677515331. Wohnen mit Familienanschluss: Das hübsch restaurierte Häuschen im Ortskern wird von *Monica Loreto* und *Helgo,* ihrem deutschen Partner, engagiert geleitet. Treffpunkt ist der Naturstein-Patio, Wohn- und Essraum (mit Sat-TV und Büchern) können mitbenutzt werden. Zur Wahl stehen drei Gästezimmer: Am schönsten ist das „Atlántico" mit direktem Zugang zur Sonnenterrasse in der oberen Etage (ideal für Familie mit Kind), unten die beiden in Ocker gehaltenen „La Rama" und „Sáhara". Alle Zimmer verfügen über eigenes Bad und Latex-Matratzen. Auf Wunsch gibt es Frühstück (nicht im Preis inkl.).

■ **Ap. El Angosto***-****,** Calle Obispo Pildain 11, Tel./Fax 928554192, www.elangosto.eu. Ferienanlage unweit des Friedhofs mit 12 einfach eingerichteten Apartments – alle mit Blick auf Berge und Küste. Den Gästen stehen ein Garten mit Terrassen und kleinem, aber nicht beheizten Pool zur Verfügung.

■ **Casa Coca*****,** Calle Estanco 2, Tel. 928898287. Zu empfehlen für alle, die einfach aber günstig wohnen wollen: eine Privatunterkunft mitten im Ort und in romantischer Lage. Von der *biblioteca* führt eine kopfsteingepflasterte Gasse zu einer hohen Palme hinauf. Man betritt das Haus durch einen begrünten Patio und wird meist von *Juan* oder *María Eugenia* begrüßt. Am Ende des Ganges warten vier Studios und Apartments mit je eigenem Charakter, alle mit Blick auf das Tamadaba-Massiv. Besonders begehrt ist *La Cueva* (die Höhle), eine im Winter warme, in den Fels geschlagene Mini-Wohnung am Barranco-Hang. Auf der unteren Terrasse sorgt Hibiskus für Schatten, ein schöner Ort für stille Lektüre und ein Gläschen Wein. Nicht über Agenturen buchbar (am Telefon bitte spanisch sprechen!)

■ **Casa Lola*,** Calle San Juan 10, Tel. 928898289 oder 928898264 (Geschäft). Bei Señora *Lola* hat man die Wahl zwischen mehreren Apartments, einige mit Blick auf Barranco und Hafen (leider meist langfristig vermietet). Die Miete ist zu zahlen, sobald man den Wunsch bekundet hat zu bleiben.

■ **Casa Saro*,** Calle José Sanchez 6, Tel. 928898 160. Haus mit drei Apartments in der Ortsmitte; sind sie belegt, offeriert *Saro,* die Besitzerin, fünf Apartments ihrer Schwester im Hafenviertel.

Im Tal:

■ **Las Longueras***,** Valle de Agaete, Tel. 928898 145, www.laslongueras.com. Die Finca, die der Grafenfamilie *Manrique de Lara* gehört, liegt im mittleren Talabschnitt, 2,5 km von Agaete entfernt, auf der Tamadaba-Seite. Sie wurde Ende des 19. Jahrhunderts erbaut und erinnert mit verspielten Fenstern und Galerien an die Kolonialarchitektur von New Orleans. Das Anwesen ist eine sehr gute Adresse für Ruhesuchende: Kein Autolärm und keine Animation stören die Stille, ein hübscher Spazierweg führt durch den Garten mit Orangen-, Avocado- und Papayabäumen. Alle 10 Zimmer sind unterschiedlich und mit antiken Möbeln ausgestattet, originell sind die Bäder mit handbemalten Fayencewaschbecken. Zur Ausstattung des Hauses gehören ein Speiseraum mit altem Familienporzellan, ein Salon, ein Fernsehzimmer sowie zwei romantische Terrassen. Auf dem Landgut kann ein weiteres kleines Haus mit Terrasse und Garten angemietet werden (max. 4 Pers.). Im Winter liegt die Finca weitgehend im Schatten, aufgrund der abgelegenen Lage (10 Gehminuten von der Talstraße entfernt) ist ein Mietauto dringend zu empfehlen.

◁ Im Huerto de las Flores
△ In der Casa Coca

■ **Finca La Mareta***,** Valle de Agaete (La Suerte), Mobil: 619287111, auch buchbar über www.grancanariafincas.com. Der Landsitz mit drei restaurierten Casitas hat die gleiche Zufahrt wie das Hotel Las Longueras. Zwei Häuser (eines davon etwas dunkel) eignen sich für jeweils 2 Pers, nur das obere Haus kommt für eine Familie mit Kindern in Frage. Die Küchen sind mit Kühlschrank und Mikrowelle ausgestattet, auch steht allen Gästen eine Waschmaschine zur Verfügung. Mit kleinem Innenhof, Pool, Tischtennis und Grillplatz.

■ **Casa La Calera/Casa La Bouganvilla**,** Valle de Agaete/La Calera 4 (La Suerte), Tel. 902157281 und Mobil: 606646308, www.ecoturismograncanaria.com. Die restaurierte, 100 Jahre alte Finca versteckt sich in einem Palmenhain unterhalb der Talstraße (gegenüber der Einfahrt zur Siedlung La Suerte). Die Casa La Calera ist ein größeres Haus für 2–3 Personen mit Bergblick und gemütlichem Wohnzimmer, La Bouganvilla ein kleineres für 2 Personen mit Terrasse und Außenküche. Alle Zimmer (und auch die Duschbäder) sind geschmackvoll eingerichtet und mit farbenfrohen Bildern zeitgenössischer Künstler geschmückt.

■ **Weitere Landhäuser:** Auf Wochenbasis können über die Turismo-Rural-Agenturen (siehe „Praktische Reisetipps, Unterkunft, Individuell") Fincas im Agaete-Tal und im abgelegenen Weiler El Risco gebucht werden.

Am Hafen: siehe „Puerto de las Nieves"

Essen und Trinken

Gute Lokale sind Mangelware – hat man ein Apartment, versorgt man sich besser im Supermarkt (Richtung Hafen) oder spaziert zu den Fischrestaurants in Puerto de las Nieves.

■ **Dulcería La Esquina*,** Plaza Tenesor 7. Die Dulcería La Esquina ist der beliebteste Treffpunkt am

Vormittag: Vom Bürgermeister bis zum Hilfsarbeiter kehren die Ortsbewohner ein, um Croissants zu frühstücken und Zeitung zu lesen. Besonders begehrt ist der Platz am Fenster, von dem aus man das morgendliche Treiben beobachten kann.
- **Café Huerto de las Flores** siehe S. 87.
- **Bar El Perola*,** Plaza de Tomás Morales, mittags und abends. Ein uriger Treffpunkt am zentralen Platz, mit ihren verstaubten Flaschen und den in Vitrinen ausgestellten Zigarettenschachteln mutet sie an wie ein Museum. Alte Marken tragen so hochtrabende Namen wie *El Progreso* und *Vencedor,* die kleinen Rumflaschen stammen aus einer Zeit, als Agaete noch eine eigene Destillerie besaß.

In der Umgebung

Valle de Agaete: Unteres Tal

Wer Agaete besucht, sollte auch das gleichnamige Tal besuchen. Kurz nach der Zufahrt zu den Fincas Las Longueras und La Mareta (siehe „Unterkunft") passiert man die am Hang gebaute, begrünte Wohnsiedlung **La Suerte,** 500 m weiter, in einer ausgeprägten Kurve (Km 3,5), eine herausgeputzte kanarische Villa, die „Casa Romántica" (z. Zt. geschlossen). Die Vegetation wird in der Folge üppiger, im Talgrund wachsen Mangobäume und Papayas, Avocados, Bananen, Feigen und Oliven, seit einigen Jahren auch Kaffee.

Weiße Häuser, moscheeartige Kirchenkuppel

Tipp: Bodega-Besuch

Gruppen von mindestens 10 Personen sei ein Ausflug zur Bodega im Talort **San Pedro** empfohlen (Individualurlauber können sich anschließen, Anmeldung ratsam). Vom dortigen Dorfplatz, an dem mehrere Wanderwege starten, führt der anfangs asphaltierte „Camino Real a Tamadaba" den Berg hinauf. Spätestens auf der Höhe des Restaurants Casa Tino sollte man seinen Wagen abstellen, denn schon nach 50 Metern geht es nur noch zu Fuß weiter: Ein Schild weist nach links zur Bodega, die man über einen parallel zum Talgrund verlaufenden Weinlaubengang erreicht. Der Besitzer *(Victor Lugo)* oder einer seiner Assistenten führt die Gäste durch die Anlage: Im Höhlenraum, wo der Wein gelagert wird, probiert man das köstliche Mineralwasser und auf einer lauschigen Terrasse die Bodega-Weine der Marke Los Berrazales; dazu gibt es Ziegenkäse und zum Abschluss eine Kostprobe des Agaete-Kaffees.

- **Bodega Los Berrazales,** Finca La Laja, **San Pedro,** Mobil: 628922588, www.bodegalosberrazales.com, tgl. 10–13 Uhr, 5 € p. P.; kommt man mit Bus 102, steigt man oberhalb von San Pedro aus und läuft über Stufen zum Dorfplatz hinab.

Valle de Agaete: Oberes Tal

Nach etwa 7 km passiert man das ehemalige Thermalbad Los Berrazales und das Hotel Princesa Guayarmina (z. Zt. geschlossen), die Endhaltestelle des Busses befindet sich knapp oberhalb des Hotels an der Casa Esperanza, wo Alkoholiker und Drogenabhängige in schönster Umgebung auf Entzug sind. Mit dem Auto kann man auf schmaler Straße noch ein Stück weiterfahren: Vorbei an einem Aussichtsplatz (mit Picknicktisch

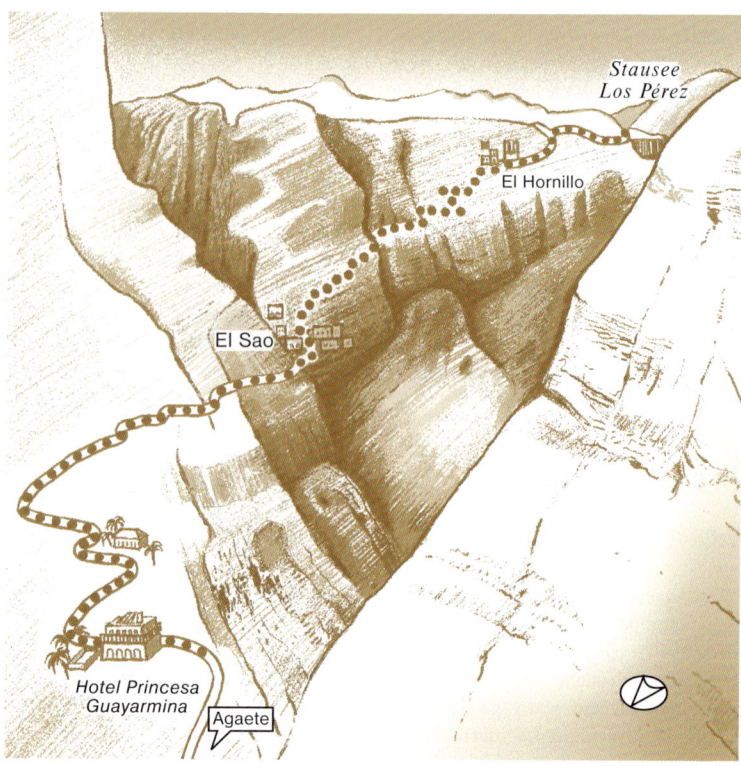

rechts oben) kommt man zum Park- und Wendeplatz unterhalb des Weilers **El Sao.** Dort hat man Anschluss an die großartige Wanderroute des Nordwestens, die im Kapitel „Die 12 schönsten Wanderungen" als **„Wanderung 10"** vorgestellt wird. Haben Sie etwas Zeit, so sollten Sie sich den ersten Abschnitt der Tour nicht entgehen lassen: Ein gut ausgebauter Camino Real führt kurzzeitig steil, dann abflachend von den Häusern El Saos zum Kirchplatz von El Hornillo hinauf – ein Naturerlebnis, an das Sie sich noch lange erinnern werden (2 Std. hin und zurück)!

Steilküste

Auf halber Strecke von Agaete nach Puerto de las Nieves beginnt die atemberaubende Fahrt über El Risco nach La Aldea de San Nicolás auf der alten GC-200 (die neue Schnellstraße ist noch nicht fertiggestellt). Unterwegs kann

▷ Das Tal von Agaete

man zu zwei Stränden abzweigen: der schwarzsandigen, 200 m langen **Playa de Guayedra** und der 350 m langen, kiessandigen **Playa del Risco.** Aufgrund starker Strömungen ist beim Baden Vorsicht geboten!

In **El Risco,** dem einzigen Ort an der Küstenstraße, wohnen ca. 200 Menschen, darunter auch mehrere Aussteiger, die in den 1980er Jahren dem ausufernden Tourismus und der hektischen Großstadt entkommen wollten. In der Bar Perdomo, der Dorfkneipe an der Küstenstraße (direkt am scharfen Knick), kann man sich erkundigen, ob eine der attraktiven Casas Rurales frei ist (El Risco 1, Tel. 928894021, *Julia, Cintia* oder *Claudio*). La Pintora, die „Künstlerin", hatte als Erste Geld von der EU erhalten, um ihr Gehöft aufzupolieren – danach haben weitere Bewohner ihre Bleibe restauriert und an Urlauber vermietet (www.ecoturismocanarias.com). Die Häuser befinden sich am Rande eines Naturparks, der im Osten vom Gebirgsmassiv des Tamadaba begrenzt wird. Viele endemische, also nur hier vorkommende Pflanzen wachsen in diesem schwer zugänglichen Gebiet, darunter auch der Pitahanf, eine begehrte medi-

Im Bau

Die neue Schnellstraße Agaete–La Aldea mit zahlreichen Tunnel und Viadukten ist mit 19 km nur halb so lang wie die kurvenreiche Küstenstraße. Sie berührt den Naturpark Tamadaba und ruft nach Meinung von Umweltschützern schwere ökologische Schäden hervor. 60 % der Baukosten werden von der EU bezahlt.

zinische Heilpflanze. Einen Vorgeschmack auf die Wildheit der Region bekommt man bei der in diesem Buch beschriebenen Tour 9 zum **Charco Azul** (leicht und kurz, siehe Kapitel „Die 12 schönsten Wanderungen").

Puerto de las Nieves

Seit Ende des 20. Jh. ist Agaetes Hafen kein verschlafener Fischerort mehr, sondern Gran Canarias Sprungbrett nach Teneriffa und von wachsender touristischer Bedeutung. Die Fred. Olsen S.A. hat eine regelmäßige **Fährverbindung nach Teneriffa** eingerichtet, der Preis dafür war eine Mole, die nach Meinung der Kritiker etwas zu hoch geraten ist. Auch der Bau des Einkaufszentrums und neuer Ferienhäuser habe, so wird bemängelt, nicht gerade zur Verschönerung des Küstenabschnitts beigetragen.

Doch trotz aller Kritik kann man sich in Puerto de las Nieves wohl fühlen. In kaum einem anderen Ort der Insel macht es mehr Spaß, frischen Fisch zu bestellen – gleich mehrere Lokale wetteifern um die Gunst der Gäste. Und wem es hier mittags zu voll wird, setzt sich ins Auto oder in den Bus und fährt ins Tal von Agaete hinauf, wo er vollkommene Stille genießt.

Promenade

Vieles hat sich verbessert und ist schöner geworden. Besonders attraktiv ist der **Paseo de los Poetas,** die „Promenade der Poeten", die in Richtung Norden erweitert wurde und der rauen See ausgesetzt ist. Bei klarem Wetter kann man die Nachbarinsel Teneriffa erkennen, fast 4000 m ragt der Gipfel des Teide aus dem Meer empor. Auf halber Strecke des Paseo huldigt eine Skulptur den berühmten Dichtern *Tomás Morales, Alonso Quesada* und *Saulo Turón,* die lange in Agaete gelebt und so manche Ode ans Meer verfasst haben.

Naturschwimmbecken

Die Promenade endet vorerst an der Mündung des Barranco de Agaete. Dort wurden die ehemaligen Salinen in Naturschwimmbecken verwandelt *(charca mareal de Agaete).* Die beiden tiefen, zum Meer hin ausgerichteten Außenbecken sind für gute Schwimmer geeignet, aber auch für Schnorchler, die zwischen Felsen knallrote Papageienfische sehen können. Bei niedrigem Wasserstand können hier auch weniger Geübte in die Fluten steigen – bei starker Brandung sollten sie aber mit dem Binnenbecken vorlieb nehmen.

Strand

Die eigentliche **Badebucht** befindet sich links vom Hafen, unterhalb des steilen Gebirgsmassivs und geschützt durch die Mole. Der Kieselstrand ist dunkel und 100 m lang, das Wasser erstaunlich sauber. **Holzplateaus** rechts der Mole laden zu einem Sonnenbad ein. Im Hintergrund sieht man die zerklüftete Westküste, besonders imposant sind die **Steilklippen von Tirma und Feneque.**

Von ihnen, so heißt es, stürzten sich Altkanarier Ende des 15. Jahrhunderts ins Meer – den Tod zogen sie einem Leben in der Sklaverei vor. *Fernando Guanarteme*, der letzte altkanarische König, erhielt als Dank für seine Kollaboration das Tal von Guayedra, in dem er aufgewachsen war.

Dedo de Dios

Das Strandlokal „El Dedo de Dios" ist nach dem Wahrzeichen der Insel benannt, das vom Strand aus gesehen werden kann. Eine **bizarre Felsformation** ragt viele Meter aus dem Meer empor: Reste eines Vulkanschlots, dessen äußere Hülle im Laufe von Zehntausenden von Jahren durch das Meerwasser abgetragen wurde. Seit der Schriftsteller *Domingo Doreste* sie *Dedo de Dios* (**Finger Gottes**) taufte, ist sie bei den Kanariern nur unter diesem Namen bekannt.

Doch im November 2005 zog ein tropischer Sturm mit Windgeschwindigkeiten von über 120 km/h über Gran Canaria hinweg und schlug dem „Finger Gottes" die **Spitze ab.** „Ein böses Omen", klagten die Bewohner – am liebsten hätten sie die Trümmer vom Meeresboden geborgen und wieder zusammengesetzt.

◩ Ein Tropensturm schlug dem „Finger Gottes" (Dedo de Dios) 2005 die Spitze ab

Fischerkapelle

Schmuckstück der weiß getünchten „Kapelle der Schneejungfrau" ist ein **Triptychon,** das auf der ganzen Insel verehrt wird. Der Mittelteil stellt Maria mit Christuskind dar, flankiert von den Heiligen *Franz von Assisi* und *San Antonio Abad*. 1533 wurde das kurz zuvor fertig gestellte Gemälde des flämischen Künstlers *Joos van Cleve*, einer der besten Maler des frühen 16. Jh., im Gegenzug für Zucker (weißes Gold) nach Agaete gebracht. In jüngster Zeit begann sich auch die Pariser Kulturbehörde für das Bild zu interessieren: 1990 wurde für den Fundus des Louvre eine Kopie dieses Bildes angefertigt.

■ **Ermita de Nuestra Señora de las Nieves,** unregelmäßig geöffnet.

Genuesische Wurzeln

Der 1468 in eine genuesische Kaufmannsfamilie hineingeborene *Antonio Ceresa* (hispanisiert *Antón Cerezo*) kam wenige Jahre nach der spanischen Eroberung auf die Insel. Er stieg nicht nur rasch zu einem reichen Zuckerbaron auf, sondern betätigte sich auch als Weiberheld. Er liebte Altkanarierinnen und Spanierinnen, Freie und Sklavinnen – mehr als 30 Kinder, so hört man, habe er gezeugt. Dokumentarisch verbürgt sind immerhin acht. Bei so einer zahlreichen Nachkommenschaft darf man vermuten, dass viele heutige Agaete-Bewohner von ihm abstammen. In jedem Fall verdanken sie ihm ihr kostbarstes Kunstwerk. Denn er war es, der der Kapelle von Puerto de las Nieves das flämische Triptychon stiftete!

Praktische Tipps

Info

■ **Touristeninformation:** Calle Nuestra Señora de las Nieves 1, Tel. 928554382, So und Mo geschlossen.
■ **Internet:** www.aytoagaete.es

Unterkunft

■ **Roca Negra***,** Av. Alfredo Kraus 42, Tel. 928 898009, www.hotelrocanegragrancanaria.com. Hotel mit Poolgarten oberhalb der Küste im Vorort El Turmán. Von den 87 geräumigen Zimmern hat man einen herrlichen Blick aufs Meer und Teneriffa. Sehr gut ist das Büfett-Frühstück mit frisch gepresstem O-Saft, viel Obst, Lachs und diversen Ei-Gerichten. Gratis sind die Benutzung von WLAN, Safe und Garage, einmal auch der Besuch des mit allen Finessen ausgestatteten Spa (Trocken- und Dampfsauna, Römische Therme, „Totes Meer" und Vichy-Duschen). Das Naturschwimmbecken erreicht man in 10 Min. über einen steil angelegten Beton-Parcours.
■ **Puerto de las Nieves**-***,** Av. Alcalde José de Armas s/n, Tel. 928886256, Fax 928886267, www.hotelpuertodelasnieves.es. Weder eine schöne Aussicht noch eine originelle Außenarchitektur, doch ein komfortables Innenleben mit 30 schalldichten und klimatisierten Zimmern, alle mit Salon oder Terrasse, ausgestattet mit handgefertigten Edelholzmöbeln und luxuriösen Bädern. Zum Frühstück gibt es alles, was ein Wanderer braucht, auch Müsli, Fruchtsaft, Obst und Gemüse. Gratis ist das Wellness-Center im Souterrain mit beheiztem Hallenbad (Gegenstromanlage), Whirlpool und „sprudelnden Liegen". Nicht im Preis enthalten sind Sauna, Türkisches Bad und Massagesalon. Die Autos können kostenlos in der Tiefgarage geparkt werden.

Essen und Trinken

Am Paseo de los Poetas reiht sich eine Terrassenbar an die nächste – eine gute Adresse für ein Getränk und ein kleines Sonnenbad. ==Die besten Fischrestaurants befinden sich im Umkreis der alten Mole.==

■ **El Dedo de Dios****, Calle Nuestra Señora de las Nieves s/n, Tel. 928898000. Im grün verhangenen Restaurant speist man mit Blick auf die Steilküste und den abgeschlagenen „Finger Gottes". Preiswertes Menü, beim letzten Besuch mit üppigem Salat.

■ **Las Nasas****, Calle Nuestra Señora de las Nieves 7, Tel. 928898650. Schön sitzt man auf der windgeschützten Terrasse, isst gebratenen Fisch und schaut auf die ein- oder auslaufende Olsen-Fähre. Am Wochenende bekommt man nur schwer einen Platz, dann ist selbst der blau-weiße, von Schiffsmodellen geschmückte Innenraum bestens gefüllt.

■ **El Oliver***-**, Av. de los Poetas, Tel. 928886179. Auch im letzten Lokal an der Promenade gibt es ein preiswertes Mittagsmenü *(menú del día)*, allerdings fehlt der Nachtisch und es werden Steuern aufgeschlagen.

■ **El Capita***-**, Calle Nuestra Señora de las Nieves 37, Tel. 928554142, Di–So 11–17 Uhr. Lokal in zweiter Linie, seit über 50 Jahren von derselben Familie geleitet! *Fausto* und *María* sind bekannt für ihre gute Paella, sehr gut schmecken auch *gofio, pulpo frito, calamares* und *longerones*.

■ **Cofradía Pescadores***-**, Explanada Muelle de Agaete, Tel. 928886318. Terrassenlokal der Fischergenossenschaft an der Promenade, schon etwas abseits. Bei windigem Wetter geht man in den Innenraum, der mit einem großen Schiffsrumpf originell geschmückt ist. Es gibt frischen Salat, die obligatorische Fischplatte und hausgemachten *flan*.

△ Naturschwimmbecken am Nordende des Paseo

Gáldar

Die 20.000 Einwohner zählende Stadt wirkt auf den ersten Blick hektisch und laut. Längs der sich über 2 km hinziehenden Hauptstraße stehen neu gebaute, teilweise unverputzte Häuser. Der 434 m hohe Vulkankegel **Montaña de Gáldar,** abschätzig auch „Taschen-Teide" genannt, grenzt den Ort zur Nordküste ab. Landwirtschaft ist im Rückzug, aber rund um Gáldar immer noch wichtig: Auf der fruchtbaren Ebene werden Tomaten und Bananen, Mais und Kartoffeln angebaut.

Altstadtplatz

Für Touristen interessant ist die westlich der Hauptstraße gelegene Altstadt, die sich rings um einen schattigen Platz, die denkmalgeschützte **Plaza de Santiago** erstreckt. An jedem Donnerstagvormittag findet hier der **Wochenmarkt** statt – wenige Touristen kommen hierher, dafür um so mehr Einheimische. An der Ostseite des Platzes steht das Rathaus, in dessen Patio man den angeblich ältesten, im Jahr 1718 gepflanzten **Drachenbaum** *(drago)* bewundern kann.

■ **Ayuntamiento,** Plaza de Santiago, Mo–Fr 10–14 Uhr.

König Tenesor Semidán – Verrat am kanarischen Volk?

Gáldar, früher Agáldar genannt, war eine der beiden altkanarischen Hauptstädte. In der zweiten Hälfte des 15. Jahrhunderts residierte hier der kanarische König *Tenesor Semidán,* der als Kollaborateur der spanischen Krone in die Annalen kanarischer Geschichte einging. Nach seiner Gefangennahme durch die Spanier 1483 wurde er auf die Peninsula verschleppt und den katholischen Königen vorgeführt. In der Kathedrale von Toledo taufte man ihn auf den Namen *Fernando Guanarteme,* worauf er ehrenvoll in den spanischen Adel aufgenommen wurde.

Nach seiner Rückkehr auf den Archipel versuchte er die Altkanarier von der Sinnlosigkeit ihres Widerstandes zu überzeugen und malte ihnen die Vorzüge des Christentums aus. Als Dank für seine Hilfe erhielt er von der spanischen Krone ein großes Landgut im Barranco de Guayedra.

1986 machte man ihm ein weiteres Geschenk: Der spanische König *Juan Carlos I.* setzte ihm an der Calle Guariragua in Gáldar ein Denkmal und erinnerte mit bewegter Stimme an die „konstruktive Zusammenarbeit" jener Tage. Das Denkmal stammt von *Borges Linares,* der auch die Skulptur am Ortsausgang Richtung Guía schuf. Sie zeigt jene drei Frauen aus dem Clan des altkanarischen Königs, die sich nach seiner Rückkehr von spanischen Eroberern ehelichen ließen. Es waren dies die Prinzessinnen *Arminda, Guayarmina* und *Tenesoya.* In jüngster Zeit werden Neugeborene oft nach ihnen benannt.

Gleichfalls sehenswert ist das angrenzende, 1912 erbaute und 100 Jahre später neu eröffnete **Teatro Municipal** (Stadttheater) mit seiner spektakulär bemalten Kuppel.

Kirche

An der Südseite des Platzes erhebt sich die neoklassizistische Ortskirche. Außen dominiert ein symmetrischer, strenger Fassadenaufbau, im Innern gliedern luftige, sparsam dekorierte Säulen den Raum. In einer Seitenkapelle rechts vom Eingang steht die *Pila Verde,* ein grün glasiertes **Taufbecken** aus dem 15. Jahrhundert, worin die altkanarischen Bewohner zwangsgetauft wurden.

In der Kapelle zur Linken sind Mönche abgebildet, die die Seelen der Verdammten dem Fegefeuer entreißen. Ihnen zur Seite hängen Apostelporträts des spanischen Meisters *Zurbarán.* Der Hauptaltar ist aus Holz geschnitzt, erscheint aber in edlem Marmor – eine geschickte Kopie kunstfertiger Maler. Rechts von ihm findet sich eine Darstellung des Schutzheiligen frommer Pilger und militanter Jakobsritter. Im hinteren Gebäudeteil der Kirche befindet sich ein **Museum religiöser Kunst.**

■ **Iglesia de Santiago de los Caballeros,** Plaza de Santiago/Calle Fernando Guanarteme 2, vorerst Mo–Fr 11–12 und 18–20 Uhr.

Cueva Pintada

In Gáldar, das vor der Conquista eine der beiden Hauptstädte der Insel war, wurde 1873 die Cueva Pintada, eine große **bemalte Höhle** entdeckt. Ihre 3 m hohen und 5 m langen Wände sind mit geometrischen Motiven in den Farben Rot, Schwarz und Weiß ausgeschmückt. Die Größe der Höhle legt die Vermutung nahe, es handele sich um die Residenz des letzten prähispanischen Königs *Tenesor Semidán* (siehe Exkurs) oder um einen wichtigen Kultort. Die Muster weisen eine frappierende Ähnlichkeit mit Höhlenmalereien in Nordwestafrika auf, was als Beleg für die These gewertet wird, die Altkanarier stammten von einem berberischen Stamm ab, der sich *canarii* nannte.

Die Malereien in der Cueva sind heute **das am besten erhaltene Kunstwerk der Altkanarier.** In der langen Zeit der franquistischen Diktatur (1939–75), als das Erbe der unterworfenen „Steinzeitmenschen" als minderwertig galt, war die Cueva dem Verfall anheim gegeben. Erst im ausgehenden 20. Jh. setzte sich die Erkenntnis durch, dass es gute Gründe gab, die wenigen Überbleibsel der altkanarischen Vorfahren zu retten. Da freilich war es fast schon zu spät: Das in die Höhle einsickernde, mit ätzenden Düngemitteln getränkte Wasser für die umliegenden Felder hatte den Fresken arg zugesetzt. Inzwischen sind die Besitzer der Felder enteignet und die Restaurateure haben ihr Werk der Öffentlichkeit vorgestellt. Die Cueva wurde mit einer Glasfront versehen und überdacht. In ihrem Umkreis hat man die Fundamente vieler Häuser freigelegt, die aus der Zeit vom 6.–16. Jh. stammen; einige wurden originalgetreu rekonstruiert.

Die Besichtigung des Höhlenkomplexes ist allein oder im Rahmen einer (besser: telefonisch beantragten) Gruppenführung möglich, die einmal pro Tag

⌃ Fernblick auf Gáldar

(meist 14.30 Uhr) auch in deutscher Sprache erfolgt. Zwei 3-D-Filme befassen sich mit Gran Canaria vor und während der Conquista, ausgestellt sind Malereien, Idolbilder, Keramik sowie Stein- und Knochenwerkzeuge. Eine originalgetreue Miniaturkopie befindet sich im Museo Canario (Las Palmas).

■ **Museo y Parque Arqueológico Cueva Pintada,** Calle Audiencia 2, Tel. 928895746, www.cuevapintada.org, Di–Sa 10–18, So 11–18 Uhr (letzter Zugang 90 Min. vor Schließung), geschlossen: 1.1., 5.–6.1., 1.5., 24–25.12. und 31.12., Eintritt 6 €/ erm. 3 € (Kinder bis 18 frei), an wechselnden Tagen des Monats Eintritt frei.

Moderne Kunst

Freunde des magischen Realismus werden an den Bildern des Malers **Antonio**

Padrón (1920–68) Gefallen finden. Das ihm gewidmete Museum befindet sich in einem Gebäude, in dem der Künstler – abgesehen von fünf Studienjahren in Madrid – fast sein gesamtes Leben verbrachte. Seine farbenfreudigen Bilder zeigen eine bäuerlich-archaische Vorstellungswelt, die beherrscht ist von Ritual und Aberglauben.

■ **Museo Antonio Padrón,** Calle Drago 2, Tel. 928 551858, www.grancanariacultura.com, Mo–Fr 9–14 Uhr.

◸ Nicht EU-konform – Fischverkäuferinnen von Gáldar

Praktische Tipps

Info

■ **Touristeninformation:** Calle Tagoror 2, Tel. 928 895855, Sa–So geschlossen. Info-Büro in der Casona del Drago gleich neben dem Rathaus.
■ **Internet:** www.galdar.es, www.mancomunidaddelnorte.org

Essen und Trinken

■ **Casa Nostra****, Calle Capitán Quesada 4, Tel. 928550539, Mo geschlossen. *Franco* und *Loli* servieren „Gnocchi con salsa tartufata" und andere italienische Klassiker, auch vegetarische Gerichte kann man bestellen.

■ **Alcori***, Calle Capitán Quesada 6, Tel. 928883 674, Mo geschlossen. Kanarisch-rustikales Lokal nördlich des Kirchplatzes mit Fleischgerichten und günstigem Menü. Hier kann man auch die früher so begehrten *Churros y chocolate* probieren.

■ **Ca'Juancri***, Calle Tagoror 1. Eine Bar aus alten Zeiten neben dem Rathaus mit verstaubten Flaschen, von der Decke baumelnden Würsten und ein paar Tischen mit Blick auf die Kirche.

Markt

■ **Markt:** Plaza de Santiago, Do 8–13 Uhr. Kleider- und Lederwaren, Kunsthandwerk, Obst, Wein und Gemüse. Außerdem öffnen überdachte Marktstände täglich außer So in der Calle Capitán Quesada 31.

In der Umgebung

Strände

Von der GC-202 zweigen kleine Straßen zu „wilden" Sand- und Kiesstränden ab, die oft von improvisierten Wochenendhäuschen umstanden sind. Ausgeschildert ist der Abzweig nach „Bocabarranco/Necropolis 0,7 km". Auf halber Strecke dorthin gabelt sich die Straße: Rechts geht es zur „Playa de El Agujero" und „Bocabarranco", links zur „Playa de los Roques".

Totenstadt

Den Altkanariern bedeutete der Tod Übergang in ein neues Leben, für das sie standesgemäß ausgerüstet wurden. In der hierarchisch gegliederten Gesellschaft waren es die Adligen, denen das Privileg aufwendiger Bestattungszeremonien zuteil wurde. Ein eigens dafür geschaffener Berufsstand war beauftragt, die Toten zu mumifizieren.

Die **Nekropole von Gáldar** befindet sich nahe der Playa de El Agujero, dem „Strand des durchlöcherten Berges". 1935 wurden in einer der runden Steinkammern 30 einbalsamierte Mumien entdeckt. Wer die kreisförmig angelegte Nekropole heute besucht, wird enttäuscht. Die Stadt Gáldar hat die Pflege der Totenstadt sträflich vernachlässigt.

■ **Nekropolis de la Guancha,** El Agujero, Besuch nach Voranmeldung bei der Touristeninformation (s.o.)

Sardina del Norte

Der expandierende Fischerort liegt 10 km westlich von Gáldar und verfügt über eine attraktive Felsbucht mit dunklem Sandstrand. Dort kann man auch in mehreren Restaurants sehr gut Fisch essen.

Oberhalb zweigt von der GC-202 eine 2,4 km lange Straße zum **Faro de Sardina** ab. Der alte Leuchtturm befindet sich am äußersten Nordwestzipfel der zerklüfteten Küste. Hier, wo man die Atmosphäre des Atlantiks wunderbar genießen kann, begann man vor einigen Jahren mit dem Bau von (inzwischen leider vernachlässigten) Apartmentsiedlungen. Die älteste liegt unmittelbar am Meer: Naturschwimmbecken im Felsgestein erlauben ein Bad in glasklarem Wasser – ein tolles Gefühl angesichts der Tatsache, dass nur wenige Meter entfernt hohe Wellen gegen das Kliff schlagen!

Praktische Tipps

Info

● **Bus:** Mit Gáldar ist Sardina stündlich von 8 bis 21 Uhr verbunden (Linie Guzman, Tel. 928880185, www.guaguasguzman.com).

Unterkunft

● **Ap. Faro de Sardina,** Av. Santiago Quevedo Megías, Tel. 928171112. Im Büro, das meist nur Mo–Fr vormittags besetzt ist, erfährt man, welche Apartments in der Siedlung gerade frei sind.

Essen und Trinken

● **La Fragata***,** Av. Alcalde Antonio Rosas s/n, Tel. 928883296, www.restaurantelafragata.net, Mi und So Abend geschlossen. Den Innenraum des vom Franzosen *Jean Paul* geleiteten Hafenrestaurants schmückt eine echte alte Schiffseinrichtung. Bevor man Krebse, Muränen und anderes Seegetier verzehrt, darf man sie in großen Bottichen beäugen. Der Besitzer empfiehlt Weißbarschfilet mit Calvados-Sahne-Soße und Hummer-Risotto, Lachs-Quiche und Fisch-Paté. Die Sorbets und Torten sind hausgemacht.

● **La Cueva*,** Av. Alcalde Antonio Rosas 80, Tel. 928880236, Di geschlossen. Beliebtes Höhlenlokal mit frischem Fisch. Schön sitzt man auch auf der Terrasse über der Strandbucht (zwei kleine Tische).

Schön bei Ebbe: die Natur-Pools von Sardina

Santa María de Guía

Die Stadt, die von den Einheimischen schlicht **„Guía"** genannt wird, wächst immer mehr mit Gáldar zusammen. Schön ist die oberhalb der Hauptstraße gelegene Altstadt: Kopfsteingepflasterte Gassen führen zum historischen Zentrum mit Plaza, Kirche und Rathaus.

Kirche

Die Ortskirche ist in neoklassizistischem Stil erbaut, doch wird ihre strenge Struktur durch spielerische Elemente aufgelockert. Im Innern kann man Skulpturen von *José Luján Pérez* (1756–1815), dem berühmtesten Sohn der Stadt, betrachten. Als seine besten Werke gelten die *Dolorosas,* **Madonnenfiguren,** deren Gesichtsausdruck Schmerz, Melancholie und Erlösungssehnsucht spiegelt. Der Kauf der Orgel (1900) erfolgte auf Anregung des französischen Komponisten *Camille Saint-Säens,* der viele Winterurlaube in Guía verbrachte.

■ **Iglesia de la Asunción,** Mi und Sa 10–15 Uhr, Messe tgl. 19.30 Uhr.

Altstadt

Von der Kirche sind es nur wenige Schritte zu einem prachtvollen Herrenhaus, in dem sich die Touristeninfo und das **Museo Néstor Álamo** befinden (Calle San José 7/Ecke Canónigo Gordillo, www.museonestoralamo.com, Mo–Sa 10–15 Uhr). *Néstor Álamo,* ein bekannter, in Guía geborener Komponist, hat sich um die Entwicklung der kanarischen Folklore verdient gemacht. Im Museum werden aber nicht nur seine Werke vorgestellt, man bekommt auch einen Einblick in die kanarische Musikgeschichte von den Gesängen der Altkanarier bis hin zur zeitgenössischen Oper. Beim Spaziergang durch die Altstadt ist noch mehr zu entdecken, z.B. die **Casa de la Cultura** mit einem großartigen Ausstellungssaal in einer ehemaligen Kirche (Calle Canónigo Gordillo 22) und die **Casa Ermita de San Antonio** mit dem Laden La Quesera (Calle Pérez Galdós 27, siehe Einkaufen).

Praktische Tipps

Info

■ **Touristeninformation:** Calle San José 7/Ecke Canónigo Gordillo 22, Tel. 928883681, Mo–Sa 10–15 Uhr, September geschlossen. Mitten in der schönen Altstadt unweit der Kirche.
■ **Internet:** www.santamariadeguia.es

Unterkunft

■ **Albergue*,** Av. de la Juventud, Santa María de Guía, Tel. 928551141, www.santamariadeguia.es/turism.htm, Mo–Fr ab 22, Sa–So ab 14 Uhr geschlossen. Die Herberge steht allen Altersklassen offen und befindet sich südlich der zentralen Plaza, erreichbar über eine kleine Brücke. 68 Personen können hier für wenig Geld (13 € ÜF p.P.) in Vierbettzimmern schlafen. Herbergsleiter ist *Pepe,* seine Tochter *Marta* ist für die Verpflegung zuständig. Die Benutzung des Schwimmbads, das über fast olym-

„Blütenkäse" – eine Käsespezialität

Der *queso de flor* (Blütenkäse) besteht vorwiegend aus Schafsmilch, die mit **getrockneten Blüten einer Distelart** zum Stocken gebracht wird. Der Käse wird von Hand zu einem kreisrunden Laib geformt und lagert auf Rohrgeflechten in trockenen Höhlen. Frühestens 30 Tage nach seiner Herstellung kann er verzehrt werden; er heißt dann *semicurado*, hat eine gelbliche Rinde, eine weich-cremige Textur und einen leicht herben Geschmack. Ist er über 60 Tage alt, wird er als *curado* gehandelt, ist bedeutend fester und hinterlässt einen pikanten Nachgeschmack. Milder schmeckt *queso de media flor*, der „halbe", jeweils zur Hälfte mit Tierlab und Blütensaft angemachte Blütenkäse. Beide Sorten erhielten 2007 die staatliche Herkunftsbezeichnung *(denominación de origen)*, ein **Gütesiegel für herausragende Molkereiprodukte.** Probieren kann man den Käse z.B. am Markttag und natürlich beim „Käsefest", das meist am ersten Maisonntag auf dem Dorfplatz stattfindet.

pische Ausmaße verfügt, steht allen Gästen offen. Auf dem Sportplatz spielen Jugendliche Volleyball, im *Terrero de luchas* finden Ringkämpfe statt. Die Bar der Herberge ist abends ein beliebter Treff der Dorfbewohner.

Einkaufen

■ **Markt:** Auf der Plaza bieten am Dienstagvormittag Bauern aus der Umgebung Obst, Gemüse und Käse an.

■ **Käse, Wein und Süßes:** La Quesera, Calle Pérez Galdós 27. In dem schmucken Laden neben der Ermita wird *queso de (media) flor* verkauft – vor dem Kauf kann man Guías „Blütenkäse" kosten. *Hecho en Gran Canaria* sind auch Marmelade und Honig, Gofio und Meersalz, Wein, Rum und Palmenlikör sowie Süßigkeiten. Gleichfalls im Angebot: kunstvolle *cuchillos canarios,* Messer mit Intarsiengriff.

Fest

■ **Anfang Mai:** *Fiesta del queso en flor.* Meist am ersten Maisonntag feiert man das Käsefest. Auf der Plaza Grande werden ab 10 Uhr verschiedene auf der Insel produzierte Käsesorten vorgestellt. Zugleich darf man Kunsthandwerk bewundern, Folkloregruppen sorgen für die musikalische Begleitung. Eine Woche später (oder früher) kommt es zu einer Neuauflage des Fests im Bergdorf Montaña Alta.

■ **Mitte Sept.:** *Fiesta de las Marías.* Am dritten Wochenende im September ehrt man die Hl. *Maria,* die vor über 200 Jahren die Bewohner von einer Heuschreckenplage befreite. Die meisten Besucher kommen zur Prozession am Sonntag, einem Erntedankzug mit Festwagen, Stieren und Eseln, Folkloredarbietungen und Tanz.

In der Umgebung

Cenobio de Valerón

Verlässt man Guía auf der GC-292 Richtung Las Palmas, kommt erst die Abfahrt Richtung Artenara (GC-70), nach weiteren 300 m die nach Cenobio de Valerón (GC-291/Cuesta de Silva). Nach gut

3 km ist das sehenswerte prähispanische Höhlenmonument erreicht.

In einen halbrunden Felsüberhang haben Altkanarier **über 200 Höhlen** in den Tuffstein geschlagen – sie sind durch Gänge und Treppen miteinander verbunden. Oft liest man, junge altkanarische Adelsfrauen *(harimaguadas)* hätten in den Höhlen gewohnt, um in klösterlicher Abgeschiedenheit auf mütterliche Pflichten vorbereitet zu werden. Seit ein Chronist 1536 diese Geschichte erfand, wird sie immer wieder aufgetischt – doch so interessant sie auch klingt, wahr ist sie nicht. In Wahrheit dienten die Höhlen als **Getreidespeicher**; hier wurde gelagert, was dem König als Tribut zu zollen war.

Oberhalb der Höhlen befindet sich ein Versammlungsort altkanarischer Adliger, der so genannte *tagoror*. Acht glatte Steine dienten den Herren als Sitzfläche, von hier schauten sie hinab auf Wolken und Meer. Noch heute ist der **Blick auf die Küste** ein Erlebnis. Benannt ist sie in diesem Abschnitt nach dem Portugiesen *Diego de Silva,* der 1467 von der portugiesischen Krone zur Eroberung der Insel ausgesandt worden war. Erfolg war ihm nicht beschieden – bereits nach wenigen Wochen wurde er von Altkanariern gefangen genommen. Fest rechnete er mit seinem Tod, doch ihm wurde Gnade zuteil. Nach seiner überraschenden Freilassung segelte er nach Portugal zurück und engagierte sich – vergeblich – für die Einstellung aller Feindseligkeiten gegenüber den Inselbewohnern.

■ **Cenobio de Valerón,** GC-291, www.cenobiode valeron.com, Mobil: 618607896, Di–So 10–17 Uhr, Eintritt 2,50 €; Anfahrt mit Bus nicht möglich.

◸ Im Laden La Quesera in Guia

Brücke der Selbstmörder

Die Schnellstraße entlang der Küste führt über die 218 m hohe **Puente de Silva,** die sich nach ihrem Bau 1981 den traurigen Ruf einer „Brücke der Selbstmörder" erwarb. Mit der Konstruktion hoher Gitter wurde der Absprung erschwert – damit leider auch der schöne Blick.

El Roque-Pagador

Auf einer Felszunge an der Nordküste ragt das Fischerdorf El Roque weit ins Meer hinaus. Die farbenfrohen Häuser mit abbröckelnden Fassaden schmiegen sich dicht aneinander, als wollten sie eine Festung bilden gegen die Brandung des Meeres. Nur zu Fuß kann das Dorf erklommen werden, von der Bushaltestelle führen Stufen in die kahlen Gassen hinauf. An Hauseingängen sitzen Kinder und alte Frauen und verfolgen den Besucher zuweilen mit misstrauischen Augen. Selten verirren sich Touristen in diese einsame und ärmliche Enklave. Doch der Abstecher lohnt. Wo der Ort am weitesten ins Meer ausgreift, mündet der Weg in eine Felsterrasse mit der **Locanda El Roque,** einem herrlichen kleinen Lokal – **darunter tobt der Atlantik!** Die Kulturszene der Hauptstadt ist von diesem Ort begeistert. Unter der Regie des neuen Pächters, *Attilio* aus Verona, entstand ein wunderschönes Restaurant, schlicht aber elegant mit gepolsterten Stühlen und Designer-Geschirr. Toilettenbesucher finden einen riesigen Blumenstrauß vor! Es gibt guten Salat, fangfrischen Fisch und Meeresfrüchte, köstliche hausgemachte Desserts, alles nicht billig, aber von bester Qualität.

■ **Locanda El Roque,** El Roque 58, Tel. 928610044, www.locandaelroque.com, tgl. 10–23 Uhr, Mi und So-Abend geschlossen.

In der Umgebung

San Felipe

Die GC-751 führt von der Felszunge El Roque ins Dorfzentrum mit Kirche, kleinem Steinstrand, Naturschwimmbecken und Promenade. Das Meer ist hier oft abenteuerlich wild, die Brandung schlägt bedrohlich hoch. Ein weiteres Naturbecken entdeckt man im Fischrestaurant El Paso, wo man eine Runde schwimmen kann, bevor man einkehrt und eine reich bestückte Paella verspeist.

■ **El Paso****, GC-751, Km. 0,3, Tel. 928620177.

▷ Iglesia de Pilar – Kirche am Abgrund

Moya

Das fast 500 m hoch gelegene Moya liegt im fruchtbaren Vorgebirge und heftet sich malerisch an einen immergrünen Bergrücken. Das Ortsbild wird beherrscht von der Silhouette der verwegen am Abgrund thronenden **Iglesia del Pilar.** Vom Kirchenvorplatz hat man einen fantastischen Ausblick: Man schaut in den dicht bewachsenen Barranco hinab und sieht Ausläufer des Lorbeerwalds.

Literaturmuseum

Moya hat einen bedeutenden Dichter hervorgebracht: den „Vater des Modernismus" **Tomás Morales** (1885–1921). Sein Geburtshaus wurde in ein Museum umgestaltet, dessen Interieur den Stil der Wende vom 19. zum 20. Jahrhundert spiegelt. Bücher und Manuskripte werden ausgestellt, ebenso Briefe und Autogramme spanischer Schriftsteller.

■ **Museo Tomás Morales,** Paseo de Tomás Morales 1, Tel. 928620217, Mo–Fr 9–20, Sa 10–14 und 17–20, So 10–14 Uhr, Eintritt frei.

Spezialität

Bizcochos de Moya, eine im Holzofen gebackene und mit Zuckerguss glasierte Süßspeise, kann man in den Läden längs der Hauptstraße kaufen. Man isst sie trocken oder taucht sie in heiße Schokolade.

Praktische Tipps

Info

■ **Touristeninformation:** Calle Juan Delgado 6, Tel. 928612348. Mo–Fr 9–14 Uhr.
■ **Internet:** www.villademoya.es

Unterkunft

■ **Casa Rural Moreno****, Plaza Simon Melian 3, Tel. 928390169, www.casamoreno.grantural.es. Landhaus mitten im Ort für 2–4 Personen mit Garten und Terrasse, buchbar auf Wochenbasis.

Los Tilos – Gran Canarias letzter Lorbeerwald

Dichter Lorbeerwald erstreckte sich einst über den gesamten Norden der Insel: von Agaete über Arucas bis Telde. Die Bäume waren von Lianen und Efeu umkränzt, dichtes Untergebüsch machte ein Durchkommen fast unmöglich. In den Jahren der Conquista versteckte sich hier der altkanarische Fürst *Doramas;* aus dem Hinterhalt startete er Attacken gegen die spanischen Invasoren. Als so gespenstisch empfanden diese den Wald, dass sie für ihn den Ausdruck „Kathedrale" schufen.

Bereits fünf Jahrzehnte nach der Conquista waren weite Teile des Waldes der Rodung zum Opfer gefallen, um den Brennholzbedarf der Zuckerindustrie zu decken. Die Zerstörung war so groß, dass per königlichem Dekret jede weitere Abholzung unter Strafe gestellt wurde. Doch erst seit den 1960er Jahren, als die Landwirtschaft in den Hintergrund trat, wird wieder aufgeforstet – langsam kann sich der Wald regenerieren.

Auf der nach Guía führenden GC-700 biegt man nach 2,5 km links ab und fährt auf einem einspurigen Fahrweg durch „Los Tilos", den einzigen noch auf Gran Canaria verbliebenen Lorbeerwald. Der Name ist irreführend, denn *tilos* sind Linden, korrekt müsste es *tiles* heißen. Am Forsthaus sollte man den Wagen abstellen, um mit dem im Buch beschriebenen **Wandertipp** (Tour 9) den Lorbeerwald „hautnah" zu erleben. Im feuchtdunklen Talgrund wächst eine große Zahl einzigartiger Pflanzen: An den Bäumen rankt sich blaublühendes Efeu, Brombeerbüsche, Binsen und Schilf bilden ein undurchdringliches Dickicht. Im oberen Teil der Schlucht finden sich Exemplare des Bencomiabaums und der kanarischen Glockenblume. 900 bis 1200 mm Niederschlag fallen hier jährlich!

Fontanales

Das verschlafene Bergdorf Fontanales liegt 8 km südlich von Moya. Umgeben von Apfel- und Kastanienbäumen zählt es zu den hübschesten der Nordhälfte. Auf terrassierten Hängen gedeihen Kresse und Mais, dank des Regenreichtums kann mehrmals jährlich geerntet werden. Kühe weiden auf saftigen Wiesen, den Urlauber umgibt das Geläut von Schafen und Ziegen. In den Wintermonaten kann es kühl werden: Oft ziehen Passatwolken ins Tal und verstellen die Sicht auf die Küste.

Mitten im Ort erhebt sich die 1915 fertiggestellte **Kirche San Bartolomé,** in

> Blick von den Cabañas Valle Verde auf die Kirche

der sich eine von *Luján Pérez* geschaffene Skulptur des Schutzheiligen befindet. Die **Heuschrecke** in seiner Hand erinnert daran, wie sehr sich die Bauern vor diesem Tier fürchten: Oftmals ist es großen Schwärmen gelungen, von Afrika überzusetzen und die Felder der Insel abzunagen.

Essen und Trinken

■ **Sibora****, Calle Juan Mateo de Castro 6, Tel. 928 620424, tgl. 9–24 Uhr. Ein Lokal mit typisch kanarischen Gerichten (z.B. *Mojo cochino* und *Cordero en salsa*) und leckeren Nachspeisen. Wer am Samstagabend kommt, erlebt die Einheimischen bei ausgelassenem Tanz.

Praktische Tipps

Unterkunft

■ **Cabañas Valle Verde****, Calle Párroco Juan Díaz Rodríguez 3, Tel. 928620424, www.xn--cabaasvalleverde-9tb.com. Señor *Tito* und seine rührige Tochter *Fátima* haben in der „grünen Talsenke" *(Valle Verde)* unterhalb ihres Lokals Sibora fünf komfortable Häuser aus amerikanischem Edelholz eingerichtet – alle mit Bad, rustikaler Wohnküche und einem bzw. zwei Schlafzimmern, Gratis-WLAN und Sat-TV – geeignet für 2 bzw. 4 Pers. Dazu gibt es mehrere lauschige Terrassen, Solarium und Jacuzzi. Im Preis inbegriffen ist ein opulentes Frühstück mit frisch gepresstem O-Saft, Bergkäse und hausgemachten Spezialitäten!

■ **Poshada Rural El BúhoCrea****, GC-70 (Moya-Fontanales) Km. 23, Tel. 928554636, Mobil: 683656 507, www.poshadarural.com. Landgut 3 km oberhalb Fontanales an der Straße nach Pinos de Gáldar. Es liegt in einem immergrünen Tal inmitten von Kiefern-, Kastanien und Walnussbäumen. Ab November werden die Zimmer beheizt, stets warm ist es am Kamin im Aufenthaltsraum, wo man mit anderen Gästen leicht ins Gespräch kommt. Abends gibt es ein Menü, das Frühstück hält leider nur für kurze Zeit.

■ **Landhäuser:** Auf Wochenbasis können über Casitas Canarias (siehe „Praktische Reisetipps, Unterkunft, Individuell") Fincas gebucht werden, z.B. die Finca La Nanita*** mit drei Wohneinheiten 1 km unterhalb des Ortes (La Jurada 8).

222gc sg

Gott und die Chemie im Kampf gegen die Heuschrecken

Am 28. März 1758 begann die schwerste Heuschreckenplage in der Geschichte der Insel. Die *cigarras* (abgeleitet vom lateinischen *cicada*) verwüsteten Hänge und Täler des Nordens und verschonen auch Fontanales nicht. Nach 40 Tagen erinnerten sich die Bewohner des *hl. Bartholomäus*. Und siehe da: Sobald die Figur aus der Kapelle getragen ward und zum Himmel aufschaute, begann es gewaltig zu regnen und die Plage hatte ein Ende. Seither feiert man alljährlich gemeinsam mit den Bewohnern aus Moya ein Nachbarschaftsfest mit Viehmarkt und Konzerten.

In den vergangenen Jahren sind die Attacken der Heuschrecken selten geworden. Sobald eine *cigarra* auftaucht, werden Hubschrauber eingesetzt, die die von Afrika nahenden, sich dicht über der Wasseroberfläche bewegenden Schwärme mit chemischen Kampfstoffen vernichten, bevor sie die Insel erreichen.

In der Umgebung

Ein Abstecher lohnt mit der GC-70 bergauf zum Vulkankrater **Pinos de Gáldar** (Seite 220). Von dort geht es auf der GC-150 weiter nach **Cruz de Tejeda** (Seite 214) oder auf der GC-21 nach **Artenara** (Seite 217).

Wandertipp

Fontanales liegt am Schnittpunkt schöner Spazier- und Wanderwege. Biegt man im Ortszentrum in die Calle La Montañeta ein und hält sich nach 300 Metern links, betritt man das Naturschutzgebiet Doramas. Von dort führen Wege (leider noch nicht markiert, deshalb ohne Wanderbuch schwierig) nordwärts über den Camino de la Data nach Firgas bzw. Teror, ostwärts in den Barranco de la Virgen, nach Valsendero und Valleseco.

Firgas

Das stille Städtchen liegt zwischen Moya und Arucas und ist vor allem wegen seines Mineralwassers berühmt. Sehenswert ist der Stadtkern mit **Plaza, Kirche und Rathaus**, vorbei am Kulturzentrum (Calle San Roque 3) läuft man eine hübsche Terrassenstraße hinauf. Erst passiert man das inselweit bekannte **Wasserspiel**, gesäumt von Kachelbänken mit den Wappen aller grancanarischen Gemeinden, dann den keramikgefließten „Paseo de Canarias" mit Reliefkarten aller Inseln des Archipels. Die **Touristeninformation** wurde in einer restaurierten Mühle aus dem Jahr 1512 eingerichtet und lohnt allein deshalb schon einen Besuch.

Praktische Tipps

Info

■ **Touristeninformation:** Calle El Molino 12 (GC-30 Km. 0,1), Tel. 928616747, Mo–Fr 8–14, im Winter 8–15 Uhr.
■ **Internet:** www.ciudadano.firgas.es (u.a. vier Wandervorschläge)
■ **Bus:** Nahezu stündlich Verbindungen mit Arucas (211); direkt nach Las Palmas nur abends (201, 202).

Unterkunft

■ **Landhäuser:** Auf Wochenbasis können über Casitas Canarias (siehe „Praktische Reisetipps, Unterkunft, Individuell") Fincas gebucht werden, schön ist z.B. die Finca El Lance mit vier Einheiten.

◿ In der Jungfrauenschlucht

In der Umgebung

Barranco de Azuaje

Ein kleines **Naturparadies** mit viel Schilf und Zuckerrohr ist der Barranco de Azuaje an der Straße von Firgas nach Moya (GC-350, Km. 1,8). Im Talgrund wächst Bambusrohr, das ganze Jahr über fließt Wasser. Am Fuß einer steil aufragenden Felswand ließen Briten in den 1930er Jahren ein romantisches Kurhotel erbauen, das heute leider verfallen ist. Geplant ist, hier ein Interpretationszentrum einzurichten. Bis es so weit ist, kommen Kanarier nur hierher, um das eisenreiche Quellwasser abzuzapfen.

Barranco de la Virgen

Auf der GC-305 passiert man nach 4 km die Wasserabfüllanlage von **Las Madres** (geführte Tour nach Anfrage, Tel. 928 625678, www.aguasdefirgas.com), kurz darauf zwei Torpfosten, hinter denen sich die Straße auf der Länge von 1,6 km in einem schlechten Zustand befindet. Danach aber ist sie wieder asphaltiert und man genießt die reizvolle Landschaft der **„Jungfrauenschlucht"**. Im Jahr 1511 hatte Königin *Juana I.* den wasserreichen Barranco dem Adeligen *Galíndez de Carvajal* geschenkt. Rasch zogen weitere Gutsherren nach und ließen sich schöne Landhäuser bauen, die noch heute bewohnt sind. In den Gärten wachsen Drachenbäume und Palmen, der Rest eines Lorbeerwaldes (nur zu Fuß erreichbar) findet sich oberhalb des Weilers **Valsendero**. Auf der GC-305 geht es in gut 4 km zur Ortschaft Valleseco hinauf.

Arucas

Die 20.000 Einwohner zählende Stadt, die von einer mächtigen schwarzen Kathedrale überragt wird, liegt in einem weit ausgreifenden Tal, das ab Ende des 19. Jahrhunderts mit grünen Bananenstauden übersät war. Heute ist die Zeit des Bananenbooms vorbei, die kanarischen *plátanos* konnten auf dem Weltmarkt mit den karibischen Bananen nicht konkurrieren.

Wenig attraktive Neubausiedlungen umgeben den *casco viejo*, den alten Stadtkern von Arucas, der 1976 **unter Denkmalschutz** gestellt wurde. Mit blühenden Gärten, einer neugotischen Kirche und verwinkelten Gassen kündet er von verflossenem Reichtum. Besonders schön sind die für Autos gesperrten Straßen León y Castillo und Francisco Gourié. Die herrschaftlichen Bürgerhäuser stammen aus der zweiten Hälfte des 19. Jahrhunderts, ihre Portale und Fenster sind eingefasst von bläulich schimmerndem Stein.

Kirche

Die neugotische Pfarrkirche mit ihren hoch aufragenden Türmen ist Johannes dem Täufer geweiht und wird von den Einwohnern stolz „Kathedrale" genannt. Sie wurde zu Beginn des 20. Jahrhunderts von dem katalanischen Architekten *Manuel Vega March* entworfen und ist von *Gaudís* berühmter **„Sagrada Familia"** in Barcelona inspiriert. Im Innern sind flämische Gemälde zu besichtigen, dazu italienische und andalusische Skulpturen, kunstvolle Glaslüster und Säulen mit fein gemeißelten Kapitellen.

■ **Iglesia San Juan Bautista,** Plaza de San Juan, tgl. 9.30–12.30 und 16.30–18 Uhr.

> Ein roncito,
ein „Gläschen Rum" wird gern gekippt

Kulturzentren

Ein altes Patrizierhaus aus dem 16. Jahrhundert, nicht weit von der Kirche entfernt, birgt die **Casa de Cultura,** das städtische „Haus der Kultur" (Calle Gourié 3). Gern verweilt man in seinem lichtdurchfluteten Patio mit prächtigem Drachenbaum und holzgeschnitzten Balkonen. Die öffentliche **Bibliothek** ist auf kanarische Themen spezialisiert (Mo–Fr 8.30–14.30 Uhr). Kunstausstellungen werden hier nur selten, häufiger im Saal von **Mutua Guanarteme** organisiert (Calle León y Castillo 6).

Stadtpark

Der zentral gelegene Stadtpark ist mit vielen endemischen Pflanzen ein prachtvoller Botanischer Garten. An seinem oberen Rand befindet sich das **Städtische Museum,** ein einstiger Herrensitz, in dem Werke kanarischer Künstler ausgestellt werden (Museo Municipal, Plaza de la Constitución 2, Mo–Fr 10–18, Sa 10–13 Uhr).

Rumfabrik

An der Straße nach Moya, am hohen Schornstein leicht zu erkennen, liegt die Brennerei, in der **seit 1884** Rum aus Zuckerrohr gewonnen wird. In modernen Produktionshallen kann man zuschauen, wie das Nationalgetränk der Kanarier fermentiert, destilliert und eingekellert wird. Im Erdgeschoss reifen in 6000 Eichenfässern *aguardientes,* hochprozentige alkoholische Getränke. In Holz geritzte Autogramme verweisen auf prominente Besucher, z.B. König *Juan Carlos, Willy Brandt, Alfredo Kraus* und *Plácido Domingo.* Rum aus Arucas (z.B. *Carta Oro* und *Ron Miel*) wird neuerdings auch in die USA exportiert.

In der Bodega dürfen Rum, Bananenlikör und gewürzte Mandelmilch gekostet werden; am besten schmeckt der schon mehrere Jahre gelagerte *Ron añejo.* In einem kleinen **Museum** sind alte Destilliergeräte ausgestellt.

■ **Museo del Ron,** Destilería de Arehucas, Era de San Pedro 2, Tel. 928600050, www.arehucas.com, meist Mo–Fr 9.30–13 Uhr, Eintritt frei.

Arucas

Unterkunft

■ **La Hacienda del Buen Suceso****,** GC-330 Km. 4,2, Tel. 928622945, Fax 928622942, www.haciendabuensuceso.com. Das ehemalige Landgut der Markgräfin liegt an der Straße nach Bañaderos und wurde in ein komfortables Hotel verwandelt: 13 DZ und 5 Suiten, Sauna, Jacuzzi (Whirlpool) und beheizte Pools.

Essen und Trinken

■ **Café El Parque*,** Plaza de San Juan 2, Mi geschlossen. Hübsches Terrassencafé auf dem Kirchplatz mit Blick auf die Kathedrale.
■ **El Gótico*,** Calle Parroco Cárdenes 1 / Ecke Gourié, Di–So 8–24 Uhr. Kanarische Stammkneipe mit Terrassentischen gegenüber der „Kathedrale".

Praktische Tipps

Info

■ **Touristeninformation:** Calle León y Castillo 10, 35400 Arucas, Tel. 928623136, Mo–Fr 9–17, Sa 10–13 Uhr.
■ **Bus:** Die Station befindet sich westlich der Altstadt an der Calle Bruno Pérez Medina. Von Arucas kommt man alle 30 Minuten nach Las Palmas, am schönsten via Bañaderos mit Linie 206. Seltener fahren Busse nach El Roque/Pagador und Teror (215), San Felipe (213), Firgas (211) und Moya (123).

Einkaufen

■ **Markt:** Mercadillo, Calle León y Castillo s/n, Sa 8–13 Uhr.

Feste

■ **24. Juni:** *Fiesta de San Juan Bautista.* Mit Festumzug und Viehmesse, in der Nacht zuvor gibt es ein großes Feuerwerk.

In der Umgebung

Aussichtspunkt

Ab Kathedrale und Plaza de San Juan ist die Straße zum Vulkankegel **Montaña de Arucas** (412 m) ausgeschildert. Von seinem runden Plateau genießt man von drei Aussichtspunkten einen Panorama-

Hacienda del Buen Suceso – „Glücksgriff" heißt das feudale Anwesen und ist ein Hotel

blick über Stadt und Land, Küste und Meer – an klaren Tagen sieht man sogar den Kegel des **Teide** auf Teneriffa. Das Restaurant genießt einen guten Ruf. Die Gerichte sind international, besonders günstig ist das dreigängige Mittagsmenü.

■ **Mesón de la Montaña*,** Montaña de Arucas, Tel. 928601475, tgl. ab 12 Uhr.

Botanischer Garten

Der „**Garten der Hesperiden**" gehört zum Landhaus der Adelsfamilie *Massieu* (1880) und liegt rechts der Straße nach Bañaderos. Unter Schatten spendenden Drachenbäumen kann man spazierengehen und – gegen Zahlung eines überhöhten Eintrittsgeldes – kanarische Flora bewundern. Die Markgräfin bekommt man nicht zu Gesicht; sie lebt in einem Prunkbau der Vegueta in Las Palmas.

■ **Jardín de los Hespérides,** Casa de la Marquesa, GC-330 Km. 4,2, www.jardindelamarquesa.com, Mo–Fr 9–13 und 14–18 Uhr, Eintritt 6 €.

△ Exotische Pracht im Stadtpark

Teror

Würziger Duft von Eukalyptus und Kiefern dringt in die Stadt. Ihr historisches Viertel atmet den Geist von Noblesse, eine prächtige Basilika öffnet sich zu einem großen, verkehrsberuhigten Platz. Ringsum reihen sich Adelspaläste und Bürgerhäuser mit weiß getünchten Fassaden und geschnitzten Holzbalkonen. Viele Straßen sind mit Kopfstein gepflastert, lauschige Plätze laden zum Verweilen ein.

Geistliches Zentrum

Teror ist das religiöse Zentrum Gran Canarias, seinen Bewohnern wird glühender Katholizismus nachgesagt. Am 8. September 1481, so erzählt man sich, erschien die Jungfrau Maria dem Bischof *Juan de Frías* in den Zweigen eines Kiefernbaums. Heidnische Altkanarier bezeugten die Erscheinung und ließen sich vom Bischof belehren, die Intervention der Mutter Gottes sei ein Zeichen christlicher Überlegenheit. Auf die damaligen Verhältnisse übertragen hieß das: „Begreift die spanische Conquista als einen gerechten Krieg!" Also stifteten die braven Bewohner Maria zu Ehren eine Kirche und erkoren *Nuestra Señora del Pino* („Unsere liebe Frau von der Kiefer") zur Inselpatronin. Seither will der **Pilgerstrom** an den Ort der Wunder nicht abreißen. Mönche und Nonnen ließen hier ihre Klöster erbauen, der kanarische Bischof residierte im Palast neben der Basilika.

Basilika

Der Grundstein zur Kirche wurde 1515 gelegt. Bei einer Explosion im Jahre 1718 blieben einzig der Turm und „wie durch ein Wunder" die den Innenraum schmückende Marienstatue unversehrt. Die Kirche wurde wiederaufgebaut, acht Meter über dem goldverzierten Altar thront die **Madonna.** Sie ist in einen edelsteinbestickten Brokatmantel gehüllt, ihr zu Füßen brennen Hunderte gesegneter Kerzen. Manch ein Pilger versucht sich der Statue über die Sakristei anzunähern, verzückt glaubt er im Bild der Maria Sanftmut und Leid vereint zu sehen. Zu den Verehrern der Kiefernjungfrau zählte auch der spätere Papst *Pius XII:* 1934 kam er nach Teror und erbat göttlichen Segen. Seinem Beispiel folgte Diktator *Franco* 16 Jahre später.

Über ein Treppenhaus an der Rückfront der Basilika erreicht man das **Kirchenmuseum,** eine Art Schatz- und Kleiderkammer der Kiefernjungfrau. In Vitrinen sind ihre kostbaren Gewänder ausgestellt, außerdem einige der vielen Bittgaben, mit denen sich Gläubige Marias Hilfe „erkaufen" wollten. Die kostbaren Juwelen sind seit 1975 nicht mehr zu sehen – der Raub wurde bis zum heutigen Tag nicht aufgeklärt.

■ **Basilica de Nuestra Señora del Pino,** Plaza del Pino, Mo 13–20, Di–Fr 9–13 und 15–20, Sa 9–20, So 8–19 Uhr.

Museum

Das 300 Jahre alte Haus schräg gegenüber der Kirche ging im 18. Jahrhundert in den Besitz der *Manrique de Lara y*

Bravo de Laguna über, einer der reichsten Inselfamilien. Das Bauwerk ist ein gelungenes Beispiel traditioneller kanarischer Architektur mit Galerie und begrüntem Patio. Ausgestellt sind alte Waffen und Silbergegenstände, Möbel und Gemälde; besonders sehenswert ist die Küche.

■ **Museo Manrique de Lara,** Plaza del Pino 3, Tel. 928630239, Mo–Fr 11–16, So 10–14 Uhr, Eintritt 3 €.

Plaza de Bolívar

Von der Plaza del Pino zweigt ein schöner kleiner **Platz mit Springbrunnen** ab. Die reich verzierten, aus Stein gemeißelten Bänke, aber auch das den Lebensbaum verkörpernde Mauerrelief wecken Assoziationen an präkolumbianische Kunst. Der Platz trägt den Namen des lateinamerikanischen Freiheitshelden *Simón Bolívar* (1783–1830), denn seine große Liebe galt *Teresa*, einer Frau aus Teror. Doch das Glück währte nicht lange: Im Alter von 21 Jahren starb *Teresa* an einer Tropenkrankheit.

◨ Stärkung nach dem Kirchenbesuch

General Monagas – die Venezuela-Connection

Simón Bolívar, südamerikanischer Unabhängigkeitskämpfer, war mit einer Frau aus Teror verheiratet und viele Kanarier kämpften an seiner Seite. Einer von ihnen, *Judas Tadeo Monagas* aus Valleseco, wurde 1846 gar venezolanischer Präsident. Sein Bruder *José Gregorio,* der ihm vier Jahre später auf den Stuhl des Premiers folgte, setzte die Abschaffung der Sklaverei durch. Bis heute sind die Bewohner stolz darauf, Südamerika gleich zwei Präsidenten „geschenkt" zu haben. Venezuela bezeichnen sie wegen der starken kanarischen Emigrantengemeinde liebevoll als „achte Kanarische Insel".

Bischofspalast

Westlich der Basilika steht die Sommerresidenz des Bischofs. Ein Teil des lang gestreckten Palasts wird heute als Bibliothek und Ausstellungssaal genutzt, im romantischen Patio finden kleinere Aufführungen statt.

■ **Casa de la Cultura & Palacio Episcopal,** Plaza de Pío XII, Tel. 928613609.

Auditorium

Teror leistet sich ein eigenes modernes Auditorium. Damit soll den Bewohnern erspart werden, ins ferne Las Palmas fahren zu müssen, um Konzerte oder Theateraufführungen zu erleben.

Parque de Sintes

Südlich der Altstadt befindet sich ein – zuletzt etwas vernachlässigter – **Naturpark** im Talgrund mit vielen schönen Pflanzen, einem Vogelhaus und einem Teich.

■ **Parque de Sintes,** Av. de Néstor Álamo s/n.

Sonntagsmarkt

Am Sonntagvormittag (von 9 bis 14 Uhr) herrscht in der Stadt ein Verkehrschaos. Dann strömen Bewohner der umliegenden Orte zum großen Markt auf den Kirchplatz, wo **Trödel und Haushaltswaren, Kleidung und Kunsthandwerk** feilgeboten werden. Fliegende Händler bieten Briefbeschwerer, Lampenschirme und Aschenbecher mit dem Konterfei Marias an. Natürlich kann man auch **ku-**

▷ Wasserspeier an der Wallfahrtskirche Basilica de Nuestra Señora del Pino

linarische Leckerbissen erstehen: Besonders gut schmecken die von den Nonnen des Zisterzienserklosters zubereiteten Süßigkeiten. Gleichfalls begehrt ist die in Teror hergestellte pikante Paprikawurst *(chorizo)* und auch die süße Blutwurst *(morcilla)*.

Praktische Tipps

Info

■ **Touristeninformation:** Calle Casa Huerta s/n, Tel. 928613808, Mo–Fr 9.30–16.30 Uhr (im Sommer kürzer). Im Kulturhaus erhält man Prospekte und einen Stadtplan.
■ **Internet:** www.teror.es und www.facebook.com/terorturistico

Unterkunft

■ **Doña Margarita***,** Calle Pedro Cueto 4, Tel. 609629076, www.margaritacasarural.com. Nur nach Anmeldung und für mehr als drei Tage kann man in einem Herrenhaus neben der Kirche übernachten. Es wurde mit viel Holz und Naturstein restauriert und bietet drei Wohnungen mit je zwei Schlafzimmern.
■ **El Pino**,** Av. Cabildo Insular 141, Tel. 928632 016, Fax 928631188. Wenig attraktives Zweisternehotel 1,5 km außerhalb der Stadt nahe dem Dominikanerkloster. Alle 9 DZ verfügen über Heizung und ein eigenes Bad. Bitten Sie um ein Zimmer zum Patio: Werktags ist es dort ruhig, am Wochenende kann es auch dort aufgrund von Geburtstagsfeiern und Hochzeiten laut werden. Anfahrt: 100 m vor der Finca de Osorio (GC-43, Bus 215) einbiegen in die GC-432 Richtung Valleseco; nach 400 m sieht man das Hotel zur Rechten. Nahe El Pino halten auch die Busse 214 (Teror–San Mateo) und 218 (Teror–Lanzarote).

Günstig im Grünen

Das hundertjährige Häuschen, restauriert und geschmackvoll eingerichtet, ist eine gute Basis (die preiswerteste weit und breit!) zur Erkundung der Insel. Die Casita besteht aus Wohnküche und Schlafraum, im Anbau befindet sich das Bad. Morgens wird man durch Vogelgezwitscher geweckt, vorbei am Nussbaum blickt man auf die grünen Hänge der Bergwelt. Im Obstgarten darf man sich bedienen, der vor dem Haus startende Wanderweg führt über Pino Santo bis Santa Brígida. *Karin* und *Christian*, die belgisch-deutschen Besitzer, wohnen nebenan und kümmern sich um das Wohl der Gäste! Pro Nacht 30 € (max. 2 Pers.), min. 3 Nächte; Beschreibung der Anfahrt auf der Website.

■ **Casita Karina*,** Teror/Las Arbejales, La Cuesta 18, Tel. 928614885, www.karinartposters.com.

Landhäuser: Rund um Teror können über Grantural (siehe „Praktische Reisetipps, Unterkunft, Individuell, Landurlaub") weitere Fincas auf Wochenbasis gebucht werden.

Essen und Trinken

■ **El Rincón de Magüi***/**, Calle Diputación 6, Tel. 928630454, Mo geschlossen. Ein paar Schritte vom Platz bietet Señora *Magüi* einheimische Küche in rustikal-gepflegtem Rahmen. Die Einheimischen bevorzugen Fleisch, als Tapa empfehlen sich die *Gonzalitos flambeados*, pikante Würstchen aus Teror, die flambiert auf den Tisch kommen. Man findet auf der Karte auch allerlei Gemüsiges und leckere hausgemachte Nachspeisen. Werktags gibt es ein preiswertes Mittagsmenü.

■ **Tasca La Villa***/**, Plaza 7, Tel. 928632607, Mo geschlossen. Die beiden Señoras *Ester* und *Araceli* halten den Laden in Schwung, es gibt kanarische Tapas und iberischen Schinken. Dazu schmeckt wunderbar der kräftige Bio-Rotwein der Familien-Bodega *Los Hoyos*. Gern kommt man auch nur hierher, um einen Kaffee zu trinken und dabei das Geschehen auf dem Kirchplatz zu beobachten.

Kultur

■ **Konzert/Theater:** *Auditorio,* Plaza Sintes s/n: Im Avantgarde-Bau nahe dem Kirchplatz finden Gastspiele statt.

Wandertipp

Teror ist Endpunkt des in Cruz de Tejeda startenden **Pilgerwegs.** 4 Stunden braucht man für die gut markierte Tour (PR-GC-01).

Fest

■ **8. September:** *Fiesta de la Virgen del Pino.* Am 8. September sind Tausende von Inselbewohnern unterwegs, um in Teror das Fest zu Ehren der Schutzheiligen Gran Canarias zu feiern. Vor dem Standbild der „Jungfrau des Kiefernbaums" laden die Kanarier ihre Opfergaben ab: Obst, Gemüse, oft auch lebende Tiere. Die Feierlichkeiten erstrecken sich über eine ganze Woche, auf dem Programm stehen auch Konzerte, Tanz- und Sportveranstaltungen.

In der Umgebung

Finca de Osorio

An der GC-43, von der Innenstadt 2 km Richtung Arucas, erinnert ein **Herrenhaus mit weitläufigen Gärten** an die Lebenswelt der kolonialen Aristokratie. König *George IV.* von England war voll des Lobes für das Landhaus, der Prince of Wales verbrachte hier 1880 mehrere Nächte, ebenso der Schriftsteller *Miguel de Unamuno*.

Haus und Garten stehen – vorerst – allen Naturbegeisterten offen. Privatautos müssen vor dem schmiedeeisernen Eingangstor abgestellt werden. An Blumenwiesen vorbei kommt man zum Gutshaus, das als Berufsschule für Forst- und Landwirtschaft dient. An seiner Rückfront befindet sich ein **Tiergehege.** Auf mehreren Wegen kann man in den höher gelegenen **Lorbeer- und Mischwald** hinaufsteigen, immer wieder laden *comedores* zum Picknicken ein.

■ **Aula de la Naturaleza de Osorio,** Finca de Osorio, Tel. 928630090, tgl. 9–17 Uhr.

Valleseco

Hübsche weiße Häuser schmücken das Zentrum des Ortes, der über 900 m hoch und häufig in Wolken liegt. In seiner Mitte erstrahlt die kleine, 1892 erbaute Kirche San Vicente Ferrer. Sie überrascht mit holzgetäfelter Mudéjar-Decke und einem alten Taufbecken aus getönter Keramik.

Die Bewohner leben vor allem von der **Landwirtschaft.** In großer Zahl wachsen Orangen, Zitronen und Äpfel. Aus letzteren wird nicht nur Cidre gewonnen, sondern auch Mousse, Marmelade und Essig der Marke Gran Valle. Aufgrund der spezifischen Qualität des Bodens hat sich nie ein Fluss bilden können – wahrscheinlich ist dies der Grund, weshalb der feuchte Ort einen so merkwürdigen Namen erhielt: *Valleseco* heißt „trockenes Tal"!

■ **Touristeninformation:** Calle León y Castillo 27, Tel. 928618740, www.valleseco.es, Mo–Fr 8–15 Uhr

Lanzarote

2 km oberhalb von Valleseco endet die fruchtbare Region und es beginnt eine karge Gebirgslandschaft. Der Name des hiesigen Ortes ist kein Zufall: Flucht vor Hungersnöten hatte die **Bewohner der Insel Lanzarote** im frühen 19. Jahrhundert nach Gran Canaria getrieben, wo sie gnädigerweise diesen kargen Landstrich zugewiesen bekamen. Am südlichen Ortsausgang kann man bis heute Frauen dabei beobachten, wie sie ihre Wäsche in einem gemeinsamen Trog reinigen.

Vega de San Mateo

Die Ebenen rings um den 850 m hoch gelegenen Ort leuchten das ganze Jahr über in **fruchtbarem Grün.** San Mateo liegt 23 km von Las Palmas entfernt und ist ein Zentrum der Viehzucht und Landwirtschaft.

Markt

Anziehungspunkt für viele Touristen ist der **Markt** (Sa/So 8–14 Uhr), auf dem man einige Erzeugnisse direkt vom Bauern kaufen kann. Man bekommt sehr guten Käse, Kräuter und Gewürze, Obst und Gemüse, Honig, Süßigkeiten und Wein, im Herbst leckere Esskastanien. Daneben werden Zierpflanzen angeboten, aber auch Korb- und Flechtwaren, Holzschnitzereien, Lederarbeiten und kanarische Messer.

Altstadt

Wer die schönen Ecken der Stadt in aller Ruhe genießen will, kommt besser an einem Werktag. Angenehm ist es, über die kleine **Plaza,** den Hauptplatz mit Rathaus und Kirche (17. Jh.) zu bummeln, auch die historischen Häuser der angrenzenden Gassen bekamen in den letzten Jahren einen neuen Anstrich. La Cantonera, ein besonders schönes, 200 Jahre altes Landhaus, liegt an der Hauptstraße, ist aber seit mehreren Jahren geschlossen. Nun will es die Gemeinde erwerben: als „Heimatmuseum" soll es, ausgestattet mit antiken Möbeln und Haushaltsgeräten, Besucher in den Ort locken.

■ **La Cantonera,** Av. Tinamar 17, zurzeit geschlossen.

Gofio-Mühle

In einer alten Gofio-Mühle im Ortskern kann man erleben, wie die **Zutat zum kanarischen Nationalgericht** entsteht: Geröstetes Getreide, Mais oder Kirchererbsen werden in eines der drei hölzernen Mahlwerke geworfen, wenig später wird feiner Puder ausgestoßen und landet in Papiertüten. Der Raum ist vom Duft der Röstwaren erfüllt, unentwegt rattern die Motoren.

■ **Molino de San Mateo,** Calle El Agua 8 (Ortszentrum), tgl. ab 8.30 Uhr.

Praktische Tipps

Info

■ **Touristeninformation:** Museo de los Artistas, Calle Doctor Ramírez Cabrera 11, Tel. 928661350, Mi–So 10–14 Uhr. In dem Haus werden auch Ausstellungen kanarischer Künstler gezeigt.
■ **Internet:** www.vegadesanmateo.es

Unterkunft

■ **Hotel Rural Las Calas***,** El Arenal 36, Lechuza, Tel. 928661436, Fax 928660753, www.hotelrurallascalas.com. Im Weiler 2 km oberhalb von San Mateo hat Señora *Magüi Carratalá* ein 100-jähriges Landhaus in ein romantisches Landhotel verwandelt. 7 komfortable Zimmer gruppieren sich um einen Garten mit Orangen- und Mandarinenbäumen. Sie sind im rustikalen Stil eingerichtet und haben Heizung und Sat-TV. Mit Lese- und Kaminraum, Mini-Pool und Garten-Sofas. Auf Wunsch werden Abendmenüs zubereitet. Von der GC-15 bei Km. 14,7 nach La Lechuza einbiegen, 500 m zum Platz, dort links (ausgeschildert).
■ **Landhäuser:** Auf Wochenbasis können über die Turismo-Rural-Agenturen (siehe „Praktische Reisetipps, Unterkunft, Individuell, Landurlaub") Fincas gebucht werden.

Essen und Trinken

■ **El Mercado*,** Calle Antonio Perera Rivero 4, Tel. 928661621, Di–So 7–24 Uhr. Das Lokal an der Markthalle ist stets gut besucht: Männer drängen

Vega de San Mateo

sich an der runden Theke, Grüppchen sitzen im rustikalen Essraum oder auf der verglasten Terrasse. Serviert wird gute kanarische Hausmannskost zu vernünftigem Preis.

ziehen, Folklore-Konzerte, Viehmesse, Blumenschlacht und Pferderennen. Meist zum Monatsende findet ein großer Weinumzug, die *Bajada del Vino,* statt – beim Tanz im Holztrog zerquetschen Bewohner die reif gewordenen Trauben.

Einkaufen

■ **Markt:** s.o.
■ **Konditorei:** Panadería & Dulcería Pulido, Calle Queipo de Llano 15. Brot und viele süße Versuchungen nahe Busbahnhof.

Feste

■ **21. September:** *Fiesta de San Mateo.* Einwöchiges Patronatsfest zu Ehren des Hl. *Matthäus.* Höhepunkte sind die *Romería,* auf der die Einheimischen in schönen Trachten durch die Straßen des Ortes

◁ Hotel Rural Las Calas
▽ Prämierte Rinder werden präsentiert

Santa Brígida

Der Ort liegt in einem fruchtbaren, von Zypressen und Palmen bestandenen Tal. Briten begannen schon im 19. Jahrhundert sich für ihn zu begeistern. Das angenehme Klima mit einer durchschnittlichen Luftfeuchtigkeit von 75 % und Temperaturen, die bei einer Höhenlage von 520 m um 3 Grad unter denen von Las Palmas liegen, schienen ideal für einen **Kuraufenthalt.** So gehörten die Hotels Quiney's und Santa Brígida zu den ersten, die auf der Insel gebaut wurden.

Heute ist Santa Brígida ein beliebter Wohnort, neben vielen Ausländern ließen sich hier auch Vertreter der kanarischen Oberschicht nieder. Ihre **prunkvollen Villen** sind längs der nur 600 m langen Durchfahrtsstraße über Hänge und Hügel verstreut, hohe Zäune künden vom Reichtum, den es zu schützen gilt.

Rundgang

Wer Santa Brígida von seiner schönsten Seite erleben möchte, verlässt die verkehrsreiche Hauptstraße an der Calle Real und spaziert zur **Gemeindekirche.** 1522 eingeweiht, später niedergebrannt und im 20. Jh. neu erbaut, präsentiert sie sich heute in neugotischem Stil. Nachdem man den Blick vom schönen Aussichtsbalkon genossen hat, läuft man über die von blühenden Sträuchern überwölbte Calle Castelar zurück und schwenkt links ein zur Casa del Vino.

Casa del Vino

Direkt an der Hauptstraße, in einem historischen Landgut, hat die Inselregierung das „Haus des Weines" eröffnet (GC-15 Km. 3,9, Tel. 928644272, www.vinosdegrancanaria.es, Mi–Fr 12–23, So 12–17 Uhr). Ein **Museum** informiert über die Geschichte des Inselweins, die besten Tropfen kann man kosten und kaufen. Nicht nur Weine aus dem Anbaugebiet um Santa Brígida sind vertreten, sondern auch Weine aus San Mateo, aus der Gipfelregion Las Cumbres und aus dem Süden. Im zugehörigen **Restaurant**** wird deftige kanarische Küche serviert, günstig ist das dreigängige Fleisch- bzw. Fischmenü.

Park

Schöne Spazierwege führen durch den unterhalb des Weinhauses und neben dem Gemeindemarkt angelegten **Parque Agrícola Guiniguada,** auch bekannt als „Finca del Galeón": ein Landwirtschaftspark mit Palmenhain, Gemüse- und Obstplantagen, Brunnen und Teich, Ziegen- und Eselställen. Sehr empfehlenswert, auch für Reisende mit Kindern.

▷ Im Stadtpark unterhalb der Casa de los Vinos

Praktische Tipps

Info

■ **Internet:** www.santabrigida.es

Unterkunft

■ **Villa del Monte****, Castaño Bajo 9, GC-15 Km. 4,2, Tel. 928644389, www.nyx.at/canary. Beliebt bei Bikern und Wanderern: Die hundertjährige Villa mit besonderem Flair verbirgt sich schräg gegenüber der Shell-Tankstelle, drei Gehminuten vom Ortskern. *Petra Wonisch* bietet in ihrem Minihotel ein Bed & Breakfast, wie man das auf Gran Canaria nur selten erlebt. Auf der Terrasse im Haciendastil wird gefrühstückt, abends trifft man sich im Salon mit Bibliothek, Hausbar und Kamin, lässt den Tag bei Schach und Backgammon ausklingen. Alle Zimmer sind individuell gestaltet und mit Antiquitäten eingerichtet, den Gästen stehen Bademantel und Pantoffeln, im Bad diverse Badesalze zur Verfügung. Glanzstück des Hotels ist die in Blau gehaltene „englische" Suite mit eigener Terrasse und Blick auf die Hügel von Santa Brígida. Eine Terrasse teilen sich das rot gefärbte „spanische", das „gelbe" und das afrikanisch inspirierte „ethnische" Zimmer. Daneben gibt es noch ein aprikosenfarbenes „Mädchenzimmer" sowie ein etwas abgeschiedenes Apartment im Garten. Es werden Mountainbike-Touren organisiert, Abenteuer-Events und einiges mehr. Minimale Aufenthaltsdauer: drei Tage.

■ **Landhäuser:** Auf Wochenbasis können über Casitas Canarias (siehe „Praktische Reisetipps, Unterkunft, Individuell, Landurlaub") Fincas gebucht werden.

Essen und Trinken

■ **Martell*****, GC-15 Km. 8,3, Tel. 928641283, tgl. 12–17, 20–24 Uhr (Sept. geschlossen). Ein bekanntes, bei den Geschäftsleuten der Hauptstadt beliebtes Lokal im Vorort El Madroñal, 4 km südl. Santa Brígida an der Straße nach San Mateo. Nirgendwo, sagt man in Las Palmas, schmeckt *cordero calabecina* (Lammfleisch in Feigensoße) so gut wie bei Señor *Antonio Falcón*. Die hiesige Bodega ist reich bestückt und verfügt über wahre Raritäten, z.B. einen hochprozentigen *aguardiente* aus dem 17. Jh.; nicht zu verachten ist auch der hauseigene Rotwein.

■ **Tasca Desafinado****, Calle Real 17, Mobil: 687 709676, Mi–Mo 12–16 und 20–24, So 11–18 Uhr. Sympathisches kleines Lokal gegenüber der Kirche, Tageskarte mit ausgefallenen Gerichten und guter Weinauswahl. Am Freitagabend gibt es Live-Musik.

Einkaufen

■ **Wochenmarkt:** Sa–So 8–14 Uhr. Im Angebot ist eine bunte Mischung aus Lebensmitteln, Blumen und Kunsthandwerk.
■ **Bioladen:** Bazar Natural, Calle Tenderete 8. Bei *Sonia* gibt es ein reiches Angebot an Kulinaria und Kosmetika, auch von bekannten deutschen Marken.

Fest

■ **Fiesta de Santa Brígida:** Am 1. Sonntag im August wird zur Ehren der Ortsheiligen ausgelassen gefeiert, viele Festteilnehmer erscheinen in Trachten.

Monte Lentiscal

3 km nördlich von Santa Brígida wohnt man komfortabel in einem zu Beginn des 20. Jh. erbauten Hotel. Gegenüber befinden sich mehrere gute Restaurants, auch hat man es von hier nicht weit zur Hauptstadt, zum Botanischen Garten und zum Vulkankrater Bandama.

Auch auf der Fiesta wird gewaschen

Weinmuseum

Von der Straße zum Bandama zweigt nach 900 Metern eine schmale Allee zur privaten **Bodega San Juan de Mocanal** ab. Seit 1912, nun in vierter Generation, werden hier Muskateller, Rot- und Weißwein gekeltert; am besten schmecken sie, wenn sie in „jungem" Zustand getrunken werden. Man kann die Tropfen kaufen und dabei ein **„Museum"** besuchen, in dem altes Winzerei-Gerät ausgestellt wird. Wer ein paar Flaschen erworben hat, darf auch die Dromedare, Pferde, Esel, Ziegen und Straußvögel anschauen, die in Gehegen gehalten werden.

■ **Museo del Vino,** GC-802, Km. 0,9, unregelmäßig geöffnet, Eintritt 2,50 €.

Praktische Tipps

Unterkunft

■ **Hotel Escuela Santa Brígida*****, GC-15 Km. 0,4, Tel. 828010400, www.hecansa.org. Das traditionsreiche Hotel liegt 3 km nördlich des gleichnamigen Ortes und verfügt über 41 mit dunklen Holzmöbeln, Sat-TV und Heizung ausgestattete Zimmer. Tagsüber trifft man sich am Pool in einem Garten mit kanarischen Pflanzen, abends im Lese- und Schachraum, vielleicht auch im Quiney's Pub. Dieser ist – wie der Name vermuten lässt – ganz im englischen Stil eingerichtet. Da sich das Hotel als Touristikfachschule versteht, darf sich das Personal am Klienten üben.

Essen und Trinken

■ **Hotel Escuela Santa Brígida*****, GC-15 Km. 0,4, Tel. 828010400, tgl. ab 19 Uhr. In der Hotelfachschule werden unter der Anleitung von renommierten Köchen Studenten in die Haute Cuisine eingeweiht. Zu den kanarischen Spezialitäten kostet man Wein aus der reich bestückten Bodega. Oft gibt es eine *semana gastronómica*, in der eine Woche lang kulinarische Besonderheiten einer bestimmten Region vorgestellt werden.

■ **Bentaiga***/**, GC-15 Km. 0,3 (Carretera del Centro 130), Tel. 928350245, tgl. ab 9 Uhr. Im traditionsreichen Restaurant gibt es kanarische und internationale Küche, die wechselnden, preiswerten Tagesgerichte werden an einer Tafel angeschrieben. Vorne isst man in Bistro-Ambiente, hinten sind die Tische fein eingedeckt und man schaut durch Panoramafenster auf die Häuser von Bandama.

■ **El Montecito****, GC-15, Km. 0,3 (Carretera del Centro 138), Tel. 928935612, tgl. außer Mo ab 12 Uhr. Im Lokal gegenüber vom Hotel Santa Brígida kann man unverfälschten *vino del monte* probieren. Der herbe Geschmack des Weins wird durch den Verzehr von Schafskäse und eingelegten Oliven wohltuend gemildert. El Montecito hat freilich nicht nur guten Wein. Binnen kurzer Zeit hat es sich den Ruf eines hervorragenden Restaurants erworben, auch der Service lässt nichts zu wünschen übrig.

Jardín Canario

Unbedingt einen Besuch wert ist der **Kanarische Garten,** mit 24 ha Spaniens größter botanischer Park. Terrassenförmig erstreckt er sich über die Steilflanken des Barranco de Guiniguada bis hinab in sein Talbett, bietet vom sonnenbeschienen Hang bis zu dunkelfeuchten Felsspalten mehrere Mikro-Klimata – ideal für das Wachstum aller kanarischen Pflanzen! Es gibt zwei Zugänge: An der GC-110 in Tafira Alta befindet

sich der obere, an der GC-310 in La Calzada der untere Eingang.

Begründet wurde der Garten 1952 von *Eric Sventius,* einem schwedischen Wissenschaftler, der die kanarische Pflanzenwelt vor dem Aussterben zu bewahren suchte. Er wollte eine Art Genbank aller endemischen, d.h. nur hier vorfindbaren Arten schaffen. Die Inselregierung unterstützte ihn in seinem Anliegen und stellte ihm Land und Mittel zur Verfügung. Als er 1974 starb, setzte der Engländer *David Bramwell* das Projekt fort.

Heute wachsen in dem Garten über 500 vorwiegend kanarische Pflanzen, darunter herrliche **Dattel- und Kanarenpalmen, Lorbeer- und Drachenbäume.** Sehr schön ist auch der große **Kaktuspark** mit Exemplaren aus aller Herren Länder. Was der Urlauber auf seinen Wanderungen durch den Miniaturkontinent Gran Canaria sonst nur vereinzelt und verstreut entdecken kann, ist hier auf engstem Raum vereint und mit Erklärungen versehen. Der Besuch empfiehlt sich besonders zur Blütezeit im Frühjahr. Am oberen Eingang befindet sich ein Restaurant** mit kanarischen Gerichten und schönem Talblick (12–16 Uhr).

■ **Jardín Canario,** GC-110 Km. 7,2 (oberer Eingang mit Restaurant und guten Parkmöglichkeiten) oder GC-310 Km. 1,8 (unterer Eingang), Tel. 928219 580, www.jardincanario.org, tgl. 9–18 Uhr.

◩ Drachenbäume am Hang
▷ Der Köcherbaum (Aloe dichotoma)

Bandama

Pico de Bandama

Einen großartigen Ausblick hat man vom Rastplatz am kegelförmigen, 574 m hohen Gipfel des Bandama (Auffahrt: GC-802, Km. 3,4).

„Oben auf dem Pik sehe ich den Nordosten der Insel, von den Isletas bis zur Stadt Telde, vom Meer bis zur Cumbre, ich sehe den Isthmus, die in leichtem Dunst gelagerte, wie von Wasser übersprühte Häusermasse von Las Palmas, ich sehe die zu ihr abfallenden Bananenterrassen, ich sehe im Grün der Gärten und Pflanzungen weiße Kuben – aber ich gehe leicht darüber hinweg, da es mich zum Ozean zieht …"

Seit *Gerhard Nebel* dies schrieb, sind über 60 Jahre vergangen. Die Landschaft im Nordosten ist mittlerweile zersiedelt, der Anbau von Bananen geschrumpft.

Caldera de Bandama

Der Pico verdankt sich einer Explosion, die weite Gebiete der Insel mit schwarzer Lavaasche überdeckte. Er grenzt an die **Caldera de Bandama,** den so geschaffenen, 1000 m breiten Krater. Er gilt als das interessanteste Beispiel für einen **Erosionskessel** auf dem gesamten Archipel. Auf dem 240 m tiefen Grund lebt heute ein einziger Bauer, der einige wenige Felder bestellt. Señor *Augustín* lebt in einem Haus, das kurioserweise die Nummer „42" trägt.

> **Wandertipp**
>
> Auf einem teilweise gepflasterten Weg kann man zu Señor Agustín hinabsteigen (hin und zurück 2 Std.). Einstieg: Bushaltestelle „Casas de Bandama" (Linie 311), durchs Eisentor vorgehen zum Aussichtsbalkon! Alternativ (oder auch ergänzend) folgt man vom Bushäuschen dem markierten Weg rings um den oberen Kraterrand (*Camino borde de la Caldera,* 1 Std.).

Praktische Tipps

Unterkunft

■ **VIK Hotel Bandama Golf****,** Carretera de Bandama s/n, Tel. 928351538, www.vikhotels.com. Das kleine Hotel liegt malerisch am Rande des Vulkankraters, das Ambiente ist sportlich-leger. Von den schönsten der 25 Zimmer schaut man über den beheizten Pool auf den Rasen des benachbarten Golfplatzes. Das Hotel knüpft an britische Traditionen an. *Daniel Neuber,* der deutschkanarische Hoteldirektor, kümmert sich persönlich um das Wohl seiner Gäste. Gefrühstückt wird im Clubhaus nebenan, wo sich auch der Kaminsalon, die Bar und das Restaurant befinden. Es herrscht eine Atmosphäre der Muße, die nur von zurückkehrenden Golfspielern und Wanderern unterbrochen wird. WLAN ist kostenlos, außerdem gibt es eine Sauna, zwei Tennishartplätze und nahebei eine Reitschule, den Picadero de Club de Golf. Mietauto empfehlenswert. Anfahrt: Von der GC-802 abbiegen in Richtung „Golf Bandama", nach 100 m links weiter auf Schotterpiste.

Essen und Trinken

■ **Los Geranios*,** Casas de Bandama, Tel. 928355 577, Di–So ab 12 Uhr. Sympathisches Lokal neben der Bushaltestelle von Bandama, nach der Kratertour ein beliebter Treffpunkt für Wanderer. Man sitzt drinnen oder auf der überdachten Terrasse, angeboten werden kanarische Klassiker und gute Desserts.

■ **Bodegón Vandama****, GC-802 Abfahrt Km. 2,4 (Carretera de Bandama 116), Tel. 928352754, www.bodegonvandama.com, Mo/Di geschlossen. Ein wunderbarer Ort, um zur Ruhe zu kommen! In der traditionsreichen, über hundertjährigen Bodega keltern drei Geschwister *(Álvaro, Diego, Beatriz)* Roten und Weißen, die man im ländlich-gepflegten Ambiente zum Fleisch vom Grill genießen kann. Schön sitzt man unterm offenen Dachstuhl mit Blick auf die alte Presse oder im Garten mit Aussicht auf den weinbepflanzten Vulkan. Nach den nussgroßen Lavasteinchen, denen die Reben entsprießen, ist ein köstlicher Nachtisch benannt: *picón de Bandama*. Er besteht aus Baiser, Karamell und Kuchenteig.

Aktiv

■ **Golf:** *Real Club de Golf,* Carretera de Bandama s/n, Tel. 928350104, www.realclubdegolfdelaspalmas.com. Der 1891 von Briten gegründete Golfplatz ist der älteste Spaniens. Er liegt am Südhang eines Vulkankegels neben einem großen erloschenen Krater, über dessen Rand man aufs Meer schaut. Der wellige, durch Palmen und Drachenbäume gegliederte 18-Loch-Golfplatz ist technisch anspruchsvoll (Länge 5679 m, 2 Putting Green, 1 Pitching Green). Werktags ist er auch für Nicht-Clubmitglieder geöffnet.

James Krüss – fast ein Kanarier

Der Helgoländer *James Krüss* (1926–1997), ursprünglich Lehrer, dann Hörfunkautor und Schlagertexter, begründete seinen Ruhm als Kinderbuchautor mit dem „Leuchtturm auf den Hummerklippen" (1956). „Wir brauchen ein Bild des Paradieses", so sein Motto, „wie der Seemann den Polarstern braucht, um sein Schiff sicher zu führen." Darum schrieb er Geschichten von einer glücklichen Welt, und nicht nur Kinder, auch Erwachsene dankten es ihm. Ein bisschen wie „Alice im Wunderland" hob auch er ab ins Absurde und Surreale, stellte die Welt auf den Kopf und untergrub den Glauben an die Autorität. Aber je älter er wurde, desto weniger mochte er an die Verwirklichung von Utopien in dieser unserer Welt glauben. Er verließ Deutschland und zog sich nach Gran Canaria zurück. Für ihn war sie eine jener „Glücklichen Inseln hinter dem Winde", von denen er in seiner Prosa erzählt. Am 2. August 1997 ist James Krüss in seinem Haus in Tafira Alta gestorben, an die Eröffnung des Museums wurde am Geburtsort, nicht aber in Tafira gedacht.

In der Umgebung

La Atalaya

Der via Bandama, Santa Brígida und Telde erreichbare Ort ist ein **Zentrum traditioneller Töpferkunst.** In einem kleinen Museum kann man das Atelier *Panchitos*, eines bekannten kanarischen Töpfers, kennen lernen und im Nebenhaus seinen „Schülern" bei der Arbeit über die Schulter schauen. Krüge, Vasen und Wasserfilter werden noch heute manuell ohne Drehscheibe geformt.

■ **Centro Locero & Ecomuseo,** Camino de la Picota 13, www.centrolocerolaatalaya.org, vorerst Mo–Fr 9–14, 17–20 Uhr, Sa 10–14 Uhr.

Überblick | 136
Die Altstadt | 141
Jachthafen und Gartenstadt | 154
Hafenviertel
  und Canteras-Strand | 156

Am schönsten präsentiert sich die Canteras-Promenade im Licht der untergehenden Sonne: Angesagt sind Flanieren und Flirten,

Hauptstadt Las Palmas

aufs Meer schauen und Cocktails trinken. Viel los ist auch in der historischen Altstadt, wo sympathische Läden und Lokale öffnen.

◁ Abendstimmung an der Canteras-Promenade

KOSMOPOLITISCH UND VOLLER KONTRASTE

Die größte Stadt der Kanaren hat einen wunderbaren Strand und eine schöne Altstadt, dazu maritimes Flair und eine ambitionierte Kulturszene. Seit über 500 Jahren kommen über ihren Hafen Menschen aus aller Herren Länder – kein Ort auf dem Archipel ist so kosmopolitisch!

Überblick

Die meisten Touristen besteigen am Flughafen die Busse in Richtung Süden, aber eine kleine Zahl von Urlaubern fährt nordwärts: Liebhaber der chaotischen Stadt Las Palmas, mit über 380.000 Einwohnern **Hauptstadt der Insel,** ihr kulturelles und politisches Zentrum. Die südamerikanisch anmutende Metropole erstreckt sich über 10 km entlang der Küste und lockt die Besucher mit einem 3 km langen Strand **(Playa de las Canteras)** sowie einer an die Kolonialzeit erinnernden **Altstadt.** Hier fühlt sich wohl, wer kanarische Kultur und Lebensart kennen lernen will. Nicht immer scheint in Las Palmas die Sonne und Grünflächen sind rar, doch ansonsten braucht der Urlauber auf nichts zu verzichten: weder auf Strand und Sport noch auf gutes Essen und nächtliches Vergnügen.

Am **Strand,** der gern mit dem von Rio de Janeiro verglichen wird, herrscht zu jeder Jahreszeit ein kunterbuntes Treiben. Entlang der autofreien Promenade gibt es eine Fülle von Unterkünften und internationalen Restaurants. Der große Hafen ist nicht fern, darum erlebt man – vor allem zwischen La Puntilla und Playa Chica – ein wahres Völkergemisch. Ruhiger ist der Strandabschnitt zwischen Playa Chica und dem Auditorium;

dort sind die Unterkünfte preiswerter, auch hat man es nicht weit zur Einkaufsstraße Mesa y López und zum Hauptmarkt.

Kulturfreunde zieht es in die **Altstadt** mit ihren historischen Vierteln **Triana und Vegueta.** Beliebte Terrassencafés befinden sich vor dem Hotel Madrid und am Centro Monopol.

◸ Las Canteras – die „Badewanne" von Las Palmas

HIGHLIGHTS

- **Triana & Vegueta:** Altstadtviertel mit viel Charme | 141 und 145
- **Gartenstadt:** mit Jachthafen und Doramas-Park | 154
- **Muelle Santa Catalina:** Kreuzfahrtschiffe legen an | 156
- **Las Canteras:** Paradestrand mit Promenade | 160
- **El Confital:** eine Prise Wildheit in der Stadt | 161
- **Auditorium:** Klassik in der Festung | 161
- **Playa Viva:** Live Musik am Wochenende | 169

Diese Tipps erkennt man im Buch an der gelben Hinterlegung im Kapitel.

Las Palmas, Überblick

Kultur

Las Palmas hat ein vielseitiges Kulturprogramm. Es reicht von Konzerten mit Klassik, Jazz und Pop über Theater und Tanz bis zu zweiwöchigem Karneval und Volksfesten. In Sälen und Museen wird traditionelle und zeitgenössische Kunst präsentiert. Die trikontinentale Lage der Insel spiegelt sich im Angebot des **Kunstzentrums CAAM,** die Nähe zum schwarzen Kontinent in Vorträgen und Seminaren in der **„Casa de Africa".**

Feste & Festivals

■ **5./6. Januar:** *Cabalgata de los Reyes Magos.* Am Vorabend des 6. Januar wird die Ankunft der Heiligen Drei Könige mit einem Umzug gefeiert. Am nächsten Tag erhalten Kinder ihre Weihnachtsgeschenke und zeigen sie stolz auf dem Paseo de las Canteras.

■ **Januar–Februar:** *Festival de Música de Canarias.* Um den 8. Januar beginnt das fünfwöchige Festival klassischer Musik mit hochkarätigen Orchestern und Solisten aus aller Welt.

■ **Februar/März:** *Fiesta de Carnaval.* Der Karneval, der jedes Jahr unter einem neuen Motto steht, wird

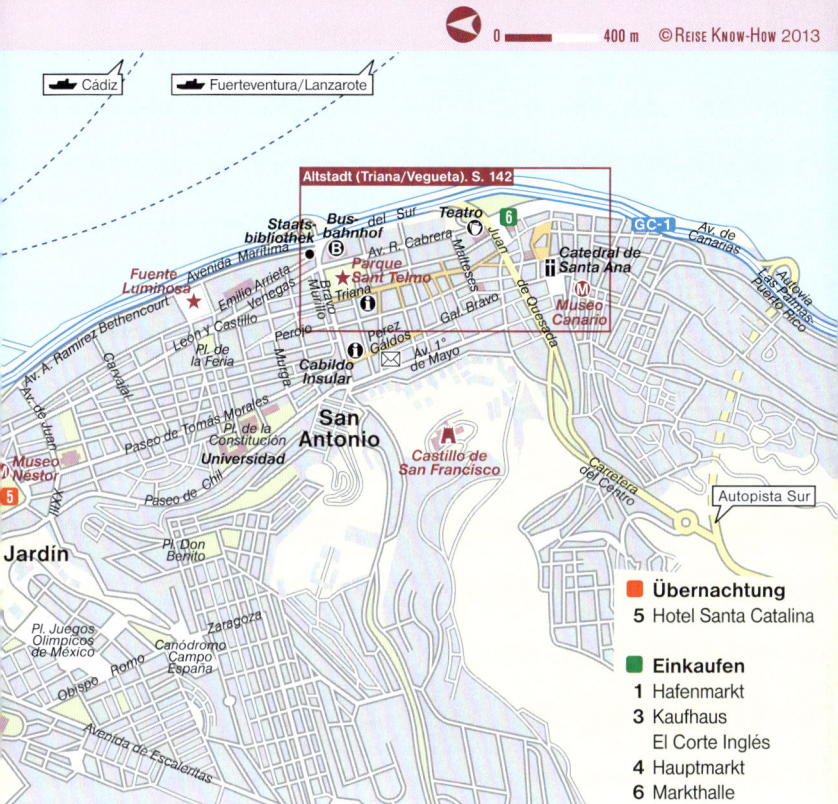

enthusiastisch gefeiert: ein zweiwöchiger Ausnahmezustand mit Maskenbällen und schrill-buntem Umzug, der Wahl der „Königin" und einer „Drag Queen" sowie Salsa-Festen. Erstaunlich viele Männer verspüren Lust, in die Haut des anderen Geschlechts zu schlüpfen, verkleiden sich als Tussi, Prostituierte oder edle Witwe. Der närrische Spuk endet mit dem Begräbnis der Sardine *(Entierro de la Sardina)*: Trauergäste schreien sich den Schmerz von der Seele, während die zwischen den Flossen einer riesigen Pappmaché-Sardine befestigten Feuerwerkskörper den Fisch entzünden.

■ **Februar–April:** *Festival de Ópera.* Beim Opernfestival werden im Abstand von 2 bis 3 Wochen vier Opern in internationaler Starbesetzung aufgeführt.

■ **März/April:** *Semana Santa.* Höhepunkt der Feierlichkeiten ist die Magna-Prozession am Karfreitag, bei der sich die von drei Kirchen ausgehenden Umzüge (Santo Domingo, San Agustín, San Francisco) in der Altstadt vereinen. Auch gibt es vor Ostern viele Konzerte für Freunde religiöser und barocker Musik. Einheimische und ausländische Ensembles gastieren in historischen Räumen wie dem Gabinete Literario und der Kirche Santo Domingo.

■ **Anfang Juli:** *Festival de Jazz.* Für eine Woche kommen bekannte europäische und amerikanische Solisten nach Las Palmas.

■ **Mitte Juli–Anfang August:** *Festival de Danza y Teatro.* Einige Aufführungen finden open-air im Parque Santa Catalina statt.

Kurzinfo Las Palmas

- **Touristeninformation:** Büros in der Triana und am Catalina-Park.
- **Internet:** www.lpavisit.com; an mehreren Laternen der Strandpromenade sind Hot-Spot-Router angebracht, sodass man gratis surfen kann.
- **Hauptpost:** Av. Primero de Mayo 62 (Triana, mit Schalter für Philatelisten), Zweigstelle Bernardo de la Torre 36 (Canteras, nahe Plaza Farray).
- **Transfer ab Flughafen:** 30 Minuten.
- **Taxi:** Euro-Taxi, Tel. 928462222.
- **Touristenbus:** City Sightseeing, ab 9.30 Uhr alle 30 Min. ab Parque Santa Catalina, www.city-sightseeing.com; beliebig oft ein- und aussteigen, 15 € p.P. und Tag. Bei der **LPA-Card,** erhältlich in Touristeninfos, sind Touristenbus, Stadtführung und Eintritt in Museen inkl. (www.lpacard.com, 32 € p.P.). Rabatt für Kinder und bei Online-Buchung.
- **Fahrradvermietung:** am besten www.laspalmas-24.com, mit kanarischer Bankverbindung auch www.biciambiental.orq.
- **Wanderbücher:** Librería del Cabildo, Calle Cano 24 (Triana).
- **Markt:** Hauptmarkt in der Calle Galicia, weitere Hallen im Puerto und in der Vegueta.
- **Wochenmarkt:** So 8–14 Uhr; auf dem Boulevard (Ramblas) südlich des Busbahnhofs Santa Catalina, Kunsthandwerksmarkt im Winter an der Plaza del Pilar (Vegueta).
- **Krankenhaus:** Hospital de Gran Canaria Dr. Negrín, Tel. 928450000.
- **Konsulat:** Deutsches Konsulat, Calle Albareda 3, Tel. 928491880.

Überblick

- **Anfang Oktober:** *Fiesta de la Virgen del Rosario.* Die Rosenkranzmadonna lockt Christen ins historische Viertel der Vegueta. Sie ziehen vom Parque San Telmo zur Pfarrkirche Santo Domingo und werden bis spät in die Nacht von Folklore begleitet.
- **Um den 6. Oktober:** *Fiesta de la Naval.* Auf La Isleta gedenkt man mit Konzerten und Feuerwerk des 1595 über Sir *Francis Drake* und seine Flotte errungenen Sieges. Am Samstagabend wird der historische Triumph am Castillo de la Luz nachgespielt.
- **Mitte Oktober:** *Fiesta de la Virgen de la Luz.* An einem Samstagabend wird die „Jungfrau des Lichts" mit einer großen Prozession geehrt: Bunt geschmückte, von Bullen gezogene Wagen wälzen sich vom Catalina-Park in Richtung Hafen. In Trachten gekleidete Kanarier werfen Bonbons und Eier in die Menge, tanzen und trinken.
- **31. Dezember:** *Año Nuevo.* Sofern der Etat es zulässt, gibt es am Canteras-Strand ein prächtiges Feuerwerk.

Verkehr

- **Parken:** Die Verkehrsverhältnisse in Las Palmas sind chaotisch, die Parkplätze rar. Wer gleichwohl auf die Anfahrt mit eigenem Wagen nicht verzichten will, sollte möglichst rasch ein Parkhaus ansteuern, um sich alsdann zu Fuß oder mit dem Stadtbus zu bewegen. Parkhäuser gibt es z.B. nahe dem Theater Pérez Galdós, am Catalina-Park und am Nord- und Südende des Canteras-Strands.
- **Stadtbusse:** Für Touristen sind vor allem die Linien 1, 12 und 13 interessant, die zwischen Altstadt und Catalina-Canteras hin und her pendeln. Linie 1 fährt über die Calle León y Castillo, Linie 12 und 13 (etwas schneller) über die Av. Marítima.
- **Bustickets:** Am Busbahnhof der Altstadt (Parque San Telmo), am Terminal Santa Catalina, bei Banken und in zahlreichen Kiosken kann man verbilligte Bustickets erwerben. 7,50 € kostet der *Bono de guagua,* mit dem man 10 x in einen der gelben Stadtbusse springen kann. Geplant ist die Einführung einer *Tarjeta Única,* die zur verbilligten Benutzung nicht nur der Stadtbusse, sondern auch aller sonstigen Buslinien der Insel berechtigt. Der Bono würde dann ersatzlos gestrichen.

Die Altstadt

Las Palmas wurde 1478 an der Mündung des Guiniguada als **erste Kolonialstadt des spanischen Königreichs** gegründet: eine Stadt im Meer nahe der afrikanischen Küste und von unschätzbarem strategischen Wert für die Eroberung neuer Kolonien in Übersee. Wenig später erlebte Las Palmas eine Zeit wirtschaftlicher Blüte: In der Vegueta entstanden prächtige Kirchen und Paläste, ein politisch-religiöses Zentrum nach dem Vorbild Sevillas war geplant. Lebte in der Vegueta die reiche Oberschicht aus Großgrundbesitz, Kirche und Justiz, so war die Triana das Viertel der Handwerker und Händler.

Triana

Die meisten Südtouristen kommen mit dem Bus nach Las Palmas. Am **unterirdischen Busbahnhof von San Telmo** steigen sie aus, um von hier die Altstadt zu erkunden. Hier herrscht fast rund um die Uhr reges Treiben. In der zugehörigen Ladenzeile befindet sich die Verkaufsstelle für verbilligte Bustickets, auch aktuelle Info-Broschüren liegen hier aus.

Parque San Telmo

Der Park ist ein begrünter Ruhepunkt inmitten von Autoabgasen und lärmender Hektik. Stets gut besucht ist der **Kiosko Modernista,** ein attraktives Café unter Palmen. Von hier schaut man hinüber zur Musikbühne und zur kleinen

Ermita. Sie wurde Ende des 15. Jh. erbaut und ist San Telmo, dem Schutzheiligen der Seeleute geweiht. Seeleute, die aus gefährlicher Situation auf hoher See gerettet wurden, haben die Votivbilder gestiftet – ebenso eine Christusskulptur, die während der Osterprozessionen durch die Stadt getragen wird.

An der Nordseite des Platzes befindet sich die moderne Bibliothek, an der Westseite das neoklassizistische Gebäude des **Gobierno Militar.** General *Franco* proklamierte von hier am 18. Juli 1936 den Staatsstreich, heute nächtigen hier, bestens bewacht, hochrangige Militärs.

Calle Triana

Die **Einkaufsstraße,** die wie das gesamte Stadtviertel einfach „Triana" genannt wird, zieht sich einen Kilometer vom Parque San Telmo bis zum Theater Pérez Galdós. Der kanarische Dichter *Tomás Morales* sah in ihr eine „Kopie kontinentaler Pracht", beschrieb sie als „weit, modern, reich und geschäftig". Dieses Urteil trifft heute noch zu. Wohin man schaut: Schuh- und Ledergeschäfte, Boutiquen, Bars und Banken.

Nur wenige Passanten schauen die Fassaden empor, nehmen die Ornamente und floralen Muster wahr, die sich um Fenster und Balkone ranken. Es handelt sich hier um eine spanische Variante des Jugendstils, den **Modernismo.** Das kanarische Handelsbürgertum, reich geworden durch Bananen- und Tomatenexport, suchte seiner gewachsenen Macht durch diesen neuen Architekturstil Ausdruck zu verleihen.

Es lohnt auch ein Abstecher in die kleinen Seitenstraßen. Ein lebhaftes Treiben

herrscht vor allem in den Gassen **Perdomo** und **Constantino** sowie der parallel zur Triana verlaufenden **Calle Cano.**

Theater Galdós

Wer das Theater betritt, fühlt sich in die **Belle Epoque** versetzt. Die Wände sind mit Edelholz verkleidet, der Boden mit Marmor ausgelegt. Ausladende Treppen führen in die oberen Ränge, bunt gestaltete Fresken illustrieren kanarische Lebenslust. Im „Pérez Galdós" finden Aufführungen im Rahmen des Opernfestivals statt, dazu Konzerte klassischer Musik, Theater- und Folkloreabende. Nur schade, dass man auf den oberen Rängen die Bühne kaum sehen kann!

■ **Teatro Pérez Galdós,** Calle Lentini 1, Tel. 928433 805, Ticketverkauf Tel. 902405504, www.teatroperezgaldos.com; Mo–Sa 10–13 Uhr ist eine Besichtigung im Rahmen einer geführten Tour (5 €) mit schönem Ausblick von der Dachterrasse möglich!

Museum Galdós

Wer die Buñuel-Filme „Tristana" oder „Nazarín" gesehen hat, weiß vielleicht, dass sie auf Romanvorlagen von **Benito Pérez Galdós** (1843–1920) beruhen. Mehr über den **nach Cervantes meistgelesenen spanischen Schriftsteller** kann man in der verkehrsberuhigten, parallel zur Triana verlaufenden Calle Cano erfahren. Im Haus Nr. 6 wurde der „iberische Balzac" geboren, und hier verbrachte er auch seine Jugend. Zum Studium zog er nach Madrid, nur ein einziges Mal kehrte er in seine Geburtsstadt zurück. Das Museum enthält Zeugnisse und Dokumente, Fotos und Porträts. Eine Galerie in seinem Arbeitszimmer zeigt die Original-Illustrationen zu seinem vielbändigen Opus „Episodios Nacionales". Der Autor geißelt darin mit beißender Ironie den aufkeimenden spanischen Kapitalismus.

■ **Museo Pérez Galdós,** Cano 2–6, Tel. 928366 976, www.casamuseoperezgaldos.com, Di–Fr 10–14 und 16–20 Uhr, Sa/So 10–14 Uhr, bei vorerst freiem Eintritt Führung (auf Spanisch) zu jeder vollen Stunde.

Centro Monopol

Das **Vergnügungszentrum** liegt zwischen der Einkaufsstraße und der Alameda de Colón. Außer einem Kino und mehreren Lokalen gibt es hier gemütliche Bars mit Außenterrasse, davor die ganztägig geöffnete *Biblioteca Insular* und der „Platz der Frösche" (Plaza de las Ranas) mit einem hübschen Springbrunnen und zwei Kiosken.

Belle Epoque

An der Plaza Cairasco taucht man ein in die Atmosphäre der Belle Epoque. Das elegante, 1844 maßgeblich von britischen Geschäftsleuten gegründete **Gabinete Literario** war bis 1936 Treffpunkt avantgardistischer Literaten, die prachtvolle Fassade macht es zum **schönsten Gebäude der Stadt.** An dem von Säulen geschmückten Eingang wurde ein Café eingerichtet. Ausladende Treppen führen in den ehemaligen Konferenzsaal des ersten Stocks, auch bekannt als **Salon Dorado** (vergoldeter Salon). Decken-

gemälde, geschaffen von *Manuel González Méndez,* symbolisieren die schönen Künste – hier finden Konzerte, Ausstellungen und Vorträge statt (Infos: www.gabineteliterario.com).

Gleichfalls wunderbar gelegen ist das Café-Restaurant des **Hotel Madrid** mit Blick auf schattige Plätze und restaurierte Häuser (tgl. ab 12 Uhr). Es erinnert an die Atmosphäre des frühen 20. Jh., als sich hier die Bohème der Hauptstadt traf, um über Literatur und Kunst zu diskutieren. Die Räume wirken museal verstaubt, Fotos von Promis verzieren die Wände: *Dalí* und *César Manrique, Gregory Peck, Alfredo Kraus* u.v.m. Traurige Berühmtheit erlangte das Hotel, als General *Franco* am 17. Juli 1936 in Zimmer Nr. 3 übernachtete, bevor er das Signal zum Staatsstreich gegen die demokratisch gewählte Regierung Spaniens gab.

Vom Hotel ist es nur ein Katzensprung zur **CICCA,** einem attraktiven Kulturzentrum mit Kunstausstellungen, Konzerten und Seminaren.

Kirche

Über die Alameda de Colón, einen großen Platz mit indischen Lorbeerbäumen und einer Kolumbus-Statue, gelangt man zur **Iglesia de San Francisco.** Ihr vergoldeter Altar und die mit Silber verzierten Kreuzwegstationen künden vom einstigen Reichtum des Franziskanerordens. Die Skulptur der „Einsamen Jungfrau" (*Virgen de la Soledad*) soll die katholische Königin *Isabel I.* darstellen, die 1478 den Befehl zur Eroberung Gran Canarias gab. Wertvoll ist auch das in dramatischem Helldunkel gehaltene Gemälde im Hauptschiff, das die Anrufung des Hl. *Matthäus* zeigt. Es stammt aus der Hand des *Caravaggio*-Schülers *Gerard Seghers*.

Interessant ist, was auf den **Kacheln** am Eingang zu lesen ist. Zur Linken wird daran erinnert, dass Gran Canaria einst eine Zuckerinsel war. Zur Rechten liest man: „Fray Tomás de Berlanga, später Bischof von Panama, nahm von hier aus 1516 die Bananenpflanze nach Santo Domingo, von wo sie sich über die Antillen und den amerikanischen Kontinent ausbreitete ..." Tatsächlich startete die **Banane** von Las Palmas ihren unaufhaltsamen Siegeszug durch ganz Mittelamerika, wo im 19. Jahrhundert die Bananenrepubliken der United Fruit Company entstanden.

Carretera del Centro

Der **Barranco de Guiniguada** trennt die historischen Stadtviertel Vegueta und Triana. Bis zu den 1950er Jahren bildete er zur Winterzeit das Bett für einen reißenden Fluss. Ein älterer Kanarier erinnert sich: „Zwei große Brücken gab es, die den Guiniguada überwölbten. Täglich überquerte ich sie als Kind. Und ich erinnere mich an das Spektakel der brodelnden Wassermassen, die in Regenzeiten herunterrauschten und Gebirgsschlamm mit sich führten. Gegenüber vom Theater war es, wo sich stolz der Fluss den Wellen des Atlantiks entgegenstemmte. Männer und Frauen nutzten die Gelegenheit, um Kraken zu fischen – schwindlig gemacht durch das süße Wasser des Tals." Der Barranco ist heute zugeschüttet, über eine vierspurige Straße fegen Autos hinweg.

Vegueta

Bis heute hat sich die Vegueta das **Ambiente der Kolonialzeit** bewahrt. An schattigen Plätzen und verwinkelten Straßen ragen herrschaftliche Häuser auf, bewohnt von den Abkömmlingen der Konquistadoren, zumeist Notaren und Priestern, Beamten und Großgrundbesitzern. Geöffnete Portale geben den Blick auf arkadengesäumte Höfe frei: Im Patio prangt ein Springbrunnen, die hoch angesetzten Balkone sind aus Edelholz geschnitzt.

Plaza Santa Ana

An dem von Palmen begrenzten Platz vereinen sich geistliche und weltliche Macht. Neben der Kathedrale, deren dunkle Silhouette den Platz beherrscht, erhebt sich an der Nordseite der **Bischofspalast** (Palacio Episcopal). Das prunkvolle **Alte Rathaus** an der Stirn-

---

Las Palmas in Brüssel

Sven Giegold (geb. 1969 in Las Palmas) wurde Mitbegründer von ATTAC in Deutschland und war ab 2009 Mitglied im Europäischen Parlament. *Juan Fernando López Aguilar* (geb. 1961 in Las Palmas) war von 2004 bis 2007 spanischer Justizminister in der Regierung *Zapatero*, 2009 war er Spitzenkandidat der Sozialisten bei der Europawahl.

◁ Pracht am Gabinete Literario

Hunde auf der Plaza Santa Ana – ein kanarisches Verwirrspiel

Bewacht wird die Plaza von großen, **in Bronze gegossenen Hunden.** Mythen und Spekulationen ranken sich um ihre Bedeutung. In touristischen Werbeschriften heißt es, den Hunden verdanke der kanarische Archipel seinen Namen (lat. canis = Hund). Dabei beruft man sich gern auf den römischen Schriftsteller *Plinius den Älteren*, demzufolge auf Gran Canaria bei einer Reise des mauretanischen Königs *Juba II.* im Jahre 25 v. Chr. riesige Hunde gesichtet wurden. Diese These ist allerdings durch Ausgrabungen nie bestätigt worden.

Unter Wissenschaftlern gilt es als wahrscheinlicher, dass der Inselname auf die Canarii verweist, einen in Nordwestafrika ansässigen Stamm der Berber, der ab 500 v. Chr. in mehreren Schüben auf den Archipel übersetzte.

seite des Platzes (Casas Consistoriales) wurde um die Mitte des 19. Jh. nach einem Brand errichtet und 2010 nach langjähriger Restauration neu eröffnet. Es birgt Bilder vorwiegend aus dem Fundus des Prado, auch zahlreiche Gemälde von *Manolo Millares*. Das berühmte Bild der „Emigranten" von *Ventura Miguel de los Ángeles* schmückt den Treppenaufgang. Leider kann das Alte Rathaus vorerst nicht besucht werden.

Kathedrale

Bereits 1497 wurde mit dem Bau der Kathedrale begonnen, doch erst im 19. Jahrhundert wurde er vollendet. Die **zweitürmige Fassade** präsentiert sich in klassizistischem Gewand, der Innenraum der **fünfschiffigen Kirche** ist gotisch dominiert. Zehn schlanke Säulen, die mit ausladender Krone an Palmen erinnern, stützen das Deckengewölbe, formieren sich dabei zu einer kunstvollen Konstruktion. Der vergoldete Hauptaltar von 1518 ist spätgotisch, die Altäre in den Seitenkapellen verleihen der Kirche barocke Akzente.

Berühmten kanarischen Schriftstellern, Politikern und Bischöfen dient die Kathedrale als letzte Ruhestätte. In der Kapelle San José im rechten Seitenschiff befinden sich die sterblichen Überreste des Aufklärers *Viera y Clavijo*; der spanisch-kanarische Überseeminister *Fernando León y Castillo* ist in der Doppelkapelle Santa Teresa beerdigt. Eine feingemeißelte Skulptur von *Luján Pérez* findet sich in der **Kapelle Los Dolores:** Die „Schmerzenreiche Madonna" (1804) bezeugt die subtile Ausdruckskraft des berühmten kanarischen Bildhauers – eine Waise stand ihm dafür 1803 Modell. Karfreitag wird die Figur in einer großen Prozession „ausgetragen". Weitere Figuren des Künstlers entdeckt man in den Kapellen San José und La Antigua.

■ **Catedral de Santa Ana,** Plaza Santa Ana; freier Zutritt via Hauptportal nur während der Morgen- und Abendmesse, manchmal auch mittags, sonst kostenpflichtiger Zugang über das Diözesanmuseum (s.u.); Fahrstuhl zum Turm während der Öffnungszeiten des Museums (1,50 €).

Diözesanmuseum

Von der Straße Espíritu Santo kommend, betritt man den *Patio de Naranjo*, einen **romantischen Arkadenhof:** Er ist von einer Holzgalerie umgeben, mächtige Palmen und ein Orangenbaum spenden Schatten. Zwar gibt es nur wenige Gemälde und Skulpturen, doch die Räume per se sind einen Besuch wert: Im **Kapitelsaal** ist der Boden mit handgemalten Fliesen ausgelegt, eindrucksvoll ist auch der **Seidensaal** mit Decke und Wänden aus Naturstein und Holz. Effektvoll platziert und beleuchtet sind gotische und barocke Meisterwerke, u.a. ein *Goya* zugeschriebenes Porträt des kanarischen Bischofs *Manuel Verdugo y Albiturrías.*

■ **Museo Diocesano de Arte Sacro,** Calle Espíritu Santo 20, Tel. 928314989, Mo–Fr 10.30–16.30, Sa 10–13 Uhr, Eintritt 3 € (inkl. Zugang zur Kathedrale).

Plaza Espíritu Santo

Um den kleinen Platz mit Pavillon und Brunnen reihen sich Adelshäuser in neoklassizistischem Gewand. Einen stilistischen Kontrapunkt bildet die einfache, fast bäuerlich anmutende **Ermita.**

Patio de naranjo – der „Orangen-Hof" des Diözesanmuseums

Jahrhundertelang mussten sich die Sklaven der Stadt mit diesem Gotteshaus begnügen, während die freien Bürger ihr Gebet in der Kathedrale verrichteten.

San Martín

Folgt man der Calle Castillo ein paar Schritte bergauf, sieht man zur Linken einen imposanten Bau: Ein ehemaliges Krankenhaus, 1786 erbaut und 6000 m² groß, wurde in ein **Kulturzentrum** mit einer schmucken Kapelle, großen Innenhöfen und Holzgalerien verwandelt. Das Programm wird vom CAAM gestaltet, es finden Ausstellungen und Konzerte statt.

■ **San Martín Centro de Cultura Contemporánea,** Calle Ramón y Cajal 1/Ecke Sor Jesús, Tel. 928211800, www.sanmartincontemporaneo.com, Di–Sa 10–21, So 10–14 Uhr, Ausstellungen 5 €.

Museo Canario

Im **ältesten und wichtigsten Museum** des Archipels (1892) illustrieren archäologische Fundstücke und ethnografische Nachbildungen die Lebenswelt der prähispanischen Bevölkerung.

Im **Erdgeschoss** wird gezeigt, wie die Altkanarier wohnten und sich kleideten, welchen religiösen Vorstellungen sie anhingen und wie sie den Arbeitsprozess organisierten.

Im **Obergeschoss** nimmt der Totenkult einen breiten Raum ein: Die Beigesetzten sind in Ziegenhäute eingenäht und gut erhalten, Hunderte von Schädeln und Skeletten vervollständigen die makabre Sammlung. Aufschlussreich ist die **Nachbildung der „Bemalten Höhle" von Gáldar** (Cueva Pintada): Kanarische Künstler schmückten die Kultstätten mit einem Fries farblich harmonisch abgestimmter Dreiecke, Rechtecke und Kreise aus, die vermutlich einen Mond- und Sonne-Kalender darstellen. Die Muster zeigen auffallende Ähnlichkeit mit Höhlenmalereien aus Nordwestafrika – ein weiteres Indiz für die These, dass die Altkanarier mit den Berbern verwandt sind. In der Höhle von Gáldar fand man auch Idolfiguren, z.B. „Tara", ein Symbol weiblicher Fruchtbarkeit. Angeschlossen ist ein Laden mit originellem Kunsthandwerk.

■ **Museo Canario,** Calle Dr. Verneau 2/Ecke Dr. Chil 25, Tel. 928336800, www.elmuseocanario.com, Mo–Fr 10–20, Sa–So 10–14 Uhr, Eintritt 4 €, Studenten 2,40 €.

Plaza Santo Domingo

Die idyllische Plaza trug im Volksmund den Namen „Platz der Verbrannten und Gehenkten": Hier wurden die Todesurteile der Inquisition vollstreckt. An der Südseite des von Bürgerhäusern umgebenen Platzes erhebt sich die **Iglesia de Santo Domingo.** Die barocke Dominikanerkirche ist zur abendlichen Messe geöffnet, während der Weihnachts- und Ostertage finden Konzerte statt.

Plaza Pilar Nuevo

Auf der brunnengeschmückten Plaza im Herzen der Vegueta scheint die Zeit stillzustehen. Nur an den Wintersonntagen belebt sich der Platz – dann findet hier ein **Kunsthandwerksmarkt** mit dem Auftritt einer Folkloregruppe statt. Vormerken sollte man sich auch den 24. Dezember: Pünktlich um Mitternacht treffen sich Christen und Atheisten zum traditionellen Weihnachtskonzert.

Kolumbushaus

In der **Casa de Colón** ist man bemüht, die Beziehungen zwischen den Kanarischen Inseln und der Neuen Welt herauszuarbeiten. Außen- und Innenarchitektur des Hauses sollen die Atmosphäre des Jahres 1492 wiederbeleben; pastellfarbene Portale mit reicher Bauplastik führen in Innenhöfe mit Holzgalerien, Brunnen und üppiger Vegetation. Im Zentrum der Ausstellung stehen die Entdeckungsfahrten des *Kolumbus*, die anhand von Landkarten, Skizzen und Schiffsmodellen rekonstruiert werden. Eine **Tafel** am Kolumbushaus erinnert an den hier geborenen Tenor **Alfredo Kraus**. Der Sohn eines deutschen Einwanderers machte sich vor allem als Interpret von Opernarien einen Namen.

■ **Casa de Colón,** Calle Colón 1, Tel. 928312384, www.casadecolon.com, Mo–Fr 9–19, Sa–So 9–15 Uhr, Eintritt frei.

Plaza San Antonio Abad

Nur wenige Schritte vom Kolumbushaus entfernt steht die älteste erhaltene Insel-

Das „Kolumbushaus" (Casa de Colón)

Sprungbrett in die Neue Welt – von Gran Canaria in den unbekannten Westen

Die spanische Krone hatte **Kolumbus** beauftragt, einen Seeweg nach Indien, dem Land begehrter Luxuswaren, zu erschließen. Bei seiner ersten Reise machte der Seefahrer am 9. August 1492 auf Gran Canaria Station; er ließ ein Schiff reparieren und nahm Wasser und Proviant an Bord. Am 6. September brach die Flotte westwärts auf und erreichte am 12. Oktober eine der dem amerikanischen Kontinent vorgelagerten Inseln.

In Anspielung auf den kanarischen Besitz wurden diese zunächst *Las Nuevas Islas de Las Canarias Indianas* genannt: die „Neuen Kanarischen Inseln von Indien". Bis zu seinem Lebensende war *Kolumbus* überzeugt, indischen Boden betreten zu haben. Nicht so seine Auftraggeber: Sie ahnten, dass hier Neuland entdeckt worden war und suchten es sich völkerrechtlich zu sichern. Mit päpstlichem Einverständnis teilten die konkurrierenden Staaten Spanien und Portugal die Welt gemäß ihren Wünschen auf (Vertrag von Tordesillas, 1494). Diesseits einer fiktiven Linie vom Nord- zum Südpol etablierte sich Portugal, die Einflusssphäre Spaniens befand sich jenseits der Linie.

Auch andere Eroberer nutzten den Archipel fortan als Zwischenstopp – der Passat trieb die Segelschiffe von hier rasch nach Amerika. 1519 legte **Magellan** in Las Palmas eine Pause ein, bevor er sich auf die Suche nach der Meerenge zwischen Atlantik und Pazifik begab. **Sebastian Cabot** stieß 1526 über den Archipel zum Río de la Plata vor. Die in Spanien verbreitete Kunde von bedeutenden Schätzen in Paraguay stimulierte die Erkundungsfahrt **Pedro de Mendozas** 1535.

---

kapelle, die **Ermita de San Antonio Abad**. An ihrer Fassade wurde 1892 eine Plakette befestigt, auf der – durch kein Dokument belegt – behauptet wird: „An diesem heiligen Ort betete Kolumbus". Offenbar wollten die Kanarier bereits bei den Feierlichkeiten zum 400. Jahrestag der Entdeckung Amerikas nicht abseits stehen, sondern am Glanz des vermeintlich genialen *Kolumbus* teilhaben. Dass dieser nicht nur Geograf und Entdecker, sondern zugleich ein goldgieriger Eroberer und Sklavenhändler war, wird von vielen Kanariern noch heute als „Schwarze Legende" abgetan.

Atlantisches Zentrum für Moderne Kunst

Wer nur an Keramik denkt, wenn von kanarischer Kultur die Rede ist, wird im **CAAM (Centro Atlántico de Arte Moderno)** eines Besseren belehrt. Das 1989 in der „Straße der Balkone" eröffnete Kulturzentrum hat sich neben dem Zentrum Reina Sofia in Madrid und dem IVAM in Valencia zum **wichtigsten Museum moderner Kunst** in Spanien entwickelt.

Die neoklassizistische Fassade des alten Adelspalais lässt die Weite und Helligkeit, die schwebende Konstruktion der Innenräume nicht erahnen. Die Ausstellungssäle sind um einen lichtdurchfluteten Patio gruppiert, der gestützt wird von eisernen Säulen. Der architektonische Entwurf versucht einen Brückenschlag zwischen Alter und Neuer Welt, Tradition und Moderne. Kunstvoll nähert man sich der eigenen Geschichte, indem man daran erinnert, dass die Kanarischen Inseln einerseits zwar von ihrer Lage zwischen den Kontinenten oft profitierten, andererseits aber immer nur „Zwischenstation", Umschlagplatz für Waren und Ideen waren – flüchtige Berührung statt Verwurzelung. Neben den großen Ausstellungen, in denen die Beziehungen zwischen der Kunst Amerikas, Afrikas und Europas untersucht werden, gibt es im CAAM Darbietungen moderner kanarischer Kunst im Kontext internationaler Bewegungen. – Die Inselregierung, der das CAAM untersteht, betreibt auch das *Centro de Artes Plásticas* (Calle Colón 8) und die *Galería San Antonio Abad* am gleichnamigen Platz.

■ **CAAM,** Calle Los Balcones 9–11, www.caam.net, Di–Sa 10–21, So 10–14 Uhr, Eintritt 5 €.

San Cristóbal

Fährt man auf der Avenida Marítima stadtauswärts, sieht man linkerhand die **Festung San Pedro Mártir,** auf heutigen Karten meist als „Castillo de San Cristóbal" verzeichnet Sie wurde Ende des 16. Jh. zum Schutz vor Piraten erbaut. Sehenswert ist auch das alte **Fischerviertel San Cristóbal** mit seinen bunten Häusern am Meer, dem kleinen Hafen mit Kaimauer, Steinstrand und Fischlokal.

Praktische Tipps

Info Altstadt

■ **Touristeninformation:** Patronato de Turismo, Calle Triana 93/Ecke Domingo J. Navarro, Tel. 928 219600, Mo–Fr 9–15.30 Uhr; weitere Infostände am Parque San Telmo (bei der Kapelle) und vor dem Centro Monopol.

Unterkunft

■ **La Casa de Vegueta***,** Calle Pedro Díaz 5, Tel. 928322657, Mobil: 696468982. *Ana Lola Betancor* eröffnet 2013 ein kleines Hotel in der Vegueta, nur wenige Schritte von der Plaza Santo Domingo entfernt. Es hat drei – mit Liebe zum Detail ausgestattete – Zimmer, zum Frühstück gibt es frisch gepressten Orangensaft, Öko-Tomaten und frischen Käse, hausgemachtes Brot und Marmelade. Im Salon liegen Bücher zu den Kanarischen Inseln aus, auch kann man sich hier alte Platten (!) auflegen. Wasser, Säfte und Wein gibt es an der Rezeption, WLAN ist gratis.

■ **Madrid**,** Plaza de Cairasco 4, Tel. 928360664, Fax 928382176. Kein Hotel ist schöner gelegen: Das traditionsreiche Haus am Cairasco-Platz ist im Kolonialstil erbaut und verfügt über 18 recht spartanisch eingerichtete Zimmer. Die aufgrund des Ausblicks schöneren Räume sind relativ laut – in der Bar herrscht bis nach Mitternacht ein lebhaftes Treiben. DZ 50–60 €.

■ **Downtown House**,** Calle Domingo Navarro 10, Mobiltel. 618089237, www.houselaspalmas.com. Bed & Breakfast im einem der schönsten Jugendstilhäuser der Stadt. Es liegt in einer Fußgängerstraße und fünf Gehminuten vom Busbahnhof San Telmo entfernt. Mit Gratis-WLAN und Fahrradverleih, EZ 20 €, DZ 36 €.

Essen und Trinken

Zwei Orte zum Sehen und Gesehenwerden: die **Plaza Cairasco** und das **Centro Monopol** (direkt neben der Biblioteca Insular)! Schöne Terrassenlokale entstanden in den Straßen **Cano**, **Perdomo** und **Constantino** sowie der sie verbindenden Passage Las Lagunetas. Abends füllt sich auch der Stadtteil Vegueta. Er lockt mit gemütlichen Cafés und Lokalen – vor allem in den Straßen **Pelota** und **Mendizábal**.

Triana:

■ **Bodegón Lagunetas*–**,** Calle Constantino 16, Tel. 928363094, www.restaurantebodegonlagunetas.com. Landküche in der Stadt – das kommt bei den Kanariern an! In verwinkelten rustikalen Räumen, an Bars und auf Terrassen stärken sie sich mit Deftigem und kippen dazu ein Gläschen Inselwein oder ein Bier.

■ **Panaría Constantino*,** Calle Constantino 18, Tel. 928361432, tgl. 6.30-21 Uhr. Brot in vielen Varianten, gut belegt und überbacken, Sandwiches und Baguettes, Focaccia mit Schinken, frischem Käse und Tomate. Mit einer Filiale in der Calle Mendizábal (Vegueta).

■ **Madrid*,** Plaza de Cairasco 4, Tel. 928360664. Täglich ab 12 Uhr wird ein kanarisches Menü für 10 € angeboten. Keine ausgefeilte Küche, doch am Platz zu sitzen ist wunderbar!

Vegueta:

■ **Casa Montesdeoca***,** Calle Montesdeoca 10, Tel. 928333466; So geschlossen. Haus aus dem Jahre 1520 mit schönem Patio und vornehmen Salons, nur wenige Schritte von der Kapelle San Antonio Abad. Spanisch-kanarische Gerichte.

■ **El Herreño*,** Calle Mendizábal 5, Tel. 928310 513. Gute *tapas* und ein preiswertes Menü, dazu der wohlschmeckende Wein der Insel El Hierro.

■ **La Buena Vida**,** Calle Mendizábal 24, Tel. 928 335864, www.restaurantelabuenavida.es, So geschlossen. In frischem Ambiente serviert *Toni* kanarische Kost, z.B. Thunfilet mit Paprikasoße und gebratenem Ziegenkäse. Preiswertes Mittagsmenü für 10 € (Mo–Fr).

Einkaufen

■ **Kunsthandwerk:** FEDAC, Calle Domingo Navarro 7, www.fedac.org, Sa–So geschlossen. Der Laden der „Fundación para la Etnografía y el Desarrollo de la Artesanía Canaria" befindet sich in einer Querstraße der Triana und bietet authentisches kanarisches Kunsthandwerk zum Herstellerpreis.

■ **Bücher:** La Librería del Cabildo, Cano 24. Die interessanteste Buchhandlung der Stadt ist ausschließlich auf kanarische Themen spezialisiert und führt auch deutschsprachige Titel. Im Obergeschoss entdeckt man Wanderbücher zu Gran Canaria (auf Spanisch und Deutsch) und Kartenmaterial.

■ **Märkte:** Mercado Municipal, Calle Mendizábal s/n, Vegueta, Mo–Sa 8–14 Uhr. Der älteste Markt der Stadt liegt in der Nähe des Theaters an der Carretera del Centro. Hier bekommt man Obst, Gemüse, Fleisch und frischen Fisch. Im Winter gibt es So 10–14 Uhr einen Kunsthandwerksmarkt *(Mercadillo Artesanal)* auf der Plaza del Pilar Nuevo in der Vegue-

---

Wann wohin?

■ **Mi 18–21 Uhr:** freier Eintritt in den Kunstzentren CAAM, San Martín und San Antonio Abad

■ **Do ab 20 Uhr:** Tapas-Nacht mit bester Stimmung in der Vegueta

■ **Fr 20.30 Uhr:** Klassik-Konzert im Auditorio

■ **Fr 21 Uhr:** Live-Musik auf der Plaza Farray (siehe Canteras)

■ **Sa 17.30 Uhr:** Live-Musik in der Bar Guarida (siehe Canteras)

■ **So 9–13 Uhr:** Flohmarkt (Rastro) am Catalina-Park

...ta. Und wer zwischen dem 2. und 5. Januar in Las Palmas ist, sollte den *Mercadillo de Navidad* besuchen: einen liebevoll gestalteten Kunsthandwerksmarkt im Parque San Telmo.

Kultur

Über Konzerte, Ausstellungen und Vorträge informiert sich am besten auf den Kulturseiten der Tagespresse (La Provincia, Canarias7). Hier die wichtigsten **Veranstaltungsorte der Altstadt:**

■ **Teatro Pérez Galdós,** Calle Lentini 1, Tel. 928 433805, Ticketverkauf Tel. 902405504, www.teatro perezgaldos.com.
■ **Teatro Cuyás,** Viera y Clavijo s/n, Tel. 928432 181, www.teatrocuyas.com.
■ **Teatro Guiniguada,** Calle Herrera/Ecke Pelota, Tel. 928321807.
■ **CICCA,** Alameda de Colón 1, Tel. 928368687.
■ **Gabinete Literario,** Plaza de Cairasco 1, Tel. 928369146, www.gabineteliterario.com.
■ **Casa de Colón,** Calle Colón 1, www.casadeco lon.com.
■ **Paraninfo** (Aula de Rektorats), Calle Juan de Quesada 30, www.ulpgc.es/agendacultural.
■ **CAAM,** Calle Los Balcones 9–11, www.caam.net.
■ **San Martín,** Calle Ramón y Cajal 1/Ecke Sor Jesús, www.sanmartincontemporaneo.com.

Nachtleben

■ **Kneipe und Bistro:** Te lo dije Pérez, Calle Obispo Codina 6, Tel. 928249087, www.telodijeperez. com. Großer Ansturm herrscht vor allem am Donnerstag Abend, wenn in der Vegueta zur Tapas-Nacht eingeladen wird. Dann gibt es hier die weit und breit leckersten Häppchen (Tapa + Bier = 2 €). Anfang Oktober findet hier eine Miniausgabe des Oktoberfests statt.

■ **Live-Musik:** Cuasquías, San Pedro 2, Tel. 928383 840, Di–Do 9–24, Fr–Sa 9–1.30 Uhr, Konzerte beginnen meist erst nach 23 Uhr. Das beliebteste Jazzlokal des Archipels!

■ **The Paper Club,** Calle Remedios 10, Do–Sa ab 22 Uhr. Im ehemaligen Floridita gibt es tolle Konzerte: Rock, Blues und Gitarre!

△ Fiesta-Stimmung am Freitagabend auf dem „Froschplatz" (Plaza de la Rana)

Jachthafen und Gartenstadt

Als sich die **Briten** Ende des 19. Jh. zur führenden Wirtschaftsmacht auf dem Archipel entwickelten, erkoren sie Las Palmas zum Zentrum ihrer Handelsaktivitäten, die Ciudad Jardín wurde bevorzugter Wohnort. Noch heute erinnert der Britische Club in der Straße León y Castillo an ihre machtvolle Präsenz. In der Gartenstadt wohnen jetzt vor allem **wohlhabende Kanarier,** ihre Zweitwohnungen haben sie in Tafira und Santa Brígida.

Jachthafen

Jenseits der Av. Marítima liegt der *Puerto Deportivo* mit **600 Anlegeplätzen** und einem Tiefgang von maximal 5 bis 8 Metern. Viele nationale und internationale **Wettbewerbe** der Klassen Kutter, Snipes und Vela Latina (Lateinisches Segeln) finden hier statt, auch manch eine Regatta nutzt den Hafen als Startpunkt und Transitstation. Für **abendliches Vergnügen** ist gleichfalls gesorgt: mit teuren Restaurants, Kneipen und Discos.

Paseo Marítimo

Parallel zur Schnellstraße verläuft ein 8 km langer **Rad- und Fußgängerweg:** von La Isleta im Norden über Catalina-Park, Jachthafen, Parque San Telmo und Vegueta bis San Cristóbal im Süden!

■ **Puerto Deportivo Las Palmas,** León y Castillo 308, Tel. 928244566.

Alcaravaneras

An den Jachthafen schließt sich die **feinsandige Playa de las Alcaravaneras** an. Hier wird vor allem gejoggt und Ball gespielt; ins Meer wagen sich nur wenige – das Wasser gilt wegen der Nähe zum Hafen als nicht 100 %ig sauber. Im angrenzenden Gebäude des Real Club Náutico, **Spaniens ältestem Segelclub,** trifft sich die Oberschicht. Restaurant, Zeitungssaal und Schwimmbad stehen nur Clubmitgliedern offen, seiner Annehmlichkeiten können sich auch alle Mitglieder deutscher Segelclubs erfreuen.

■ **Real Club Náutico,** Playa de Alcaravaneras, Tel. 928245202.

Parque Doramas

Im schönsten Park der Stadt, benannt nach einem altkanarischen Widerstandskämpfer, wachsen alte Palmen- und Drachenbäume, Hibiskussträucher und Magnolien. In der Mitte des Parks befindet sich das **Hotel Santa Catalina,** das auf den Betrachter wie ein feudales Palais wirkt.

Pueblo Canario

Zum Park gehört auch das Pueblo Canario, ein typisch kanarisches Dorf, das von **Miguel Martín Fernández de la Torre** in den 1930er Jahren entworfen wurde. Auf der Terrasse des lauschigen,

an die Wallfahrtskapelle Santa Catalina angrenzenden „Dorfplatzes" kann man jeden Sonntag um 11.30 Uhr Tanz und Gesang bekannter Folkloregruppen erleben. Daneben öffnen Läden, in denen kanarisches Kunsthandwerk verkauft wird. Dem Bruder des Architekten, *Néstor Martín Fernández de la Torre*, ist ein **Museum** gewidmet. Es zeigt die symbolistischen Werke des Malers: märchenhafte Visionen über das Meer und die Kräfte der Natur. Neben schwülstigen Erosfantasien sind Bühnenentwürfe und Kostüme zu sehen.

■ **Museo Néstor,** Plaza de las Palmeras, Parque Doramas, Tel. 928245135, www.laspalmasgc.es/mnestor, Di–Sa 10–19 Uhr, So 10.30–14.30 Uhr, Eintritt 2 €.

Praktische Tipps

Unterkunft

■ **Hotel Santa Catalina****,** Calle León y Castillo 227, Tel. 928243040, Fax 928242764, www.hotelsantacatalina.com. Großartiger Feudalpalast mit holzgeschnitzten Balkonen und kleinen Türmen direkt gegenüber dem Jachthafen. Es verfügt über Spa Center und Schwimmbad sowie drei Tennissandplätze mit Flutlicht. Zum Canteras-Strand und zur Altstadt fahren regelmäßig Busse.

Der Jachthafen von Las Palmas

Hafenviertel und Canteras-Strand

Eine Brücke nach Afrika

Um die Korrektur stereotyper Vorstellungen vom afrikanischen Kontinent und seinen Bewohnern geht es in einem prachtvollen Kolonialbau nahe dem Obelisk (auf halber Strecke zwischen Pueblo Canario und Triana). Hier finden Foto- und Kunstausstellungen, Buchpräsentationen, Wirtschafts- und Politikseminare statt.

■ **Casa de África,** Calle Alfonso XIII 5, Tel. 928372575, www.casafrica.es, Mo–Fr 9–14 und 17–20, Sa 10–14 Uhr, Eintritt frei.

Happening in der Casa Africa

Hafenviertel und Canteras-Strand

Der Catalina-Park hat sein Aussehen gründlich verändert: Keine lärmende Autostraße durchschneidet ihn mehr, ein Tunnel sorgt für Verkehrsberuhigung. Die ehemaligen Schiffskontore Elder & Miller wurden restauriert, dahinter liegt links das Einkaufszentrum El Muelle, rechts der unterirdische Busterminal. Zum Meer hin weitet sich der Blick zur Muelle Santa Catalina, wo riesige Kreuzfahrtschiffe anlegen.

Stadtplan Seite 158, Übersichtskarte Seite 138 **Hafenviertel und Canteras-Strand**

Parque Santa Catalina

Der Park ist das Zentrum des gleichnamigen Viertels, die Nähe zum Hafen spiegelt sich im Gemisch der Nationalitäten. Stets findet man hier ein warmes, windgeschütztes Eckchen. Man setzt sich in eines der Terrassencafés im Schatten hoher Palmen, in den Kiosken versorgt man sich mit ausländischer Presse. Etwas abseits widmen sich kanarische Männer ihrer Lieblingsbeschäftigung, dem Spiel von Domino und Schach.

Bunte Farben im Catalina-Park, im Hintergrund das Wissenschaftsmuseum

Wissenschaftsmuseum

Im Museum am Catalina-Park ist das Berühren der Objekte ausdrücklich erwünscht! Es gilt, Neugier zu wecken auf die Welt, die uns umgibt. Auf vier Stockwerken sind antike und moderne Exponate zu sehen, z.B. eine Eisenbahn aus dem Jahr 1885, eine große Sonnenuhr und ein Roboter. Man sieht Filme auf einer großen Kinoleinwand, erfährt, wie Glas hergestellt wird, wie Schiffe den Hafen erreichen, wie der Luftraum kontrolliert wird und man über Internet zur NASA gelangt.

■ **Museo Elder de la Ciencia y la Tecnología,** Parque Santa Catalina, Tel. 828011828, Fax 828011

Hauptstadt Las Palmas

Hafenviertel und Canteras-Strand

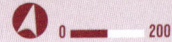

🟥 Übernachtung
- 3 Canteras Vista Playa, Ap. Juan Pérez
- 4 Hotel Imperial Playa
- 6 Ap. Luz Playa
- 8 Hotel Reina Isabel
- 9 Ap. Colón Playa
- 11 Ap. Tejeda
- 13 Hostal Kasa
- 19 Ap. Brisamar Canteras
- 24 Ap. La Goleta
- 25 Hotel Exe Eurostars, Pension Neptuno

🟦 Essen und Trinken
- 1 El Amigo Camilo
- 2 La Marinera
- 3 La Oliva
- 5 Mercado del Puerto
- 7 Hongkong
- 8 Café Reina Isabel
- 10 El Cerdo que Ríe & Gallo Feliz
- 11 Bars & Cafés Playa Chica
- 12 Casa Suecia, La Pizza
- 14 Cafés Santa Catalina
- 15 Wok
- 17 Los Cedros
- 20 Cafés Plaza Farray
- 21 Café Coki
- 24 Panadería Granier, Los Girasoles

🟧 Nachtleben
- 15 C.C. El Muelle
- 18 Bodegón Pachichi
- 20 Plaza Farray, La Pequeña Habana
- 25 Guarida

🟩 Einkaufen
- 4 Deutsche Bäckerei & Konditorei
- 5 Mercado del Puerto (Hafenmarkt)
- 13 Visanta, Tabaquería
- 15 C.C. El Muelle
- 16 Rastro (Sonntagsmarkt)
- 22 El Corte Inglés
- 23 Mercado Central (Zentralmarkt)
- 25 Crespo
- 26 C.C. Las Arenas

Hafenviertel und Canteras-Strand

001, www.museoelder.org, Di–So 10–20 Uhr, Eintritt 5 € (ermäßigt 3,50 €).

Kunstzentrum

In der ehemaligen Tabakfabrik La Regenta entstand ein großes Kunstzentrum *(Centro de Arte)*. Auf dreistöckigen Galerien, die sich um einen mit Marmor ausgelegten Patio gruppieren, werden in Wechselausstellungen Künstler aus dem In- und Ausland vorgestellt.

■ **La Regenta,** Calle León y Castillo 427, Tel. 928 277170, www.laregenta.org, Di–Fr 11–14, 17–20, Sa 11–14 Uhr, Eintritt (vorerst) frei.

Puerto de la Luz

Der **Hafen von Las Palmas** ist einer der größten Spaniens. Im Winter legen an der Muelle de Santa Catalina **Kreuzfahrtschiffe** an – jedes Jahr werden es mehr, bald sollen fünf Schiffe gleichzeitig einlaufen können. Speziell für die „Kreuzfahrer" gibt es Autovermietungen, eine Touristeninfo und eine Haltestelle für Stadtrundfahrten. Die übrigen Teile des Hafens sind nicht so leicht zugänglich. Noch heute wird in Las Palmas Fisch aus saharauischen Gewässern umgeschlagen, an kilometerlangen Molen lagern Containerschiffe und Tanker. Da für letztere der Suez-Kanal zu eng ist, müssen sie, um Rohöl nach Europa zu transportieren, das Kap der Guten Hoffnung umfahren. Der Hafen profitiert von ihrer Präsenz: Als atlantische Tankstelle versorgt er einlaufende Oceanliner mit billigem Treibstoff. Gewinnträchtig ist auch die Präsenz von Kriegs- und

Hafenviertel und Canteras-Strand

Bester Ausblick

Von den Cafés und Restaurants im **Einkaufszentrum El Muelle** genießt man eine fantastische Aussicht auf den Hafen, die einlaufenden Schiffe und das Stadtviertel Santa Catalina. Interessant ist auch der Blick vom 8. Stock des Hotels **Reina Isabel** (mit Café und Hotelpool). Strand und Hafen liegen hier nur wenige Hundert Meter voneinander entfernt!

Forschungsschiffen. 2012 wurde erstmals erwogen, den Hafen als logistische Basis im Kampf gegen radikale Moslems zu nutzen – Mauretanien und Mali liegen nicht weit entfernt.

La Isleta

Der Geruch von Kriminalität und Drogen, der dem Viertel La Isleta lange Zeit anhaftete, hat sich verflüchtigt. Wollen Touristen gleichwohl kein Risiko eingehen, meiden sie die hangaufwärts führenden Gassen und bleiben auf den beiden „Hauptstraßen" La Naval und Juan Rejón. Die Straßen verlaufen parallel zueinander und nehmen kurz hinter der traditionsreichen **Markthalle** ihren Ausgang – dort, wo Hafen und Canteras-Strand fast zusammenstoßen.

Am Rand eines großen Rosengartens kauert das **Castillo de la Luz,** die „Festung des Lichts". Als sie 1494 als Teil einer umfassenden Befestigungsanlage erbaut wurde, war sie noch vom Meer umflutet. Ohne sie wäre es den neuen spanischen Herren schwergefallen, den Piratenüberfällen des 16. und 17. Jahrhunderts zu trotzen. An den Sieg spanischer Truppen über die Geschwader *Francis Drakes* (1595) erinnert ein Fest, das Mitte Oktober gefeiert wird.

Playa de las Canteras

Las Canteras ist das Schmuckstück von Las Palmas: Von **La Puntilla,** der an La Isleta grenzenden Felszunge, erstreckt sich südwestwärts ein über 3 km langer Sandstrand, wie man ihn schöner in keiner europäischen Großstadt findet. Er wird von einer **Promenade** gesäumt, die für Fahrzeuge gesperrt ist. Man kann hier ungestört flanieren oder sich in einem der zahlreichen Terrassencafés niederlassen, um das Treiben am Strand in aller Ruhe zu beobachten.

Zum **Baden** lockt der windgeschützte Nordabschnitt, aufgebockte Fischerboote setzen einen romantischen Akzent. Es lohnt sich, Schnorchel und Taucherbrille dabeizuhaben – die Unterwasserwelt birgt eine Vielzahl von Wasserpflanzen und Fischen. 100 Meter nördlich der **Playa Chica** kann man den Einheimischen dabei zuschauen, wie sie die Fische mit Brötchen füttern: Hunderte umschwirren die Beine der Umstehenden – und das direkt am Strand! Bei Ebbe schwimmt man hinüber zur *barra,* einem vorgelagerten **Riff,** und sonnt sich in den Felsmulden, bevor die Wellen der nahenden Flut zum Rückzug zwingen. Auf der Höhe des Apartmenthauses Colón gibt es eine Erste-Hilfe-Station *(Cruz Roja),* Duschen, Umkleidekabinen und Schließfächer.

▷ Canteras-Bucht bei Sonnenuntergang

Hafenviertel und Canteras-Strand

Und noch ein toller Strand ...

Längs des Meeres führt ein Klippenweg zum **Confital-Strand.** Hier fühlt man sich fernab der Stadt und ist ihr doch so nah. Werktags finden sich nur wenige Leute ein, bestenfalls ein paar wagemutige Surfer – El Confital gilt aufgrund des vorgelagerten Lavariffs als „schwieriges Revier". Am Wochenende treffen sich Bewohner der Isleta zu einem Picknick oder wandern noch ein Stück weiter, um dann hochzulaufen in den Ortsteil Las Coloradas, wo es im Restaurant „Padrino" leckeren Fisch zu essen gibt.

Die Promenade wurde in den letzten Jahren nach allen Seiten hin verlängert, nordwärts entlang der Felsküste bis **El Confital,** dem einstigen Slumviertel, südwärts zum Auditorium an den Klippen von **El Rincón,** wo auch der Stadtstrand endet. Je weiter man in Richtung Süden vorankommt, desto jugendlicher wird das Publikum. Am **Strandabschnitt La Cicer** ist das Ballspielen erlaubt, von früh bis spät tummeln sich **Wellenreiter** im Wasser. Oft bilden sich hier gewaltige Wellen, die kraftvoll zum Ufer hin ausrollen. Mehrere Surfschulen haben sich etabliert, abends trifft man sich zum Sonnenuntergang auf der Mole La Barra oder zum Drink in einer der gerade angesagten Kneipen und Bars.

Auditorium

Wie eine Festung thront das Auditorium über dem Meer. Mit seinen hellen, nur von winzigen „Schießscharten" durchbrochenen Natursteinmauern scheint es geradewegs aus dem Strand emporzu-

wachsen; der Turm mit einem gläsernen Kuppelaufbau erinnert an einen Leuchtturm. Am Eingang wartet die Skulptur einer Seejungfrau, von der Fassade blicken zornige Medusenhäupter herab. Der katalanische Architekt *Óscar Tusquets* hat eine **Meeresburg** entworfen, der Bildhauer *Juan Bordes* hat das Motiv weiter gesponnen – alle Säle sind mit Muscheln, Fischen und anderem Meeresgetier geschmückt. Benannt ist das Auditorium nach dem bekannten, in Las Palmas geborenen Tenor *Alfredo Kraus* (1927–1999), dessen gigantische Bronzefigur dem Meer entgegenschreitet. Abend für Abend finden im Auditorium **Konzerte** statt: Pop und Gitarre, Jazz und World Music, vor allem aber Klassik. Höhepunkt der Konzertsaison ist das **Musikfestival,** zu dem die weltbesten Dirigenten und Interpreten erwartet werden. Es beginnt um den 8. Januar und endet Mitte Februar.

■ **Auditorio Alfredo Kraus,** Av. Príncipe de Asturias, Tel. 928472570, www.auditorio-alfredokraus.com.

Plaza de la Música

Musikveranstaltungen finden auch auf dem Platz hinter dem Auditorium statt. Vor allem wird dort gefeiert: Am **Wochenende** treffen sich hier nach Mitternacht Tausende – die einen zahlen und gehen in die Discos und Nightclubs, die

◩ Picknick nördlich von La Puntilla, dem „kleinen Kap"
▷ An der Catalina-Mole

anderen bringen ihre Getränke mit und feiern open-air.

Las Arenas

Das Einkaufszentrum mit Supermarkt, Läden und Lokalen liegt gegenüber vom Auditorium. Mit Bus 17 und 25 kommt man zur Av. Mesa y López und in die Altstadt (C.C. Las Arenas, El Rincón).

Praktische Tipps

Info

■ **Touristeninformation:** Casa del Turismo de Néstor, hübsches Häuschen auf dem Parque Santa Catalina; bis zu seiner Eröffnung gibt es einen Info-Stand gegenüber dem „Garten der Schachspieler".

Unterkunft

Rund um La Puntilla

■ **Imperial Playa****,** Calle Ferreras 1, Tel. 928 468854, Fax 928469442, www.nh-hotels.com. Das vorwiegend von Geschäftsleuten besuchte Viersternehotel befindet sich am äußersten Nordende des Strandes. Die meisten der 142 Hotelzimmer verfügen über Balkon und Meerblick.

■ **Ap. Juan Pérez**,** Calle Prudencio Morales 10, Tel. 928466475, www.apartamentosjuanperez.com. Da freitags und samstags auf der Paseo bis spät in die Nacht gefeiert wird, sollte man Señor *Aristides* bitten, eine hochgelegene Unterkunft zu buchen. Die 22 Apartments verteilen sich über 8 Etagen, der Hauseingang befindet sich in einer Seitenstraße.

■ **Canteras Vista Playa**,** Calle Prudencio Morales 23, Tel. 928462792, www.canterasvistaplaya. com. Apartmenthaus im windgeschützen Abschnitt der Promenade mit 10 Wohnungen – fünf zur Meerseite mit Balkon, fünf nach hinten, dafür deut-

Vermittlung privater Apartments

Wer auf **Wochen- oder Monatsbasis** nach Las Palmas kommen will, wendet sich an den Restaurantbesitzer Señor *Hartwig Hansen,* der im Auftrag der Eigentümer ca. 40 Apartments im Strand- und Hafenbereich vermietet (35–55 € pro Tag) und sehr gut Deutsch spricht. Weitere Angebote laufen über die Holländerin *Clarissa* (nicht immer zuverlässig) sowie über das Internet.

- **Ap.-Vermittlung Hansen,** Tel. 928 244954.
- **Ap.-Vermittlung Clarissa,** Tel. 928274753.
- **Internetagentur:** www.las-palmas-24.com (Holiday Rentals, Incoming Services Agency).

tags werden Snacks am Pool auf der Dachterrasse serviert. Das Hotel verfügt auch über ein kleines aber feines Spa.

- **Ap. Colón Playa**,** Calle Alfredo L. Jones 45, Tel. 928265954. Das am Strand gelegene Haus verfügt über 42 freundliche Apartments, die Hälfte mit Meerblick.
- **Ap. Tejeda*/**,** Calle Dr. Grau Bassas 44, Tel. 928 277021, www.apartamentostejeda.com. 27 Apartments, teils zum Innenschacht ausgerichtet, teils mit seitlichem Meerblick (und darum teurer), alle mit Kitchenette. Am schönsten und größten ist die Dachwohnung (*ático*). Abends und am Wochenende bleibt die Rezeption geschlossen, Aufenthalt mindestens 3 Nächte.
- **Hostal Kasa**,** Calle General Vives 75, Tel. 928 222180, www.hostalkasa.com. Pension in der Nähe des Catalina-Parks mit 20 sauberen Zimmern mit Bad, dazu Gemeinschaftsraum und Gratis-WLAN. DZ 45 €.

lich größer (drei Schlafzimmer, gut für Familien mit Kindern).
- **Ap. Luz Playa**,** Calle Sagasta 66, Tel. 928 267550, Fax 928267554, www.luzplaya.com. Schön gelegen und mit 50–70 € auch preiswert: 32 Studios, davon 20 mit Meerblick, eine große Dachterrasse, kostenloses Internet und eine rund um die Uhr geöffnete Rezeption.

Zwischen Playa Chica und Catalina-Park

- **Reina Isabel***,** Calle Alfredo L. Jones 40, Tel. 928260100, Fax 928274558, www.bullhotels.com. Das Hotel ist nur durch die Fußgängerpromenade vom Strand getrennt. Die Lobby ist weitläufig und elegant, helle Farben und Palmen versprechen Erholung. Prunkstück ist der üppig begrünte Wintergarten, in dem sich Besucher mußevoll ihrer Zeitungslektüre widmen oder das Treiben auf der Promenade beobachten. Die 230 Zimmer sind komfortabel, aber teilweise klein, nur die Hälfte mit Meerblick. Hervorragend ist das Frühstücksbüfett, mit-

Südwestlich Playa Chica

- **Ap. Brisamar Canteras**,** Las Canteras 49, Tel. 928269400, Fax 928269404, www.brisamarcanteras.com. Haus an der Strandpromenade mit über 43 Apartments. Die meisten sind freundlich und hell, doch nur die Studios mit Meerblick verfügen über einen Balkon. Die Rezeption ist rund um die Uhr besetzt. Studios ab 48 €.
- **Ap. La Goleta*-**,** Las Canteras 58, Mobil: 647 271477, www.apartamentoslagoleta.es. Eine mit 10 Apartments attraktive Strandunterkunft für Rucksacktouristen. Meerblick vom Balkon hat man von den Zimmern 4, 5, 9 und 10. Die Rezeption ist meist nur vormittags besetzt. Internet kostenpflichtig. 40–55 €.
- **Exe Eurostars***,** Las Canteras 78, Tel. 928224 926, www.exelascanteras.com. Das Viersternehotel liegt am ruhigen Südabschnitt des Strandes, 1 km vom Auditorium entfernt. Es richtet sich an eine vorwiegend ältere Klientel und ist behindertengerecht eingerichtet. Die Mehrzahl der 98 Zimmer verfügt über Meerblick und Terrasse.

☐ Stadtplan Seite 158, Übersichtskarte Seite 138   **Hafenviertel und Canteras-Strand**

■ **Pension Neptuno***, Calle Colombia 4, Tel. 828 011861, www.pensionneptuno.com. Die Pension bietet 14 saubere DZ und liegt nur 40 m vom Strand entfernt. DZ nur 30–35 €!

Essen und Trinken

Längs der Canteras-Promenade sind fast alle Küchen der Welt vertreten. Man isst kanarisch, baskisch und galicisch, italienisch, indisch und chinesisch, mexikanisch, libanesisch und japanisch. An der Restaurantmeile von La Puntilla, dem „kleinen Kap" am nördlichen Ende des Strandes, trifft man die meisten Touristen. Dort beginnen auch die Empfehlungen, danach geht's südwärts am Paseo entlang mit kleinen Abstechern „landeinwärts".

■ **El Amigo Camilo****, La Puntilla/Calle Caleta 1, Di–Sa 12.30–17 und 20–23 Uhr, So 12.30–16 Uhr. Eine gute Adresse für frischen Fisch an einer Klippe 200 m hinter La Puntilla: Man sitzt hoch über peitschenden Wellen auf einer Freiluftterrasse, schaut den Möwen beim Sturzflug zu und lässt sich auftischen, was *Gustavos* Vater im Morgengrauen geangelt hat. Viele Gäste suchen sich „ihren" Fisch an der Theke aus und sagen dem Koch, wie sie ihn haben wollen: *a la plancha* (auf heißer Platte gebraten) oder *cocido* (gekocht). Da es keine Speisekarte gibt, empfiehlt es sich, vorher den Preis zu erfragen.
■ **La Marinera****, La Puntilla, Tel. 928468802, www.larutadelbuenyantar.com/marinera.html, tgl. ab 13 Uhr. Tolle Lage auf dem Felskap, doch die Tische könnten schöner aufgebaut und die Sicht aufs Meer freier sein … Serviert wird gute und frische Fischküche, allerdings zu überhöhtem Preis. Mein Menüvorschlag: *atún macerado* (Tunfisch-Carpaccio), *puntitas de calamar* (Kalamaris-Salat mit Avocado und Tomaten) und schließlich *huevos moles* (eiskaltes Dessert aus Eigelb, Gofio und Mandeln).
■ **La Oliva**, Calle Prudencio Morales 17, Tel. 928469757, www.laolivarestaurante.com, tgl. 9–24 Uhr. Trotz bester Lage keine Touristenfalle! Das Lokal in der Nordkurve des Paseo bietet frischen Fisch und kleine Gerichte aus La Mancha. Fragen Sie *Lola* nach *salmorejo cordobés*, eine herrliche, Gazpacho-ähnliche Zutat. Gutes Menü für nur 10 €! So groß war der Erfolg, dass nebenan zusätzlich eine rustikale Bodega mit Weinfässern und von der Decke baumelnden Schinkenkeulen entstand. Hier gibt es Tapas und Pinchos, dazu Bier und Wein.
■ **Mercado del Puerto**, Calle Albareda s/n, mittags und abends, So geschlossen. Der Hafenmarkt wird bereichert durch Pizza & Pasta, Sushi- und weitere Tapas-Bars.
■ **Hongkong***, Las Canteras 7, tgl. ab 12 Uhr. Viele „Chinesen" gibt es in Las Palmas, doch hier schmeckt das Büfett eine Spur besser als bei der Konkurrenz. Es gibt gute Fleischspieße mit Erdnuss-Soße, Bratente, frische Muscheln, Gambas, geröstete Walnüsse, Litschis und vieles mehr. Am schönsten sitzt man an der Promenade.
■ **Café Reina Isabel***, Las Canteras 20, tgl. ab 11 Uhr. Ruhiges Café im Wintergarten des Viersternehotels. Die Preise für Getränke sind akzeptabel, dazu gibt es eine Auswahl kleiner Gerichte – und internationale Zeitungen. Oder man fährt hinauf zur Bar im obersten Stockwerk des Hauses, von wo man eine großartige Aussicht über die Stadt genießt. Hier treffen sich die etwas feineren Leute – meist bei ruhiger südamerikanischer Musik.
■ **El Cerdo que Ríe****, Las Canteras 31, Tel. 928 271731, tgl. ab 13.30 Uhr. Im „Lachenden Schwein" serviert Herr *Hansen*, ein Wirt aus Dänemark, seit über 30 Jahren ausgezeichnete Suppen, flambiertes Fleisch und Fondue. Sein Erfolgsrezept: Zubereitung der Speisen vor den Augen der Gäste, ein locker-gemütliches Ambiente und eine Sammlung lachender, von zufriedenen Gästen zugesandter „Schweinchen". Wem es gefällt, der schaut vielleicht schon am nächsten Tag im Haus Nr. 35 vorbei: **Gallo Feliz****** (Glücklicher Hahn) ist der Name dieses Restaurants, von dem gleichfalls nur Gutes berichtet wird. Wen wundert's – es gehört dem gleichen Besitzer! Bei schönem Wetter kann man in beiden Restaurants auf der Promenade sitzen.

■ **Casa Suecia***, Calle Tomás Miller 70, tgl. ab 9 Uhr. Eine gute Adresse nicht nur für schlechtes Wetter: Im Self-Service-Café lässt man sich wie vor 30 Jahren auf weich gepolsterten Sesseln nieder – stundenlang kann man verweilen, es herrscht kein Zwang zu raschem Verzehr. Zweite Tasse Kaffee gratis!

■ **La Pizza****, Calle Tomás Miller 64, Tel. 928268 579, tgl. ab 13 Uhr. Die älteste Pizzeria des Archipels besticht durch ihr rustikales Ambiente mit Holztischen und Kerzenlicht. Es gibt Pizza vom Holzkohlegrill und hausgemachte Pasta, auch einige vegetarische Gerichte und köstliche Nachspeisen.

■ **Wok***, C.C. El Muelle, Tel. 928265518, tgl. ab 12 Uhr, Mo–Do 13 €, Fr–So 15 €, Kinder die Hälfte. Büfett-Restaurant im 3. Stock des Einkaufszentrums El Muelle: mit frischem Fisch und Meeresfrüchten, Fleisch und Pilzen, Sushi, Sahimi und Salaten. Die Zubereitung erfolgt vor den Augen der Gäste im Wok oder „a la plancha" (auf Metallplatte gebraten). Am schönsten sitzt man auf der Terrasse und blickt auf den Hafen mit seinen Fähren, Kreuzfahrtschiffen und Marinebooten. Über die Stadt sind weitere Filialen verstreut, doch kein Wok hat eine so gute Lage!

■ **Cafés Santa Catalina***, Parque Santa Catalina, tgl. ab 9 Uhr. Besonders schön sitzt man um den runden Pavillon, gleich daneben treffen sich Schach- und Domino-Spieler.

■ **Bars & Cafés Playa Chica***, Las Canteras (Playa Chica), tgl. ab 9 Uhr. In der geschützten Bucht am Canteras-Strand hat man die Wahl zwischen Café und Musik-Pub, Bistro und Backwaren.

■ **Los Cedros****, Ecke Las Canteras/Martínez de Escobar, Tel. 928269667, Mo geschlossen. Seit über 30 Jahren serviert *Mohamed* libanesische Spezia-

Hafenviertel und Canteras-Strand

backenes Brot, *ensaimadas, queques* und *tortitas* (Blätterteiggebäck, Kuchen und Törtchen), reich belegte Baguettes, Brötchen und Sandwiches. Ein weiteres Plus: die Promenadenterrasse mit Meerblick.

■ **Los Girasoles***, Las Canteras 68, Tel. 928270 827, tgl. ab 9 Uhr. Das Lokal ist dank seines üppigen *menú del día* auch bei Einheimischen beliebt. Bei jedem Gang hat man die Wahl zwischen mehreren Optionen: Lecker schmecken *Ropa Vieja, Fabada* und *Potaje de Berros,* sehr gut auch *Pollo al horno* (und natürlich die Nachspeisen)! Die Kellner sind freundlich und schnell – ein guter Ort, um für wenig Geld satt zu werden!

■ **Café Cokí***, Av. Mesa y López 50/Pasaje de Inglaterra 5, Mobil: 625363652, www.coki.es, tgl. ab 9 Uhr. Etwas schwer zu finden und dennoch sehr gut besucht: Stets serviert *Martín* frische und gesunde Kost – vom Frühstück bis zum ausgewählten Kuchen. Dazu gibt es tollen „Nespresso-Kaffee".

litäten in gemütlichem Ambiente, assistiert von seinen Kindern *Linda* und *Nadim*. Abends ist das Lokal rappelvoll, die meisten Gäste bestellen das klassische Menü mit *houmos* (Kichererbsenmousse) und *baba ganush* (Auberginenmousse), dazu *tabula,* ein Salat aus fein zerschnittenen Tomatenstücken, Petersilie und Minze. Lecker schmecken auch vegetarischer *falafel, shoarma de pollo* (Hühnchenstreifen in Currysoße) und *fatayer* (gefüllte Teigtaschen).

■ **Cafés Plaza Farray***, Calle Kant/Ecke Fernando Guanarteme, tgl. ab 9 Uhr. Ein schöner Treffpunkt zu jeder Tageszeit, besonders beliebt bei den Studenten der nahegelegenen Sprachschulen. Der Verkehr stört sie wenig; hier ist es nicht so windig wie am 150 m entfernten Strand und meist auch wärmer.

■ **Panadería Granier***, Las Canteras 61, www.pansgranier.com, tgl. 7–22 Uhr. In der katalonischen Erfolgsbäckerei gibt es viele Sorten frisch ge-

◁ Männerdomäne:
Domino- und Schachspieler im Catalina-Park

Einkaufen

- **Kaufhäuser:** El Corte Inglés, Av. Mesa y López 20, Mo–Sa 10–22 Uhr, im Dez. auch So geöffnet. Mekka der konsumfreudigen Kanarier zu beiden Seiten der beliebten Einkaufsstraße. Gut bestückt ist der Supermarkt im Untergeschoss (Nr. 20), in der obersten Etage werden Schnäppchen aller Art gehandelt. Große Einkaufszentren finden sich auch an der Catalina-Mole („El Muelle") und nahe dem Auditorium („Arenas").
- **Hauptmarkt:** Mercado Central, Calle Galicia 14, Mo–Sa 8–14 Uhr. Der Markt liegt nur zwei Gehminuten von der Av. Mesa y López entfernt. Oben riecht es nach exotischen Früchten, Gemüse und Gewürzen, unten nach Fleisch und frischem Fisch.
- **Hafenmarkt:** Mercado del Puerto, Calle Albareda s/n, Mo–Sa 8–14 Uhr. Obst und Gemüse sind hier etwas teurer als auf dem Hauptmarkt, es gibt Tapas-Bars, in der angrenzenden Passage auch eine *Churrería*, die an alte Zeiten erinnert.
- **Sonntagsmarkt:** Rastro, Ramblas Juan Rodríguez Doreste (nahe Parque Santa Catalina), So 9–14 Uhr. Menschen aller Hautfarben treffen sich jeden Sonntag auf den Ramblas: Über 300 Händler bieten hier Waren an: außer Antiquitäten auch Ledergürtel und Taschen, Uhren und Schuhe, Damenhöschen und Lippenstifte, alte Radios, Bücher und Platten. Großer Andrang herrscht beim Stand der Bäckerei ZIPF, wo *Miriam* nicht nur Vollkorn-, Dinkel und Sauerteigbrote verkauft, sondern auch eine Fülle leckerer Kuchen- und Tortenstücke. Mein persönlicher Tipp: gedeckter Apfelkuchen mit Mandelsplittern!
- **Bäckerei:** Panadería Alemana Artesanal, Ferreras 3, Mo–Sa 8–20 Uhr. Wer Lust auf ein Picknick am Strand hat, versorgt sich in der Deutschen Bäckerei (gleich neben dem Hotel Imperial) mit Brot, Kuchen und *empanadas* (Teigtaschen).
- **Elektronik:** Visanta, Calle Ripoche 9, Tel. 902 220370, www.visanta.com. Kleines, gut sortiertes Kaufhaus nahe Catalina Park. Finden Sie anderswo einen gekauften Artikel binnen einer Woche billiger, bekommen Sie Ihr Geld zurück.
- **Tabak:** Tabaquería Boxes & Cigars, Calle Ripoche 23. Allein wegen der Atmosphäre lohnt der Besuch: Es gibt handgerollte Zigarren aus palmerischem und karibischem Tabak, dekorativ verpackt in Holzkästchen mit Goldaufdruck. Señor *Fidel* sitzt tagein tagaus im Laden am „Wickeltisch" und fabriziert die kleinen Kunstwerke.
- **Kurioses:** Crespo – La Tienda de las Curiosidades, Las Canteras 81, tgl. 11–14, 17–21 Uhr. Ein Sammelsurium aus Muscheln und Holzkästchen, kleinen Musikinstrumenten und Puppenstuben, Büchern aus Bananenpapier, Ledereinbänden und Hanftaschen – eingetaucht in den Duft von Räucherstäbchen.

Kultur

- **Auditorio Alfredo Kraus:** Av. Príncipe de Asturias s/n, Tel. 928472570, www.auditorio-alfredo kraus.com, Kasse Mo–Fr 10–14 und 16.30–20.30, Sa 10–14 Uhr, Tel. 902405504, im Internet www.entradas.com. Außer der *Sala Sinfonía* mit Platz für 1700 Personen gibt es noch zehn weitere Säle.
- **Casino Las Palmas,** Calle Simón Bolívar 3, www.casinolaspalmas.com, tgl. 17–4 Uhr. American Roulette, Caribbean Poker, Black Jack und viele andere Spiele – ein Ort für Glückssucher nahe dem Catalina-Park.

Nachtleben

- **Kneipen:** Am frühen Abend trifft man sich im C.C. El Muelle (hier vor allem in der **Cervecería 100 Montaditos**) und natürlich in den Open-Air-Bars an der Promenade und der Plaza Farray. Beliebt bei jungen Leuten ist am Wochenende der **Bodegón Pachichi,** der immer noch genauso aussieht wie vor 30 Jahren. Auf dem Betonboden stehen Tische und Hocker aus Baumstümpfen, an den Wänden

hängen vergilbte Fotos. Wein wird aus Fässern gezapft, nirgendwo ist das Bier günstiger. Wer Hunger hat, bestellt Käse- und Schinken-Tapas oder Salzkartöffelchen mit pikanter Soße (Calle Los Martinez de Escobar 51, So geschlossen)!

■ **Live-Musik & Discos:** Viele Veranstaltungen finden im Rahmen des Wochenendprogramms Playa Viva statt: So gibt es freitags ab 21 Uhr Live-Musik auf der **Plaza Farray,** Sa 17.30 Uhr in der Strandbar **Guarida** (Las Canteras 77). Hochbetrieb herrscht ab Mitternacht auf der **Plaza de la Música,** Salsa-Freunde treffen sich ab 1 Uhr im **Pequeña Habana.** Wo von Donnerstag bis Sonntag etwas los und welche Disco gerade angesagt ist, entdeckt man auf der Agenda der Website www.ociolaspalmas.com.

Nach dem Bad im Meer eine Dusche am Strand

Aktiv

■ **Surfen und Bodyboarden:** In den Wintermonaten kann man in Europa nirgendwo so gut surfen wie in Las Palmas. Am Stadtstrand Cicer (nahe Auditorium) üben sich bereits die Jüngsten im Wellenreiten und Bodyboarden. Daneben gibt es die etwas älteren Wind- und Kitesurfer, die davon träumen, eines nicht mehr fernen Tages beim World Cup ganz groß herauszukommen. Im Ortsteil Guanarteme, der an die Playa Cicer angrenzt, gibt es mehrere Surfschulen (z.B. Surfcamp Las Palmas, www.surfcamplaspalmas.com), Sportläden und billige Unterkünfte.

In der Umgebung

■ **Jardín Canario:** Seite 129
■ **Vulkankrater Bandama:** Seite 132

Überblick | 172
Telde | 175
Ingenio | 179
Barranco de Guayadeque | 180
Agüimes | 183
Arinaga | 187
Pozo Izquierdo | 188

Früher begründeten Zuckerrohrplantagen den Reichtum von Städten wie Agüimes, Telde und Ingenio. Heute befinden sich im

Der Osten

Osten der Flughafen, Windparks und Gewerbegebiete. Die Küste wird punktuell aufgehübscht, im Hinterland überraschen dramatische Schluchten.

⟨ In der Altstadt von Telde

SCHÖNHEITEN AUF DEN ZWEITEN BLICK

Dies ist die Landschaft, die fast alle Neuankömmlinge beim Landeanflug sehen: karge, abweisende Hänge, farblose Siedlungen und Gewerbegebiete. Auf den zweiten Blick entdeckt man aber auch im Osten geheimnisvolle Schluchten und historische Städtchen.

Überblick

Erster Blick

Beim Anflug auf den Flughafen Gando, der etwa in der Mitte zwischen Las Palmas und Maspalomas liegt, gewinnt man einen ersten Eindruck von der **karstigen, vegetationsarmen Landschaft,** die nach Süden steppenhaft anmutet. Kahle Berghänge, schmucklose Siedlungen mit unverputzten Häusern, graue Plastikplanen über Tomatenplantagen, dazu eine Autobahn, auf der unzählige Fahrzeuge dahinjagen: So präsentiert sich der Osten Gran Canarias – wenigstens auf den ersten Blick.

Sehenswert

Abseits der Globalisierungsachse sind freilich auch hier schöne Winkel zu entdecken: etwa das historische Viertel von **Telde** und das pittoreske Zentrum der Bischofsstadt **Agüimes.** Von dort lohnt ein Abstecher in den **Barranco de Guayadeque,** eine üppig-grüne Schlucht mit noch bewohnten Höhlenhäusern. Attraktive Verbindungen ins Landesinnere führen über Cazadores und Valsequillo. In mittleren Höhenlagen blühen Ende Januar die Mandelbäume und hüllen die Landschaft in ein weiß- und rosafarbenes Meer.

Strände

Die Strände des Ostens können mit denen des Südens nicht mithalten. Aufgrund günstiger Windbedingungen haben sich jedoch einige von ihnen als **Surfspots** einen Namen gemacht – allen voran Pozo Izquierdo, wo im Sommer

⌃ An der Promenade von Arinaga – ein Riesenfisch verweist auf Gran Canarias Top Tauch-Spot

HIGHLIGHTS

- **Telde:** mit seinen historischen Vierteln San Juan und San Francisco | 176
- **Barranco de Guayadeque:** grandiose Höhlenschlucht | 180
- **Agüimes:** vorbildlich herausgeputzte Altstadt | 183
- **Arinaga:** mit Promenade, Kalköfen und Tauchspot | 187

Diese Tipps erkennt man im Buch an der gelben Hinterlegung im Kapitel.

Überblick

Kurzinfo Osten

■ **Touristeninformation:** Büros in Telde und Agüimes.
■ **Taxi:** Telde Tel. 928682144, Vecindario Tel. 928751369, Ingenio Tel. 928782884.
■ **Autovermietung:** am Flughafen mehrere Firmen nebeneinander zum Vergleich.

die Ausscheidungskämpfe für den World Cup stattfinden.

Bus-Service

Telde ist bestens angeschlossen an Las Palmas (Linie 12 und Schnellbus 80) und Maspalomas (Linie 36 und Schnellbus 90). **Agüimes** hat ebenfalls gute Verbindungen nach Las Palmas (11, 21) und Maspalomas (22). (Busfahrplan siehe „Anhang".)

Telde

Telde ist mit ca. 100.000 Einwohnern die **zweitgrößte Stadt** Gran Canarias. Sie liegt 3 km von der Ostküste entfernt und wird im Westen von den Ausläufern des Zentralmassivs begrenzt. Lagerhallen und Fabrikgebäuden gehören zum Alltag der Vorstadt – wer das nicht mag, folgt den Schildern nach **San Juan und San Francisco** *(Centro Histórico Artístico),* zwei historischen Ortsteilen, die von keinerlei Neubauten verunstaltet sind und seit 1981 unter Denkmalschutz stehen.

Geschichte

Telde war die „Hauptstadt" des östlichen der beiden prähispanischen Königreiche auf Gran Canaria. Chroniken zufolge lebten hier **mehr als 10.000 Altkanarier.** Sie waren die ersten Bewohner des Archipels, die mit Europäern in Berührung kamen. 1351 ließen sich hier mallorquinische Mönche nieder, um auf Wunsch von Papst *Clemens VI.* die „Heiden" zu missionieren. Im gleichen Jahr erhob der Papst den Ort in den Rang eines Bischofssitzes, des ersten außerhalb Europas. Doch die Altkanarier ließen es nicht zu, dass man ihr Weltbild durch das christliche ersetzte – in nur einem Jahr wurden bei Auseinandersetzungen 13 Missionare getötet.

Telde blieb über 100 Jahre in der Hand der Altkanarier, dann aber holten die Spanier zum entscheidenden Schlag aus: 1481 fiel der legendäre **Stammesfürst Doramas,** zwei Jahre später wurde die gesamte Insel erobert und der europäischen Herrschaftssphäre unterworfen.

In der Folge ließen sich in Telde **andalusische und genuesische Landbesitzer** nieder, vereinzelt auch kastilische Adlige. Telde wurde ein Zentrum der **Zuckerindustrie,** über die Naturhäfen Melenara, La Garita und Gando wurde der Rohstoff verschifft. Gehandelt wurde freilich auch mit Menschen. Die von Grundbesitzern gekauften schwarzafrikanischen **Sklaven** bildeten bereits zu Beginn des 16. Jahrhunderts die Mehrheit der Arbeiter auf den Zuckerplantagen der Stadt.

Mudéjar – ein arabischer Import

Mudaijan (arabisch für "Unterworfene") hießen jene **Mauren**, die auch dann noch in Spanien blieben, als Granada, die letzte moslemische Festung auf iberischem Boden, an Spanien gefallen war (1492). Sie durften bleiben, weil sie **Handwerker** waren und für den Aufbau neuer christlicher Kirchen benötigt wurden. Als im 16. Jh. Andalusier nach Gran Canaria kamen, waren unter ihnen auch Mauren. Ihr Einfluss hat sich vor allem in der Architektur niedergeschlagen, wo sich ein "arabisch eingefärbter" Gotikstil durchsetzte. Blickfang vieler weiß getünchter Mauern sind die mit Bauplastik verzierten Portale, die Innenräume sind mit hufeisenförmig eingezogenen Holzdecken geschmückt. Prachtvoll sind die mosaikartig angeordneten, häufig auch bemalten Paneelen.

San Juan

Vom Wohlstand jener Jahre der Eroberung zeugt der Ortsteil San Juan mit seinen verkehrsberuhigten Straßen und Plätzen, herrschaftlichen Häusern und schönen Innenhöfen. Die **Kirche San Juan Bautista** (1519) ist eine der ältesten auf dem Archipel: aus Lavastein erbaut, karg eingerichtet, doch von ungewöhnlicher Noblesse. Der flämische Künstler *Gerard Goris* schuf den **vergoldeten, 7 m² großen Altar,** der im Auftrag des Zuckerbarons *Cristóbal García* nach Telde gebracht wurde. 49 geschnitzte Figuren dokumentieren Szenen aus dem Leben Marias. Aufmerksamkeit erregt auch der **gekreuzigte Christus über dem Altaraufsatz:** 1550 wurde er von mexikanischen Indianern aus dem Mark von Maiskolben geformt, 185 cm groß und nur 7 kg schwer.

■ **Iglesia de San Juan Bautista,** Plaza de San Juan, meist 9.30–12.30 und 17–20 Uhr; nach dem Kirchbesuch lohnt ein Abstecher in den hübsch angelegten Stadtpark Rosalía (Eintritt frei).

San Francisco

Über die Calle Ines Chimida oder den Callejón de la Fuente erreicht man das Viertel San Francisco. Hier lebten im 16. Jh. Handwerker, Künstler und kleinere Kaufleute, darunter zahlreiche Juden und Araber – letztere freilich nur bis 1568, als der Inquisitor von Gran Canaria verordnete, alle Nichtchristen hätten fortan in San Gregorio, dem heutigen Stadtzentrum zu wohnen.

San Francisco besticht durch weiße, unregelmäßig geformte Häuser im **Mudéjar-Stil** mit grünen Fensterläden und Türen sowie Mauern mit arabisch anmutenden Pfeilern. Seit 500 Jahren scheint sich hier nichts verändert zu haben. Eines der größten Häuser im Viertel ist **die Casa de los Sall** (17. Jh.). Sie wurde restauriert und beherbergt voraussichtlich ab 2013 ein Besucherzentrum, in dem Schautafeln die Geschichte der Stadt erläutern.

Leider nur selten geöffnet ist die **Iglesia de San Francisco.** Wunderbar anzuschauen ist die holzgetäfelte Decke im

Mudéjar-Stil, die sich über luftigen Säulen erhebt. Lebensgroß erscheint die Skulptur „Cristo de las Angustias": Angst und Schmerz sind Christus ins Gesicht geschrieben. Bis 1836 war an die Kirche ein Kloster angeschlossen, in dem Franziskaner Logik und Philosophie unterrichteten; auf der umlaufenden Steinbank wurden die Armen verköstigt.

Museum

Zu den bekannten Söhnen der Stadt zählt *Fernando León y Castillo*. Er war **spanischer Überseeminister und Botschafter in Paris** und als Minister der *Partido Liberal* ein entschiedener Gegner aller Bestrebungen, die Kanarischen Inseln vom „Mutterland" abzutrennen. Die Projekte, die er in Madrid für den Archipel durchsetzte, realisierte sein Bruder *Juan* vor Ort: Dieser war Ingenieur und entwarf 1881 die Hafenanlagen von Las Palmas, fünf Jahre später den Leuchtturm von Maspalomas.

Das **Geburtshaus der beiden Brüder** wurde in ein Museum umgewandelt, worin vor allem an die Verdienste des Politikers erinnert wird. Sehenswert sind auch die dort ausgestellten Werke des kanarischen Bildhauers *Plácido Fleitas*.

■ **Museo León y Castillo,** León y Castillo 43, Tel. 928691377, www.grancanariacultura.com, Mo–Fr 9–14, 17–20, Sa 10–20, So 10–13 Uhr, Eintritt frei.

◸ Stille in San Francisco

Telde

San Gregorio

Das ehemalige Viertel der Sklaven, Abtrünnigen und Armen südlich der Altstadt ist heute das lebhafte, aber weitgehend verkehrsberuhigte **Stadtzentrum.** An der Plaza San Gregorio liegt die gleichnamige neoklassizistische Kirche; sehenswert sind die Heiligenskulpturen des kanarischen Bildhauers *Luján Pérez*.

Praktische Tipps

Info

- **Touristeninformation:** Calle León y Castillo 2, Tel. 928013331, Mo–Fr 8–15 Uhr.
- **Internet:** www.telde.es

Unterkunft

- **Landhäuser:** Auf Wochenbasis können über die Turismo-Rural-Agenturen (siehe „Praktische Reisetipps, Unterkunft, Individuell, Landurlaub") Fincas nahe Valsequillo gebucht werden. Unweit des Golfplatzes El Cortijo liegt die **Finca La Salud***** (www.fincalasalud.com), 5 km westlich von Valsequillo die **Finca El Pedregal***** (3 Wohneinheiten, www.casasruralesvalsequillo.com).

Essen und Trinken

Nach dem Rundgang durch das historische Viertel San Juan stärkt man sich in einem der kleinen Lokale an der Plaza de San Juan oder auf der Calle León y Castillo.

In der Umgebung

Strände

An der Küste von Telde sieht man fast nur Einheimische. Die Strände sind oft dunkelsandig und schmal, auch der Lärm der vom nahen Flughafen aufsteigenden Flieger hebt nicht gerade die Stimmung. Am meisten los ist an der knapp 400 m langen Playa de Melenara, ein Paseo führt nordwärts nach La Garita, südwärts nach Las Salinetas. Viele Häuser, z.B. in Tufía, stehen so nahe am Meer, dass sie laut spanischem Küstengesetz abgerissen werden könnten.

Bergland

Auf romantischen Straßen kann man ins Gebirge vorstoßen. Die GC-41 führt über die „Milchzentrale" **Valsequillo** – vorbei an Mandel-, Feigen- und Zitronenbäumen – nach **Tenteniguada** („reich an Wasser") und **Vega de San Mateo.**

Noch etwas schöner ist die GC-130, auf der man durch einsame Landschaft zum **Pico de las Nieves, dem höchsten Berg** der Insel gelangt. Die Straße hat sich an Wochenenden zu einem beliebten Ausflugsziel kanarischer Großstädter entwickelt.

Cernícalos

8 km südöstlich von Telde, erreichbar über Lomo Magullo an der GC-132, liegt Los Arenales am Eingang zum **Barranco de los Cernícalos** – eine der wenigen Schluchten, wo man das ganze Jahr über

Wasser plätschern hört. Hier gedeiht eine einmalige Flora: Weißer Ginster und wilder Ölbaum wachsen am Wegesrand, man riecht Salbei und Weihrauch, Rosmarin und Thymian. Die Schlucht lässt sich erwandern, doch gilt der Weg in bestimmten Abschnitten als schwierig und sollte nicht ohne lokalen Führer begangen werden. Übernachten kann man in vier Viviendas auf einer über 3000 m² großen Finca in **Lomo Magullo** (Casas Rurales Barranco de los Cernícalos**, Tel. 928573022, Mobil: 636783993, www.loscernicalos.com).

Cuatro Puertas

5 km südlich Telde zweigt von der GC-100 eine schmale Straße zum 319 m hohen Berg Humiaga ab. Wie die bekannteren Roque Bentayga und Roque Nublo ist auch er ein „heiliger Berg" *(Almogaren)*. Vier gleichgroße Eingänge *(cuatro puertas)* führen in eine geräumige, **17 x 7 m große Höhle,** die vermutlich bei Todesritualen genutzt wurde. Die ebene Fläche diente den Altkanariern als *tagoror:* Dort fanden Versammlungen der königlichen Berater *(guayres)* statt. Mit etwas Fantasie kann man oberhalb der Höhle einen Opferaltar erkennen. Rinnen und Kanäle lassen darauf schließen, dass die Altkanarier hier zu Ehren ihres Gottes *Alcorán* Milch und Honig vergossen. Die auf der Rückseite ins Vulkangestein gehauenen Stufen führen in ein Höhlensystem, in dem wahrscheinlich Getreide aufbewahrt wurde.

Ingenio

Einen Besuch lohnt der alte Ortskern rund um den Kirchplatz, die Plaza de la Candelaria. Dort findet jeden Montagvormittag (8–14 Uhr) ein kleiner Wochenmarkt statt, und dort trifft sich auch die Bevölkerung zu den Festveranstaltungen im Februar.

Die Stadt verdankt ihren Namen der Zuckerindustrie, die nach der Conquista begründeten Zuckerindustrie *(ingenio =* „Zuckermühle"). Inzwischen gehört die Herstellung des weißen Goldes der Vergangenheit an, wichtigstes Anbaugut ist seit dem 19. Jh. die Tomate. Zur gleichen Zeit entwickelte sich ein anderer Wirtschaftszweig, die **Kunststickerei:** Viele Frauen, als Tomatenpflückerinnen zu Saisonarbeit verurteilt, waren gezwungen, sich mit Handarbeit ein Zubrot zu verdienen. Die gewebten und bestickten Stoffe wurden über britische Kaufleute nach London gebracht, heute erwerben Touristen die Ware vor Ort.

Im städtischen **Museum** wird die für die Insel typische Hohlsaumstickerei erläutert. Gleichfalls ausgestellt sind Steine, Muscheln und kunstgewerbliche Arbeiten: volkstümliche Weihnachtskrippen, eine Marienstatue aus Vulkangestein und eine von mexikanischen Indianern gefertigte Christusfigur aus Maismehl.

■ **Museo de Piedras y Artesanía,** GC-100 (Ortsteil Las Mejías), Mo–Sa 10–18 Uhr, Eintritt frei.

Praktische Tipps

Fest

■ **2. Januar:** *Fiesta de Nuestra Señora de la Candelaria.* Das Bildnis der Jungfrau wird in einer Prozession durch die Straßen getragen, meist gibt es auch Folklore-Konzerte und einen Viehmarkt.

Barranco de Guayadeque

Eine der schönsten Inselstraßen, die GC-103, führt zwischen Ingenio und Agüimes 15 km in die „Schlucht des fließenden Wassers". Palmen und Feigenkakteen, Mandel- und Eukalyptusbäume werden von Quellen gespeist, Spechte und Berberfalken ziehen über dem Paradies ihre Kreise. Während das Talbett von dichtem Grün bedeckt ist, ragen seitwärts bis zu 400 m hohe, verwitterte Steilwände auf. Wind und Wasser haben in den Fels Hunderte von Höhlen geschnitten, von denen viele seit prähispanischer Zeit bewohnt sind.

Museum

Eine erste Höhle kann man kurz hinter dem Taleingang besuchen: Unter einem Felsüberhang duckt sich ein mit EU-Geldern finanziertes Museum. Es zeigt archäologische Funde, Schautafeln illustrieren den Alltag der Höhlenbewohner und den Reichtum der Flora und Fauna.

■ **Museo de Sitio de Guayadeque,** GC-103, Di–Sa 9–17, So 10–18 Uhr, Eintritt 2,50/1,50 €.

Cuevas Bermejas

6 km weiter erreicht man die noch heute bewohnten **Cuevas Bermejas** („rote Höhlen"). Viele Touristen halten kurz an, werfen einen Blick in die in den Fels geschlagene Kapelle (mit Altar, Kanzel und Beichtstuhl), spazieren ein Stück den Hang hinauf und knipsen die letzten „Guanchen". Zu guter Letzt genehmigen sie sich einen Rum *(ron)* oder stärken sich mit Käse und Schinken *(queso y jamón)* in der Höhlenbar oder im urigen Lokal nebenan.

■ **El Centro*,** Tel. 928172145, tgl. 12–20 Uhr.

Tagoror

4 km weiter endet die Straße am Berg **Montaña de la Tierra,** dessen durchlöcherter Sockel in ein labyrinthartiges Restaurant verwandelt wurde. Hier stärken sich auch die **Wanderer,** bevor sie hinauflaufen zum Vulkankessel „Caldera de los Marteles". Auf verschlungenen, nur düster erleuchteten Gängen geht es in den Berg hinein, in kleinen Nischen

> Grüne Schluchten gibt es selbst im „trockenen" Osten – Barranco de Guayadeque

wird auf Steintischen kanarische Hausmannskost serviert. Gut schmeckt Fleisch vom Holzkohlegrill, deftig der Ziegenkäse zum herb-trockenen Landwein. Abends werden für Touristengruppen Folklore-Feste organisiert.

■ **Tagoror****, Barranco de Guayadeque, Tel. 928 172013, www.casasruralesdeguayadeque.com/restaurante-tagoror, tgl. ab 11 Uhr.

Turismo Rural

100 m seitlich des Restaurants Tagoror entdeckt man vier restaurierte, komfortabel ausgestattete Höhlenhäuser (auch bekannt als *Cuevas de Bartolo*). Ab 1913 wohnten hier die Großeltern von *Bartolomé Rodríguez López*, dem betagten Besitzer des Restaurants. *Verode* (2 Personen) verfügt über Schlafzimmer, Küche und Bad; *Salvia, Siempreviva* und *El Almendro* (2–3 Personen) haben zusätzlich ein Wohnzimmer, die beiden letztgenannten auch eine Terrasse. Da es in der Nähe keine Einkaufsmöglichkeiten gibt, könnte es sinnvoll sein, Halbpension zu buchen.

■ **Casas Rurales de Guayadeque****, Barranco de Guayadeque, Tel. 928273027, www.casasruralesdeguayadeque.com, mindestens 3 Tage.

Tagoror – im Höhlenrestaurant

Agüimes

Das historische Zentrum *(casco histórico)* ist denkmalgeschützt, Agüimes präsentiert sich als **eine der schönsten Städte der Insel.** An steingepflasterten Gassen reihen sich alte Häuser in Ocker-, Braun- und Rottönen – fast wie in einer arabischen Medina. Die Gassen öffnen sich zu kleinen Plätzen, an denen Skulpturen auf alte Traditionen verweisen und Geschichten erzählen. Da ist z.B. ein vor der Kneipe geparkter Esel, die altkanarische Prinzessin Catalina, eine „Hommage an die Liebenden", der Bauer mit Augenmasken und die weise Greisin, ein Kamel in einer kleinen Seitengasse vor dem Hotel „Casa de los Camellos".

Fast alle Wege führen zur **Plaza del Rosario,** dem „Platz des Rosenkranzes" mit Kirche und mehreren Bars. Am Straßenrand sitzen ältere Männer mit sonnengegerbtem Gesicht, den Filzhut tief ins Gesicht gezogen. Früher, als sie noch jung waren, verdingten sie sich auf den Tomatenfeldern der Großgrundbesitzer, viele waren als Gastarbeiter in Venezuela.

Kirche

Wichtigste Sehenswürdigkeit ist die neoklassizistische, ab 1796 erbaute Kirche, die in ihrer Mächtigkeit an eine Kathedrale erinnert. Im Hauptschiff entdeckt man vier Skulpturen des kanarischen Barockbildhauers *Luján Pérez.* Von einem mexikanischen Künstler stammt die lebensgroße, in kostbare Kleider gehüllte **Rosenkranzmadonna** am Hauptaltar. Im 17. Jh. wurde sie vom Bischof aus Oaxaca an seinen Heimatort gesandt. Kunstinteressierte werden das Werk mit der **flämischen Marienfigur** in der Sakristei vergleichen – deren Gestik ist expressiver, elegant schmiegt sich ihr Gewand der Bewegung des Körpers an.

■ **Iglesia de San Sebastián,** Calle Sebastián Parer 5, Tel. 928781846, meist Mo–Fr 9–12 und 17–19 Uhr.

Historisches Museum

Im ehemaligen Bischofspalast an der Plaza de los Moros durchschreitet man in acht Sälen die Geschichte Gran Canarias **von der Conquista bis zur jüngsten Vergangenheit,** wobei originell inszenierte Alltagsszenen das Ambiente von anno dazumal näher bringen. Auch der Hexerei, für die Agüimes bekannt war, ist ein Raum gewidmet.

■ **Museo de Historia,** Calle Juan Alvarado y Saz 42, Tel. 928785453, Di–So 9–13 und 16–18 Uhr, Eintritt 2,50 €.

Praktische Tipps

Info

■ **Touristeninformation:** Plaza de San Antón 1, Tel. 928124183, Mo–Fr 8–15 Uhr. In einer ehemaligen Kapelle bekommt man Hinweise auf Unterkünfte, Sprachkurse und Aktivangebote. Im angeschlossenen *Centro de Interpretación* werden traditionelle Kunsthandwerkstechniken erläutert. Die melancholische Figur vor dem Informationsbüro zeigt eine altkanarische Prinzessin, die nach der Conquista mit einem der neuen Machthaber verheiratet wurde.

■ **Internet:** www.aguimes.es
■ **Anfahrt:** Da die Altstadt verkehrsberuhigt ist, empfiehlt es sich, den Mietwagen neben dem Busbahnhof *(Estación de Guaguas)* abzustellen.

Unterkunft

■ **Casa de los Camellos****, Calle Progreso 12 und **Villa de Agüimes****, Calle Sol 3, Tel. 928785003, Fax 928785053, www.hecansa.com. Beide Hotels liegen in der historischen Altstadt und gehören der Hotelfachschule. Die bessere Wahl ist das „Haus der Kamele", ein vorbildlich restauriertes Gehöft aus dem 19. Jh. mit ockerfarbenen Wänden und oasenartigem Patio. Die 12 Zimmer sind mit antiken Möbeln eingerichtet, es gibt einen Fernseher, doch kein deutsches Programm. Frühstück und Abendessen bekommen von befragten Gästen keine guten Noten.

■ **Landhäuser:** Die Stadt ist ein Pionier in Sachen „sanfter Tourismus". Viele historische Stadthäuser wurden in Unterkünfte verwandelt, so in den Straßen El Moral (Nr. 25 und 29), der Calle La Paz (Nr. 1) und an der Plaza de Santa Domingo (Nr. 2). Buchungen laufen über die Touristeninformation (s.o.), einige Häuser hat auch Grantural (siehe „Praktische Reisetipps, Unterkunft, Individuell, Landurlaub") im Programm.

■ **Camping Playa de Vargas,** Camino Vecinal de Vargas, Tel. 928188037, www.campingplayadevargas.com, ganzjährig geöffnet. Küstenanlage auf der Höhe von Agüimes (10 km entfernt) mit Minimarkt, Grillplatz *(barbacoa),* Cafetería und kleinem Restaurant. Zufahrt über die GC-191, abbiegen Richtung Meer zwischen Montaña Los Velez und Las Rosas.

Agüimes

für *tapas* ist die sympathische alte Bar im historischen Stadtkern. Hier bekommt man auch *Tortilla Española*, *Ensaladilla Rusa* (eine Art Kartoffelsalat), *Pulpo* (Tintenfisch) und *Fabada* (Bohneneintopf), Sa/So eine gute *Ropa Vieja* (Gericht mit Kicherbsen). Wenige Schritte entfernt öffnet die (modernere) **Tasca Mi Pueblo** – Sie haben die Wahl!

Einkaufen

■ **Bauernmarkt:** Mercadillo Agrícola, Calle Dr. Joaquín Artiles (nahe Busbahnhof), Do 9–14 Uhr. Brot mit eingelegten Oliven aus Temisas, Käse und kanarischem Wein – das könnte eine herzhafte Zwischenmahlzeit ergeben!

Fest

■ **Anfang Oktober:** *Fiesta de la Virgen del Rosario*. Das größte Volksfest der Stadt findet zu Ehren der Rosenkranz-Madonna statt. Vor der Kirche wird ein Teppich aus Blumen, Mandeln und Salz ausgelegt, Tausende von Rosen schmücken das Dorf für die Prozession. Schon eine Woche zuvor wurden Wasser und Gofio zur Mühle gebracht – Erinnerung an eine landwirtschaftliche Tradition *(Traída del Agua y del Gofio)*. Neben Theater- und Konzertaufführungen gibt es auch ein prächtiges Feuerwerk.

238gc sg

Essen und Trinken

■ **Oroval***,** Casa de los Camellos, Progreso 12, Tel. 928785003. Das Hotelrestaurant serviert gehobene kanarische Küche, z.B. kandierte Kaninchenschenkel mit süßen Kartoffeln und Dressing aus Kaktusfrüchten *(chuletitas de conejo confitadas y batata con vinagreta de tuno)*. Gut sind auch die hausgemachten Desserts.

■ **La Tartería*,** Plaza del Rosario 21, Mo–Sa ab 9, So ab 10 Uhr. Am zentralen Kirchplatz leitet *José Manuel* ein gemütliches Café mit hausgemachten Torten und gutem italienischen Kaffee. Lecker schmecken auch pikante Kleinigkeiten wie Spinat-Quiche, Tortilla und Empanadillas (gefüllte Maisteigtaschen).

■ **San Antón*,** Plaza de San Antón, Tel. 928782 422 *(Juan)*, tgl. 11–15 und 18–2 Uhr. Ein guter Ort

◁ Hommage an eine altkanarische Prinzessin – vor der Touristeninfo in Agüimes

In der Umgebung

Tierparks

An der über die Kreuzung Cruce de Arinaga erreichbaren GC-104 wurde bei Km. 5,5 ein **Krokodilpark** eingerichtet, zu dem früher Dutzende von Touristenbussen aufbrachen, da die Reiseleiter hohe Provisionen bekamen. Über 200 Krokodile und Kaimane lagern faul in Teichen und Tümpeln, zur Fütterung mühen sie sich auf ein Plateau. Eine Tigerfamilie durchstreift ihr Gehege, daneben sind Dromedare, Antilopen, Zebras, Lamas, Zwergbüffel und Affen zu sehen. In einem Veranstaltungszelt findet mehrmals täglich eine Papageien-Show statt, Boas lassen sich mit Gästen im Schlangenhaus fotografieren.

■ **Cocodrilo Park,** GC-104 Km. 5,5 (Carretera General Los Corralillos), Tel. 928784725, tgl. außer Sa 10–17 Uhr, Eintritt 9,90 €, Kinder 6,90 €, in der Hochsaison teurer.

Arinaga

Der Küstenort liegt 10 km südlich des Flughafens, die Anfahrt verheißt nichts Gutes: mit Plastikplanen überdachte Tomatenfelder, Fabriken und Neubausiedlungen. Doch wenn man die Straße bis zum Ende durchfährt und dann in Richtung Mole *(muelle)* abbiegt, ist man überrascht: Kilometerlang zieht sich eine attraktive Promenade an der Küste entlang – ein lebhafter Treffpunkt von Fischern und Dorfbewohnern mit Lokalen aller Preisklassen (Muelle/Calle Alcalá Galiano). Zum Baden ist Arinaga nicht geeignet, doch **Surfer** loben den Strand: So wie die Bucht geformt sei, bestehe kaum Gefahr abzutreiben!

Kalköfen

Folgt man der Promenade in Richtung Norden, kommt man zu einer Reihe großer, knallbunter Fischskulpturen. Hier befindet sich ein erster wichtiger **Tauchspot:** Über zerklüftete Felsterrassen steigen Taucher hinab, um ein Lavariff in 23 m Tiefe zu erkunden. Dort gibt es rote Papageien- und Trompetenfische, Muränen und Barrakudas. Kurz darauf endet die Promenade an den **Hornos del Cal,** musealen Kalköfen (Mo geschlossen), wo gezeigt wird, wie in der Vergangenheit Kalk gewonnen wurde. Das gleichnamige Höhlenrestaurant zählt zu den besten im Osten der Insel. Die Meeresfrüchte kommen frisch aus dem Aquarium, von der Terrasse hat man Ausblick auf die brandungsumtoste Küste.

■ **Hornos del Cal**,** Av. de la Playa, Tel. 928738 071, tgl. 12–24 Uhr.

Leuchtturm

Von den Kalköfen führt eine Treppe zu einem Aussichtspunkt, von dem man bereits den **Faro de Arinaga** sieht. Der 1888 erbaute Leuchtturm mit dem Haus des Leuchtturmwärters wurde restauriert und soll bald ein Fischereimuseum und Restaurant beherbergen. Nordwärts schließt sich die wenig bekannte, ca. 500 m lange **Playa de Cabrón** an: gleichfalls ein hervorragender Tauchspot.

◁ Wirkt ziemlich echt – Kamel neben der Casa de los Camellos

Pozo Izquierdo

Das als Starkwindrevier bekannte **Surferparadies** erreicht man von Vecindario auf der schmalen GC-194. „Es gibt nur wenige Plätze in Spanien, die so radikal, hässlich und windsicher sind, und trotzdem so viel Flair haben wie Pozo auf Gran Canaria." So urteilte die Zeitschrift *Surf* vor ein paar Jahren über den Ort, an dem die Wettkämpfe des World Cup ausgetragen werden. Es gibt einen Brettverleih, dazu mehrere Surfbars und Pensionen. Pozo Izquierdo ist ein Revier für Könner, die weder geröllige Einstiege noch Steine und Riffs knapp unter der Wasseroberfläche schrecken. Im Winter tummeln sich hier Jugendliche aus vielen Ländern und genießen es, dass dieser Ort noch nicht touristisch aufbereitet ist. Abends trifft man sich bei El Viento zu kühlen Drinks oder im Pub Botavara zu Live-Musik.

Praktische Tipps

Unterkunft

■ **Centro Internacional de Windsurfing***, Playa Pozo Izquierdo s/n, Tel. 928121400, Fax 928 121021, www.pozo-ciw.com. Ans Surfzentrum angeschlossene Sportherberge mit Aussicht aufs Meer für Einzelpersonen und Gruppen: Es gibt jeweils 8 Betten in 8 Sälen (ab 18 € p.P.), dazu ein Vierbettzimmer für Behinderte, gute sanitäre Einrichtungen und ein Internet-Café. Zum Zentrum gehört das Restaurant El Calabrote, in dem vor allem frischer Fisch auf den Tisch kommt; werktags gibt es ein preiswertes Menü. Die Benutzung des großen Schwimmbads ist für Gäste im Preis inbegriffen, außerdem werden Surf- und Schnuppertauchkurse angeboten. Im Laden nebenan kann man Material kaufen bzw. leihen.

■ **Ap. El Viento**,** La Boga 8, Tel. 928121052, Fax 928791304, www.cutre.com. „Der Wind" – so heißen die Apartments, die zum gleichnamigen Surfshop um die Ecke gehören. Sie sind funktional, aber mit schicker Küchenzeile eingerichtet, in der Nebensaison gibt's Rabatt. Auch preiswerte Herbergszimmer werden vermietet.

Essen und Trinken

■ **El Viento***/**, Av. Punta Tenefe 2, Tel. 928121 052, tgl. ab 10 Uhr. Die in den Ort führende Straße endet an einer niedrigen Klippe, auf der sich hinter einer Mauer das Lokal versteckt. Durch Bullaugen und Panoramafenster hat man einen grandiosen Blick auf die Bucht und die akrobatisch dahinflitzenden Surfer (Webcam: www.cutre.com). Es gibt Frühstücksgedecke, Salat, Gemüse-Carpaccio, Pasta und Pizza.

In der Umgebung

ITC & Salinen

Fährt man vom Surferzentrum südwärts, kommt man zum **ITC** (Instituto Tecnológico de Canarias) mit einem Forschungszentrum für erneuerbare Energien, Wasser- und Biotechnologie (www.itccanarias.org) – leider kann es nicht besichtigt werden. Links geht es weiter zu den **Salinas de Tenefé,** einer der letzten verbliebenen Salzgewinnungsanlagen der Insel. Die schachbrettartigen Salzgärten können in Eigenregie besucht werden, das Salinenmuseum im restaurierten Wirtschaftsgebäude vorerst nur in Gruppen und nach Voranmeldung (Dep. de Patrimonio Histórico del Ayuntamiento de Santa Lucía, Tel. 928 759706).

Castillo del Romeral

Am frühen Morgen ziehen die Boote zum Fang aus, ein Großteil der Fische landet im **Lokal der Fischergenossenschaft:** gegenüber vom Hafen mit inzwischen 12 Tischen und einer kleinen Terrasse.

■ **Cofradía de Pescadores,** Av. de la Playa, Tel. 928728262, tgl. ab 12 Uhr.

Vecindario

Im April findet im **Teatro Víctor Jara ESPAL,** ein „Festival der drei Kulturen" mit Künstlern und Musikern aus Spanien, Afrika und Lateinamerika statt. Im **Museo de la Zafra,** dem „Museum der Ernte", wird anhand von Originalobjekten, Film-, Ton- und Fotodokumenten gezeigt, wie rund um Vecindario im 19. und 20. Jh. Tomaten angebaut, verpackt und verschickt wurden (Calle Isla Graciosa 33, Mo geschlossen).

Als preisgünstige Unterkunft empfiehlt sich das zentral gelegene **Hotel Avenida de Canarias**** mit 56 sauberen Zimmern, ausreichendem Frühstück und freier Garagenbenutzung (Av. de Canarias 264, Tel. 928754776, www.hotelavenidadecanarias.com). Deutlich teurer ist das **Gran Hotel Vecindario Aeropuerto***** neben dem Einkaufszentrum Atlántico (Av. del Atlántico 353, Tel. 928724300, www.hoteleselba.com).

◁ An der Promenade von Arinaga

Überblick | 192
Fataga | 195
San Bartolomé de Tirajana | 197
Santa Lucía | 200
Cruz Grande | 204
Ayacata | 205
Tejeda | 208
Cruz de Tejeda | 214
Artenara | 217

Hier fühlt man sich dem Himmel nah: Über Felsfestungen und das Meer schaut man bis zum Zuckerhut des Teide auf der

Zentrales Bergland

Nachbarinsel Teneriffa. Jede Schlucht hat ihren ganz eigenen Zauber – immer wieder überraschend, wie viele Gesichter das Bergland hat!

◁ Blick vom „Schneegipfel" bis hinüber nach Teneriffa

GROSSARTIG UND GIGANTISCH

Wie vor 500 Jahren: monumentale Gebirgslandschaften, Schneegipfel und Wolkenfels, zerrissene Täler und Schluchten. Für grüne Tupfer sorgen den steilen Bergflanken abgerungene Felder, Palmen- und Kiefernhaine. Dazwischen liegen ein halbes Dutzend glitzernder Seen.

Überblick

Im Zentrum der Insel ragt die *Cumbre* auf, eine **bizarre Gebirgslandschaft mit Gipfeln bis zu knapp 2000 m.** Der Schriftsteller *Miguel de Unamuno* fühlte sich bei ihrem Anblick an ein „versteinertes Gewitter" erinnert. Egal von welcher Seite man kommt – die Anfahrt ist grandios. Kommt man von Norden via Teror oder San Mateo, so dominiert üppiges Grün. Alleen sind von Eukalyptus gesäumt, im Unterholz wuchern Steinblumen und Farn. Ein anderer Eindruck entsteht, wenn man sich von Süden nähert: Die Schroffheit der Gebirgslandschaft wird hier und da durch zartes Grün gemildert. Bei der Anfahrt via Arguineguín und Mogán kommt man an reizvollen Stauseen vorbei.

Kurzinfo Zentrales Bergland

- **Touristeninformation:** Büros in Tejeda, Artenara und San Bartolomé.
- **Post:** Filialen in Tejeda, Artenara und San Bartolomé.
- **Transfer ab Flughafen:** bis San Bartolomé 1 Std., bis Tejeda 1 Std. 15 Min.
- **Taxi:** Tejeda Tel. 928660345, Artenara Tel. 928658101, San Bartolomé Tel. 928760293.
- **Autovermietung:** direkt am Flughafen oder an der Costa Canaria.

Unterkunft

Der schönste Standort ist das Bergdorf Tejeda – hier gibt es Unterkünfte für gehobene und bescheidene Ansprüche.

◸ „Stausee der Höhlenmädchen"
(Presa Cueva de las Niñas)

HIGHLIGHTS

- **Fataga:** Bilderbuchdorf mit Palmenoase | 195
- **Fortaleza Grande:** Fluchtburg über dem See | 203 (und Seite 248; Wanderung 7)
- **Roque Nublo:** dem Himmel nah am „Wolkenfels" | 205 (und Seite 228; Wanderung 1)
- **Tejeda:** schönstes Bergdorf | 208 (und S. 235 u. 238; Wanderungen 3 u. 4)
- **Roque Bentayga:** Kultplatz der Ureinwohner | 213
- **Artenara:** Traumblick nach Höhlenpassage | 217
- **Acusa Seca:** Höhlenhäuser archaisch | 220

Diese Tipps erkennt man im Buch an der gelben Hinterlegung im Kapitel.

Überblick

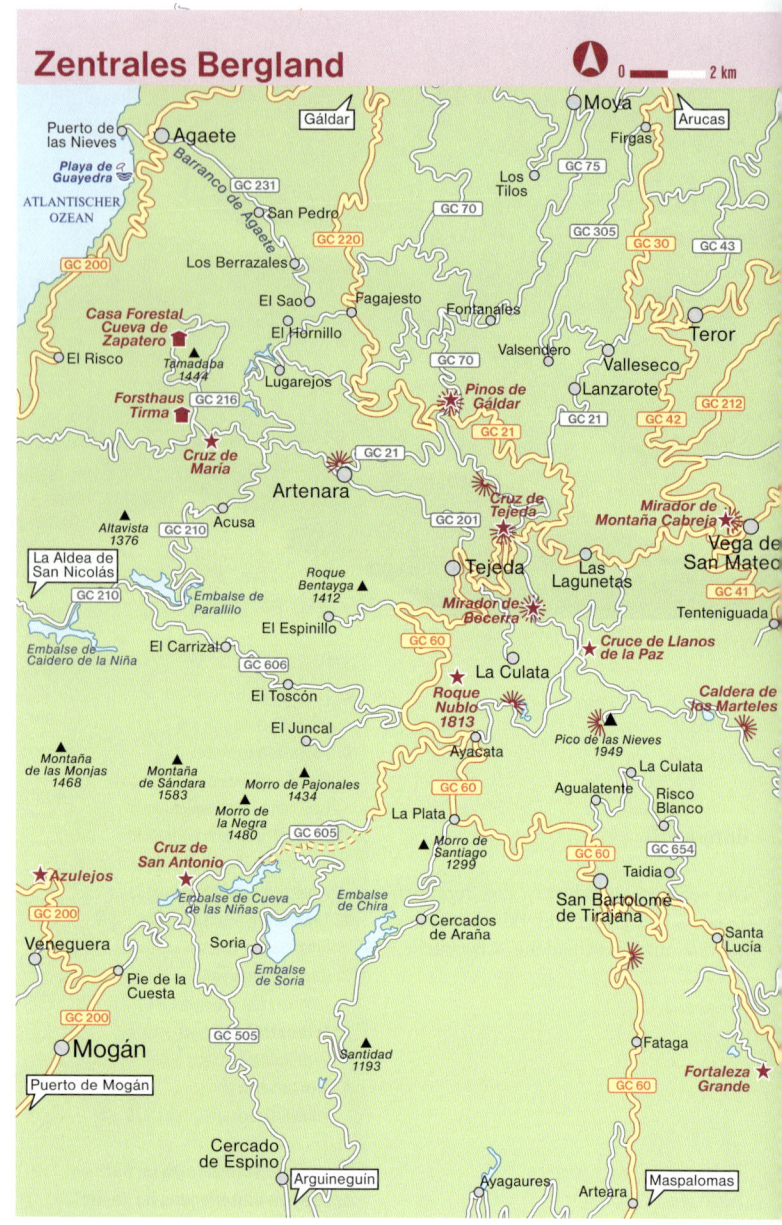

Zentrales Bergland

Am Cruz de Tejeda wurde der Parador wiedereröffnet, weitere Hotels gibt es in San Bartolomé de Tirajana und Fataga. Im Rahmen von EU-Projekten restaurierte Fincas sind über die gesamte Gebirgsregion verstreut. **Zelten** kann man in Llanos del Garañón (bei Ayacata) und in Temisas, nach Anmeldung kostenlos auf weiteren zehn verschiedenen Plätzen (siehe „Praktische Reisetipps, Unterkunft, Individuell, Camping").

Bus-Service

Linie 18 verkehrt auf der Strecke Maspalomas–San Bartolomé–Ayacata–Tejeda, von dort geht es mit Linie 305 weiter nach Vega de San Mateo. Außerdem gibt es Bus 34 von San Bartolomé via Santa Lucía und Temisas nach Agüimes (Busfahrplan siehe „Anhang").

Fataga

In diesem Bergdorf hält man gern an und manch ein Tourist möchte am liebsten hier seinen Urlaub verbringen. Fataga, 15 km nördlich von Playa del Inglés, repräsentiert das andere, traditionelle Gran Canaria. Weiß getünchte Häuser mit Holzbalkonen verteilen sich in der Talsenke, die von steil aufragenden Bergwänden begrenzt wird. Links hinter der Kirche läuft man in den alten Ortsteil hinein, Frauen treffen sich zur Wäsche am öffentlichen Trog. Über verwinkelte Gassen gelangt man zur Bäckerei, zur Bodega und zur Galerie von *Friedhelm Berghorn*.

Bäckerei

Der Ofen, in dem die Familie *Cazorla* schon seit 1930 sein Brot backt, wird mit dem Holz von Mandel- und Pfirsichbäumen geheizt. Es verleiht dem Brot einen Geschmack, mit dem – davon sind Fatagas Bürger überzeugt – kein anderes Brot auf der Insel konkurrieren kann. Der Eingang zur Bäckerei befindet sich in einer winkligen Gasse neben einem rot leuchtenden Hibiskusstrauch. Ist die Panadería in Los Reyes 16 verschlossen, klopft man am Haus Nr. 14 oder Nr. 10 nebenan!

Galerien

Künstler und Bildhauer haben sich in Fataga niedergelassen, doch ihre Galerien sind nur unregelmäßig geöffnet. In der Calle Díaz 8, einer stillen Gasse hoch oben im Ort, stellt **Friedhelm Berghorn** seine expressiven, farbgewaltigen Ölgemälde und Aquarelle aus, außerdem Werke befreundeter „Kanarier", u.a. *Kerstin Birk*, *Klaus Berends* und *Lutz Ackermann* (Tel. 928798123).

Etwas tiefer, in der Calle Las Montañetas 3, wohnt der Bildhauer *Luis Montull* und präsentiert interessierten Besuchern seine Werke (www.luismontull.com).

◻ Fataga thront auf einer Kuppe

Praktische Tipps

Unterkunft

■ **Hotel Rural Molino de Agua****, GC-60 Km. 31,2, Mobil: 626802705, www.elmolinodeagua.com. Das bei Wanderern beliebte Hotel liegt 1 km nördlich Fataga inmitten einer Palmenoase und wird von Frau *Michaela Ringel* engagiert geführt. Zur Wahl stehen ein Holzhäuschen und 20 Zimmer, am schönsten Nr. 10 bis 20, alle mit Terrasse oder Balkon. Gut ist das Frühstück im Freien (ab 9.30 Uhr). Zur Anlage gehört auch ein kleiner Pool, dazu ein Abenteuerpark, Esel, Pferde und Hühner.
■ **Finca Tomás & Puri****, Finca Capaon 30, GC-60 Km. 35, Tel./Fax 928798681. Eine gute Adresse für Traveller: *Tomás* und *Puri*, die über viele Jahre die beliebte Bar Fataga leiteten, vermieten inmitten eines Obstgartens sechs unterschiedlich große, dabei komfortable und preisgünstige Apartments. Diese sind kastilisch-rustikal eingerichtet, verfügen über eine Wohnküche, ein bis drei Schlafzimmer und Terrasse mit Bergblick. Auf Wunsch serviert *Puri* leckere Mahlzeiten. Anfahrt: Von Süden kommend, nach dem Kilometerstein 35 rechts ab und hinauf zur Finca.
■ **Casa Rural Falcón****, Calle El Río 2, Tel. 928798 231. Rustikal und gemütlich! Das aus Naturstein erbaute zweigeschossige „Falkenhaus" gleich neben der Kirche bietet zwei Schlafzimmer, Wohnküche und Salon, zwei Bäder und eine Terrasse mit Bergblick. Señora *Clara*, die Besitzerin, wohnt gegenüber und bringt zur Begrüßung frische Früchte, Lebensmittel und Wein. An nichts soll es fehlen: es gibt Internet und Sat-TV, Heizöfchen, Mikrowelle, Kaffeemaschine, Verbandskasten und Spiele …

Essen und Trinken

Mehrere Bars und Lokale befinden sich an der zentralen Durchgangsstraße. Schöner und ruhiger speist man im Palmenhain 1 km nördlich Fataga.

Dort gibt es Fisch, Fleisch und Gemüse vom Grill, auch vegetarische Gerichte und Brot aus einem original-kanarischen Holzofen:
■ **Molino de Agua****, GC-60 Km. 31,2, Tel. 928 155925, Mobil: 626802705, www.elmolinodeagua.com, tgl. 10–20 Uhr.

Feste

■ **Juni:** *Fiesta del Albaricoque.* Meist Ende des Monats wird gefeiert: Fataga ist der Ort, an dem die meisten Aprikosen gepflückt werden!

San Bartolomé de Tirajana

Die Lage ist imposant: Der Ort klebt in 850 m Höhe an der Flanke eines riesigen Einsturzkraters, der sich zur Küste hin zur Schlucht gleichen Namens verengt. Kommt man von Maspalomas, führt am Ortsbeginn eine kleine Straße (GC-603) links hinauf zur „Oberstadt" mit dem **Mirador,** einem prächtigen Aussichtspunkt, und der Auffahrt zum Hotel Paradise Las Tirajanas. In der „Unterstadt", die von der GC-60 durchkreuzt wird, befinden sich das Rathaus mit Touristeninfo, die Kirche, ein zweites, kleineres Hotel in der alten Mühle und eine ganze Reihe von Bars. In ihnen kann man die hier hergestellten Fruchtliköre probieren: *guindilla* und *mejunje*, beide veredelt mit Honig, Zitrone und Rum.

San Bartolomé, das ursprünglich „Tunte" hieß, ist Hauptort des größten Gemeindebezirks von Gran Canaria, vor 50 Jahren ein rückständiges Bergdorf,

heute der Ort mit den wohl höchsten touristischen Einnahmen Spaniens. Ihm unterstehen die Ferienstädte von San Agustín bis Patalavaca. Obstanbau wird nur noch für den Eigenverbrauch betrieben – geerntet werden Mandeln, Oliven, Kirschen, Pflaumen und Aprikosen.

△ Risco Blanco „weißer Fels" zwischen San Bartolomé und Santa Lucía

Praktische Tipps

Info

■ **Touristeninformation & Museum:** Plaza de Santiago s/n, Tel. 928127120, Mobil: 679572833. Das von Señor *Armas* geleitete Info-Büro (mit kleinem Verkaufsladen) befindet sich in der Casa Yanes, einem liebevoll eingerichteten Ethno-Museum, das zeigt, wie die wohlhabende Landbevölkerung einst lebte.

■ **Internet:** http://turismo.maspalomas.com

Unterkunft

■ **Hotel Viverde Las Tirajanas***,** Calle Oficial Mayor José Rubio s/n, Tel. 928123000, Fax 928123 023, www.hotelrurallastirajanas.com. Urlaubsresort für Naturfreunde hoch über dem Ort. Der Blick reicht vom Schneegipfel im Zentrum bis zu den Dünen im Süden. Die 60 Zimmer sind im kanarischen Stil eingerichtet und auf drei Etagen verteilt. Nach der Tagestour entspannt man sich im Wellness-Center mit Sauna und Jacuzzi, der Pool ist im Winter überdacht und beheizt. Auf einem Quarzsandplatz kann man Tennis spielen.

■ **La Hacienda del Molino**,** Calle Los Naranjos 2, Mobil: 687111111 *(Fernando),* www.lahacienda delmolino.com. Die im Ortszentrum gelegene Gofio-Mühle anno 1850 wurde in ein Landhotel verwandelt. Acht rustikale, unterschiedlich eingerichtete Zimmer mit Heizung und Bergblick-Terrasse; gemütlicher Lese- und Kaminraum, Café im Innenhof und ein Restaurant.

■ **Landhäuser:** Auf Wochenbasis können über die Turismo-Rural-Agenturen (siehe „Praktische Reisetipps, Unterkunft, Individuell") Fincas gebucht werden.

Essen und Trinken

■ Gute Fleischgerichte *(carne a la brasa)* bekommt man im **Restaurant La Hacienda del Molino**** neben dem gleichnamigen Hotel (Calle Los Naranjos 2, Tel. 928127344).

■ Beliebt ist auch das Lokal **La Cueva*** am südlichen Ortsausgang (Calle Tamarán 15, Tel. 928127 300).

Einkaufen

■ **Frisches Brot u.a.:** *Panera de Tunte,* Calle Reyes Católicos 12, Mo–Sa 7–20, So 7–15 Uhr. Verkaufsladen gegenüber vom Kirchplatz, auch das gute Olivenöl Caldera de Tirajana bekommt man hier.

■ **Wein:** *Bodega Las Tirajanas,* Calle Las Lagunas s/n, Mobil: 628216683, www.bodegaslastirajanas.com, Mo–Fr 10–16, Sa/So 10–14 Uhr. Die Bodega (mit großem Parkplatz) liegt am Wanderweg nach Cruz Grande. Bei der Führung, die man reservieren muss, kann man auch Käse und Oliven probieren.

Feste

Zwei ideologisch konträre Heilige ringen um die Gunst der Bewohner. Altkanarier lieferten am Tag des hl. Bartolomé 1481 den kastilischen Eroberern eine erfolgreiche Schlacht. Doch Santiago, der zweite Heilige, stand auf der anderen Seite – er war geistlicher Führer der Konquistadoren. Bekanntermaßen sind Kanarier Meister im Schließen von Kompromissen: Darum steht die Statue des Santiago, die bis 1849 noch bei Cercados de Araña aufbewahrt war, heute in der Kirche des „Widersachers" Bartolomé.

■ **25. Juli:** *Fiesta de Santiago.* An diesem Tag wird der hl. Santiago mit einem Fest geehrt. Man pilgert zu Fuß und mit Auto dorthin, wo sich seine Statue früher befand: zu den Überresten der Kapelle im Kiefernwald von Cercados de Araña.

■ **24. August:** *Fiesta de San Bartolomé.* Bartolomé, der „prokanarische" Schutzpatron, muss sich einen Monat gedulden, dann steht auch er im Mittelpunkt von Umzügen und Feiern!

Wandertipp

Die „Einstiegsrunde" für alle, die aus dem Süden kommen, führt von San Bartolomé über den Manzanilla-Pass und Cruz Grande zum Startpunkt zurück. Sie wird in diesem Buch als Tour 6 beschrieben (siehe Kapitel „Die 12 schönsten Wanderungen"). Von San Bartolomé gut zu erreichen sind auch der Stausee von Chira (4 Std.) und Ayagaures (5 Std.), beide Zielorte leider ohne Busanschluss.

Santa Lucía

Der über der Tirajana-Schlucht in einer romantischen Felslandschaft gelegene Ort ist einen Besuch wert. Entfernt man sich von der Hauptstraße, staunt man darüber, wie sehr die Bewohner ihren Ort pflegen. Man sieht hübsche Innenhöfe und blühende Gärten, Palmen und Olivenbäume. Überragt wird die Stadt von einer strahlend weißen **Kirche,** die im frühen 20. Jh. vom modernistischen Architekten *Laureano Arroyo* entworfen wurde. Im privaten, einer Festung nachempfundenen **Volkskundemuseum** sind altkanarische Fundstücke, Fossilien von Meerestieren und regionales Kunsthandwerk ausgestellt.

■ **Museo Castillo de la Fortaleza,** Calle Los Álamos 3, Tel. 928798010, tgl. 9–13 und 16–19 Uhr, Eintritt 2 €.

Praktische Tipps

Info

■ **Touristeninformation:** Ayuntamiento, Av. de Canarias/Plaza de la Era, Tel. 928125260, www.santaluciagc.com, Mo–Fr 8–14 Uhr. Mit Ortsplan, Stadt- und Wanderprospekten.

Unterkunft

■ **Landhäuser:** In und um Santa Lucía können über Reiseveranstalter, www.santaluciarural.com und die Agentur
■ Gran Rural (siehe „Praktische Reisetipps, Unterkunft, Individuell") Fincas auf Wochenbasis gebucht werden. Zu den schönsten zählen La Casona del Olivar, La Longuera, El Ingenio und Los Naranjillos.

Essen und Trinken

■ **Mirador Santa Lucía**,** Calle Maestro Enrique Hernández 5, Tel. 928798005. Das Lokal an der Straße nach San Bartolomé ist für seine Eintopfgerichte und Tapas bekannt. Vom Speisesaal genießt man einen schönen Ausblick.
■ **Casa Antonio**,** Calle Maestro Enrique Hdez. González 6, Tel. 928798063, Do–Di 9–16 und 18–23 Uhr. Señor *Antonio* leitet das Lokal und seine Frau *Margarita* bereitet die Gerichte zu: alles typisch kanarisch – Eintopfvarianten *(potaje canario/garbanzada),* Gofio, kanarischer Käse und Salat, die Zutaten stammen fast immer aus ökologischer Landwirtschaft. Historische Fotos zeigen dem Besucher, wie Santa Lucía früher aussah.
■ **Restaurante Hao*,** Calle Los Álamos 3, Tel. 928 798007. Hao ist ans Museum angeschlossen und bietet nicht nur Fleisch vom Grill, sondern auch frisch gepressten Papaya- und Bananensaft.

Einkaufen

■ **Conchita,** Calle Tomás Arroyo Cardoso 45, Tel. 928798064. Im Laden an der Hauptstraße bekommt man nicht nur Obst und Kunsthandwerk. Beliebt sind auch die in hausgemachten Soßen eingelegten Oliven, das hier gewonnene Olivenöl und der Obstschnaps *mejunje,* eine Mixtur aus Rum, Palmenhonig, Orangen, Zitronen und Kräutern.

▷ Maurisch inspiriert – die Kirche von Santa Lucía

Santa Lucía

Burro-Safari

Ein beliebter Ausflugsort ist die große, mit Orangenbäumen und Wein bepflanzte Finca der Familie *Martín*. In rustikalen Gehegen stehen **60 Esel** bereit, auf denen man reiten kann – vor allem Kinder machen von diesem Angebot Gebrauch. Die halbstündige Tour führt auf schmalen Pfaden ins Bergland. Außerdem gibt es einen kleinen **Streichelzoo** mit Ziegen, Kaninchen, Straußenvögeln und Schweinchen. Gern tischt *Arcadio* ein **Menú de la casa** auf, Brötchen mit pikanter Wurst, Ziegenkäse, eingelegte Oliven, Honig aus eigener Herstellung; dazu frisch gepressten Orangensaft, hausgekelterten Wein oder sanften Obstler *(mejunje)*.

■ **Burro Safari Las Tirajanas,** GC-65, Km. 5,1 (Abfahrt Taidía), Mobil: 658538332, www.burrosafari.com, Di–So 10–16 Uhr, Menü inkl. Eselritt 10 € p.P., Kinder 8 €; Einkaufsladen im ersten Stock und zum Übernachten zwei Gästezimmer.

Fest

■ **2. Sonntag im Dezember:** *Fiesta de Santa Lucía*. Zum Fest der „Lichterkönigin" wird eigens eine Regentin aus Schweden eingeflogen. In einem langen weißen Gewand – mit einer Kerzenkrone auf dem Haupt – durchschreitet sie die Stadt, in ihrem Gefolge Jungen und Mädchen, weiß gekleidet wie ihr strahlendes Vorbild. Eine Woche später findet das Fest der Landarbeiter statt.

In der Umgebung

Ruta de los Molinos

Rund um Santa Lucía erbaute man im 19. Jh. eine Ölmühle und neun Gofiomühlen. Auf der gut ausgeschilderten **„Mühlenroute",** die am großen Platz vor dem Rathaus beginnt, kann man mehrere von ihnen kennenlernen. Empfehlenswert ist vor allem der Besuch des höher gelegenen Stadtteils von El Valle, wo

neben einer Gofiomühle auch eine der seltenen Ölmühlen für die Bearbeitung von Oliven zu finden ist. Weitere Details zu den Mühlen enthält eine Broschüre, die man – solange der Vorrat reicht – bei der Touristeninfo erhält.

Fortaleza Grande

4 km südöstlich von Santa Lucía, erreichbar über die GC-651, liegt eine gewaltige, aus einer Schlucht aufragende **Felsfestung** mit Tunnel und Wohnhöhlen. Hier, so heißt es, versetzten die Spanier am 29. April 1483 den Altkanariern die entscheidende Niederlage. Zwar ist der genaue Ort der Schlacht unter Historikern umstritten, doch für *Vicente Araña,* den früheren Besitzer des Privatmuseums von Santa Lucía, bestand kein Zweifel: Dies war die Stätte des „glorreichen Sieges", hier sollten Festakte zelebriert werden. Und so wurden bis 2001, unbeleckt von historischem Zweifel, die spanischen Eroberer als Boten der Zivilisation und befreiende Kraft gefeiert. Proteste vieler Insulaner machten dieser Tradition 2001 ein Ende. Man kann heute mit dem Auto bis zum Parkplatz am Fuß der Felsfestung vorfahren, wo ein schmaler Steig zu einem höhlenartigen Tunnel hinaufführt. Hat man ihn durchquert, geht es links auf einem gut begehbaren Weg um den Berg herum zum Parkplatz zurück (siehe auch **Tour 7**). Auf dem Rückweg empfiehlt sich ein Abstecher (GC-652) nach **La Sorrueda,** einer wunderschönen **Palmenoase** am gleichnamigen See.

◁ „Mühlenroute" (ruta de los molinos)
▽ Stausee Sorrueda

Temisas

Die weißen, in kanarischem Stil erbauten Häuser des Dorfes liegen unterhalb der Hauptstraße in etwa 720 m Höhe. Sie schmiegen sich an die rotbraune Felswand, Olivenbäume, Palmen und Kakteen bilden den farblichen Kontrapunkt. Die Umgebung des Ortes steht unter besonderem Schutz. 2 km entfernt wurden die „Gerichtshöhlen" (*Cuevas de la Audiencia*) entdeckt – altkanarische Höhlen mit Kultplatz.

Temisas ist für Autofahrer nur über die von Agüimes nach Santa Lucía führende Nordstrecke (GC-550) erreichbar. Zu dem nach der Ortschaft benannten Campingplatz gelangt man einzig auf der über Era del Cardón führenden Südstrecke (GC-104). Der einfache Platz liegt einsam und abgeschieden am Lomo de la Cruz, 12 km vom Meer entfernt und ist vom Ort durch 2 km unwegsames Gelände getrennt.

■ **Camping Temisas***, Lomo de la Cruz, Tel. 928 798149.

Cruz Grande

Der Felsdurchbruch liegt **in 1250 m Höhe** (GC-60 Km. 19,5) und durchschneidet einen Gebirgsausläufer, der den Barranco de Tirajana vom Barranco de los Ahogaderos trennt. Auf dem abgesplitterten Felsbrocken thront ein Kruzifix: einzige verbliebene Erinnerung an *Cruz Grande*, das „Große Kreuz", das einmal einen der wichtigsten Verkehrsknotenpunkte Gran Canarias markierte. Königswege führten von hier in alle Himmelsrichtungen – heute sind einige mit Asphalt überzogen, andere als **Wanderpfade** restauriert.

> ### Wandertipp
>
> Zu den schönsten Touren der Insel gehört der in diesem Buch als Wanderung 5 beschriebene Aufstieg nach Ayacata (siehe Kapitel „Die 12 schönsten Wanderungen"). Auch schön ist Wanderung 6, die Rundtour San Bartolomé – Cruz Grande – Degollada de la Manzanilla. Wenige Meter nördlich des Felsdurchbruchs befindet sich eine Haltestelle der Buslinie 18.

In der Umgebung

Chira

Bei La Plata (GC-60 Km. 17,2) zweigt die schmale GC-604 zum Stausee Chira ab. (**Tipp:** Machen Sie nach 900 m einen Abstecher zum **Picknickplatz** Pinar de Santiago und genießen Sie die herrliche Aussicht!). Zurück auf der GC-604, erreicht man nach insgesamt 6 km **Cercados de Araña,** wo man gleich am Ortsbeginn in der Snack-Bar Vista Alegre eine Pause einlegen kann. Weiter geht es immer geradeaus am Südostufer des Sees entlang. Bis zur Freizeitanlage an seiner Südspitze ist sie asphaltiert, danach geht es nur mit Mountainbike oder Jeep weiter (nach El Tablero/Maspalomas) oder zu Fuß (Wanderweg nach Cruz Grande/San Bartolomé de Tirajana oder via Staumauer nach Soria).

Ayacata

Die weißen Häuser des Dorfes liegen im Schatten des Roque Nublo (Wolkenfels) und sind eingerahmt von Obst- und Mandelbäumen. Ein beliebter Touristentreff ist die **Casa Melo*** an der GC-60, wo Señor *Castro* kanarische Hausmannskost serviert (Km. 14,3, Mobil: 699267 252, Di–So 9.30–17.30 Uhr). Wichtige Inselstraßen kreuzen sich hier – eine schöner als die andere. Biegt man in die GC-600 ein, kommt man nach 3 km zum Wandereinstieg **Roque Nublo (siehe Tipp rechts),** dann zum Rastplatz Llanos de la Pez und (über einen Rechtsabzweig) zum höchsten Berg der Insel, dem **Pico de las Nieves!**

Wandertipp La Goleta

An der 1577 m hoch gelegenen Aussichtsplattform La Goleta, 3 km oberhalb Ayacata an der GC-600, kann man zu fünf Wanderungen aufbrechen. Zum „Pflichtprogramm" eines Urlaubers gehört der Spazierweg zum 1813 m hohen **Roque Nublo** („Wolkenfels"), dem unbestrittenen Wahrzeichen der Insel – hier huldigten die Ureinwohner ihren Göttern. In alle Richtungen bieten sich großartige Weit- und Tiefblicke – wahrhaft magische Panoramen! Übrigens handelt es sich beim Felsen, der seine unmittelbare Umgebung 65 m überragt, um das harte Kerngestein eines Magmaschlots, dessen weichen Mantel Regenwasser und Wind längst abgetragen haben (siehe Tour 1 im Kapitel „**Die 12 schönsten Wanderungen**"). Aufgrund des Höhenunterschieds anstrengender ist die vierstündige, im Schatten des „Wolkenfels" verlaufende Rundtour über La Culata und die Degollada de la Cumbre (siehe Tour 2). Weitere Wanderwege führen nach Ayacata und Cruz Grande/San Bartolomé (siehe Tour 5).

Bei Ayacata – Beim Sammeln der Tiere

Ayacata

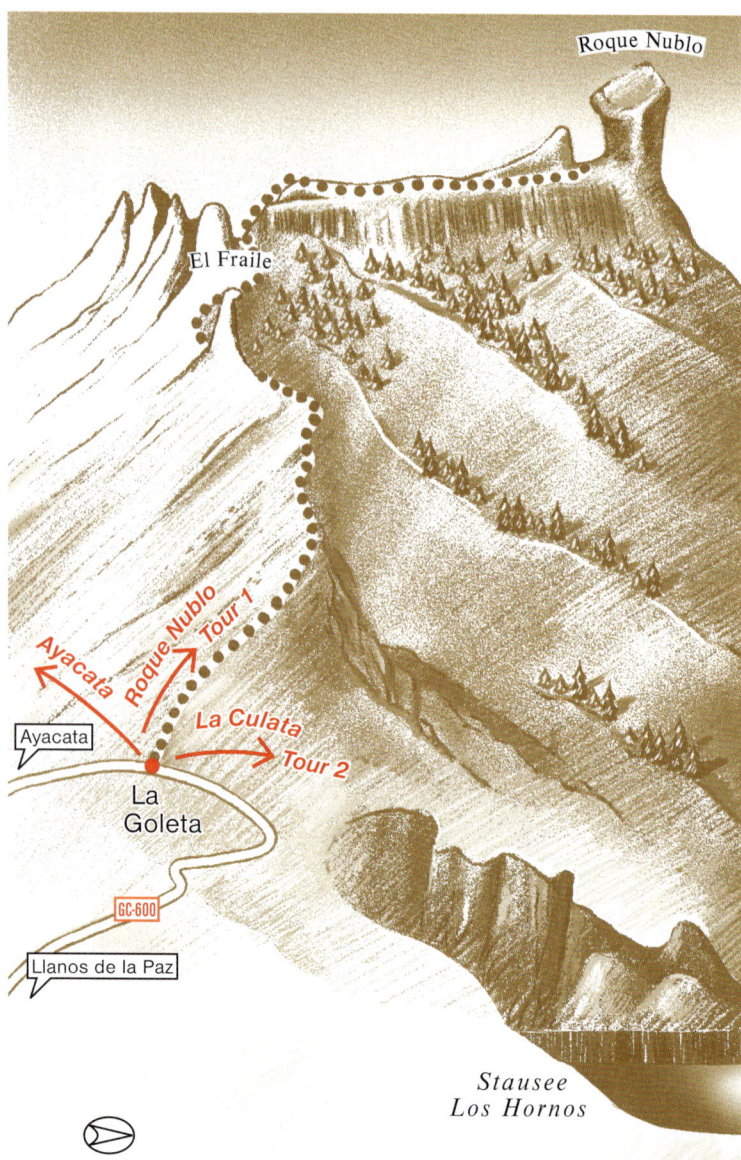

In der Umgebung

Llanos del Garañón

Das **Zeltlager** Llanos del Garañón ist eine gute Adresse für alle, die mitten in schönster Natur aufwachen wollen und denen Komfort nicht wichtig ist. Die Anlage ist wunderschön im Kiefernwald gelegen, man kann sein eigenes Zelt mitbringen oder eine der **15 Holzhütten** anmieten; Kochmöglichkeiten sind selbstverständlich vorhanden. Die von Señor *Ramón* geleitete Anlage ist über die GC-600 erreichbar. Autofahrer folgen bei Km. 6,9 dem Schild „Garañón Campamento" und sind nach 1,5 km am Ziel. Wer zu Fuß unterwegs ist, verlässt die GC-600 bei Km. 8,5 auf einem nördlich abzweigenden Weg – 600 m weiter steht er vor dem Eingang.

■ **Campamento El Garañón***, Llanos del Garañón, buchbar vor Ort bei *María* (Tel. 928170049) oder über Vivac Aventura, Tel. 928413282, www.vivacaventura.com.

Llanos de la Paz

Auf 1655 m Höhe bekommt man Lust auf ein Picknick. Gran Canarias **höchstgelegener Picknickplatz** (GC-60 Km. 8) ist mit Holzbänken, Grill und fließend Wasser ausgestattet, meist ist auch ein kleiner Kiosk geöffnet.

Pico de las Nieves

Der „**Schneegipfel**" (1949 m) ist der höchste Berg der Insel, macht aber sei-

Blick vom höchsten Inselberg auf Teneriffa

nem Namen keine Ehre – nur an wenigen Wintertagen ist er weiß eingepudert. Zu seinem Gipfel kann man nicht vorstoßen: Er ist militärisches Sperrgebiet. Doch auch von der Plattform unterhalb des Gipfels hat man eine prächtige Fernsicht. Südwärts reicht der Blick bis zu den Dünen von Maspalomas, im Nordwesten ragt der „Wolkenfels" auf!

Caldera de los Marteles

An der GC-130 nach Telde liegt linkerhand ein vor Millionen von Jahren entstandener Einbruchskrater. Wanderer steigen von hier nach Santa Lucía und in den Barranco de Guayadeque hinab.

Tejeda

Das 1050 m hoch gelegene Bergdorf zählt zu den schönsten der Insel. Die weißen, terrassenförmig angelegten Häuser sind eingerahmt von Mandelbäumen und Obstgärten, kunstvoll eingeschnitten ins Gebirgsmassiv. Mit viel Geld wurde es zum **„touristischen Vorzeigeort"** aufpoliert: Die Bürgersteige sind mit Naturstein gepflastert und an ausgesetzten Stellen mit Holzbalustraden versehen, die Mehrzahl der Lokale stilvoll-rustikal eingerichtet – von Plastik oder Reklame keine Spur. Vier Museen leistet sich das kleine Dorf – sie machen bekannt mit expressiver Bildhauerei, Kräuterheilkunde und Kultur. Die Dorfbewohner sind alles andere als Hinterwäldler: Sie sind sich bewusst, wie grandios sie inmitten der zerklüfteten Bergwelt leben – wo immer sie neu bauen, geschieht dies in Einklang mit der Natur, aber durchaus modern.

Leicht kann es geschehen, dass man an Tejeda vorbeifährt, denn der größte Teil des Ortes liegt unterhalb der GC-60. Die meisten Besucher wählen als Einstieg die Tankstelle, wo die alte Dorfstraße startet. Sie ist nach „Dr. Hernández Guerra" benannt, bietet Lokale und eine auf der ganzen Insel bekannte „Dulcería" (siehe „Einkaufen"), mehrere Unterkünfte sowie einen fantastischen Blick auf das Zentralmassiv. Von einer Aussichtsterrasse führen Stufen zum Dorfplatz hinab, wo sich nebst einem üppigen Lorbeerbaum die Kirche und das Rathaus befinden. Hinter der Kirche gelangt man über eine steil abfallende Gasse in den unteren Ortsteil, wo mehrere hübsche Häuser für den Turismo Rural aufpoliert wurden.

Museen

Zentrum der Naturmedizin: Hinter einer abweisenden Natursteinfassade verbirgt sich Spaniens erstes Museum dieser Art. Gezeigt werden Inselpflanzen, denen eine Heilwirkung zugesprochen wird; außerdem wird erklärt, gegen welche Krankheiten sie eingesetzt werden. In einer originalen Apotheke aus dem 19. Jahrhundert bietet ein Kräutersammler aus den Bergen dem Apotheker seine Ware an; Videos zeigen, wie selbsternannte Heiler und Heilerinnen *(curanderos, santeros)* noch heute ihre Patienten kurieren. Zum Abschluss der Besichtigung kann man sich im Café mit Kräutertees stärken.

■ **Centro de Plantas Medicinales,** Calle Párroco Rodríguez Vega 10, Di–Sa 11–15.30, So 11–16 Uhr.

Museum der Traditionen: Im Heimatmuseum, zu dem eine mächtige Natursteintreppe hinaufführt, illustrieren interaktive Schaubilder Sitten und Gebräuche der Bewohner. In einem nachgebauten Tante-Emma-Laden *(venta de aceite y vinagre)* kann man kanarisches Kunsthandwerk kaufen. Ein eigener Raum ist den Bildern der Berge gewidmet: Unzählige, ständig variierende Fotos sind zu einem großen Gemälde komponiert – dazu erklingt archaische Musik.

■ **Museo de Tradiciones,** Calle Párroco Rodríguez Vega 6, Di–So 11–16 Uhr.

Museum für Bildhauerei: Das Haus liegt oberhalb des Kirchplatzes und ist dem hier geborenen Künstler *Abraham Cárdenes* (1907–1971) gewidmet. Im Museum werden auch wechselnde Ausstellungen der Malerei und der Fotokunst gezeigt.

■ **Museo de Esculturas Abraham Cárdenes,** Calle Leocadio Cabrera 2, Tel./Fax 928666189, www.tejeda.es, Mo–Sa 10–15 Uhr.

△ Wohin man schaut schöne Ausblicke

Museum der drei Kreuze: In diesem privaten Haus sind Werkzeuge zu sehen, die die Bewohner in den letzten 400 Jahren brauchten, um das Land nutzbar zu machen.

- **Museo Tres Cruces,** Calle Heraclio Sánchez s/n, Di–So 11–16 Uhr.

Praktische Tipps

Info

- **Touristeninformation:** Calle Leocadio Cabrera 2, Tel./ Fax 928666189, tgl. 11–15 Uhr.
- **Internet:** www.tejedaturistica.com

Unterkunft

- **Hotel Rural Fonda de la Tea***,** Calle Ezequiel Sánchez 22, Tel. 928666422, Fax 928666443, www.hotelfondadelatea.com. Ein gemütliches, im kanarischen Stil erbautes Hotel mitten im denkmalgeschützten Ortskern. *Fina,* die engagierte Eigentümerin, legte bei der Restaurierung des ehemaligen Gasthauses größten Wert auf Details: Die Rezeption ahmt einen Tante-Emma-Laden nach, im Innenhof wachsen kanarische Pflanzen. Viele der 12 Zimmer haben noch die alten Natursteinmauern, verfügen zugleich aber über modernen Komfort (Flachbild-TV, Internet, Klimaanlage, Fön). Alle haben einen Balkon, die im zweiten Stock Zugang zu einer großen Terrasse mit Blick auf den „Wolkenfels". Im behaglichen, mit Kiefernkernholz eingerichteten Lokal wird auf Wunsch kanarische Kost serviert. Im Sommer kommt man nach dem Tagesausflug gern in dieses Hotel zurück – im Winter wünschte man sich, dass im Salon der Kamin flackerte …
- **Casa Serafín**,** Calle Heraclio Sánchez 66, Tel. 928666422. Von der Kirche folgt man der steilen Gasse 5 Minuten bergab: Ein üppiger Zitronenbaum steht am Eingang des Hauses, das von Señora *Dolores* versorgt wird und eingerichtet ist wie anno dazumal: der große Wohnraum mit seinen tiefen Sesseln und ringsum postierten Sofas, die beiden Schlafzimmer für max. 4 Pers., die geräumige Küche, die Grill-Terrasse mit Bentaiga-Blick und das Bad.
- **Ap. Cueva de la Tea**,** Dr. Hernández Guerra 21, Tel. 928666128. Vier Apartments über dem gleichnamigen Restaurant mit Panoramablick. Auch ein Fernseher und eine Waschmaschine sind vorhanden.
- **Ap. Gayfa*,** Cruz Blanca 34, Tel. 928666230. Gutes Preis-Leistungs-Verhältnis: Vier Apartments in einem Wohnhaus am südlichen Ortsausgang, allesamt geräumig, bestens ausgestattet mit großer Wohnküche, Waschmaschine und Heizung, Terrasse und Bergblick. Dazu noch fünf weitere Zimmer mit Bad. Die Schlüssel bekommt man im Lokal Gayfa gleich neben der Tankstelle, das von den Geschwistern *Sergio, Carlos* und *Mari* geleitet wird. Im Lokal bekommt man Hausmannskost und deftigen Eintopf, aus dem Fernseher dudeln Nachrichten und Sportreportagen.
- **Pension Tejeda*,** Dr. Hernández Guerra 19, Tel. 928666055. Die Pension, die oft auch als Hostal bezeichnet wird, verfügt über sieben einfache Zimmer mit Dusche. Zwei Zimmer oberhalb des Restaurants bieten einen herrlichen Blick auf die Gebirgslandschaft. DZ ab nur 25 €.

▷ Tejeda: tief im Tal

■ **Albergue de Tejeda*,** Tomás Arroyo Cardoso 6, Tel. 902455550. Herberge mit tollem Blick auf den Roque Bentayga, mit EU-Geldern erbaut, doch nur selten geöffnet. Zwei Schlafsäle für 16 bzw. 18 Personen, gute Matratzen. Im stolzen Preis von 17 € pro Bett sind Frühstück, Internet und Küchenbenutzung inbegriffen. Von der Tankstelle in den Ort gehen, nach 100 m steil links hinab und an der Gabelung abermals links! Es empfiehlt sich vorherige telefonische Anmeldung.

Essen und Trinken

■ **Cueva de la Tea**,** Doctor Domingo Hernández Guerra 21, Tel. 928666306. Das in gehobenem Landhausstil eingerichtete Lokal an der unteren Dorfstraße (mit schöner Terrasse) war einmal die Top-Adresse im Ort, doch der neue Wirt wird dem guten Ruf nicht gerecht. „Preis-Leistungs-Verhältnis und Service stimmen nicht", schrieb ein Leser, man merke, „dass der Wirt von Durchgangspublikum lebt".

■ **Let Me Take U*-**,** Calle Domingo Hernández Guerra 25, Tel. 928666281, www.letmetakeu.com, tgl. außer Mo ab 12 Uhr. „Let me take you" ist das Motto der polyglotten *Fernando* und *Nikos,* die an der Hauptstraße eine „Ensaladería", ein chilliges Salat-Bistro betreiben.

■ **Casa del Caminero*-**,** Av. de los Almendros 5, Mobil: 609166961, Do–Mo ab 12 Uhr. Der Künstler *Armando Gil* hat sein an der Hauptstraße gelegenes Atelier (oberhalb des Hotels Fondo de la Tea) um einen Laden mit Bistro erweitert. Angeboten werden Tellergerichte mit Linsen und Kichererbsen, Inselkäse, Schinken und Wein.

Tejeda: Hübsch und gepflegt

Einkaufen

■ **Mandelspezialitäten:** Dulcería Nublo, Calle Dr. Hernández Guerra 15, Tel. 928666030. Marzipan, Makronen und Mandeltörtchen werden in der Dulcería Nublo von *Lolita Navarro* hergestellt und erfreuen sich auf der ganzen Insel größter Beliebtheit. Stolz ist man besonders auf den Mandelaufstrich *bienmesabe*, der wörtlich „schmeckt-mir-gut" heißt. Ein Löffelchen davon verleiht vielen Desserts eine raffinierte Note.

Fest

■ **Anfang Februar:** *Fiesta del Almendro en Flor*. Das Mandelblütenfest ist eines der ganz großen Inselfeste. Im Mittelpunkt stehen Folklore-Darbietungen, dazu probiert man geröstete Mandeln, Mandelmousse und andere Köstlichkeiten, ergötzt sich an Hirtensprung und Stockkampf, lässt sich den Wein schmecken und tanzt. Mit einem Feuerwerk klingt das Fest aus.
■ **Mitte September:** *Fiesta de la Virgen del Socorro*. Mehrtägiges Fest zu Ehren der Schutzheiligen mit einer *Romería* (Umzug) und Tanzveranstaltungen.

Wandertipp

Ein großartiges Wegenetz durchzieht den Talkessel von Tejeda. Das Dorf ist Startpunkt einer imposanten, im Buch beschriebenen Rundwanderung nach La Culata (siehe Tour 4, im Kapitel „Die 12 schönsten Wanderungen"). Sie kann mit den Touren 2 und 3 kombiniert werden. Besonders schön ist die Wanderung zur Zeit der Mandelblüte Anfang Februar. Weitere Wege sind auf der Homepage der Gemeinde www.tejedaturistica.com dokumentiert.

In der Umgebung

Roque Bentayga

GC-60 Km. 6,3 – eine kleine Orientierungshilfe: Von der GC-60 zweigt die GC-607 ab, die sich nach knapp 500 m gabelt. Links geht es mit der GC-671 zum Roque Bentayga, rechts nach La Solana/El Chorrillo. Beide Straßen sind „Sackgassen" und enden nach wenigen Kilometern. Danach geht es nur zu Fuß weiter: auf alten „Königspfaden" von El Espinillo bzw. El Chorrillo zur Straße GC-606 bei El Carrizal! Die meisten Urlauber treibt es zum Roque Bentayga, der aus einer 600 m hohen Gesteinspyramide spektakulär aufragt. Neben dem „Wolkenfels" war dies der wichtigste **Kultberg** der Altkanarier. In mehreren Kehren führt die Straße zum Info-Zentrum hinauf, das über die Bedeutung des 1415 m hohen „heiligen Berges" informiert (Centro de Interpretación Roque Bentayga, GC-671, Tel. 928170384, Di–So 11–16 Uhr). Von hier startet ein steiler, 25-minütiger **Wanderweg** zum Kultplatz am Sockel des Felsens; der letzte, knapp drei Meter hohe Aufstieg könnte Schwindelgefühle hervorrufen. Von den Höhlenöffnungen bietet sich ein fantastischer Blick auf die Caldera.

Vorerst nicht für den Besuch freigegeben ist eine zweite Kultstätte, die 11 m lange **Cueva del Rey** (Königshöhle) an der GC -607.

El Juncal

GC-60 Km. 11,4: Zwei Straßen zweigen westwärts ab. Auf der GC-606 erreicht man nach 11 Kilometern den einsamen

Cruz de Tejeda

„Grand Canyon" (GC-210 La Aldea de San Nicolás-Artenara), auf der GC-661 kommt man in nur 4 Kilometern ins Dorf El Juncal, wo man am besten links in den Talgrund hinabfährt und dort (sofern das noch erlaubt ist) das Auto abstellt. Auf der bequemen, für den Verkehr gesperrten Forstpiste können Sie durch den Kiefernwald des **Naturschutzgebiets Pajonales** wandern, in dem Sie mit etwas Glück auch seltene Vogelarten sehen können.

Presa de las Niñas

GC-60 Km. 14,3: Wieder ein Abzweig, dem man folgen sollte! Auf der GC-605 erreicht man in gut 10 km den „Stausee der Mädchen", an dessen Nordseite Canarios gern am Wochenende kampieren und sich im Schatten des Kiefernwalds zum gemeinsamen **Picknick** treffen. Werktags dagegen herrscht wenig Betrieb – da bekommt man Lust, länger zu bleiben! Die Straße führt weiter durch eine romantische Bergwelt ins Tal von Mogán bzw. (via Barranquillo Andrés) in den fruchtbaren Barranco de Arguineguín.

Roque Bentayga

Cruz de Tejeda

In 1500 m Höhe markiert der Pass am steinernen Kreuz die **Wetterscheide zwischen Nord und Süd.** Einige Kilometer nördlich mag es feucht und kühl sein, während im knapp südlich gelegenen Tejeda die Sonne scheint. Urlauber schauen morgens aus dem Fenster und entscheiden je nach Wetterlage, wohin der Tagesausflug führen soll.

Vor dem Kreuz erhebt sich der mächtige Parador, der 1949 nach einem Entwurf des kanarischen Künstlers *Miguel Martín Fernández de la Torre* entstand und 2009 wieder öffnete.

Praktische Tipps

Unterkunft

■ **Parador******, GC-15 Km. 26,7, Tel. 902547979, www.parador.es/de/parador-de-cruz-de-tejeda. Der im neokanarischen Stil erbaute Parador bietet 43 Zimmer inmitten einer urwüchsigen Naturlandschaft – eine schönere Lage ist für ein Hotel kaum vorstellbar. Zum Haus gehören geräumige Salons, ein Spa Center und ein Pool. Von der Terrasse des Restaurants bietet sich ein herrlicher Blick auf die Gebirgswelt – zwei Wanderungen starten unmittelbar hinter dem Hotel, wo sich auch der Parkplatz befindet.

■ **El Refugio****, Tel. 928666513, Fax 928666520, www.hotelruralrefugio.com. Gegenüber vom Parador: attraktives Hotel mit 10 beheizten Doppelzimmern und einem gemütlichen Aufenthaltsraum. Die Mehrzahl der Hotelbesucher sind Wanderer: Unmittelbar vor der Haustür starten vier tolle Gebirgswege. Weil sich das Hotel direkt an der Wetterscheide befindet, wartet man für die Wege im Norden auf "Ausnahmewetter".

Ein paar Kilometer südlich:

■ **Finca La Isa*****, GC-156, Cuevas Caídas (bei Tejeda), Mobil: 687962538 und 687964379, www.fincalaisa.de. Auf einer Höhe von 1300 m: Zwei Landhäuser inmitten herrlicher Natur am Wanderweg nach Tejeda. In der Casa Bella Vista können max. 4 Personen wohnen (120 €), in der Casa Bentayga ist Platz für sechs (160 €). Auf der Terrasse kann man sich ausruhen und grillen, bei groß und klein beliebt ist das Jacuzzi. Die deutschen Besitzer (*Claudi* und *Thomas*) wohnen gleichfalls auf der Finca und bieten hausgemachte Marmelade, Rosmarinhonig und Wurst. Cruz de Tejeda und Tejeda erreicht man im Auto in knapp 10 Minuten, einen Supermarkt gibt es nur in Tejeda.

Essen und Trinken

■ **Asador de Yolanda****, Cruz de Tejeda, Tel. 928666276, tgl. ab 9 Uhr. Mit viel Holz gemütlich-rustikal eingerichtetes Restaurant. Es gibt frisches Fleisch vom Grill, Pilzgericht und deftigen Eintopf, dazu Wein aus der Region.

Wanderparadies

Am Cruz de Tejeda kreuzen sich mehrere *Caminos*: Vom Parkplatz hinter dem Parador starten die Wege nach **Artenara** und **Teror**, links neben der GC-15 geht es nach **Las Lagunetas** hinab. Bleibt noch der Weg, der gegenüber vom Steinkreuz, zwischen dem Restaurant Asador de Yolanda und einem Verkaufsstand, beginnt. Schon nach wenigen Minuten spaltet er sich auf: Rechts geht es mit der in diesem Buch beschriebenen Wanderung 3 nach **Tejeda** (siehe Kapitel "Die 12 schönsten Wanderungen"), geradeaus zum **Mirador Degollada Becerra**, wo man Anschluss an Wanderung 2 hat, eine grandiose Rundtour mit Blick auf den **Roque Nublo**. Dritte Möglichkeit: Wer am Mirador die Straße quert und dem Wegweiser mit der irreführenden Bezeichnung "PR GC-2 Santa Brígida – Las Palmas" folgt, kommt in den stets Wasser führenden **Barranco de la Mina** (Rückkehr nach Cruz de Tejeda via Lagunetas, 3 Std.).

■ **El Refugio****, Tel. 928666613, tgl. ab 11 Uhr. Im Restaurant des gleichnamigen Hotels hat man die Wahl zwischen preisgünstigem Touristenmenü und Essen à la carte – für feine Kost empfiehlt sich der Kaminsaal.

Einkaufen

■ **Souvenirverkäufer** buhlen um die Gunst der Touristen, bieten Stickereien, Keramik und Korbwaren an.

In der Umgebung

Aussichtspunkte

Von Cruz de Tejeda sind zwei Aussichtspunkte leicht zu erreichen: der **Mirador Degollada de las Palomas** an der Straße nach Pinos de Gáldar (GC-150) und der besonders schöne **Mirador Degollada Becerra** (mit Info-Zentrum) an der Straße zum Pico de las Nieves (GC-150). Folgt man dieser Straße 2 km bis zur Kreuzung und biegt dann rechts ein, kommt man zur Picknickzone Llanos de la Pez. Fährt man an der Kreuzung geradeaus weiter, zweigt bald eine Straße zum **Pico de las Nieves** ab, dem höchsten Berg der Insel (mehr dazu im Kapitel „Ayacata").

La Culata

Das Bergdorf, erreichbar über eine Abzweigung von der GC-15, liegt tief versteckt im Kessel der Caldera. Wanderwege führen von hier nach Tejeda und Cruz de Tejeda, nach La Goleta und zum Roque Nublo. Vor oder nach einer Tour stärkt man sich in der zentralen Bar **Roque Nublo** mit *vino de Tejeda* vom Fass, gut schmeckt auch das deftige Schweine- und Ziegenfleisch. Über die Bar (Tel. 928666629) sowie über Grantural (siehe „Praktische Reisetipps, Unterkunft, Individuell") können in dem Ort Häuser gebucht werden.

Artenara

Zentrales Bergland

Das mit 1270 m **höchstgelegene Dorf der Insel** bietet spektakuläre Panoramen. Es liegt am Nordrand der Kratersenke und ist von Schluchten und bizarren Felsformationen umgeben. Doch mag auch der Ort noch so schön sein, geht die Zahl der Einwohner (zurzeit 500) ständig zurück. Die Jugendlichen zieht es in die Stadt, dorthin, wo, so hoffen sie, vielleicht doch noch das große Geld gemacht wird – nur die Älteren harren aus und widmen sich der Anpflanzung von Kartoffeln, Weizen und Mais; als Hirten treiben sie Ziegen und Schafe über die Hänge der umliegenden Berge. Sie leben in Felshöhlen, die durch eine weiß getünchte Steinwand nach außen abgeschlossen und von blühenden Pflanzen eingerahmt sind – im Innern geschmückt mit Heiligenbildern und Fotos der Verwandten.

Kirche

Das Ortsbild wird von den viereckigen Türmen der **Iglesia de San Mateo** bestimmt, die in den 1960er Jahren mit bunten Wandbildern von *José Arencibia* dekoriert wurde. Dargestellt sind Himmelfahrtsszenen von Jesus, Maria und Elias – letzterer fährt in einem feurigen, von Pferden gezogenen Wagen zum Himmel hinauf. Auf dem Berg oberhalb der Kirche thront eine überlebensgroße Christusstatue.

Das „Kreuz" von Tejeda

Artenara

Ausblick

Am **Mirador La Esquina** (neben dem gleichnamigen Restaurant) genießt man ein erstes Mal den Ausblick auf die Caldera de Tejeda. Man sieht den Roque Bentayga und den Roque Nublo, ganz fern sogar den Pico de las Nieves. Im Bann der Bergwelt steht auch **Miguel de Unamuno,** dem man ein paar Schritte weiter mit einer Statue huldigt – fasziniert schaut er auf das vor ihm sich auftürmende „versteinerte Gewitter". Im Jahr 1910 war der spanische Schriftsteller auf Gran Canaria – von Artenara, heißt es, habe er sich gar nicht mehr trennen wollen.

Mit einem natürlichen Balkon lockt das **Höhlenrestaurant La Silla** – hier kann man die schönsten Erinnerungsfotos schießen. Und wer noch höher hinauf will, spaziert auf die Kuppe des gleichnamigen Berges hinauf – 1996 schuf hier der Bildhauer *José Luis Marrero* eine dem Herzen Jesu gewidmete Skulptur *(Corazón de Jesús).*

Kapelle

Wichtigste Sehenswürdigkeit des Ortes ist die in roten Fels geschlagene, 4 m hohe **Kapelle der Höhlenjungfrau.** „La Virgen de la Cuevita", die Schutzpatronin der Radfahrer, wurde 1351 von mallorquinischen Missionaren nach Gran Canaria gebracht. Am vorletzten Sonntag im August ehrt man sie mit einer großen Prozession. Feierlich wird sie zur Dorfkirche an der Plaza getragen und eine Woche darauf an ihren angestammten Ort zurückgebracht: Der Weg zur Kapelle ist 600 m lang, vor der Terrasse am Lokal Esquina geht es links ab.

■ **Iglesia Virgen de la Cuevita,** Calle Párroco Domingo Báez s/n.

Praktische Tipps

Info

■ **Touristeninformation:** Camino de La Cilla s/n, Tel. 928666102, artenaturismo@gmail.com, Mo–Fr 10–17 Uhr. Im „Haus der vier Höhlen" wird man mit Broschüren und Tipps versorgt.
■ **Internet:** www.artenara.es

Unterkunft

■ **Hostel:** *El Warung Cave Hostel,* Calle Debajo del Risco (La Vuevita 38), www.spanish.hostelworld.com, ÜF 16 € p.P. Señor *Manolo* bietet in den vier Zimmern seines Höhlenhauses unterhalb der Ermita Schlafstätten für 16 Personen. Noch nicht legalisiert, Schlüssel bekommt man in der Casa del Correo.
■ **Apartments:** Señor *Julián Bolaños* (Mobil: 659 928076) plant die Vermietung zweier Apartments ** im Ortskern von Artenara.
■ **Landhäuser:** Auf Wochenbasis können über Gran Tural und andere Agenturen (siehe „Praktische Reisetipps, Unterkunft, Individuell") restaurierte Bauern- und Höhlenhäuser gebucht werden. Zentral liegt nur **El Pajar**** direkt im Ortskern: eine rustikale Unterkunft unter einem gewaltigen Felsüberhang mit fantastischem Ausblick auf die Bergwelt, mit Vorgarten und Weinpergola (Calle Párroco Domingo Báez 22, Tel. 902157281). Die übrigen Land-

▷ In Fels geschlagen:
Die Kapelle der Höhlenjungfrau

häuser liegen 2–3 km außerhalb in den Weilern Las Arbejas, El Caidero und La Cuevita. Sie sind für 2–4, teilweise auch für bis zu 7 Personen geeignet.

Essen und Trinken

■ **La Cilla**,** Camino de la Cilla 9, Tel. 928666227, miradorlacilla@gmail.com, tgl. 11–18 Uhr. Durch einen 100 m langen, dunklen Tunnel gelangt man auf ein von Pflanzen umranktes Plateau unter einem Felsüberhang und genießt eine herrliche Aussicht auf die bizarre Gebirgslandschaft. Ein wunderbarer Ort, um etwas zu trinken und zu entspannen!

■ **La Esquina**,** Calle Domingo Baez 1, Tel. 928 666381, So geschlossen. Das Restaurant hat sich auf Touristengruppen eingestellt. Von der Terrasse hat man einen weiten Panoramablick.

■ **Casa del Correo*,** Plaza de San Matías 7, Mobil: 622153331/685115406, Di–So 10–22.30 Uhr. Im „Posthaus" gegenüber der Kirche treffen sich gern die Dorfbewohner. *Fany* und *Inés* haben den traditionsreichen Laden auf Schwung gebracht (jetzt mit Terrasse) und bieten kanarische Kost. Ihre Spezialität ist *garbanzada,* ein deftiges Kichererbsengericht, viel bestellt werden auch *chorizo* (Paprikawurst) und *morcilla* (Blutwurst).

Wandertipp

Gut ausgebaute Wege führen nach **Cruz de Tejeda** und **Acusa,** zum Kiefernwald des **Tamadaba** und ins **Tal von Agaete.** Der Panoramaweg zum **Altavista** ist in diesem Buch als Tour 8 beschrieben (siehe Kapitel „Die 12 schönsten Wanderungen").

Fest

■ **2. Augusthälfte:** *Fiesta de la Virgen de la Cuevita.* Am letzten Wochenende des Monats findet zu Ehren der Höhlenjungfrau eine Prozession statt (s.o.). Da sie auch die Schutzheilige der Radfahrer ist, findet ein großes Rennen von Las Palmas nach Artenara statt. Zum Abschluss lassen sich die Radler in der Kirche segnen.

In der Umgebung

Pinos de Gáldar

An der GC-21, der Straße nach Teror, lohnt nach 7 km ein Stopp an der Aussichtsplattform. Unter sich sieht man den Krater eines erloschenen Vulkans, die Hänge sind mit Asche und Lava bedeckt. Bei gutem Wetter überblickt man vom Mirador die gesamte Nordosthälfte bis hin zur Hauptstadt und der ihr vorgelagerten Halbinsel La Isleta. Der Aussichtspunkt ist auch Endpunkt eines von Cruz de Tejeda kommenden Wanderwegs, weitere Wege starten von hier nach Fontanales (1¼ Std.) und Santa María de Guía (4¼ Std.).

Acusa

Der Tafelberg Acusa liegt an der Straße nach La Aldea de San Nicolás, gut parken kann man nahe dem Kirchplatz von **Vega de Acusa.** Hier wird am 14. September das Patronatsfest mit Tanz und Folklore gefeiert *(Día del Cristo de Acusa).*
Besonders sehenswert ist das **Höhlendorf Acusa Seca,** erreichbar über eine ausgeschilderte, 1,2 km lange Piste (Abzweig GC-210 Km. 12,3). Die Höhlenwohnungen im Schatten der steil aufragenden Felswand sind teilweise bewohnt und bieten einen fantastischen Ausblick auf die Caldera. Ein Wanderweg führt um den Tafelberg herum und mündet bei Km. 16 in die Straße GC-210.

Pinar de Tamadaba

Von Artenara führt eine Straße ostwärts zum Kiefernwald von Tamadaba und um ihn herum. Nördlich der Ringstraße befindet sich ein großer, am Wochenende gut besuchter Picknickplatz.
 Wandertipp: Bleibt man auf der Ringstraße, sieht man nach 250 m linker Hand ein Forsthaus. Hier könnte man das Auto abstellen und zu einem gut einstündigen Spaziergang quer durch den Kiefernwald starten: dem Schild „La Bandera" folgen, nach 900 m links Richtung „Agaete", an der nächsten Wegkreuzung (nach weiteren 1,2 km) links in Richtung „Casa Forestal". In wenigen Minuten ist die Ringstraße erreicht, auf der es links zum Forsthaus zurückgeht.

Lugarejos

Biegt man von der Straße zum Tamadaba nach 4 km rechts ab, kommt man nach Lugarejos am gleichnamigen Stausee. Im **Keramikzentrum** (Centro Alfarero) kann man Tongefäße nach altkanarischem Vorbild erstehen. Leider ist es nur unregelmäßig geöffnet.

▷ In dramatischer Felslandschaft – Höhlenhäuser von Acusa Seca

Wanderkarten

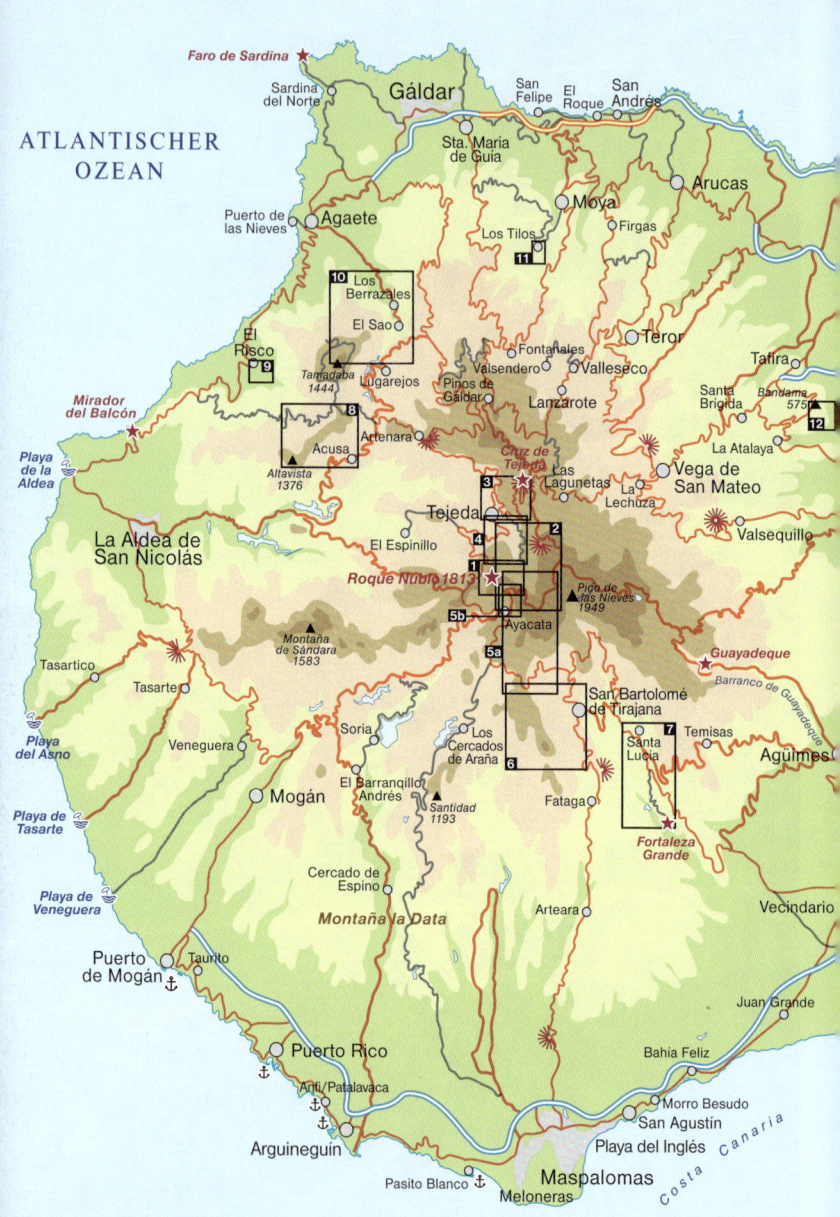

Beim Wandern taucht man ein in eine andere Welt: Man passiert Höhlenhäuser, die vor Jahrzehnten verlassen wurden,

Die 12 schönsten Wanderungen

altkanarische Felsfestungen und romantische Stauseen. Dazu das Gebimmel von Glocken: Schafe und Ziegen kreuzen den Weg, meist scheu, manchmal auch zutraulich.

Wanderung 1 | 228	Wanderung 7 | 248
Wanderung 2 | 231	Wanderung 8 | 251
Wanderung 3 | 235	Wanderung 9 | 254
Wanderung 4 | 238	Wanderung 10 | 256
Wanderung 5 | 241	Wanderung 11 | 261
Wanderung 6 | 245	Wanderung 12 | 263

DIE INSEL ZU FUSS ENTDECKEN

Stauseen und Palmentäler, Vulkankrater, Wälder und Wiesen – es hat sich herumgesprochen, dass die Atlantikinsel mehr zu bieten hat als Sonne, Strand und Meer. 43 % der Insel sind als Biosphärenreservat geschützt. Viele alte Verbindungswege, die sogenannten *Caminos Reales* (von der Königskasse finanzierte Pfade), wurden in den vergangenen Jahren restauriert und machen mit großartigen Landschaften vertraut. Sie führen in der Regel nicht steil und geradlinig, sondern in sanft geschwungenen Kehren die Hänge hinauf, sind teilweise steingepflastert und an markanten Stellen mit Seitenmauern abgestützt.

Ausgangsbasis

Ideale Startpunkte für Wanderungen sind die Orte im Gebirgsmassiv, hier vor allem die durch Bus 305 und 18 miteinander verbundenen **Cruz de Tejeda, Tejeda** und **San Bartolomé.** Doch auch küstennahe Orte eignen sich als Ausgangspunkt für jeweils mehrere Tage, z.B. La Aldea de San Nicolás, Agaete und Las Palmas.

Jahreszeit

Es kann das ganze Jahr über gewandert werden, doch sollte man von Juni bis September aufgrund der starken Sonneneinstrahlung nur einfache Touren auswählen und die Mittagsstunden mei-

Blick auf La Culata

- 1. Auf den Wolkenfels und um ihn herum | 228
- 2. Gigantischer Talkessel – Runde ab La Goleta | 231
- 3. Der Sonne entgegen – von Cruz de Tejeda nach Tejeda | 235
- 4. Durch Mandelbaumhaine – Start und Ziel Tejeda | 238
- 5. Spektakulärer Königsweg – von Cruz Grande nach Ayacata | 241
- 6. Über den Schluchten des Südens – Runde um San Bartolomé de Tirajana | 245
- 7. Von Santa Lucía zur Festung La Fortaleza | 248
- 8. Panoramaweg zum Altavista | 251
- 9. Zum Blauen Tümpel – Charco Azul | 254
- 10. Agaete-Tal und Tamadaba-Massiv – auf alten Pilgerwegen | 256
- 11. Kleine Runde im Lorbeerwald – Los Tilos | 261
- 12. In den Krater des Bandama | 263

WANDERUNGEN

den. Blumen und Pflanzen blühen üppig im Frühjahr, im Spätsommer sind die Hänge oft ausgedörrt. Von September bis Dezember ist donnerstags und sonntags die Jagd auf Rebhühner, Wildtauben und Wildkaninchen freigegeben – Vorsicht, es darf geschossen werden!

Vorsicht

Zwar wurden auch auf Gran Canaria viele Wege markiert, doch hielten sich viele Gemeinden nicht an das internationale System, sondern zogen ein eigenes vor, das an der Gemeindegrenze abrupt endet. Aufgestellte Wegweiser sind nicht immer zuverlässig, an einigen wichtigen Abzweigungen fehlen sie gar. Einige Canarios sehen darin einen Beweis für die mangelnde Kompetenz der mit der Markierung beauftragten kanarischen Unternehmen, andere glauben, offizielle Wanderführer könnten an der fehlerhaften Beschilderung interessiert sein, um bei den Teilnehmern ihrer Gruppe den Eindruck entstehen zu lassen: „Nur dank der Ortskenntnis unseres Führers haben wir das Ziel erreicht". Doch seien Sie unbesorgt: Zumindest auf die in diesem Buch vorgestellten Touren ist Verlass, die Angaben wurden mehrfach überprüft, kein bezahlter Führer tut not!

Der in einigen Zeitschriften auf Anregung des Tourismusamts aufgeführte, in drei Tagesetappen unterteilte **Jakobsweg** wird in diesem Buch bewusst nicht vorgestellt: Nicht alle Teilabschnitte sind ausreichend markiert, oft auch (z.B. beim Steilaufstieg von Arteara zum Gigante) in so schlechtem Zustand, dass vom Weg (vorerst) abzuraten ist. Die wirklich schönen Unteretappen sind im vorliegenden Buch enthalten (siehe Tour 2 und Tour 5).

Auf **gute Planung** kommt es an: Wanderungen auf Gran Canaria sollten stets so vorbereitet sein, dass man noch vor Einbruch der Dunkelheit zum Auto bzw. zur Bushaltestelle zurückkehrt. Zur Ausrüstung gehören gutes Schuhwerk, Sonnenschutz und Kopfbedeckung. Man sollte genug **Trinkwasser** und **Verpflegung** dabei haben und besser nicht allein wandern! Informieren Sie sich vor der Tour im Internet oder Fernsehen („El Tiempo") über die aktuelle **Wetterlage**. Sind Regen und Sturm für die Berge angekündigt, sollte man aufs Wandern ganz verzichten. Nach starkem Regen verwandeln sich Schluchten *(bar-*

▷ Esel als Haustier

rancos) in reißende Ströme und es droht Steinschlaggefahr!

Bücher/Karten

Aufgrund der genannten Mängel bezüglich der Markierung bleibt man auf detaillierte Beschreibungen angewiesen. Das vorliegende Buch enthält die 12 schönsten Touren der Insel, alle mit Busanschluss und markiert. Noch umfassender ist das Angebot in den **Wanderbüchern** von Rother und DuMont. Bücher ebenso wie Karten bekommt man in der „Librería del Cabildo" in Las Palmas (Calle Cano 24, Triana, Karte S. 142 sowie bei Señor *Pedro* im Bazar Monica in Playa del Inglés (Av. de Tirajana 3).

Organisiert

Es gibt Streckenwanderungen, die in Eigenregie nur schwer realisierbar sind. Da trifft es sich gut, dass es Veranstalter gibt, die die Gäste in einem gecharterten Bus von ihrem Hotel abholen, zum Startpunkt bringen und am Ziel wieder abholen. Wer im Urlaub nur an ein oder zwei preiswerten Wanderungen teilnehmen möchte, wendet sich an die **Vertretung der evangelischen Kirche** in Playa del Inglés (www.kirche-grancanaria.de, sehr günstig!). Zu empfehlen sind auch die „geführten und selbst geführten" Wanderungen mit **Franz Miltenburg** (Mobil: 699124985, www.discoverygrancanaria.com), besonders interessant die Trekkingtouren über die Insel.

1. Auf den Wolkenfels und um ihn herum

■ **Charakter:** Der Roque Nublo war ein Kultplatz der Ureinwohner. Wie ein gigantisches Ausrufezeichen schnellt er 60 m aus einem weiten Felsplateau empor, von dem sich Blicke bieten, die man „atemberaubend" nennen darf. Unterwegs passiert man bizarr erodierte Felsen – Mönch, Frosch und ein Auge! Der aussichtsreiche Weg ist gut ausgebaut, markiert und – von zwei etwas steileren Anstiegen abgesehen – leicht.
■ **Ausgangs- und Endpunkt:** La Goleta 1578 m (GC-600, Km. 11,2)
■ **Zwischenziel:** Roque Nublo 1744 m
■ **Länge:** 4,8 km
■ **Dauer:** 2 Std.
■ **Höhenunterschied:** Je 230 m im An- und Abstieg.
■ **Einkehr:** Überteuerter Imbiss am Wandereinstieg; Pension und Hotel in Tejeda, Campinghütten (nach vorheriger Anmeldung) im Campamento El Garañón.
■ **Anfahrt mit Auto:** Von Ayacata auf der GC-600 3 km bergauf, der Startpunkt befindet sich zur Linken, der Parkplatz zur Rechten. Keine Wertsachen im Auto lassen!
■ **Anfahrt mit Bus:** Der Talort Ayacata ist mit Bus 18 erreichbar, von dort führt ein Wanderweg (siehe Variante) zur Passhöhe La Goleta.
■ **Variante** (Aufstieg ab Ayacata): An der Dorfkirche von Ayacata folgt man der aufwärts führenden Straße GC-600 und verlässt sie nach 20 m auf einem links abzweigenden, anfangs betonierten Weg (PR-GC-60 La Goleta). Dieser geleitet uns zur Straße zurück, die wir auf einem links abzweigenden Weg sogleich wieder verlassen. Nach 20-minütigem Aufstieg stößt er am Haus Huerta Grande abermals auf die GC-600; wir folgen ihr nach links und wechseln nach 50 m (gegenüber Haus 48) in einen Treppenweg über. Nach 400 m mündet er in die Straße, auf der wir 200 m aufwärts gehen, um schließlich links in einen steingepflasterten, von Mäuerchen flankierten Weg einzubiegen. Dieser bringt uns geradewegs zum Plateau La Goleta (1 Std.). Der Rückweg nach Ayacata ist in Wanderung 5 beschrieben.
■ **Tipp:** Besteigen Sie den Roque Nublo möglichst früh (am besten vor 11 Uhr) oder am Nachmittag (nach 15 Uhr): nur dann erleben Sie den Wolkenfels in grandioser Einsamkeit! Zur Mittagszeit wird er von vielen Tagesausflüglern angesteuert.

Von der Einsattelung an der Passhöhe **La Goleta** laufen wir geradeaus auf den Roque Nublo zu, ignorieren die links und rechts abzweigenden Wege. Schon bald erscheint vor uns eine „Prozession" aus Nachhut, Mönch, Frosch und Wolkenfels – so jedenfalls werden die markanten Felsen von links nach rechts gedeutet. Nach 830 m erreichen wir die **Gabelung El Fraile** am Fuß des „Mönchs", folgen dem Wegweiser „PR-GC-60 La Culata" nach rechts und beginnen die Umrundung des Nublo entgegen dem Uhrzeigersinn. Nach heftigem, aber kur-

Wanderung 1

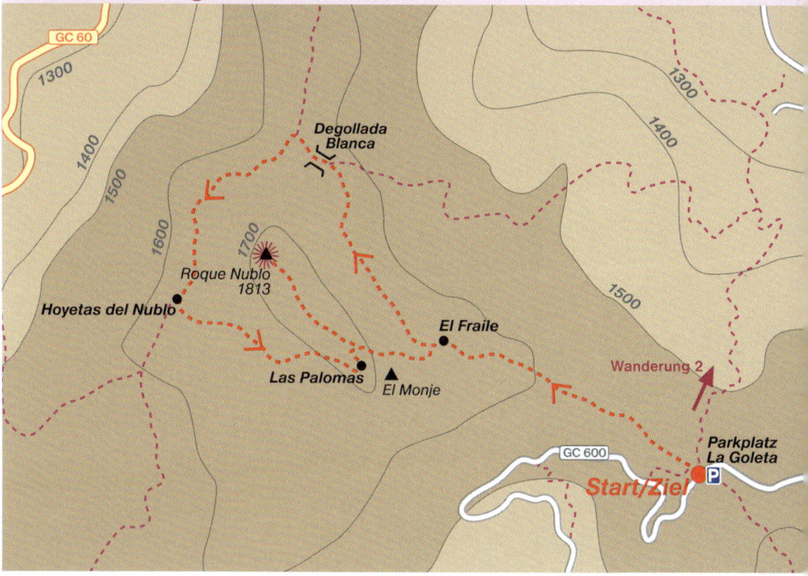

zem Anstieg flacht der Weg ab und führt gemütlich durch Kiefernwald. An der **Gabelung Degollada Blanca** nach insgesamt 1,5 km ignorieren wir den Rechtsabzweig nach „La Culata" und gehen geradeaus in Richtung „La Goleta". Zwei Minuten ist ein Abstecher nach rechts auf einen aussichtsreichen Seitenkamm möglich, doch auch der Hauptweg hält grandiose Aussichten bereit: Während wir einen Halbkreis um den Nublo-Sockel schlagen, blicken wir in den tiefen, wild zerklüfteten Kessel der Caldera de Tejeda.

Höhenprofil Wanderung 1

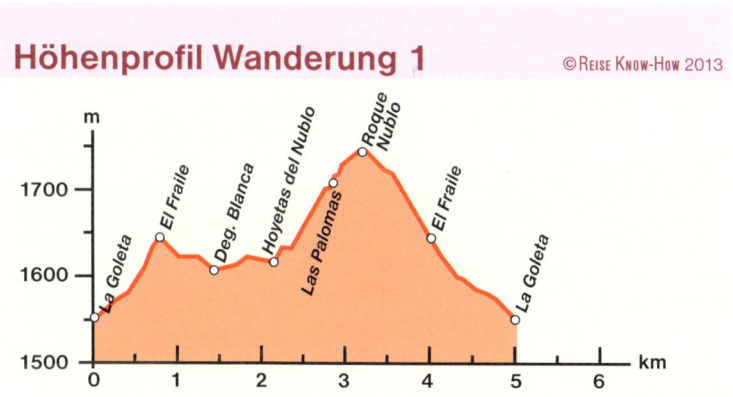

Höhehaltend geht es weiter zur **Gabelung Hoyetas del Nublo,** eine Erinnerungstafel verkündet „La aventura empieza en ti" (Das Abenteuer beginnt in Dir). Geradeaus geht es nach „El Aserrador PR-GC-60", wir aber folgen dem Wegweiser „La Goleta" nach links. Steil geht es hinauf zur **Gabelung Las Palomas,** wo wir links in Richtung „Roque Nublo" einschwenken (auf dem Rückweg wird die Stelle abermals passiert). Über glatt geschliffene, gestufte Felsen steigen wir hinauf und kommen wenig später auf das weite Nublo-Plateau, an dessen Ende der „Frosch" kauert – der „Wolkenfels" thront über ihm. Die Blicke in alle Himmelsrichtungen sind überwältigend! Wir laufen auf den „Frosch" zu, gehen rechts an ihm vorbei und stehen wenig später an der Abbruchkante des **Roque Nublo.** Durch ein Felsfenster schaut man in die Tiefe, am Horizont erscheint bei klarer Sicht der Teide auf der Nachbarinsel Teneriffa.

Auf dem Rückweg bietet sich ein anderes Panorama: Vor uns ragt eine gezackte Felswand auf, mittendrin ein „Auge", auf das wir geradewegs zulaufen. Wenig später stehen wir wieder an der Gabelung **Las Palomas** und halten uns links. Nach 300 m kommt die nächste **Gabelung,** wo es rechts weiter geht, danach stetig bergab zur Einsattelung **La Goleta.**

Der „Wolkenfels" –
geologisches Wahrzeichen von Gran Canaria

2. Gigantischer Talkessel – Runde ab La Goleta

■ **Charakter:** Von der Passhöhe am „Wolkenfels" steigt man durch eine einsame Schlucht vorbei an Kiefern- und Mandelbäumen ins Bergdorf La Culata hinab. Anschließend geht es zur Höhenstraße hinauf und es folgt ein spektakulärer Höhenbummel am Rand des Tejeda-Kraters. Der Weg ist breit und gesichert, nur der Ab- und Anstieg während der ersten Tourenhälfte ist anstrengend.
■ **Ausgangs- und Endpunkt:** La Goleta 1578 m (GC-600 Km. 11,2)
■ **Zwischenziel:** La Culata 1210 m
■ **Länge:** 11 km (mit Abstecher)
■ **Dauer:** 4.15 Std. (mit Abstecher)
■ **Höhenunterschied:** je 500 m im An- und Abstieg.
■ **Einkehr:** Bar in La Culata, Holzhütten zum Übernachten (nach vorheriger Anmeldung) in Llanos del Garañón.
■ **Anfahrt mit Auto:** Von Ayacata auf der GC-600 3 km bergauf, der Startpunkt befindet sich zur Linken, der Parkplatz zur Rechten. Keine Wertsachen im Auto lassen!
■ **Anfahrt mit Bus:** Ayacata ist mit Bus 18 erreichbar, von dort führt ein Wanderweg (siehe Variante Tour 1) zur Passhöhe La Goleta.
■ **Variante 1 (Start der Runde in Ayacata, Bus 18):** siehe Tour 1
■ **Variante 2 (Start der Runde in Cruz de Tejeda, Bus 305):** Rechts neben dem Restaurant Asador de Yolanda verläuft ein Pfad an der Rückseite des Hotels Refugio aufwärts, an der Gabelung nach knapp fünf Minuten hält man sich links (rechts geht es mit Tour 3 nach Tejeda). Am mauerngesäumten Berghang läuft man stetig bergauf, genießt wunderbare Ausblicke und passiert nach wenigen Minuten ein Haus zur Rechten. Nun kurze Zeit auf Piste, dann rechts ab in einen Pfad, der oberhalb der Straße GC-150 verläuft und sich bald zu ihr hinabsenkt. Nach 400 m auf Asphalt schwenkt man neben einem einzelstehenden Haus erneut auf den alten Weg ein und erreicht nach insgesamt 45 Minuten die Aussichtsplattform **Mirador Degollada Becerra**. Der ausgeschilderte „PR GC-40" bringt uns in 5 Minuten zur **Degollada de la Cumbre** an einem quer verlaufenden Weg. Dort halten wir uns links und klinken uns in die im Haupttext beschriebene Runde ein.

Gleich drei Wanderwege starten an der **Passhöhe am Plateau La Goleta.** Am bekanntesten ist der geradeaus weisende Pfad zum „Wolkenfels" (PR-GC-60 Roque Nublo, siehe Tour 1), der linke Weg führt nach Ayacata (siehe Tour 5). Wir wählen den rechten, steingepflasterten Pfad (PR-GC-60 La Culata), der von oben schwieriger ausschaut, als er ist. Wir folgen ihm in nördlicher Richtung, lassen einen links abzweigenden Weg unbeachtet und steigen in bequemen Kehren abwärts. Weiter unten bleiben mehrere Linksabzweige unbeachtet, nach etwa einer halben Stunde ist der Weiler **La Ortiguilla** erreicht, wo unser Weg in einen Wendeplatz einmündet. Links von ihm setzt er sich sogleich fort,

Wanderung 2

quert einen üppig bewachsenen Seitenbarranco und stößt auf die Dorfstraße von **La Culata**. Wir folgen ihr nach links und erreichen nach wenigen Minuten die Bar Roque Nublo mit angeschlossenem Laden (0.45 Std.).

Anschließend gehen wir auf der Straße ein paar Schritte zurück und biegen links in einen stufenartig angelegten Weg ein, der sich zwischen Häusern empor windet, bald darauf eine schmale Straße kreuzt und an Feldern entlang führt. Nach wenigen Minuten stößt er auf ein zweites Sträßchen, auf dem es rechts aufwärts weiter geht. An der Gabelung nach 200 m biegen wir links in eine steile Betonpiste ein, die nach 150 m – am Haus mit der Aufschrift **La Palmita** – (1.05 Std.) in den alten Königsweg übergeht. Dieser schraubt sich in mehreren Kehren hinauf, verläuft dann höhehaltend und an einer Quelle vorbei. 2 Min. später ignorieren wir einen geradeaus weisenden Weg, gehen rechts weiter und unterqueren einen Wasserkanal. In steilen Serpentinen führt unser Weg hinauf; am **Pass La Cumbre** (2.15 Std.) besteht die Möglichkeit, auf dem links abzweigenden Weg PR-GC-40 in fünf Minuten zum **Mirador Degollada Becerra** hinüberzulaufen – das Besucherzentrum ist zwar noch immer geschlossen, doch der Ausblick in den Talkessel von Tejeda ist unübertroffen!

Wieder zurück am **Pass La Cumbre** halten wir uns an der zitierten Abzweigung links und biegen nach wenigen Metern (kurz vor der Straße GC-150) rechts in den in den nach Llanos de la Pez ausgeschilderten Weg ein (2.30 Std.). Er führt am Westhang des Andén del Toro anfangs steil aufwärts. Nach zehn Minuten knickt er links ein und flacht bald darauf ab. An der nächsten markanten Gabelung halten wir uns rechts. Erst geht es an einem Zaun entlang, dann (vor einem Wasserdepot) rechts durch lichten Kiefernwald aufwärts. Der Weg kreuzt nacheinander zwei Pisten, Seitenmäuerchen markieren seinen Verlauf. Nach weiteren 5 Minuten mündet er in eine Erdstraße, der wir nach rechts folgen. Sie führt in weitem Bogen um das Freizeitcamp **Llanos del Garañón** herum, in dem man nach Voranmeldung übernachten kann (3.15 Std.). An der nächsten Kreuzung halten wir uns rechts

> In La Culata
scheint die Zeit stehen geblieben zu sein

Höhenprofil Wanderung 2

© Reise Know-How 2013

und verlassen die Piste nach 2 Min. auf einem links abzweigenden, steingepflasterten Weg, der in malerischen Kehren zum Stausee Embalse de los Hornos hinabführt. Wir queren ihn auf einem Damm und ersteigen den gegenüberliegenden Hang. Am Kamm angelangt, kann man auf der Steinbank des Aussichtsplateaus **Cruz de Juan Pérez** verschnaufen. Ein paar Schritte weiter verläuft die nach Ayacata führende Straße, auf der man rechts in wenigen Minuten den Parkplatz an der Passhöhe **La Goleta** erreicht (4.15 Std.).

3. Der Sonne entgegen – von Cruz de Tejeda nach Tejeda

■ **Charakter:** Bis auf die ersten Minuten geht es stetig bergab, immerzu mit grandiosem Tiefblick auf den Tejeda-Kessel. Am Wegesrand wachsen Kräuter, Ginster und Blumen, die im Frühjahr um die Wette blühen. Schön ist der Weg, schön aber auch das Ziel, das Bergdorf Tejeda. Die Tour ist kurz und leicht, auch für Wanderer ohne Kondition machbar.
■ **Ausgangspunkt:** Cruz de Tejeda 1504 m (GC-15)
■ **Endpunkt:** Tejeda 1049 m (GC-60 Km. 2)
■ **Länge:** 3,8 km
■ **Dauer:** 2 Std.
■ **Höhenunterschied:** ca. 500 m im Abstieg
■ **Einkehr:** Restaurants und Unterkünfte in Cruz de Tejeda und Tejeda, unterwegs eine Casa Rural (Finca Isa)
■ **Anfahrt mit Auto:** Der Wagen kann nahe dem Startpunkt abgestellt werden.
■ **Anfahrt mit Bus:** Von Süden mit Linie 18 bis Tejeda und weiter mit Linie 305, von Norden (San Mateo) mit Linie 305.

Am Pass **Cruz de Tejeda,** zwischen dem Restaurant Asador de Yolanda und einem Souvenirstand, startet der steingepflasterte, ausgeschilderte Weg „Llanos de la Pez PR-GC-40". Wir folgen ihm knapp 5 Min. bis zu einer **Gabelung:** Während der PR-GC-40 nach links driftet (siehe Tour 2 / Variante 2), halten wir uns rechts, folgen dem nun leicht abschüssigen Weg hinab. Weit ist der Blick, der sich über das Inselzentrum bietet; doch auch die Nahsicht gefällt: Im Frühjahr leuchtet der Ginster leuchtend gelb, in der restlichen Zeit färben sich die Hänge abwechselnd grün und gold-kupferrot. Unser Weg verläuft parallel oberhalb der nach Tejeda führenden **Straße GC-156,** die er ein paar Minuten später quert. Das Procedere wiederholt sich kurz darauf.

Nun schlängelt sich der Weg am Hang entlang durch eine kleine Schlucht, hoch über einer Reihe alter Eukalyptusbäume und weiterhin mit spektakulärem Blick über die bizarren Felsgiganten Roque Nublo und Roque Bentayga, dazwischen der „betende Mönch" (Roque Fraile). Bei klarer Sicht sieht man am Horizont Teneriffas Teide aus den Fluten steigen. Wilder Salbei säumt den Weg, weiße Margariten blühen in dicken Büscheln; Mohnblumen zwischen Gerste erinnern daran, dass hier einst Getreide angebaut wurde.

◁ Ziege und Wanderin in La Culata

Wanderung 3

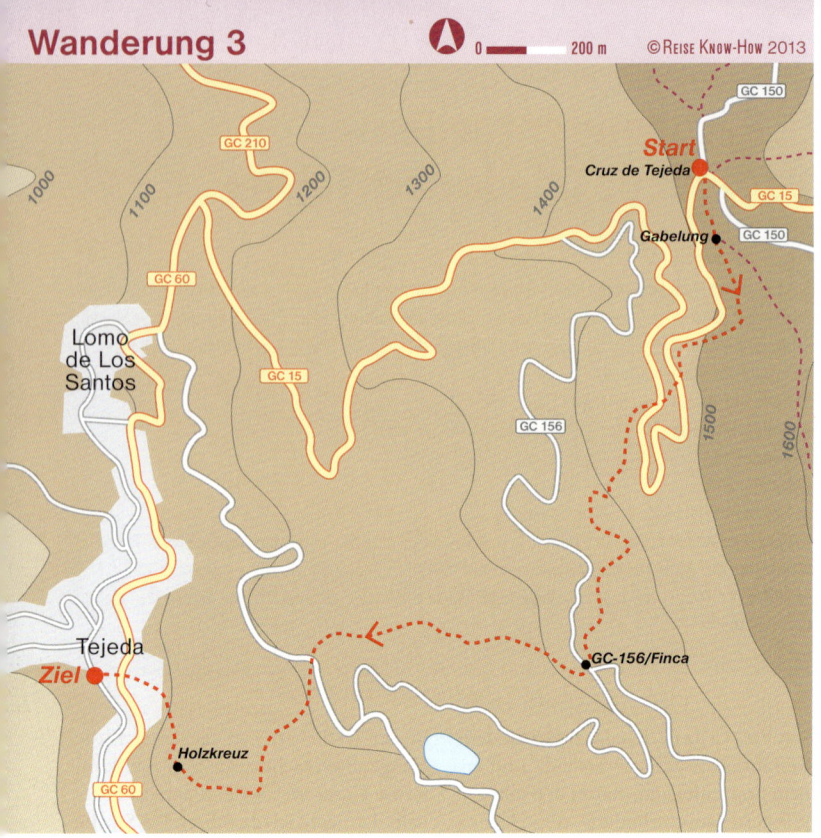

Schließlich erreichen wir die nach Cuevas Caídas führende Nebenstraße, in die wir rechts einbiegen, um sie schon nach wenigen Metern nach links auf der **Straße GC-156** zu verlassen. Nach nur 25 m verlassen wir auch diese auf einem rechts abzweigenden Weg (Steinaufschrift „Finca La Isa 11"), der unterhalb der attraktiven, von Obstbäumen eingefassten Casa Rural La Isa verläuft. Kurz darauf geht es rechts zur Finca, wir aber gehen weiter bergab auf unserem grasüberwachsenen, von locker aufgeschichteten Steinmauern gesäumten Weg auf einen Strommast und den in der Ferne aufragenden Roque Bentayga zu. Etwas später passieren wir kleine Staubecken und Felder. Am Ende eines beidseitig des Weges verlaufenden Drahtzauns (zur Rechten Ziegenställe) halten wir uns links und steigen über einen 10 m langen

▷ Blühende „Wolfsmilch",
im Hintergrund der Roque Bentayga

Wanderung 3

Asphaltweg wieder zur **Straße GC-156** hinab. Wir queren sie und gehen auf einer Zementpiste auf einen Hubschrauberlandeplatz zu, halten uns wenig später rechts und gehen weiter hinab. 200 m führt uns der Weg auf eine kleine Ebene, wo wir halbrechts einschwenken und zwischen Steinmauern weiter absteigen. Kurz darauf passieren wir ein **Holzkreuz,** von dem sich ein erster schöner Blick auf das Dorf Tejeda eröffnet. In weiten, steingepflasterten Kehren geht es hinab zur asphaltierten **Calle Manuel Hernández Guerra,** die wenig später in die GC-156 mündet. Wir **queren die Straße** 10 m nach links, um sogleich rechts über eine steingepflasterte Gasse hinabzusteigen: Diese mündet in eine Aussichtsplattform im **Zentrum von Tejeda** und wieder bietet sich ein grandioser Blick über die zerklüftete Berglandschaft.

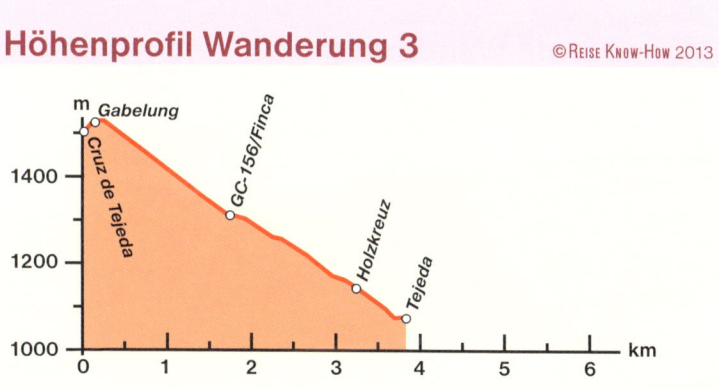

4. Durch Mandelbaumhaine – Start und Ziel Tejeda

■ **Charakter:** Der stets breite und gut begehbare Weg eröffnet auf seiner gesamten Länge fantastische Ausblicke auf die zerklüftete Bergwelt des Zentrums.
■ **Ausgangs- und Endpunkt:** Tejeda 1049 m (GC-60 Km. 2)
■ **Zwischenziel:** La Culata 1210 m
■ **Länge:** 9,6 km
■ **Dauer:** 3.20 Std.
■ **Höhenunterschied:** je 300 m im An- und Abstieg.
■ **Einkehr:** In La Culata gibt es eine Bar, in Tejeda mehrere Lokale und Unterkünfte.
■ **Anfahrt mit Auto:** Der Wagen kann nahe der Tankstelle abgestellt werden.
■ **Anfahrt mit Bus:** Von Süden mit Linie 18, von Norden (San Mateo) mit Linie 305.

Von der Tankstelle am südlichen Ortsausgang von **Tejeda** läuft man auf der GC-60 in Richtung Ayacata. Nach 10 Min., bei Km. 3, verlässt man sie auf einer links abzweigenden Piste, von der man nach 125 m scharf rechts in den aufwärts weisenden Weg (PR-GC-80) abbiegt. Durch ein Spalier von Mandelbäumen führt er zu den „Häusern auf dem Bergrücken" *(Casas del Lomo)*, von dort 1,6 km weiter bergauf zu einer Gabelung. Wir ignorieren den rechten Weg, auf dem man in wenigen Minuten zum Cruz de Timagada, einem mit drei Kreu-

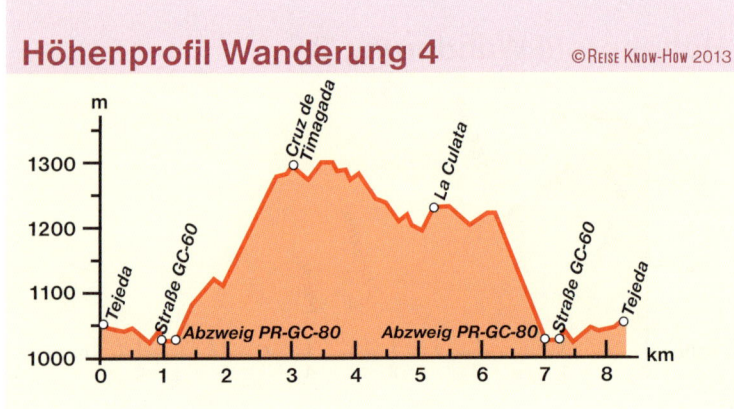

Wanderung 4

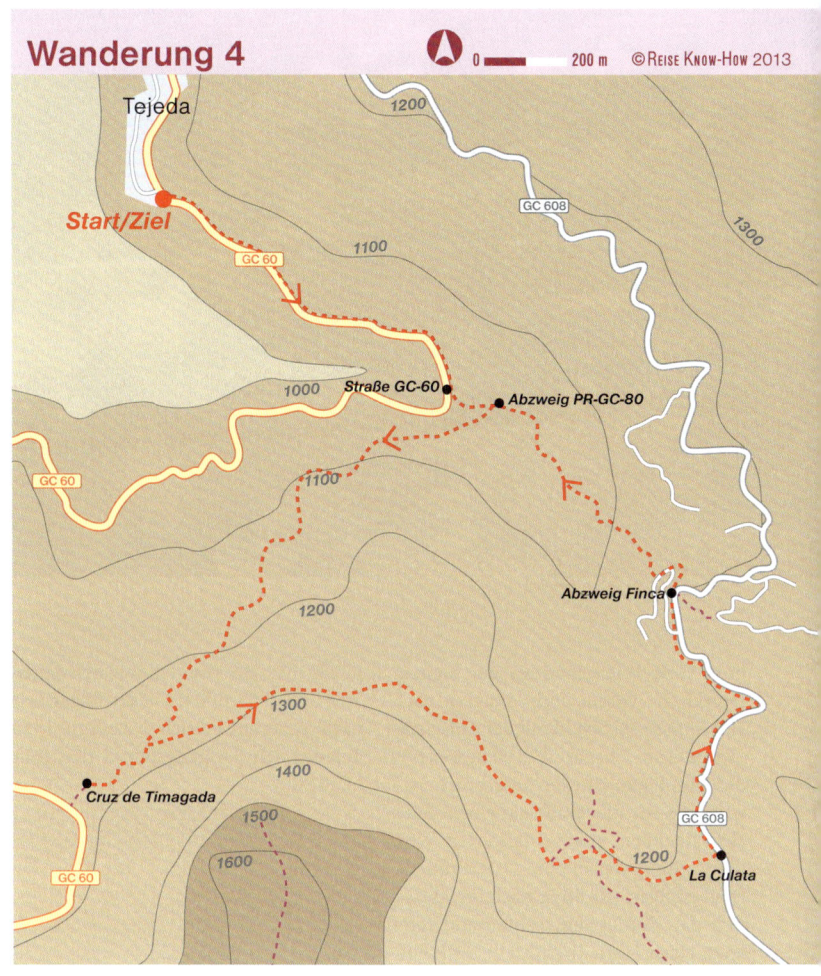

zen geschmückten Plateau am Fuße des „Wolkenfelsens" kommt, und wählen den linken Weg, der in weitem Bogen an der Nordflanke des Berges entlangführt.

Sobald man La Culata vor Augen hat, beginnt der Weg abzufallen. Vor Errei-chen des Dorfes quert man auf einer winzigen Brücke eine schmale Schlucht und steigt zur Straße im Ortskern von **La Culata** empor (2 Std.). Zur Rechten befindet sich eine Bar und ein Tante-Emma-Laden, unsere Tour setzt sich

links fort. Wir gehen an der kleinen Dorfkirche vorbei und passieren nach 10 Minuten ein Schild mit der Aufschrift „Finca Gran Chaparral". 100 m weiter – die Leitplanke ist hier unterbrochen – verlassen wir die Straße auf einem links abzweigenden, steingepflasterten Weg, der wenig später in eine Piste einfließt. Dieser folgen wir 50 m nach rechts, wo sich der Königsweg rechterhand fortsetzt. Nach 5 Min. berührt er noch einmal die Piste, dreht aber sogleich wieder rechts ab und bringt uns zu einer Gabelung, an der wir uns erst links halten und dann rechts einschwenken und das Talbett queren. Durchs Schilfdickicht geht es bergab, nach regenreichen Wintern begleitet ein Bach unseren Weg. 8 Min. später wird ein kleiner Seitenbarranco gekreuzt, eine Piste nimmt uns auf, die in 250 m zu der vom Hinweg bekannten Straße GC-60 führt. Dieser folgen wir nach rechts und erreichen nach gut 1 km **Tejeda,** den Ausgangspunkt der Tour (3.20 Std.).

Ende Januar beginnt die Mandelblüte

5. Spektakulärer Königsweg – von Cruz Grande nach Ayacata

■ **Charakter:** Vom Pass Cruz Grande schraubt sich der sorgfältig angelegte Serpentinenweg längs einer senkrecht aufragenden Steilwand zum Hochplateau nahe dem „Schneegipfel" empor. Von dort geht es durch lichten Kiefernwald bequem zu einem kleinen Stausee, dann – vorbei an Mandelbäumen und versprengten Felsriesen – zum Bergdorf Ayacata hinab. Nur der erste Teil der Tour ist aufgrund des Höhenunterschieds etwas anstrengend. Doch da der Weg stets breit und befestigt ist, kann er selbst von Wanderern mit Höhenangst problemlos begangen werden.
■ **Ausgangspunkt:** Cruz Grande 1251 m (GC-60 Km. 19,5)
■ **Endpunkt:** Ayacata 1290 m
■ **Zwischenziele:** Degollada de los Hornos 1719 m, La Goleta 1578 m
■ **Länge:** 9 km
■ **Dauer:** 4 Std.
■ **Höhenunterschied:** 550 m Anstieg, 500 m im Abstieg.
■ **Einkehr:** Bar in Ayacata, Holzhütten zum Übernachten (nach vorheriger Anmeldung) in Llanos del Garañón.
■ **Anfahrt mit Auto:** Am Felsdurchbruch Cruz Grande (GC-60) kann man den Wagen in einer Ausbuchtung abstellen; vom Endpunkt Ayacata geht es mit Bus 18 nach Cruz Grande zurück.
■ **Anfahrt mit Bus:** Mit Bus 18 kommt man zum Ausgangspunkt, mit der gleichen Linie von Ayacata zurück.
■ **Hinweis:** Die Busgesellschaft GLOBAL, die gern an der falschen Stelle spart, hat den Service reduziert, sodass man in Ayacata auf eine längere Wartezeit gefasst sein muss. Ist der Bus gerade weg, fährt man am besten „per Anhalter" oder fragt Besucher der Bar, ob man mit ihnen zurückfahren kann. Autowanderer könnten auch die gesamte Tour anders planen und so den Stress mit dem Fahrplan umgehen: Wagen in Cruz Grande parken, von dort mit dem Bus bis Ayacata, die Tour in umgekehrter Richtung wandern („open end") und dann wieder mit dem Wagen von Cruz Grande zum Urlaubsort zurück.

Vom Felsdurchbruch **Cruz Grande** (siehe „Zentrales Bergland, Cruz Grande") geht man auf der Straße ein paar Schritte in Richtung San Bartolomé und biegt links in eine aufwärts führende Piste ein (ausgeschildert PR-GC-40 Pico de las Nieves). Nach wenigen Schritten knickt die Piste rechts ein, führt an einem Platz mit drei Kreuzen vorbei und mündet am benachbarten Haus in den steingepflasterten Königsweg. Dieser führt in den nächsten 20 Minuten steil hinauf, eröffnet einen herrlichen Ausblick in den Kessel von San Bartolomé, später in das Tal von La Plata. An den Aufstieg schließt sich eine höhehaltende Passage an: Man kann verschnaufen und die fantastische Aussicht bis hinüber zum Stausee Chira genießen. Nach 5 Minuten wird der Körper erneut gefordert: Über in den Steilhang geschlagene Serpentinen schraubt sich der Weg empor, wobei jeder Höhenmeter neuen Ausblick gewährt. Über uns türmen sich gespenstische Felsbrocken, unter uns fällt das Gestein fast senkrecht in die Tiefe. Nach

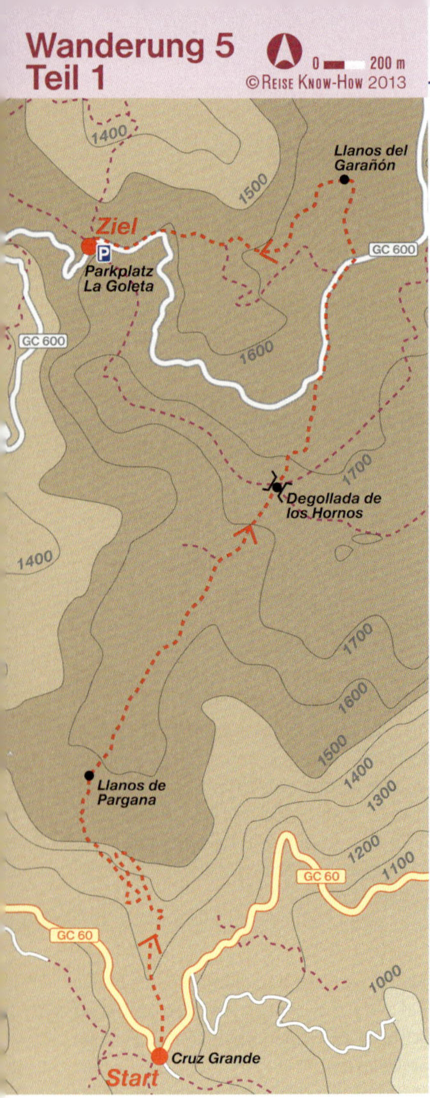

Wanderung 5 Teil 1

Wanderung 5

wenig später in einen Weg übergeht. Dieser führt in lichten Kiefernwald hinein und verläuft rechts, knapp unterhalb des Bergkamms, nur noch leicht bergauf. Nach 15 Minuten passieren wir ein Holzkreuz, der Blick schweift rechts hinüber in eine abgründige Schlucht, jenseits derer die höchsten Gipfel Gran Canarias aufragen (1 Std.). Vom Holzkreuz läuft man gut 15 Min. weiter auf weich federndem Boden, zuletzt über weite Stufen zur **Degollada de los Hornos** ansteigend. Die 1719 m hohe Passhöhe ist erkennbar an einem umgestürzten Cabildo-Pfosten aus dem Jahr 1953 (1.20 Std.). Wir ignorieren den rechts abzweigenden Weg zum Pico de las Nieves und gehen geradeaus entlang mehrerer Grenzsteine zur Straße GC-600 hinab (1.35 Std.).

Auf ihr gehen wir ca. 650 m nach rechts (können bis zum Picknickplatz Bailico statt Straße auch eine parallel verlaufende Erdpiste wählen) und verlassen sie auf einem breiten, links abzweigenden und in Kiefernwald führenden Weg. Ein paar Minuten später ignorieren wir die Zufahrt zum Freizeitcamp **Llanos del Garañón** und folgen der links einknickenden Piste, den anschließenden Rechtsabzweig lassen wir unbeachtet. Nach gut 2 Min. achten wir auf einen links abzweigenden, steingepflasterten Weg, der uns in bequemen Kehren zum Stausee **Presa de los Hornos** (2.20 Std.) hinabgeleitet. Wir queren ihn auf der Staumauer, am gegenüberliegenden Ufer setzt sich der Weg fort und

15-minütigem, schweißtreibendem Aufstieg sind die **Llanos de Pargana** erreicht: eine rötliche, von Regen ausgewaschene Hochebene, die wir mithilfe von Steinmännchen in Richtung Kiefernwald queren (0.45 Std.). Sogleich schält sich eine deutliche Trittspur heraus, die

> Gut markiert: Wegekreuzung in Cruz Grande

Wanderung 5

bringt uns zur Aussichtsterrasse **Cruz de Juan Pérez** an der nach Ayacata führenden Straße (2.40 Std.).

Wir folgen ihr nach rechts und erreichen nach 400 m das Plateau am Pass **La Goleta,** von dem mehrere Wege starten: Rechts geht es nach La Culata (Wanderung 2), geradeaus zum majestätischen „Wolkenfels" ((Wanderung 1). Um nach Ayacata zu kommen, wählen wir den linken, in Südwestrichtung hinabführenden Weg. Er mündet kurz darauf ein erstes Mal in die Straße nach Ayacata. Wir folgen dieser nach rechts, verlassen sie aber nach 200 m auf einem links abzweigenden, durch Seitenmäuerchen markierten Weg. Er führt an Gärten vorbei abermals zur Straße. Diesmal halten wir uns links, um nach knapp 50 m, hinter dem Haus mit der Aufschrift *Finca La Huerta Grande,* rechts auf den alten Kö-

Wanderung 5

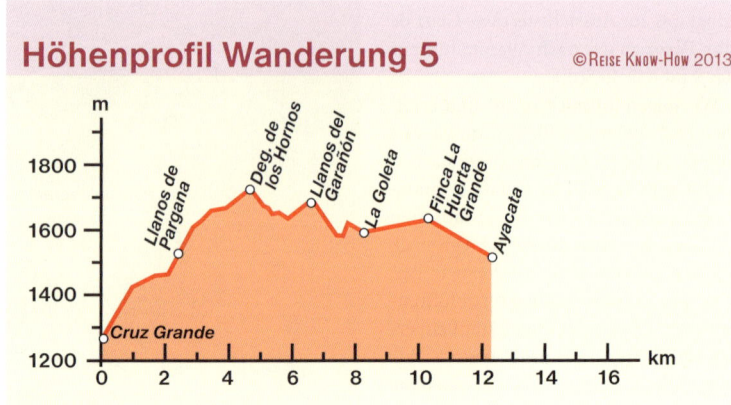

nigsweg überzuwechseln. Er führt an versprengten Felsblöcken und vielen Mandelbäumen vorbei und geht in eine Piste über. Wenig später berührt er die Straße ein letztes Mal, um sich hinter der abgrenzenden Steinmauer rechts fortzusetzen. An mehreren Häusern vorbei geleitet er uns ins Ortszentrum von **Ayacata:** Links befindet sich die Kirche, rechts die Bar (4 Std.).

6. Über den Schluchten des Südens – Runde um San Bartolomé de Tirajana

■ **Charakter:** Weitblicke in die Schluchten des Südens, lichter Kiefernwald und im Frühjahr blühender Ginster: Die Rundtour verläuft auf gut ausgebauten Wegen und Forstpisten.
■ **Ausgangs- und Endpunkt:** San Bartolomé 887 m (GC-60)
■ **Zwischenziele:** Cruz Grande 1251 m, Degollada de Manzanilla 1100 m
■ **Länge:** 14 km
■ **Dauer:** 4.45 Std.
■ **Höhenunterschied:** je 400 m im An- und Abstieg.
■ **Einkehr:** Bars und Unterkünfte in San Bartolomé.
■ **Anfahrt mit Auto:** Großer Parkplatz nahe der Bushaltestelle.
■ **Anfahrt mit Bus:** Bus 18 verkehrt auf der Strecke Maspalomas–San Bartolomé–Tejeda.

Der von der Costa Canaria heraufkommende Bus 18 hält im Ortszentrum von **San Bartolomé** gegenüber dem Hotel-Restaurant Hacienda del Molino. Wir folgen der Straße in Richtung Tejeda und biegen nach 250 m links ab in die GC-603. Steil geht es bergauf, nach 300 m wählen wir – nun höhehaltend – den Rechtsabzweig (Calle Juglar Fabian Torres). Wo die Straße nach weiteren 200 m einen Linksschwenk beschreibt, startet zur Rechten der Camino Real „Cruz Grande – Cumbre", der an Mandel-, Orangen- und Olivenbäumen vorbei westwärts führt. Er ist ein Paradebeispiel für „Königspfade": fast durchgehend steingepflastert und von Seitenmauern flankiert, an abschüssigen Hängen schützen seitwärts angebrachte Terrassen vor Erosion. Etwa 15 Minuten geht es in Serpentinen steil aufwärts, am markanten Felsen (Roquillo) flacht der Weg ab. Nach weiteren 15 Minuten kommen wir an einer Quelle vorbei, die zu einer kleinen Pause einlädt. Im Folgeabschnitt mit nur mäßigem Anstieg genießen wir immer wieder hinreißende Ausblicke. Rechts unter uns der Talkessel der Caldera de Tirajana, der nach Norden zu von den Steilflanken des Risco Blanco und Pico de las Nieves begrenzt wird. Nach insgesamt 3,1 km mündet der Weg in eine Piste, die uns rechts in 200 m zur Passhöhe **Cruz Grande** an der GC-60 San Bartolomé–Ayacata geleitet (1.30 Std.).

Wir folgen der Straße nach links, passieren den Felsdurchbruch und biegen sogleich in die links abzweigende Forstpiste ein. Sie ist durch eine Kette für Au-

◁ Hoch über dem Stausee Los Hornos

Wanderung 6

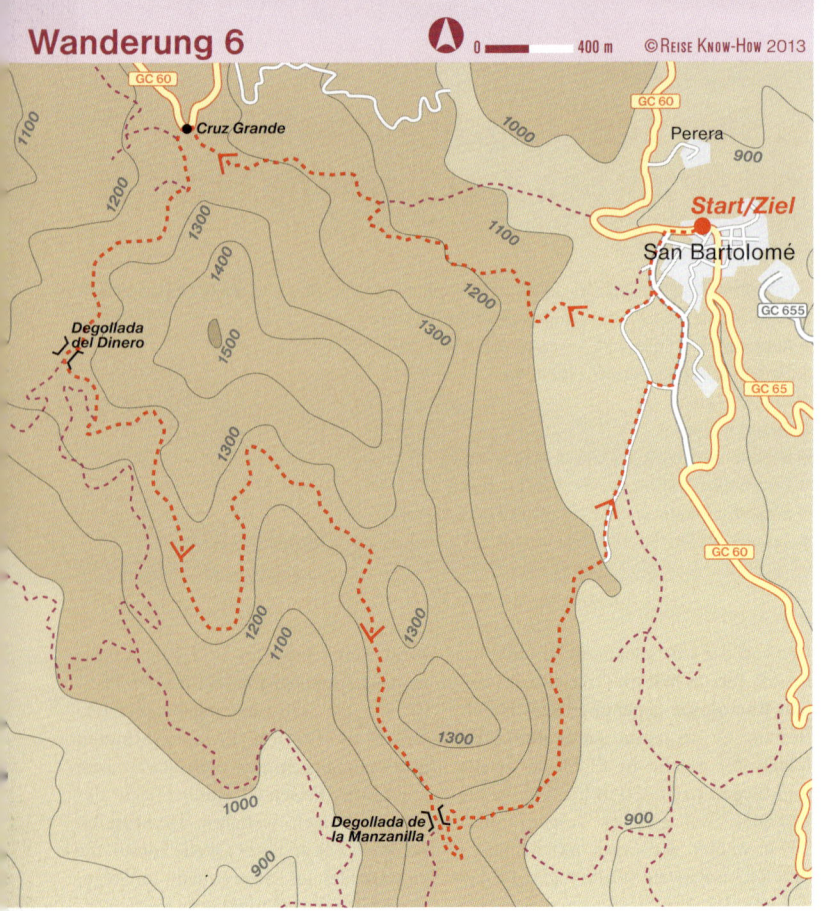

tos gesperrt und führt südwärts durch das Naturschutzgebiet Pilancones-Ayagaures. Wir ignorieren die nach Cuevas Blancas und zum Forsthaus El Pinar hinabführenden Pisten und lassen auch den nach knapp 20 Minuten an der **Degollada del Dinero** rechts zum Stausee Chira abzweigenden Weg unbeachtet (1.50 Std.). An der Gabelung 600 m weiter gehen wir geradeaus und umrunden in der Folge den Südausläufer des Morro de la Cruz Grande. Die Piste folgt dem Bergverlauf und führt höhehaltend an steil abfallenden, kiefernbewachsenen Hängen entlang (zweimal kann man die auf die Dauer etwas langweilige Piste verlassen und dafür einen Saumpfad benutzen). Nach insgesamt 10,5 km ist die Einsattelung **Degollada de Manzanilla** erreicht (3.30 Std.). Die Aussicht ist prächtig: Zur Rechten blicken wir ins weite Obertal des Barranco de la Data, links schauen wir über kahle wettergegerbte Hochflächen zur Küste hinab.

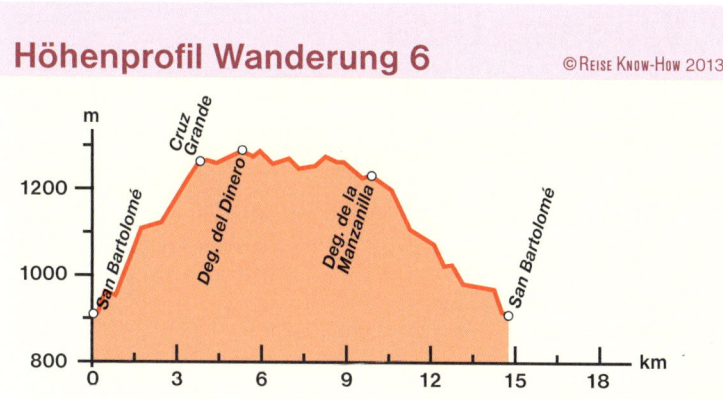

Auf dem links abzweigenden Camino del Pinar (Weg der Kiefer) geht es in 1 Std. nach San Bartolomé zurück. In mehreren steil abfallenden Kehren krallt er sich in die Ostflanke des Morro de las Vacas. Ca. 850 m hinter der Degollada befindet sich zur Linken eine Quelle. Danach geht es auf breiter Piste – vorbei an einem Schweinemastbetrieb – zum Ausgangspunkt der Tour zurück (4.45 Std.).

⌄ Schönes Berghotel – Las Tirajanas

7. Von Santa Lucía zur Festung La Fortaleza

- **Charakter:** Der Weg ist leicht und lockend das Ziel: Über wogende Getreidefelder läuft man zur gigantischen Felsfestung La Fortaleza, Schauplatz des „letzten Gefechts" der Ureinwohner 1483. Nachdem man eine 25 m lange Naturhöhle passiert hat, folgt ein zweiter Höhepunkt mit der Aussicht auf einen palmengesäumten See.
- **Ausgangs- und Endpunkt:** Plaza Santa Lucía (GC-65)
- **Zwischenziele:** La Fortaleza (Tunnel ca. 560 m), Mirador (485 m)
- **Länge:** ca. 9,8 km
- **Dauer:** 3 Std.
- **Höhenunterschied:** je 200 m im Auf- und Abstieg
- **Einkehr:** Bars und Restaurants in Santa Lucía
- **Anfahrt mit Auto:** Am Startpunkt kann man den Wagen bequem abstellen.
- **Anfahrt mit Bus:** Mit Linie 18 kommt man vom Süden und von Tejeda nach San Bartolomé de Tirajana, hat dort Anschluss nach Santa Lucía mit Linie 34.

Von der unterhalb der Kirche gelegenen **Plaza** laufen wir auf der Straße GC-65 in Richtung Süden zum festungsartigen **Restaurant Hao.** Gegenüber startet die Calle Juan del Río Ayala, an deren Ende wir rechts in den teils steingepflasterten, teils zementierten Weg einbiegen. Wir laufen an alten Natursteinhäusern vorbei und kommen zu einer **Gabelung,** wo wir uns links halten. Nach 100 m schwenkt

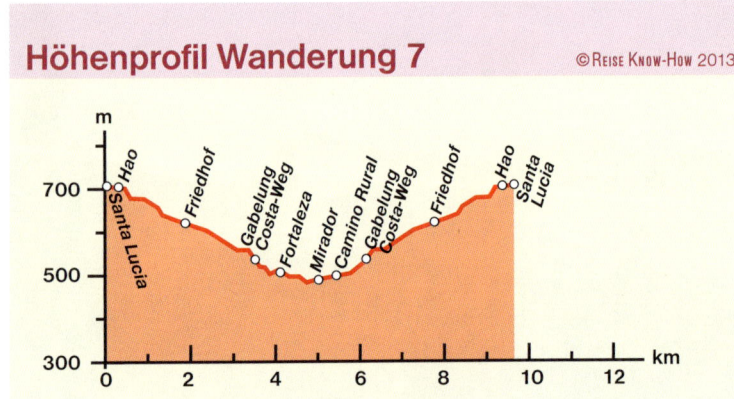

die betonierte Piste nach rechts, 20 m weiter kommen wir abermals zu einer **Gabelung:** Wir laufen geradeaus (rechts geht es nach „Ingenio"), unser Weg bleibt fortan unterhalb der GC-65. Nach weiteren 150 m gehen von der Piste zwei Wege ab; wir wählen den linken der beiden, der auf eine Palme zuhält und uns durch ein Spalier von Kakteen leitet. Wenig später kommen wir zu einem (vorerst) missverständlich postierten Wegweiser zur „Fortaleza": Statt ihm geradeaus auf eine Anhöhe zu folgen, gehen wir halblinks hinab und queren an einem Verkehrsschild die **Straße GC-653.** In der Folge verläuft der Weg zwischen Natursteinmauern, über aufgelassene Getreidefelder schaut man zu der am Horizont aufragenden Gebirgswand. Nach 650 m (zuvor haben wir einen scharf links abzweigenden Weg ignoriert) mündet unser Weg an der Ebene **Llano de la Piedra** in eine Asphaltstraße. Wir folgen ihr nach rechts, vorbei am weiß ummauerten Friedhofskarree. Wo die Straße nach 200 m rechts einschwenkt, geht es auf Erdpiste geradeaus weiter **(Camino a Ansite).** Wir passieren eine umzäunte Obstbaum-Finca, am Wasserspeicher verengt sich die Piste zum Weg. An der nächsten Gabelung ignorieren wir die geradeaus verlaufende „Ruta de la Sal" und halten uns rechts in Richtung „Fortaleza/Ansite". Wir laufen über eine terrassierte Ebene, an deren Ende die Fortaleza Chica, die „kleine Festung", und dahinter, links versetzt, die Fortaleza Grande, die „große Festung" aufragt. Auf diese steuern wir zu, ignorieren den rechts abzweigenden „Camino a la Costa". Nach knapp 5 Min. ist eine **Kreuzung** erreicht: Wir gehen geradeaus zu einer großen Freifläche, an deren Ende eine Info-Tafel steht. Von hier gehen wir nach links, kraxeln ein paar Meter zur Fortaleza empor, wo wir auf ihren großen Höhleneingang stoßen: 25 m zieht sich die Höhle in die Länge, an ihrem Ende öffnet sich ein großes Lichtfenster mit Blick auf die gegenüberliegenden Felswände. Wir durchschreiten die **Höhle** bis zu ihrer **Südseite** – ein großartiger Ort für ein Picknick!

Anschließend laufen wir auf einem Felssteig links um die Festung herum und gelangen über die Esplanade zurück zur bekannten **Info-Tafel.** Wir laufen auf die 50 m entfernte Asphaltpiste und folgen dieser hinab. Fünf Minuten später quert der **Camino Real a la Costa** unsere Straße, wenige Minuten später biegen wir links auf eine Betonpiste ab, die sogleich am **Mirador La Sorrueda** endet: Von hier schaut man hinab auf den gleichnamigen smaragdgrünen See, hinter dem schroffe Steilwände aufragen.

Wir kehren nun zurück zum **Camino Real a la Costa,** biegen links in ihn ein und folgen ihm, bis er in den uns vom Hinweg bekannten Camino mündet. Ihm links folgend gelangt man in gut einer Stunde nach **Santa Lucía** zurück.

Hinab zur Fortaleza Grande

8. Panoramaweg zum Altavista

■ **Charakter:** Der Name des Berges verspricht nicht zu viel: „hohe Blicke" bietet der Berg – bis hinüber zur Nachbarinsel Teneriffa. Doch nicht nur das Ziel, auch der gut ausgebaute Weg bietet spektakuläre Aussichten. Zwischen den Zweigen von Kiefern schaut man mal auf den Grand Canyon, mal auf die Tamadaba-Klippen. Sieht man vom Anfang und Ende der Tour ab, sind keine großen Höhenunterschiede zu bewältigen, man kann sich also ganz auf die herrliche Landschaft konzentrieren.
■ **Ausgangs- und Endpunkt:** 5 km westlich Artenara an der Aussichtsplattform Degollada del Sargento 1160 m (GC-216, Km 1.4).
■ **Länge:** 9,5 km
■ **Dauer:** 3.30 Std.
■ **Höhenunterschied:** je 330 m im An- und Aufstieg
■ **Einkehr:** Nächstes Restaurant und Einkaufsläden in Artenara
■ **Anfahrt mit Auto:** Am Aussichtsplateau der Degollada del Sargento kann man das Auto abstellen.
■ **Anfahrt mit Bus:** Mit Linie 220 kommt man nur bis Artenara, zu Fuß läuft man dann noch 4,2 km (1.30 Std.) auf romantischem Weg zum Ausgangspunkt der Altavista-Tour (siehe Variante).
■ **Variante (Start der Tour in Artenara):** Von Artenara erreicht man das Aussichtsplateau der Degollada del Sargento in 1.30 Std.: auf Straße 450 m in Richtung Tamadaba, am Kreisel steil bergan, weitere 600 m bis zur Gabelung vor dem Hubschrauberlandeplatz. Dort links hoch 200 m zur nächsten Gabelung, wo man der Ausschilderung halbrechts in Richtung „Tamadaba/Agaete" folgt. Nach knapp 700 m schwenkt der Weg nach links, nach einem weiteren Kilometer geht es zur Straße hinab. Man folgt weiterhin der Ausschilderung „Tamadaba/Agaete" und passiert eine Kreuzung. Der Weg berührt nun mehrfach die Straße GC-216, quert sie und mündet erneut in sie ein. 1 km ab Straßenkreuzung lädt eine Bank zur Rast ein, hier biegt man links in die Straße ein und erreicht nach 130 m den Aussichtspunkt Degollada del Sargento.

Von der Aussichtsplattform **Degollada del Sargento** führt ein anfangs breiter Weg deutlich sichtbar den Hang hinauf (ausgeschildert „Tamadaba – Agaete/Altavista – La Aldea"). Nach gut 200 m, an der **Gabelung Cruz de María** (kein Kreuz ist hier zu sehen!), halten wir uns links und steigen weiter bergan. Nach weiteren 12 Min., wo sich beide Wege an einer unscheinbaren **Gabelung** wieder berühren, ist unser Steilaufstieg (vorerst) beendet. Nun laufen wir in stetem Auf und Ab an der rechten Seite des Kamms entlang – bei klarer Sicht scheint zwischen Kiefernzweigen der majestätische Kegel des Teide auf, mit 3718 m höchster Berg Teneriffas und der gesamten Kanaren. Nach fünfminütigem Höhenbummel erreichen wir die **Lajas del Jabón**, „Felsen glatt wie Seife". Steinmännchen weisen den Weg zum weiter unten verlaufenden Camino. Im Zickzack führt dieser hinauf zu einer **Gabelung** am Fuß des Altavista: Rechts geht es (in gut vier Stunden) nach La Aldea de San Nicolás, wir aber starten links den Steilaufstieg auf den Altavista. In vielen Kehren schraubt sich der Weg hinauf. Sobald der

Wanderung 8

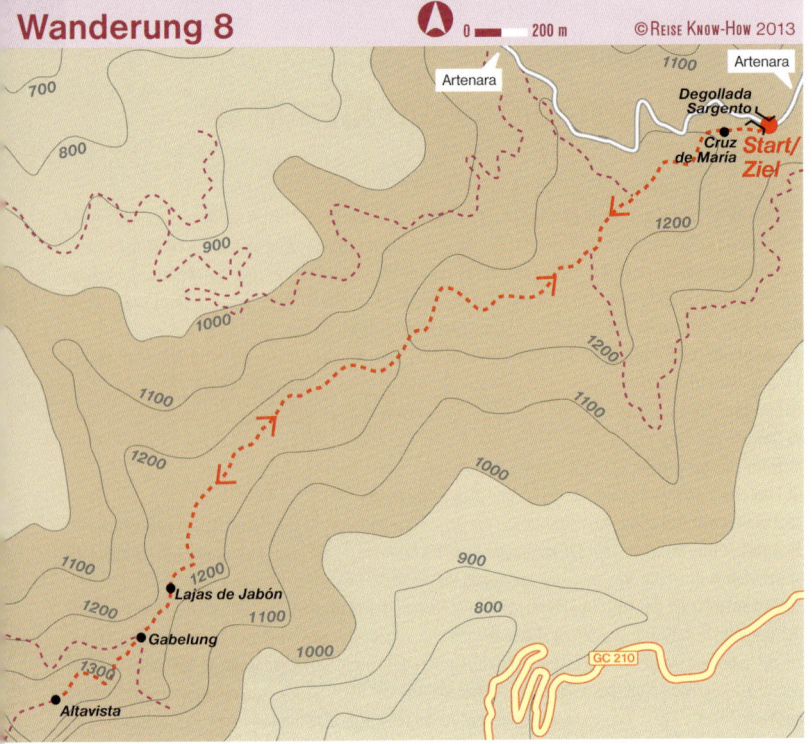

Weg rechts einschwenkt ist, kommen wir zu einer unscheinbaren Gabelung: Links führt ein steiler Abkürzungsweg zum Gipfel, wir halten uns rechts und genießen hinter einer Felsnase eine kurze, höhehaltende Passage. Dann folgt eine weitere Gabelung: Rechts lässt sich der Südwestabschnitt des langgestreckten Kamms erkunden, wir aber biegen links ein und stehen wenig später auf dem **Gipfelplateau des Altavista.** Erst hier hat man „alta vista", den vollen Blick in alle Himmelsrichtungen. Klar auszumachen: die Hochebene Vega de Acusa, der Stausee Parralillo und darüber das Dorf El Carrizal. Nach allen Seiten fallen Felswände in die Tiefe, auf Schluchten folgen kiferngespickte Schründe.

Anschließend steigen wir wieder hinab, kommen zur **Gabelung** am Fuß des Altavista, halten uns halbrechts, passieren die **Lajas del Jabón**, die unscheinbare **Gabelung** und die markante **Gabelung Cruz de María.** Zuletzt steigt man 5 Min. steil zur **Degollada del Sargento** hinab.

> Im Hintergrund erahnt man den Teide auf Teneriffa

Höhenprofil Wanderung 8

© REISE KNOW-HOW 2013

Die 12 schönsten Wanderungen

9. Zum Blauen Tümpel – Charco Azul

■ **Charakter:** Ein abgelegenes Dorf, ein Canyon mit versprengten Felsriesen und ein „Blauer Tümpel": Nach einem regenreichen Winter warten unterwegs Badegumpen und am Ende der Tour ein Wasserfall! Kurzer, leichter Weg, nach Regenfall stellenweise glitschig, evtl. muss ein Bächlein gequert werden.
■ **Ausgangs- und Endpunkt:** El Risco (Bar Perdomo)
■ **Zwischenziel:** Charco Azul
■ **Länge:** 3,2 km
■ **Gehzeit:** 1 Std.
■ **Höhenunterschied:** je 100 m im An- und Abstieg

Links von der **Bar Perdomo** zweigt ein Weg ab, der knapp unterhalb der Kirche auf die obere Dorfstraße stößt. (Hinweis: Ist der Weg gesperrt, gehe man, wie auf der Karte angezeigt, 50 m die Straße hinab, dann rechts hinauf zur Kirche). Auf der Dorfstraße gehen wir aufwärts, an der Gabelung ein paar Minuten später halten wir uns rechts. Wenig später queren wir ein Brücklein und folgen der Piste weiter bergauf. Nach weiteren 100 m verlassen wir die Piste auf einem rechts abzweigenden **Weg** (Richtungspfeil: SL 02 Charco Azul). Der Weg fällt ab und quert kurz darauf den Barranco-Grund. Unmittelbar darauf schwenken wir links ein und laufen an der rechten Seite des Barranco bergan. Vor uns ragt der gewaltige Roque Faneque auf, links und rechts schießen imposante Felswände

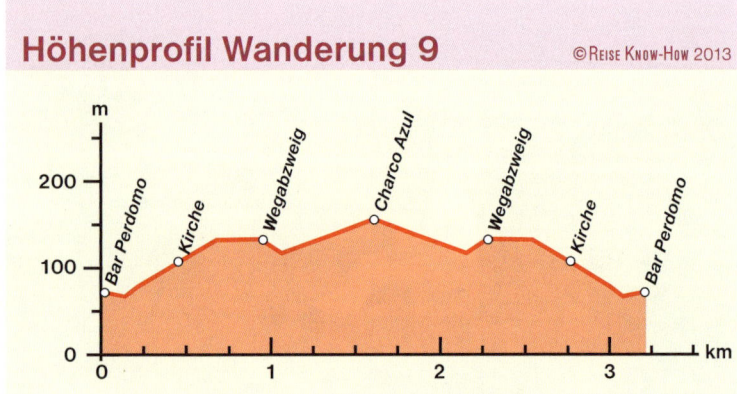

Wanderung 9

empor. Gemildert wird die herbe Szenerie durch wogendes Federbuschgras, Palmen- und Kiefern. Nach wieder 500 m unternehmen wir eine weitere **Barranco-Querung,** diesmal nach links, und laufen an der linken Seite des Schluchtbetts aufwärts. Gut 100 m weiter geht es halbrechts hinab, über felsiges Terrain (Achtung: nach Regen Rutschgefahr!) wandern wir noch ein paar Schritte bergan – im Winter sind die Felsgumpen im Schluchtbett mit Wasser gefüllt. Der Weg endet hinter dichtem Schilf, wo sich im Schatten großer Felsbrocken ein „blauer Tümpel" **(Charco Azul)** ausbreitet; im Winter rauscht über die dunkle Steilstufe oft ein imposanter Wasserfall hinab. Frösche quaken, Vögel zwitschern und Libellen fliegen – ein idyllischer Ort für eine Rast! Auf dem gleichen Weg geht es zum Startpunkt zurück, nun aber mit Blick auf die pyramidenartigen Felszacken von **El Risco.**

10. Agaete-Tal und Tamadaba-Massiv – auf alten Pilgerwegen

■ **Charakter:** Die abwechslungsreichste Tour, die Gran Canaria zu bieten hat: Erst läuft man durch eine dramatische Schlucht, vorbei an Höhlendörfern und einem smaragdfarbenen Stausee, dann durch einen märchenhaften Kiefernwald; der lange Abstieg erfolgt längs einer Steilwand. Der stets gut ausgebaute Weg stellt keine besonderen Anforderungen, doch sollten sich die Tour aufgrund der Länge und des zu bewältigenden Höhenunterschieds nur Konditionsstarke zumuten. Leichtere Variante siehe Seite 92!
■ **Ausgangs- und Endpunkt:** San Pedro 220 m
■ **Zwischenziel:** Siete Pinos 1308 m
■ **Länge:** 17 km
■ **Dauer:** 7.15 Std.
■ **Höhenunterschied:** je 1200 m im Auf- und Abstieg.
■ **Einkehr:** Bar in San Pedro, Unterkünfte im Tal von Agaete.
■ **Anfahrt mit Auto:** Der Wagen kann nahe dem Startpunkt abgestellt werden.
■ **Anfahrt mit Bus:** Die Haltestelle der Linie 102 befindet sich in Lomo de San Pedro an der GC-231, ein fünfminütiger Treppenweg führt hinunter zum Startpunkt.

Im Zentrum von **San Pedro** queren wir, von Agaete kommend, eine Brücke und schwenken sogleich links in eine Piste ein. Diese verläuft längs der Schulmauer und führt im Halbkreis um einen Fußballplatz. Am hinteren Fußballtor verlas-

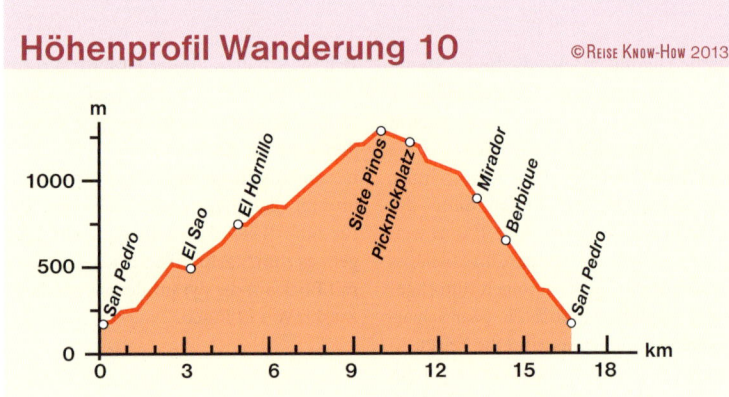

Wanderung 10

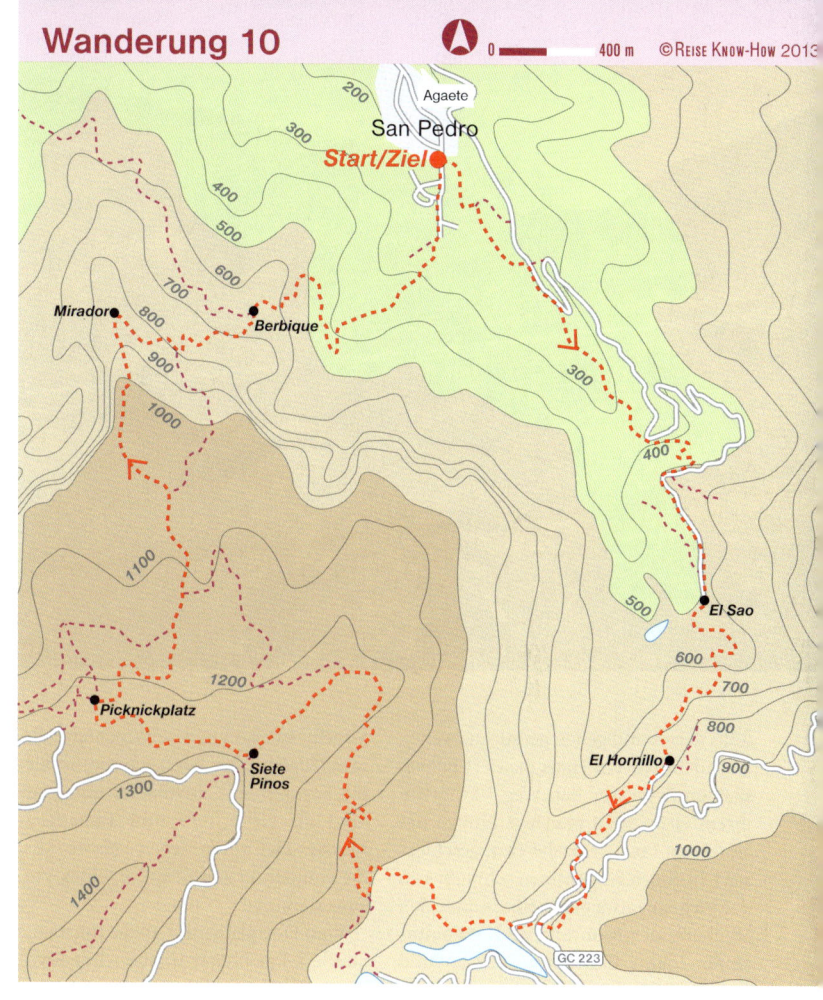

sen wir sie auf einem rechts abzweigenden, steingepflasterten Treppenweg, der an zwei Häusern vorbei und parallel zu den Straßenlaternen verläuft. An einer Ruine halten wir uns rechts, beim Weiler **Casas del Camino** mündet der Weg in die GC-216. Wir folgen ihr nach rechts, verlassen sie aber bereits nach 200 m auf einer rechts abzweigenden Piste, dem „Camino Agrícola de la Peña". Kurz bevor die Piste nach 300 m den Talgrund quert, biegen wir links in einen Weg ein, der zwischen den Grenzmauern zweier Fincas aufwärts führt. Fast zu jeder Jahreszeit wuchert hier üppige Vegetation; Palmen und Orangenbäume spenden Schatten, hier und da quakt es. Nach 700 m lassen wir eine kleine Brücke

links liegen und gehen geradeaus weiter. Nachdem wir ein Haus passiert haben, säumen Zypressen den Weg – zwischen ihrem Grün sieht man zur Linken das Hotel von Los Berrazales (zzt. geschlossen). In engen Serpentinen schraubt sich der Weg nun etwa eine halbe Stunde den Steilhang der **Montaña de las Vueltas** empor, dann flacht der Weg ab und mündet 400 m weiter in ein Sträßlein, das wenig später am Wendeplatz von **El Sao** endet.

Ein Richtungsschild weist den Weg nach „El Hornillo": Ein steingepflasterter Pfad führt an den wenigen Häusern von El Sao vorbei, wird dann steiler und eröffnet großartige Ausblicke auf das weit unten liegende Tal. Zwischen Bambusrohr und Terrassenfeldern erreicht man nach 1,8 km das Höhlendorf **El Hornillo** (2.40 Std.), dessen Häuser wie Vogelnester an einer senkrechten Felswand kleben. Der Barranco nimmt hier die Form eines Canyons an und markiert die Grenzlinie zum Tamadaba-Massiv. Tief unten liegen Felsbrocken, die von der letzten Eruption eines Vulkans stammen.

Vom Dorfplatz mit Kapelle führt eine Straße 1 km hinauf in südlicher Richtung, stößt dort auf die Landstraße Fagajesto–Lugarejos. Rechts erreicht man nach 200 m den **Stausee Los Pérez.** Auf der Staumauer geht es links an einem Haus vorbei, am Ende der Mauer führt ein gepflasterter Weg den Hang hinauf. Wenn er sich nach 20 Min. teilt, hält man sich rechts und genießt kurz darauf einen wunderbaren Ausblick: unten der Stausee, im Hintergrund der Roque Nublo. Je höher man steigt, desto märchenhafter und wilder wird die Vegetation.

□ Wanderkarte Seite 257 **Wanderung 10**

Langhaarige Bartflechten hängen von Kiefernbäumen herab, dichtes Gebüsch säumt den Weg. Im Herbst treibt die Feuchtigkeit Mengen von Pilzen hervor, darunter Maronen und Pfifferlinge.

Kurzzeitig geht's bergab, dann steigt der Weg wieder an, bis er nach gut 1 Std. über Stufen den 1308 m hohen Nordostzipfel der Tamadaba-Ringstraße (4.15 Std.) erreicht. Auf Wanderkarten ist die von einer Steinmauer gesäumte Kurve als **Siete Pinos**, manchmal auch als „Degollada del Humo" ausgewiesen (GC-216, nahe Km. 6). Man folgt der Straße nach rechts und verlässt sie nach 15 Minuten auf einer breiten, rechts abzweigenden Piste (nahe Km. 7).

An der Gabelung nach 300 m hält man sich rechts in Richtung „Camino de San Pedro" und kommt nach 15 Min. zum **Picknickplatz Tamadaba** (4.45 Std.). Am Wochenende ist er von kanarischen Familien belagert, werktags ist es hier einsam. Auf der Piste geht man in Nordostrichtung weiter, nach 400 m signalisiert eine Kette, dass für Autos die Weiterfahrt verboten ist. Nach weiteren 300 m auf Piste biegen wir links in den steingepflasterten, von Seitenmauern eingefassten „Camino de San Pedro" ein; wo dieser andere Wege und Pisten kreuzt, markieren niedrige Seitenmauern den korrekten Verlauf.

Kurz nachdem sich der Kiefernwald gelichtet hat, am **Mirador de la Vuelta del Palomar** (5.45 Std.), schwenkt der Weg von Nord auf Nordwest und schraubt sich in zahllosen Kehren zu einem runden Steinplateau am Fuß der **Montaña Berbique** hinab (6.30 Std.). Von dessen Ostrand führt ein gepflasterter Weg über ausgewaschenen Vulkangrund und Lavaasche abwärts, schlängelt sich in Serpentinen zwischen Felsen hindurch. Nach etwa 15-minütigem Abstieg sieht man in der Felswand zur Linken eine große Zahl einstmals bewohnter, in das poröse Vulkangestein geschlagener Höhlen – heute werden einige als Ziegenstall genutzt, andere dienen während der Fiesta de la Rama als romantische Schlafstätte. Auf der Schlussstrecke kommt man an Mandelbäumen und Palmen vorbei. Der Weg endet an einem großen Eukalyptusbaum mit dem Schild „Camino de los Romeros" (Pilgerweg). Von hier läuft man auf Piste geradewegs ins Dorfzentrum von **San Pedro** (7.15 Std.).

◿ Königliche Wege in Agaete
◹ Stausee Los Pérez – hoch über dem Tal von Agaete

11. Kleine Runde im Lorbeerwald – Los Tilos

■ **Charakter:** Die kleine, abwechslungsreiche Runde führt durch ein Lorbeerwald-Reservat – das letzte noch erhaltene Stück eines Waldes, der einst den gesamten Norden Gran Canarias bedeckte. Die Tour ist als Lehrpfad angelegt und gibt einen Überblick über die wichtigsten Lorbeerarten. Eine leichte Kurztour für die ganze Familie mit geringen Höhenunterschieden – ideal zum Einlaufen.
■ **Ausgangs- und Endpunkt:** Casa de Los Tilos (nahe Moya)
■ **Länge:** 2,1 km
■ **Gehzeit:** 1 Std.
■ **Höhenunterschied:** je knapp 50 m im An- und Abstieg
■ **Anfahrt:** Kommen Sie von Norden, fahren Sie auf der GC-2 bis Pagador, wo Sie in die GC-75 einbiegen. Ab Moya folgen Sie der GC-700 in Richtung Guía, nach 2 km geht es auf der GC-704 links ab zum Startpunkt der Tour, der Casa de Los Tilos (200 m). Mit Bus erreicht man Moya mit Linie 116/117; von dort läuft man 2 km auf der landschaftlich schönen GC-700 bis zur Casa de Los Tilos.
■ **Hinweis:** Die Casa de Los Tilos, ein Natursteinbau mit einer bescheidenen Ausstellung zur Flora des Lorbeerwalds, ist Mo–Fr 9–13 Uhr geöffnet (Eintritt frei). Wandern kann man freilich auch, wenn die Casa geschlossen ist: Links vom Haus steigt man über einen niedrigen Zaun und befindet sich sofort am Einstieg zur Tour.

Von der oberen Rückseite der **Casa de Los Tilos** folgen wir dem Weg *(Sendero del Bosque)* und gelangen über eine Holzbrücke in den anfangs lichten Wald. Sogleich ragen Lorbeerbäume auf, fein säuberlich etikettiert mit spanischem bzw. lateinischem Namen. Schon nach kurzer Zeit ist ein erster schattiger Picknickplatz am Rand einer Felsspalte erreicht – ein erfrischendes Plätzchen! Anschließend führt der Weg dicht an die wenig befahrene Talstraße heran und quert sie. In der Folge steigt der Weg längs der Ostflanke der Schlucht leicht an: Erst wird eine dunkle Wasserstelle passiert, dann ein weiterer lichter Picknickplatz mit zwei Bänken. Nach gut 20 Min. laufen wir dicht an einer **Höhle** vorbei, wo sich der Weg vorübergehend absenkt. Danach geht es wieder aufwärts und man läuft auf einem Felsband hoch über dem Barranco-Bett. An einer **Gabelung,** an der rechts der „Camino a San Fernando" abzweigt, steigen wir links auf einem gestuften Weg zur GC-704 hinab: Zur Linken liegt die **Casa de Los Tilos,** der Ausgangspunkt der Tour.

◁ An der Montaña Berbique

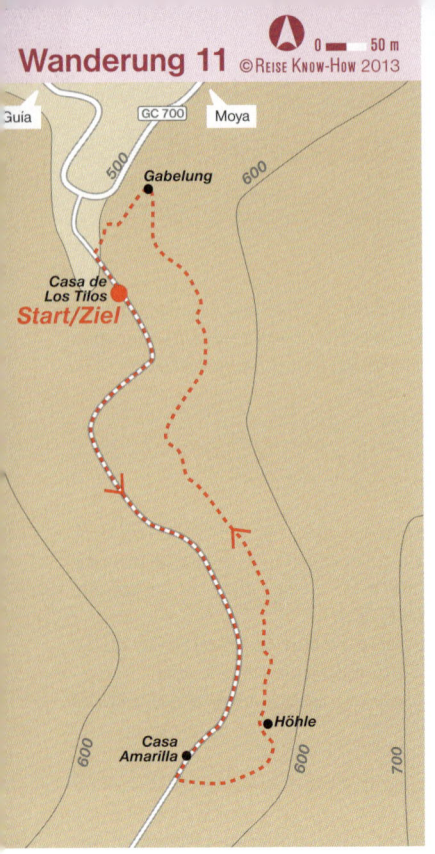

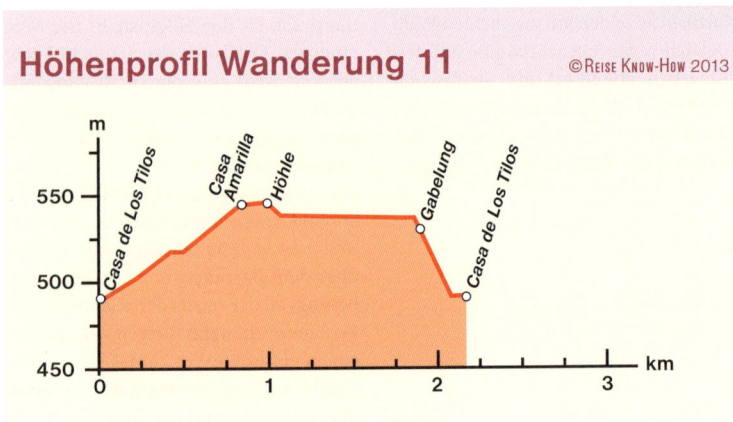

12. In den Krater des Bandama

■ **Charakter:** Ein Erlebnis ist es, in Gran Canarias schönsten Krater hinabzusteigen! Er zählt 900 m im Durchmesser, im 240 m tiefen Talgrund bestellt Señor *Agustín* seine Felder. Der teilweise gepflasterte Weg führt über Lavagranulat, mittags kann es sehr warm werden, der Aufstieg strengt an! Infos zum Krater siehe Seite 132.
■ **Ausgangs- und Endpunkt:** Bushaltestelle Bandama, 450 m (GC-802, Km. 3,5).
■ **Zwischenziel:** Las Casas del Fondo
■ **Länge:** 3,2 km
■ **Dauer:** 2 Std.
■ **Höhenunterschied:** Je 250 m im Auf- und Abstieg.
■ **Einkehr:** Lokal neben Bushaltestelle.
■ **Anfahrt mit Auto:** Parken kann man im Umkreis der Bushaltestelle.
■ **Anfahrt mit Bus:** Linie 311 kommt von Las Palmas, aussteigen an den „Casas de la Caldera" (bitte Fahrer informieren!).
■ **Hinweis:** Das Eingangstor wird bereits um 17 Uhr geschlossen!

Neben der überdachten Bushaltestelle von **Bandama** startet ein Fahrweg (Camino Fondo de Caldera), der durch ein schmiedeeisernes Tor zu einer **Aussichtsterrasse** führt. Hier bietet sich ein erster Tiefblick ins weite Rund, eine Schautafel gibt Hinweise zur Entstehungsgeschichte des Kraters. Links von der Terrasse startet ein Weg, der erst fugendicht gepflastert, dann über Lavagrus hinabführt.

◁ Feuchtgebiete – Dickblattgewächse in Los Tilos

Nach gut 300 m passiert man den **Mirador El Cornical,** einen kleinen Aussichtsbalkon. Nun geht es in mehreren Kehren hinab, Palmen und Ölbäume spenden auf einer kurzen Wegstrecke Schatten. An der von Canarios aufgrund drei hoher Felsen so genannten Kreuzung **Las Tres Piedras** halten wir uns links (über den rechten Weg kehren wir später zurück) und entdecken auf dem Grund der Caldera die Ruinen einer Finca mit Dreschplatz und Weinpresse (**Las Casas del Fondo**). Im Nebenhaus wohnt Señor *Agustín* und bestellt seine Felder.

Wir gehen an der Ruine vorbei und biegen links ab in einen längs der Finca verlaufenden Weg, der den Kratergrund im Uhrzeigersinn umrundet – dabei sind kaum Höhenunterschiede zu überwinden. Wir passieren nach 440 m einen

Wanderung 12

zweiten Dreschplatz (oberhalb eines schattigen Hains), nach weiteren 600 m eine Felsterrasse mit Höhlen und Grill. Zwei Minuten später geht es an einer Gabelung rechts den Hang hinab, rasch verbreitert sich der Weg und führt zu der vom Hinweg bekannten Kreuzung **Las Tres Piedras** zurück. Wir halten uns links und es beginnt der anstrengende Aufstieg – zurück zum Ausgangspunkt der Tour, der Bushaltestelle von **Bandama**. Und wer Lust hat, läuft nun noch einmal im Uhrzeigersinn in gut einer Stunde um den Krater herum (gut ausgeschildert: „Camino Borde de la Caldera")!

> Hinab in den Schlund!

Höhenprofil Wanderung 12
© Reise Know-How 2013
m
500
300
100
0
1
2
3
4
5
6
7
km
Bandama
Las Tres Piedras
Casas del Fondo
Camino Fondo de Caldera
Bandama
Camino Borde de la Caldera
Bandama

276gc sg

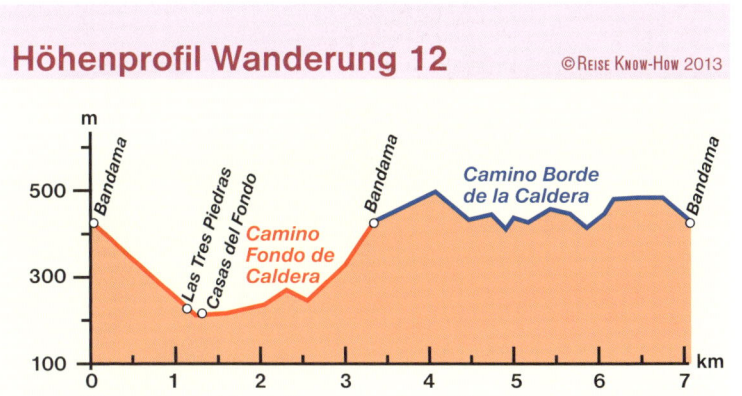

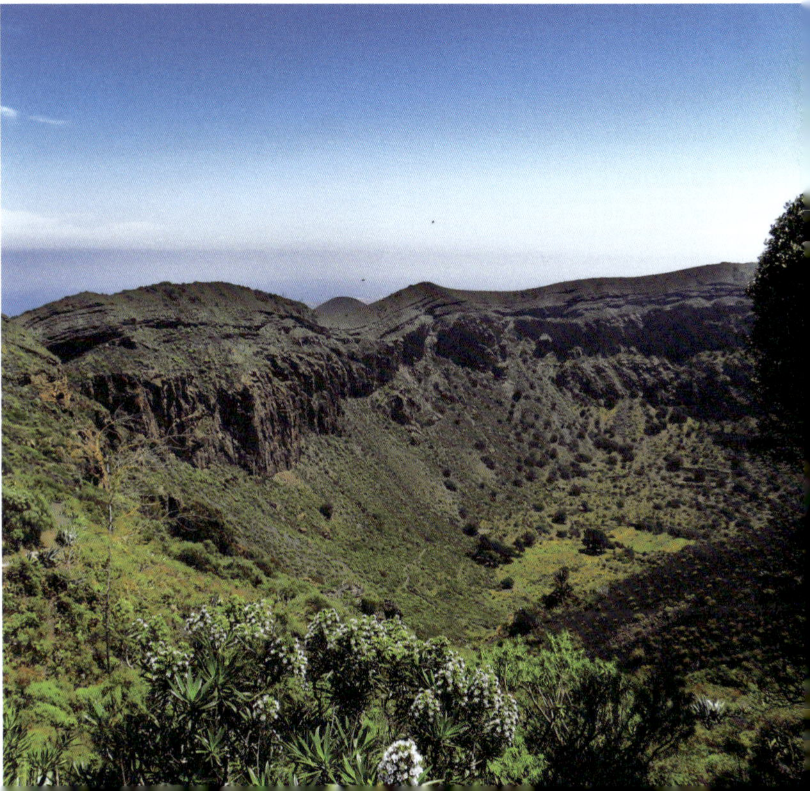

- Anreise | 268
- Autofahren | 271
- Behinderte unterwegs | 274
- Diplomatische Vertretungen | 274
- Einkaufen und Mitbringsel | 275
- Ein- und Ausreisebestimmungen | 279
- Essen und Trinken | 280
- Geldfragen | 286
- Information | 288
- Internet | 290
- Kinder | 291
- Kleidung | 293
- Medizinische Versorgung | 293
- Nachtleben | 294
- Notfälle | 294
- Öffnungszeiten | 295
- Post | 296
- Routenplanung | 296
- Sicherheit | 299
- Sport und Erholung | 300
- Sprachurlaub | 312
- Telefonieren | 312
- Unterkunft | 314
- Verkehrsmittel | 318
- Versicherungen | 321
- Weiterreise | 322

Praktische Reisetipps von A bis Z

◁ Cícer in Las Palmas, Hot Spot der Wellenreiter

Anreise

Mit dem Flugzeug

Fast alle Besucher kommen mit dem Flugzeug nach Gran Canaria. Der internationale Flughafen von Las Palmas wird von allen größeren Städten Deutschlands, Österreichs und der Schweiz angeflogen. Ein Hin- und Rückflug kostet je nach Saison, Flughafen und Gesellschaft zwischen 250 und 650 €, am günstigsten fliegt man außerhalb der Schulferien. Vermeiden Sie beim Online-Kauf die im Kleingedruckten versteckten Nebenkosten. Aufschläge für Gepäck, Zahlung mit Kreditkarte, Reservierung eines Sitzplatzes u.Ä. sollten **vor** der Buchung klar und deutlich als Teil des Ticketpreises aufgeführt sein.

Die meisten Flüge bieten TuiFly (www.tuifly.com), Air-Berlin (www.airberlin.com) und Condor (www.condor.com), doch bekommen sie zunehmend Konkurrenz von Billigfliegern wie RyanAir (www.ryanair.com). Mit Hilfe von Internet-Suchmaschinen findet man heraus, mit welcher Fluggesellschaft man am gewünschten Tag am günstigsten reist. Hilfreich sind z.B.:

- www.swoodoo.de
- www.billigflieger.de
- www.billig-flieger-vergleich.de
- www.ltur.com
- www.fluege.de

Kleines „Flug-Know-how"

Bei den meisten Flügen muss man mindestens **60 bis 90 Minuten vor dem Abflug** am Schalter der Airline eingecheckt haben. Späteres Erscheinen kann die Verweigerung der Beförderung nach sich ziehen. Einige Fluggesellschaften bieten die Möglichkeit, bereits am Vorabend, online oft schon 14 Tage früher einzuchecken. Sitzplatzreservierungen sind oft mit Zusatzkosten verknüpft.

Bei **vergünstigten Tickets**, die ein festes Datum beinhalten, gibt es keine Änderungsmöglichkeit bezüglich des Flugtermins. Wenn man den Flug verpasst, hat man Pech gehabt. Nur noch selten sind die Mitarbeiter der entsprechenden Airline bereit, Sie aus Kulanz auf die nächste freie Maschine umzubuchen. Anders ist es mit normalen Tickets: Hier kann der Flugtermin (sofern Plätze frei sind) innerhalb der Geltungsdauer verschoben werden, wofür freilich Gebühren anfallen.

Geht ein Ticket verloren, das schon rückbestätigt wurde, hat man gute Chancen, einen Ersatz dafür zu erhalten. Einige Airlines kassieren dafür aber noch einmal 50 bis 100 € und bei manchen läuft gar nichts mehr. Gut ist es, deutlich lesbare Fotokopien des Tickets zu machen und bei einer Vertrauensperson zu hinterlegen. Das hilft enorm bei einer Neuausstellung des Tickets.

Noch darf bei einigen Fluggesellschaften **Gepäck** bis zu 15 oder 20 kg pro Person kostenlos eingecheckt werden. Zusätzlich kann jeder Fluggast ein Handgepäckstück bis zu 5 bzw. 8 oder 10 kg (Höchstmaße 55 x 40 x 20 cm) mit an Bord

Ankunft

Der **Flughafen von Gran Canaria** (Code: LPA, Tel. 928579130, www.aena.es), mittlerweile aufgestiegen zum viertgrößten Spaniens, befindet sich in Gando, etwa 20 km südlich der Hauptstadt

nehmen. Übersteigt das Gepäck die Gewichtsgrenze, ist die Airline nicht verpflichtet, das Gepäck auf dem gleichen Flug zu befördern, und man trägt die Mehrkosten für die Versendung als Frachtgut oder die Zulassung als Übergepäck. Als solches werden mindestens 5 € pro Kilo berechnet. Beim Kauf des Tickets sollte man sich über die Bestimmungen der zur Wahl stehenden Airlines genau informieren. Vor allem Billigflieger verlangen inzwischen recht hohe Beträge für jedes aufzugebende Gepäckstück.

Aus Sicherheitsgründen sind Taschenmesser, Nagelfeilen und Scheren im aufzugebenden Gepäck zu verstauen. Findet man sie bei der Kontrolle im Handgepäck, werden sie weggeworfen. Darüber hinaus gilt, dass leicht entzündliche Gase und entflammbare Stoffe nichts im Passagiergepäck zu suchen haben.

Flüssigkeiten sowie wachs- und gelartige Stoffe (wie Kosmetik- und Toilettenartikel, Sprays, Shampoos, Zahnpasta, Cremes, Suppen) dürfen nur mit an Bord genommen werden, sofern sie die Höchstmenge von 100 ml nicht überschreiten und in einem durchsichtigen, wiederverschließbaren Plastikbeutel verpackt sind, der maximal einen Liter Fassungsvermögen hat. Von den Einschränkungen ausgenommen sind Babynahrung und verschreibungspflichtige Medikamente sowie alle Flüssigkeiten/Getränke/Gels, die nach der Fluggastkontrolle z.B. in Travel-Value-Shops erworben wurden.

Sondergepäck (sperrige Gepäckstücke) muss bei der Fluggesellschaft 1–4 Wochen im Voraus angemeldet werden. Tauch- und Golfgepäck werden in der Regel kostenlos befördert, sofern sie nicht schwerer als 30 kg sind. Dagegen ist die Beförderung von Fahrrädern und Surfbrettern fast immer mit Zusatzkosten verknüpft. Für die sichere Verpackung hat man selber zu sorgen. Das Personal am Check-in-Schalter erwartet, dass der Fahrradlenker parallel zum Rahmen steht und die Pedalen nach innen gedreht oder abmontiert sind; die Luft ist aus den Reifen herauszulassen. Noch vor Reiseantritt sollte man in Erfahrung bringen, ob der Veranstalter bereit ist, das sperrige Gepäck im Transferfahrzeug zu befördern. In der Vergangenheit kam es vor, dass „aus sicherheitstechnischen Gründen" der Transport verweigert wurde und sich der Gast selber um die Beförderung von Fahrrad und Surfbrett zu kümmern hatte. Sollte statt des gebuchten Bustransfers ein Taxitransfer zum Urlaubsort nötig sein, muss der Urlauber die entstehenden Kosten tragen!

Gesundheitstipps

1. Die **Klimaanlage** sorgt während des Flugs für kühle Temperaturen (warm anziehen!) und verteilt Bakterien über die Gäste. Meerwasserspray leistet den Viren Widerstand, indem es die Nase feucht hält.

2. Gegen das Austrocknen des Körpers aufgrund der beim Flug **niedrigen Luftfeuchtigkeit** helfen Hautcreme und Lippenbalsam, auch sollte man Saft oder (kohlensäurefreies) Mineralwasser trinken, das **nach** der Sicherheitskontrolle zu kaufen ist.

3. Alle zwei Stunden empfiehlt es sich aufzustehen und die **Füße zu vertreten,** vielleicht nutzt man die Gelegenheit und erfrischt sich auf der (noch nicht kostenpflichtigen) Toilette.

4. Hat man Probleme beim **Druckausgleich** während des Landens, hilft es Bonbons zu lutschen, mehrfach zu schlucken und zu gähnen. Auch nicht schlecht ist es, sich die Nase zuzuhalten und durch die Ohren „auszuatmen". Wer an chronischer Nebenhöhlenentzündung leidet, sollte sich vom Arzt Nasonex oder ein Dexamethason-Spray mit Zwölfstundenwirkung verschreiben lassen.

Las Palmas und 30 km nördlich von Playa del Inglés. Der Küstenstreifen ist hier unattraktiv; Urlauber, die tropisch wuchernde Vegetation und bewaldete Hänge erwartet hatten, fühlen sich vom steppenartigen Charakter der Land-

Bequem fliegen

Welchen Sitzplatz soll man wählen? Im vorderen Teil des Flugzeugs bis etwa zu den Tragflächen spürt man die Bewegungen der Maschine weniger: Reisende mit Flugangst fühlen sich dort sicherer. Am meisten Beinfreiheit gewähren Sitze in der ersten Reihe und beim Notausgang, weshalb sich viele Airlines diese XL-Seats extra bezahlen lassen. Schlecht ist die letzte Reihe, denn dort lassen sich die Sitze nicht zurückklappen. Auch ist die Luft hinten im Flieger schlechter. Wer gern hinausschaut, wünscht einen Fensterplatz, allerdings nicht über den Tragflächen. Die Gangplätze haben den Vorteil, dass man die Beine ausstrecken kann; auch kann man aufstehen, ohne den Nachbarn zu stören. Die Mittelplätze sind die schlechtere Wahl, bieten sie doch weder das eine noch das andere.

Anreise

Tipp Flughafen" im Kapitel „Verkehrsmittel" Seite 321) oder wählt man den preiswerten **Linienbus?** Die grünen Schnellbusse mit dem Schriftzug GLOBAL (siehe Fahrplan im Kapitel „Verkehrsmittel") starten ein Stockwerk höher (auf der Ankunftsebene rechts). Linie 66 fährt südwärts via San Agustín und Playa del Inglés nach Maspalomas, dort hat man Anschluss in Richtung Puerto de Mogán oder in die Berge nach Fataga und San Bartolomé. Linie 60 fährt nordwärts ohne Halt nach Las Palmas: stündlich zum Parque Santa Catalina (Puerto/Canteras), alle 30 Minuten zum Parque San Telmo (von dort Anschlussverbindungen ins Bergland und nach Agaete).

schaft, den Schnellstraßen und Fabrikanlagen enttäuscht. Um den Schock für die eintreffenden Touristen zu lindern, wurden in den vergangenen Jahren nördlich und südlich des Flughafens zahlreiche Palmen gepflanzt.

Pauschalreisende werden von der örtlichen Reiseleitung empfangen und zu ihren Bussen geleitet, brauchen sich fortan um (fast) nichts mehr zu kümmern. Wer auf eigene Faust unterwegs ist, nimmt den Transfer zum Urlaubsort selbst in die Hand. Ein touristisches **Informationsbüro in der Ankunftshalle** hält Prospekte und aktuelle Pläne bereit. Spätestens dann hat man sich zu entscheiden: Leiht man einen **Mietwagen** (alle Büros nebeneinander im Seitentrakt der Ankunftshalle), springt man ins **Taxi** (direkt am Ausgang, vgl. „Taxi-

Land- und Seeweg

Wer aus bestimmten Gründen nicht fliegen will oder darf, kann Gran Canaria auch über Land (hohe Mautgebühren!) und per Schiff erreichen. Einmal wöchentlich startet z.B. die **Autofähre** der spanischen Gesellschaft Acciona/Trasmediterránea in Cádiz (südspanische Atlantikküste), zwei Tage später erreicht sie Las Palmas de Gran Canaria. Aktuelle Abfahrtszeiten und Preise findet man im Internet unter www.trasmediterranea.es.

▷ Nur Wenige reisen mit der Fähre an ...

Autofahren

Aussteigen, wenn man dazu Lust hat, ein Foto schießen vom „Wolkenfels" oder eine Pause einlegen in einer Dorfbar – dies alles spricht dafür, das Landesinnere mit einem Mietauto zu erkunden. Selbst in abgelegene Orte kann man vorstoßen, und wo es einem nicht gefällt, bleibt man nicht lange. Miet- und Benzinpreise sind relativ niedrig, Verleihfirmen gibt es an jedem touristischen Ort. Einige Firmen haben günstige Wochenendtarife, bei ein- oder zweiwöchiger Miete kann man mit erheblichem Rabatt rechnen.

Mietwagen

Viele Pauschalurlauber buchen einen Wagen bereits in Deutschland, meist im **Internet** oder direkt über den **Reiseveranstalter,** wobei die Selbstbeteiligung für Vollkasko- und Diebstahlversicherung häufig entfällt. Autos können aber auch problemlos auf Gran Canaria gemietet werden, und zwar überall dort, wo es Geschäftsleute und Touristen gibt: also am Flughafen, in der Hauptstadt und in allen Ferienzentren des Südens.

Wer nicht vorbuchen will, begibt sich nach Ankunft **am Flughafen** in die Empfangshalle, wo mehrere Autoverleihfirmen ihre Niederlassungen haben. Viele Verleihfirmen locken mit solidem Grundpreis, überraschen dann jedoch den Kunden mit hohen Steuer- und Versicherungskosten. Rabatt wird meist bei einer Miete ab drei Tagen gewährt, noch preiswerter ist es, Autos auf Wochenbasis zu mieten. Wer das Fahrzeug für mehrere Tage mietet, sollte darauf achten, ob im Kalendertag-Rhythmus oder im 24-Stunden-Takt abgerechnet wird. Bei der letzten Umfrage hatte CICAR bezüglich des Preis-Leistungs-Verhältnisses und der Sicherheitsstandards die Nase vorn. Die Firma unterhält Filialen an allen Flug- und Fährhäfen, in Playa del Inglés und Las Palmas. Abgesehen von der Weihnachtszeit sind Fahrzeuge stets in ausreichender Zahl vorhanden, schlimmstenfalls fehlt der gewünschte Wagentyp und man bekommt für den gleichen Preis einen besseren.

■ **CICAR,** Reservierung von Deutschland Tel. 0034-928822900, info@cicar.com.

Worauf achten?

Wer auf Gran Canaria ein Auto mieten will, muss mindestens **21 Jahre** alt und ein volles Jahr im Besitz eines gültigen Führerscheins sein. Personalausweis und nationaler Führerschein sind bei Abschluss des Mietvertrages vorzulegen. Bevor man jedoch einen Vertrag unterschreibt, sollte man das Fahrzeug gründlich in Bezug auf Reifenprofil sowie Lenkung, Bremse und Kupplung prüfen. Auch sollte man nachschauen, ob Seitenspiegel und Scheibenwischer in Ordnung sind und ob sich ein Ersatzreifen sowie zwei Warndreiecke im Kofferraum befinden. Im Vertrag ist zu vermerken, wie voll der Tank bei Rückgabe des Fahrzeugs zu sein hat (sollte identisch sein mit dem aktuellen Stand der Tankanzeige).

Landkarte

Bei den Touristenbüros vor Ort gibt es eine kostenlose **Inselkarte,** die den Urlaubern gute Dienste leistet. Wem diese nicht reicht, der kann sich vor Ort in Buchhandlungen und Souvenirshops weitere Karten besorgen. Die derzeit beste Karte stammt von der Inselregierung und wird in der Librería del Cabildo verkauft (siehe „Hauptstadt Las Palmas").

Benzin

Der Preis für Benzin liegt auf Gran Canaria bei **1,10 Euro pro Liter** und ist damit erheblich niedriger als etwa in Deutschland oder auf dem spanischen Festland. Tankstellen öffnen zwischen 7 und 9 Uhr und schließen zwischen 20 und 22 Uhr; an Sonn- und Feiertagen haben sie bis auf Ausnahmen geschlossen. Vor allem bei Fahrten in die einsame Bergwelt ist darauf zu achten, dass der Tank gut gefüllt ist!

Verkehrsregeln

In Spanien werden Verkehrsverstöße mit Strafpunkten und hohen Geldstrafen geahndet. Wer zuviel Alkohol im Blut hat, muss gar mit dem Entzug des Führerscheins rechnen. Hier die wichtigsten Vorschriften:

- **Höchstgeschwindigkeit:** innerhalb geschlossener Ortschaften meist 40 km/h (mindestens 25 km/h), auf Überlandstraßen 90 km/h (mindestens 45 km/h), auf Straßen mit mehr als einer Fahrspur in jeder Richtung 100 km/h (mindestens 50 km/h), auf Autobahnen 110 km/h.
- **Alkoholgrenze:** 0,5 Promille
- **Anschnallpflicht:** innerhalb und außerhalb geschlossener Ortschaften auf allen Sitzen; für Kinder unter drei Jahren sind Kindersitze vorgeschrieben; Kinder über drei Jahren sollten, sofern sie keine 1,50 m groß sind, auf einer Rückhaltevorrichtung sitzen.
- **Kreisverkehr:** Vorfahrt haben die Fahrer, die bereits im Kreis sind; wer hinein will, braucht nicht zu blinken. Ist der Kreis mehrspurig, so hüte man sich vor den Geisterfahrern, die von der inneren Spur ausscheren und – ohne dies anzuzeigen – die äußere Spur schneiden und direkt die Ausfahrt anpeilen (= falsche, aber auf den Kanaren verbreitete Praxis!).
- **Telefonieren:** nur mit Freisprechanlage (ohne Kopfhörer) erlaubt.
- **Tanken:** Handy, Autoradio und Motor müssen ausgestellt sein.
- **Park- und absolutes Halteverbot:** gelbe bzw. rote Kennzeichnung am Bordstein.
- **Gebührenpflichtiges Parken** (Automat): blaue Markierung am Bordstein.
- **Überholverbot:** 100 m vor Kuppen und auf Straßen, die nicht mindestens 200 m zu überblicken sind.
- **Warndreieck/Westenpflicht:** Im Falle einer Panne oder eines Unfalls sind 100 Meter vor und hinter dem Fahrzeug Warndreiecke aufzustellen; Fahrer verlässt das Fahrzeug mit reflektierender gelber oder orange-farbener Warnweste (Euronorm EN 471).
- **Abschleppen:** privat nicht erlaubt, nur von Unternehmen mit Lizenz (grúa).

> Auch eine Möglichkeit sich fortzubewegen

Unfall

Nach einem Unfall ist die Verleihfirma zu verständigen. Wurde jemand verletzt, sollte unbedingt die Polizei (Guardia Civil) gerufen werden. Über die **Notrufnummer 112** erreicht man die Zentrale für alle Notfälle – Polizei, Arzt und Feuerwehr. Dort wird auch Deutsch gesprochen.

Es empfiehlt sich, die Kfz-Nummern der Beteiligten sowie deren Namen, Anschrift und Versicherung aufzuschreiben. Leider hört man bei Unfällen immer häufiger, dass Ausländer im Nachteil sind, auch wenn sie keine Schuld tragen. Rat in Notsituationen geben die Automobilclubs ihren Mitgliedern. Hier die Notrufnummern der wichtigsten **Automobilclubs:**

- **ADAC,** Tel. 0049-89-222222, www.adac.de.
- **ÖAMTC,** Tel. 0043-1-71199-0, www.oeamtc.at.
- **TCS,** Tel. 0041-58-8272220, www.tcs.ch.

Behinderte unterwegs

Wer auf Gran Canaria Urlaub machen möchte, sollte vor Antritt der Reise aktuelle Infos bei der „Bundesarbeitsgemeinschaft des Clubs Behinderter und ihrer Freunde e.V." einholen (Tel. 069-9705220, www.cebeef.com).

Kontaktaufnahme lohnt auch mit **Franz Miltenburg** (Mobil: 699124985, www.discoverygrancanaria.com). Ehrenamtlich unternimmt er mit Rollstuhlbehinderten Tagesausflüge in die Berge und mit Blinden Fahrten mit Tandem-Rad in Campo Internacional.

Anregungen für einen „Tourismus ohne Barrieren" entdeckt man auch im Web-Portal www.equalitasvitae.com/es.

Diplomatische Vertretungen

Spanische Botschaften

- **Botschaft des Königreichs Spanien,** Lichtensteinallee 1, 10787 Berlin, Tel. 030-2540070, Fax 25 799557, www.spanischebotschaft.de.
- **Botschaft des Königreichs Spanien,** Argentinierstr. 34, 1040 Wien, Tel. 01-5055788, Fax 5055 788125, www.mae.es/embajadas/viena.
- **Botschaft des Königreichs Spanien,** Kalcheggweg 24, 3006 Bern, Tel. 031-3505252, Fax 3505255, www.mae.es/embajadas/berna.

Konsulate

- **Deutsches Konsulat,** Consulado de Alemania, C. Albareda 3–2°, 35007 Las Palmas, Tel. 928491880, Fax 928262731, www.las-palmas.diplo.de, Mo–Fr 9–12 Uhr (zuständig für alle Kanarischen Inseln).
- **Österreichisches Konsulat,** Consulado de Austria, Hotel Eugenia Victoria, Av. Gran Canaria 26, 35100 Playa del Inglés, Tel. 928762500, Fax 928 762260, Mo–Fr 10–12 Uhr (zuständig für die Ostprovinz).
- **Schweizer Botschaft,** Calle Núñez de Balboa 35, 28001 Madrid, Tel. 914363960, www.eda.admin.ch/madrid, Mo–Fr 9–13 Uhr.

Mehr als eine Infostelle: das Konsulat

Auf Gran Canaria gibt es seit 1879 eine Auslandsvertretung des Deutschen Staates, die heute für alle Kanarischen Inseln zuständig ist. Hier geht es vornehmlich um die ernsten Dinge des Lebens: Pass- und Visumbeschaffung, Kriminalität, Krankheit und Tod.

- Wurde der **Personalausweis** verloren oder gestohlen, stellt das Konsulat Ersatzpapiere aus.
- Sind **Geld** und **Kreditkarte** weg, werden Kontakte nach Deutschland vermittelt, in extremen Notfällen sogar Überbrückungsgeld oder das Rückflugticket vorgestreckt.
- Einträge werden **beurkundet,** Ab- und Unterschriften **beglaubigt.**
- Gerät man mit der spanischen **Justiz** in Konflikt, wird über das Konsulat Kontakt zu einem deutschsprachigen Anwalt hergestellt. Im Haftfall werden die Angehörigen verständigt.

Einkaufen und Mitbringsel

Shoppen ohne Ende – auf Gran Canaria kein Problem! Die Insel leistet sich Dutzende von groß angelegten **Einkaufszentren** (*Centros Comerciales*, abgekürzt C.C.), die von der Costa Canaria im Süden bis Las Palmas im Norden reichen. Das Einkaufen soll in den Centros ein Vergnügen sein – darum finden sich dort neben Supermärkten, Läden und Boutiquen auch Café-Bars und Restaurants, oft sogar ein Kino. Die Centros sind in der Regel Mo–Sa 10–21 Uhr geöffnet, in den Wochen vor Weihnachten auch sonntags.

Im Süden

An der Costa Canaria und der Costa Mogán gibt es die meisten Touristen, doch nur wenige gute Einkaufsadressen. In die Jahre gekommen sind die *Centros Comerciales* von San Agustín und Playa del Inglés, etwas attraktiver sind die in Meloneras (*Varadero*) und Campo Internacional (*Faro 2*).

Auf dem Weg nach Las Palmas

Längs der GC-1 geht man auf Schnäppchenjagd. Nördlich des Flughafens beginnt ein Reigen von Mega-Shops, die von Km. 12 bis Km. 8 reichen. Bei Jinámar stößt man auf die Zentren *El Mirador* und das zum Meer ausgerichtete *Las Terrazas* (Km. 5,5, Ausfahrt 6-B Cortijo). Hier findet man Dependancen großer Marken von Calvin Klein bis Zara, den Elektronikriesen Media Markt und viele Outlet-Läden.

In Las Palmas

Im Strand- und Hafenviertel von Las Palmas gibt es mit *Las Arenas* und *El Muelle* zwei große Einkaufszentren. Dort findet man internationale Labels von Benetton über Massimo Dutti bis H&M, dazu alle großen spanischen Modehäuser wie Desigual, Mango, Stradivarius und Zara. Wer einen neuen Laptop oder eine Kamera braucht, geht meist zu Saturn im *Las Arenas*. Auf halbem Weg zwischen den Einkaufszentren entdeckt man das renommierte Doppelkaufhaus *El Corte Inglés* und den vor Frische überquellenden Zentralmarkt *Mercado Central*.

Im Altstadtviertel Triana hat man auf große Zentren verzichtet: In der gleichnamigen Fußgängermeile und den angrenzenden verkehrsberuhigten Straßen dominieren Boutiquen und Traditionsläden.

Kunsthandwerk – traditionell und neu

In den vergangenen Jahren wurde **traditionelles Kunsthandwerk** wiederbelebt. In den staatlich geförderten FEDAC-Läden (Las Palmas/Playa del Inglés, www.fedac.org) dürfen Käufer sicher sein, dass sie **Originalstücke** von ausgebildeten Kunsthandwerkern erwerben, z.B. von Frauen aus Ingenio in Fleißarbeit hergestellte **Tücher und Decken.**

Einkaufen und Mitbringsel

Mercado & Mercadillo

Markthallen, in denen ausschließlich Lebensmittel verkauft werden, heißen *Mercado* (Mo-Sa 9–14 Uhr). Auf Bauernmärkten (*Mercadillos de agricultor*) bekommt man landwirtschaftliche Produkte direkt vom Erzeuger. Spricht man allgemein von *Mercadillos*, so denkt man an Märkte mit bunt gemischtem Sortiment, die häufig im Freien stattfinden. Außer viel Krempel und Kitsch gibt es dort Gewebtes und Gesticktes, afrikanisches Kunsthandwerk und Hippie-Schmuck, Mandelkuchen und eingelegte Oliven, pikante Würstchen, Kuchen, Brot und Käse. Das Ambiente ist am schönsten in **Teror** und **Arucas**, vielen gefallen auch **Vega de San Mateo** und **San Fernando**. Stark auf Klamotten beschränkt ist das Angebot z.B. in Vecindario und Arguineguín.

- **Montag:** Ingenio, Vecindario
- **Dienstag:** Arguineguín, Guía
- **Mittwoch:** San Fernando, Vecindario
- **Donnerstag:** Agüimes, Gáldar
- **Freitag:** Puerto de Mogán
- **Samstag:** San Fernando, Vega de San Mateo, Telde, Arucas, San Bartolomé
- **Sonntag:** Teror, Santa Lucía, Vega de San Mateo, Las Palmas, San Bartolomé

Von altkanarischen Entwürfen inspiriert, von Hand geformt und ohne Glasur gebrannt, strahlen sie eine archaische Note aus. **Miniaturgitarren** *(timples)*, die bei jedem Folksong zum Einsatz kommen, sind ebenfalls zu entdecken, dazu die aus dem Holz des Maulbeerbaums geschnitzten **Kastagnetten**. Doch auch kanarische Kunsthandwerker gehen mit der Zeit und beginnen lustvoll zu kombinieren: In handgeschnitzte Teller werden Zeichen der Ureinwohner gebrannt, kanarische Seide wird mit abstrakten Mustern bemalt.

Stoff zum Lesen & Hören

Eine „Spezialität" ist die *Librería del Cabildo*, ein schön gestalteter, staatlicher Laden in der Altstadt von Las Palmas, in dem ausschließlich Bücher und CDs zu kanarischen Themen verkauft werden – ein reiches Sortiment vom deutschsprachigen Wanderbuch über die beste Inselkarte bis zur neuesten Platte der angesagten Folk-Band (Calle Cano 24, parallel zur Fußgängerstraße Triana).

Sind diese mit bunten Blumenmotiven bestickt, werden sie *bordados* genannt – oder *calados*, wenn mit Lochmustern verziert; daneben gibt es *rosetas*: filigrane, zu Decken zusammengefügte Rosetten. Aus Santa María de Guía kommen *cuchillos canarios*, die „**kanarischen Messer**" der Bananenpflücker, deren Griff kunstvoll mit Intarsien aus Perlmutt oder Knochen verziert ist. Aus Atalaya stammen die besten **Töpferwaren**.

▷ Vom Meer inspiriert –
Schmuck der Designerin Claudi auf dem Markt

Kulinarisches

Wer Kulinarisches bevorzugt, greift zu *queso de flor*, würzigem **Käse** aus Santa María de Guía, der unter Spaniens Molkereiprodukten zu den großen Delikatessen zählt. Eine Spezialität sind auch Leckereien aus **Mandeln**, die im Bergland rings um Tejeda wachsen. Das süße Mandel-Mousse *(bienmesabe)* verleiht noch der fadesten Nachspeise eine besondere Note! Dazu gibt es **Honig** von Pflanzen, die nur hier und nirgends sonst auf der Welt wachsen, exotische **Marmeladen** aus Papayas, Mangos und Wildkresse *(confitura de berros)*! Seit ein paar Jahren wird hervorragendes Olivenöl produziert, das man als *Aceite Virgen Extra de Temisas* vermarktet. Pikante **Chorizo-Streichwurst** kommt aus Teror, **Meersalz** von den Salinen der Ostküste. Aus den inzwischen zahlreichen Insel-Bodegas stammt guter **Wein**, z.B. *Los Berrazales,* dessen Trauben mit Mineralwasser bewässert werden. In der Destille von Arucas wird Europas einziger **Rum** gebrannt, hinzu kommen diverse Liköre, z.B. der **Bananenlikör.** San Bartolomé steuert **Obstbrände** bei: Im *mejunje* ist Rum mit Honig, Orangen und Zitronen verfeinert, im *guindilla* mit Sauerkirschen. Auch Europas einziger **Kaffee** stammt aus Gran Canaria: Er wächst im subtropischen, windgeschützten Agaete-Tal heran.

Souvenir vergessen?

Wenn Ihnen noch kurz vor dem Abflug einfällt, dass Sie ein Mitbringsel vergessen haben – kein Problem! Nach dem

Einchecken auf dem Flughafen von Las Palmas finden Sie in der Duty Free Zone einen großen Laden, der ausschließlich kanarische Kulinaria anbietet – von Olivenöl aus Temisas bis zu Arucas-Rum. Auch die als Mitbringsel beliebten transporttauglich verpackten **Kakteen** und **Papageienblumen** (Strelitzia reginae) kauft man am besten unmittelbar vor dem Abflug.

Preise

Die Preise haben sich denen in Mitteleuropa angenähert, auch fernab der Touristenzentren macht man nur noch selten ein „Schnäppchen". Zwar kann man auf den Kanarischen Inseln zollfrei einkaufen, doch hat die Inselregierung so hohe **Luxussteuern** eingeführt, dass nur noch wenige Artikel günstiger sind als in den Ländern Mitteleuropas. Billiger sind Tabak und Zigaretten, ein bisschen günstiger oft noch Elektronik, Parfüms und Spirituosen.

Der weitgehend auf die Hauptstadt begrenzte **Winterschlussverkauf** beginnt nach dem Dreikönigstag und dauert ganze zwei Monate; viele Canarios warten zwei Wochen, bis die „*rebajas auf die rebajas*" (Rabatte auf die Rabatte) angeboten werden. Geschäfte in Touristenorten, die das ganze Jahr über mit der Aufschrift *Ofertas Especiales* (Sonderangebote) locken, lohnen nur selten einen Besuch. Nicht alles ist billig, was (oft auch in deutscher Sprache) „ausverkauft" wird. Eher warnen muss man auch vor den so genannten Duty-free-Läden am Flughafen: Oft sind sie teurer als „normale" Geschäfte.

Ein- und Ausreisebestimmungen

Dokumente

Bürger aus Deutschland und Österreich benötigen zur Einreise einen gültigen **Personalausweis oder Reisepass** und können unbegrenzt lange auf den Kanarischen Inseln bleiben. Schweizer benötigen für einen Aufenthalt bis zu drei Monaten eine nationale Identitätskarte – wollen sie länger bleiben, müssen sie ein Visum bei der spanischen Botschaft beantragen (siehe „Diplomatische Vertretungen").

Auch **Kinder** brauchen einen eigenen Ausweis mit Lichtbild, ab dem 10. Lebensjahr muss er eigenhändig unterschrieben sein.

Um ein Auto zu mieten, muss man 21 Jahre alt sein und seinen **Führerschein** dabeihaben. Nur wer mit eigenem Fahrzeug auf die Insel gekommen ist, benötigt die grüne Versicherungskarte.

Tiere

Auf Gran Canaria ist Hunden der Aufenthalt am Strand untersagt und in fast allen Hotels und Restaurants sind sie unerwünscht. Wer dennoch auf seinen Vierbeiner nicht verzichten kann, benötigt einen **EU-Heimtierausweis,** worin Kennzeichnungsnummer, Name, Alter, Rasse und Geschlecht vermerkt sind und seitens des Arztes die gültige Tollwutimpfung bescheinigt ist. Darüber hinaus muss das Tier mit einem Microchip oder einer Tätowierung gekennzeichnet sein. Vergessen Tierhalter diese Vorbereitungen, werden die Vierbeiner auf Kosten des Halters zurückgeschickt oder für die Dauer von mindestens vier Monaten in amtlicher Quarantäne untergebracht.

Bei der Anreise im Flugzeug müssen die Tiere in spezielle Transportboxen im Frachtraum – eine Ausnahme wird nur bei Blinden- und Gehörlosenhunden geduldet. Das mitreisende Tier muss bei der Buchung der Flugreise angegeben werden. Airlines verlangen für die Mitnahme einen beträchtlichen Preis, in der Regel wird das Gewicht des Tieres mit dem Freigepäck verrechnet.

Tipps zur Reisevorbereitung

- Prüfen Sie, ob Ihre **Personaldokumente** noch gültig sind!
- Fertigen Sie **Kopien** von Personalausweis und Führerschein an!
- Denken Sie an ausreichenden **Krankenversicherungsschutz!**
- Notieren Sie **Konto-, Kredit- und Scheckkartennummern** sowie die Telefonnummern Ihrer Bank und Kreditkartenbüros, damit Sie bei Verlust oder Diebstahl sofort eine Sperrung veranlassen können!
- Nehmen Sie zur Sicherheit so viel **Bargeld** mit, wie Sie für die ersten zwei Aufenthaltstage brauchen!

‹ Marktvorbereitung

Zoll

Bei der Einreise werden EU-Bürger nicht kontrolliert, bei der Rückreise sind Stichproben möglich. Aufgrund der steuerlichen Sonderstellung der Kanarischen Inseln gelten dort bis auf Weiteres die bekannten Mengenbeschränkungen:

■ **Tabakwaren** (für Reisende ab 17 Jahre): 200 Zigaretten oder 100 Zigarillos oder 50 Zigarren oder 250 g Tabak.
■ **Alkoholische Getränke** (Reisende ab 17 Jahre): 1 Liter über 22 Vol.-% (CH: 15 Vol.-%) oder 2 Liter bis 22 Vol.-% (CH: 15 Vol.-%).
■ **Andere Waren** (Reisende ab 15 Jahre): nach Deutschland 500 g Kaffee, nach Österreich zusätzlich 100 g Tee, (ohne Altersbeschränkung): 50 g Parfüm und 0,25 Liter Eau de Toilette, insgesamt Waren bis zu einem Wert von 430 €.

Artenschutz

Exemplare von Tier- und Pflanzenarten, die vom Aussterben bedroht sind, dürfen weder ein- noch ausgeführt werden. Auch für Deutschland und Spanien ist das Washingtoner Artenschutzabkommen verbindlich. Die „Fibel zum Artenschutz" verschickt das Referat Öffentlichkeitsarbeit im Bundesumweltministerium auf Anfrage kostenlos.

▷ Die Kanarier mögen's gesellig – Tapas-Abend in der Altstadt von Las Palmas

Essen und Trinken

Die Restaurants im touristischen Süden sind auf „internationalen" Geschmack eingestellt, viele Hotels bieten abwechslungsreiche Büfetts. Vielerorts werden einmal pro Woche auch kanarische Gerichte serviert: einfach und deftig, mit viel Knoblauch und Olivenöl. Ob sie freilich in Hotels am besten schmecken, wagen viele Canarios zu bezweifeln. Nach ihrer Meinung gibt es gute einheimische Kost nur in typisch kanarischen Lokalen, und um sie zu finden, müsse man die Ferienzentren verlassen.

Tapa

Wer sich nicht sicher ist, ob ihm die Kost der Insulaner zusagt, stellt sich an die Theke einer Dorfbar und ordert eine *tapa* (**Appetithappen**), vielleicht auch die etwas größere *media ración* (halbe Portion). Dabei zeigt er auf eines der in der Vitrine ausgestellten Gerichte. Das mag eine Art Kartoffelsalat sein *(ensaladilla)*, Fleisch in Soße *(carne en salsa)*, gefüllte Paprika *(pimientos rellenos)*, Krake *(pulpo)* oder Huhn *(pollo)*. Bei Bedarf wird das Essen in der Mikrowelle aufgewärmt und alsdann auf einem kleinen Teller serviert. Vielleicht macht's Appetit auf mehr!

Eintopf

Wer im Bergland des Zentrums und Nordens unterwegs ist, hat vielleicht Lust auf einen deftigen Eintopf. Fast im-

mer vorrätig ist **potaje,** das allerlei Gemüse enthält und auf der Basis von Kichererbsen oder Wildkresse zubereitet wird. Anspruchsvoller ist der **puchero,** bestehend aus sieben Gemüse- und fast ebenso vielen Fleischvarianten. Wahrscheinlich ist auch Rind- und Hammelfleisch dabei, dazu **chorizo,** eine pikante Blut- und Paprikawurst. Gleichfalls viele Freunde hat **ropa vieja** (alte Wäsche). Hinter dem ironischen Namen verbirgt sich ein vorzügliches Resteessen aus Kichererbsen und allerlei Fleischstücken, abgeschmeckt mit Thymian und Wein.

Als Fischeintopf mit Filetstückchen, Zwiebelschei- ben und Kartoffeln empfiehlt sich die **zarzuela.** Nicht jedermanns Sache ist dagegen das Sonntagsessen **sancocho,** das aus gedörrtem Riesenzackenbarsch *(cherne),* Süßkartoffeln, Gofio (siehe Beilagen) und gedünstetem Gemüse besteht. Vor der Zubereitung wird der getrocknete Fisch 24 Stunden in Wasser eingeweicht, damit er seinen Salzgeschmack verliert.

Fisch

Frischen **pescado** bekommt man am ehesten in den Küstenorten wie Arguineguín und Puerto de Mogán, Puerto de las Nieves, Sardina und San Felipe. Doch leider ist auch dort der Fisch, der auf den Tisch kommt, nicht immer frisch. Bei stürmischem Wetter fahren die Fischer nicht hinaus, da wird dem Gast gern etwas Tiefgekühltes serviert. Drum empfiehlt es sich, vor jedem Essen zu fragen, was an diesem Tag tatsächlich frisch

(*fresco*), also erst vor wenigen Stunden gefangen worden ist. In besseren Lokalen kann man sich den zum Verzehr bestimmten Fisch direkt im Aquarium aussuchen.

Beliebtester Fisch der Kanaren ist die rot schimmernde **vieja** aus der Familie der Papageienfische. Die „Alte", wie sie übersetzt heißt, hat weißes, zartes Fleisch und schmeckt ein wenig nach Karpfen. Oft stehen auch die fettarme **merluza** (Seehecht) und der festfleischige **atún** (Thunfisch) auf der Karte, ferner der kräftige **mero** (Zackenbarsch) und die grätenarme **dorada** (Goldbrasse). Meist wird der Fisch *a la plancha* serviert: auf heißer Metallplatte gebraten und so sparsam gewürzt, dass sein Eigengeschmack voll zur Geltung kommt. Wurde der Fisch *al horno* hergerichtet, hat man ihn im Ofen gegart und mit Kräutersoße beträufelt. Einheimische bestellen zu festlichem Anlass **pescado a la sal**: Der Fisch wird hier mit einer zentimeterdicken Salzschicht gegart, die vor dem Verzehr entfernt wird; bei keiner anderen Zubereitungsart bleibt das Fleisch so saftig und zart.

Stets beliebt sind auch **gambas al ajillo** (Garnelen in Knoblauch und Öl) und die – leider jedes Jahr etwas teurer werdenden – **langostas** (Langusten). Nicht verwechseln sollte man den zarten Tintenfisch (**calamar**), der frittiert noch immer am besten schmeckt, mit den dünnhäutigen Kalamaretti (**chipirones**) oder der fleischigen Krake (**pulpo**). Wer eine Fischsuppe probieren möchte, bestellt den oft mit Muscheln angereicherten **caldo de pescado**: mit Safran gefärbt und mit frischer Minze abgeschmeckt.

Fleisch

Lamm (cordero) und **Ziegenfleisch (cabrito)** schmecken besonders gut in den Bergen, zur Jagdzeit im Herbst kommt **Kaninchen (conejo)** dazu. Fleisch wird in einer würzigen Essigtunke gebeizt *(en adobo)* oder in einer Weißweinsoße mariniert *(al salmorejo)*, wobei außer Knoblauch auch Paprika, Rosmarin und Thymian zum Einsatz kommen. Je nach Gusto wird das Fleisch anschließend gebraten, gegrillt oder gekocht.

Beilagen

Gofio, ein aus geröstetem Getreide und Mais gewonnenes Mehl, ist ein kulinarisches Überbleibsel aus prähispanischer Zeit. Es besitzt mehr Nährwert als Fleisch, ist reich an Vitamin A und C sowie an Eisen, Magnesium und Zink. Gofio wird zum Andicken von Suppen und Eintöpfen verwendet, mit zerdrückten Bananen und Honig oder auch mit Rotwein verrührt – der Fantasie sind keine Grenzen gesetzt. Mit dem Trend zur gesunden Naturkost wurde es in den letzten Jahren zum klassenübergreifenden „Nationalgericht" aufgewertet.

Die unappetitlich aussehende pampige Masse ist nicht jedermanns Geschmack, aber durchaus akzeptabel im Zusammenspiel mit der pikanten **Mojo-Soße**, die mit Olivenöl und Essig angerichtet und in verschiedenen Farben serviert wird. **Mojo verde**, die „grüne" Variante, basiert auf Koriander und Petersilie, **mojo rojo**, die „rote" Variante (auch bekannt als **mojo picón**, „beißende Soße"), auf zerstampften Chilischoten, Paprika und Peperoni. Die Soße passt gut zu Fisch und Fleisch, ganz besonders aber zu den in Salzwasser gekochten **Runzelkartoffeln (papas arrugadas)**, deren Pelle mitgegessen wird.

Salat (ensalada) zählt leider nicht zu den Glanzpunkten kanarischer Küche – und das, obwohl doch allerlei Grünes in den Gewächshäusern von Gáldar, Telde und Ingenio herangezüchtet wird. Gurken und Tomaten wachsen im Tal von La Aldea, Auberginen in der Gemeinde Mogán.

Essensgewohnheiten

Kanarische Bars sind schon früh geöffnet. Doch bei den Canarios will kein rechter Hunger aufkommen – zu spät wurde am vorhergehenden Abend gegessen. So reicht ihnen zum **Frühstück** *(desayuno)* oft ein Kaffee, dazu bestellen sie ein belegtes Brötchen *(bocadillo)* oder ein süßes Teilchen *(dulce)*. Die einst so geliebten *churros* (Ölgebäckkringel), die man in heiße Schokolade tunkt, findet man nur noch in wenigen Orten des Nordens.

Das **Mittagessen** *(almuerzo)* beginnt nicht vor 13 Uhr, besonders üppig ist es am Sonntag. Spanische Restaurants sind verpflichtet, neben der Speisekarte – zumindest werktags – ein preiswertes *menú del día* anzubieten: ein dreigängiges Mittagsmenü inkl. Getränk. Das **Abendessen** *(cena)* steht bei Kanariern nicht vor 20 Uhr auf dem Tisch und kann sich über mehrere Stunden hinziehen.

In den Ferienstädten, wo die Canarios in der Minderheit sind, werden die Öffnungszeiten den Bedürfnissen der Touristen angepasst. Dort wird das Abendessen schon ab 18 oder 19 Uhr serviert, einige Lokale verzichten auf Siesta und sind durchgehend von 12 bis 24 Uhr geöffnet.

Nachspeisen

Süßigkeiten werden besonders geschätzt. Vom Festland importiert sind **flan** (Karamellpudding) und **mousse au chocolat**, echt kanarisch ist **bienmesabe**, das begehrte Mandelhonig-Mousse aus Tejeda (*bien me sabe* = „es schmeckt mir gut"). Zur Weihnachtszeit erweitert sich die Palette um weitere Mandelspezialitäten: **pan de almendra** (Mandelbrot), **almendrados** (im Ofen gebackene Mandeltörtchen), **queso de almendras** (Mandelkuchen mit Eiern und geriebener Zitronenschale) sowie **turrón** (eine Eier-Mandel-Spezialität). Typisch kanarisch sind auch das mit Mandelmousse beträufelte Gofio-Eis, **truchas con batatas** (Teigtaschen mit süßen Kartoffeln) und **truchas con cabello de ángel** (Teigtaschen mit „Engelshaar" = Fasermelonenkonfitüre).

Auf den Kanaren findet man **Früchte** aus Europa, Afrika und Amerika. Besonders beliebt ist die Banane, auch „kleine Zwergin" genannt; sie ist kleiner als die südamerikanischen Konkurrentinnen, dafür von unendlich besserem Geschmack. Daneben wachsen auf Gran Canaria Orangen und Zitronen, Birnen und Äpfel, Avocados und Papayas, Ananas, Kaktusfrüchte und Mangos.

Wer weder Obst noch Süßigkeiten mag, wird vielleicht das Mahl mit kanarischem **Schaf- und Ziegenkäse** abschließen wollen. Frischer, nur wenige Tage alter Käse *(tierno)* ist weich und zart, halbgereifter *(semicurado)* entfaltet bereits ein starkes Aroma; reifer, mehrere Monate alter Käse *(curado)* erinnert an Parmesan, ist würzig und steinhart. Daneben gibt es noch Räucherkäse **(queso ahumado)** – für den besonderen Beigeschmack sorgt Brennmaterial aus Mandelschalen und trockenen Kaktussprossen. Viele Dörfer beliefern den lokalen Markt mit Milchprodukten, z.B. La Aldea de San Nicolás, Vallesco, Valsequillo und San Mateo. Eine Delikatesse ist **queso de flor** aus Guía. Seine Milch wird mit Distelblütensaft zum Gerinnen gebracht, was ihm eine herbe Note verleiht; die Lagerung in einer Höhle verstärkt das Aroma. Wegen seiner Besonderheit darf er sich als einziger Gran-Canaria-Käse mit der begehrten Ursprungsbezeichnung *(denominación de origen)* schmücken.

Getränke

Das Leitungswasser ist zum Trinken ungeeignet. Zum Essen wird **Mineralwasser** aus Firgas, Teror und anderen inseleigenen Quellen getrunken. Beliebt ist auch Bier der Marken *Tropical* und *Dorada*.

Kanarischer **Wein (vino del país),** der zu Zeiten *Shakespeares* als bester der Welt galt, ist wieder im Kommen, einige Tropfen können sich bereits mit der staatlichen Herkunftsbezeichnung *denominación de origen* schmücken. In Res-

▷ Werden immer besser: die Weine Gran Canarias

taurants bekommt man Wein z.B. aus Monte Lentiscal und San Mateo, Artenara, Fataga und San Bartolomé. Daneben gibt es natürlich die bekannten Marken vom spanischen Festland, vorzügliche Rotweine stammen aus dem Rioja-Gebiet.

Gern trinkt man nach dem Essen noch eine Tasse **Kaffee,** meist normalen Milchkaffee *(café con leche),* in den Touristenzentren auch deutschen Filterkaffee *(café alemán).* Wer einen schwarzen Espresso möchte, fragt nach *café solo,* der mit viel Zucker getrunken wird. Soll ein wenig Milch beigemischt sein, bestellt man einen *cortado,* wird mehr Milch gewünscht, einen *cortado largo.* Beim *cortado condensado* ruht der Kaffee auf süßer Kondensmilch. Und wer besonders guter Stimmung ist, lässt sich einen *carajillo* bringen: einen kleinen Schwarzen mit einem kräftigen Schuss Brandy.

Preiskategorien

Um dem Leser eine Vorstellung zu vermitteln, wie teuer die in diesem Buch vorgestellten Restaurants sind, wurden sie in drei Preisklassen unterteilt. Die Preise gelten für ein **Hauptgericht mit Nachspeise oder Getränk.**

- **Untere Preisklasse ***: bis 15 €
- **Mittlere Preisklasse ****: 15–25 €
- **Obere Preisklasse *****: ab 25 €

Geldfragen

Spanien ist **Euroland,** nur Bürger der Schweiz müssen die Wechselmodalitäten weiter ertragen. Der Umtausch von Banknoten ist bei allen Banken und Sparkassen möglich. Außerhalb der üblichen Schalterstunden (Mo–Fr 9–14, Sa 9–13 Uhr) können auch die Geldautomaten *(telebancos)* in Anspruch genommen werden, an denen Geld im Rahmen der festgesetzten Höchstbeträge abgehoben werden kann.

Girocard

Mit der Girocard kann man in der gesamten EU, also auch in Spanien, kostenlos bezahlen. Das Maestro- und das V-Pay-Zeichen zeigen an, dass man (freilich nur mit Pin) auch Geld abheben kann. Für diesen Service wird allerdings eine Gebühr berechnet, die je nach Hausbank unterschiedlich hoch ist (meist 1 %, mindestens 3,50 €).

Kreditkarte

Auch mit der Kreditkarte ist das Bezahlen auf den Kanaren kostenfrei, für die Schweizer wird ein Entgelt von ca. 1–2 % des Umsatzes berechnet. Die gängigsten Kreditkarten sind **Visa** und **Mastercard**. Sie werden von fast allen größeren Hotels und Restaurants, Geschäften und Autovermietungen akzeptiert. Will man sich am Bankschalter oder Geldautomaten mit der Kreditkarte Bargeld beschaffen, so fallen Gebühren an, die in der Regel höher sind als bei Verwendung der Girocard (meist 2–4 %, mindestens 5 €).

Postbank-Sparcard

Besitzer der Sparcard können an Automaten mit Visa-plus-Zeichen bis zu zehnmal jährlich Geld gebührenfrei abheben.

Checkliste für Kreditkarten

- Bitte prüfen, bis wann die Karte gültig ist!
- Geheimnummer (PIN) auswendig lernen, damit Bargeld an Automaten abgehoben werden kann!
- Vorder- und Rückseite der Karte fotokopieren und die 16-stellige Kartennummer notieren!
- Die Fotokopien getrennt von der Karte aufbewahren, damit man diese bei eventuellem Verlust sperren lassen kann!
- Den Namen des kartenausgebenden Geldinstituts notieren!
- Bei der Bedienung von Geldautomaten sicherstellen, dass niemand die Geheimnummer sieht!
- Sperren lassen: Die **Sperrnummer** 0049-116116 gilt für Maestro-/EC-, Handy-, Kredit- und Krankenkassenkarten.

Österreicher und Schweizer können diesen Service vorerst nicht in Anspruch nehmen – sie sollten vor der Reise bei der zuständigen Bank die für sie geltende Sperrnummer erfragen.

Richtwerte für Nebenkosten

Unterkunft

Pension DZ	25–45 €
Apartment 2 Pers.	ab 35 €
einfaches Hotel DZ	ab 50 €
Landhaus 2 Pers.	ab 70 €

Strand und Sport

Liegestuhl pro Tag	4–7,50 €
Tennis pro Stunde	8–12 €
Golf, Green Fee pro Tag	60–100 €

Verkehrsmittel

Mietauto pro Tag	ab 20 €
Super-Benzin, Liter	1,10 €
Taxi Flughafen – Las Palmas	33–36 €
Taxi Flughafen – Maspalomas	40–45 €
Bus Flughafen – Las Palmas (Santa Catalina)	2,95 €
Bus Flughafen – Faro Maspalomas	4,05 €

Im Lokal

Kanarisches 3-Gänge-Menü	7–12 €
Softdrinks	ab 1,50 €
Einheimisches Bier (0,2 l)	ab 1,50 €
Glas Wein (0,2 l)	ab 2 €
Kaffee mit Milch	ab 1,50 €

Im Supermarkt

Brötchen	0,30 €
Milch (1 l)	ab 0,90 €
Wurst / Käse (100 g)	ab 1 €
Flasche Wein	ab 2 €
Dosenbier	ab 0,40 €
Wasser (5 l)	0,80–1,50 €
Zigaretten (200 Stück)	15–20 €

Preisermäßigung

Kinder von 3 bis 12 Jahren zahlen in Museen in der Regel die Hälfte, bis 2 Jahre ist der Eintritt frei. Rabatt erhalten meist auch Studenten und ältere Personen ab 60 oder 65 Jahren. Interinsulare Flüge und Schiffsreisen (vorerst auch Fahrten zum Festland) werden für Residenten mit bis zu 50 % subventioniert.

Trinkgeld

In Restaurants sind 5–10 % Trinkgeld üblich, freilich nur, wenn man mit der Bedienung wirklich zufrieden war. Verlässt man das Lokal, lässt man die Münzen kommentarlos auf dem Rechnungsteller liegen.

Information

Aktuelles **Informationsmaterial** kann unter Tel. 06123-99134 oder Fax 991 5134 angefordert werden. Auskünfte werden unter dieser Nummer nicht erteilt. Dafür sind allein die Büros des Spanischen Fremdenverkehrsamts (www.spain.info) zuständig.

Fremdenverkehrsämter

- **Spanisches Fremdenverkehrsamt,** Lietzenburgerstr. 99, 6. OG, 10707 Berlin, Tel. 030-8826543, Fax 8826661, berlin@tourspain.es.
- **Spanisches Fremdenverkehrsamt,** Grafenberger Allee 100, Kutscherhaus, 40237 Düsseldorf, Tel. 0211-6803981, duesseldorf@tourspain.es.
- **Spanisches Fremdenverkehrsamt,** Myliusstr. 14, 60323 Frankfurt, Tel. 069-725038, Fax 725313, frankfurt@tourspain.es.
- **Spanisches Fremdenverkehrsamt,** Postfach 151940, 80051 München, Tel. 089-5307460, Fax 53074620, munich@tourspain.es.
- **Spanisches Fremdenverkehrsamt,** Walfischgasse 8, 1010 Wien, Tel. 01-5129580, Fax 5129581, viena@tourspain.es.
- **Spanisches Fremdenverkehrsamt,** Seefeldstr. 19, 8008 Zürich, Tel. 044-2536050, Fax 044-2526204, zurich@tourspain.es.

Vor Ort

Gut funktionierende Büros gibt es z.B. in Playa del Inglés, Puerto Rico und Las Palmas. Hier bekommt man kostenlose Inselkarten, Busfahrpläne und Broschüren, dazu Hinweise auf kommende Veranstaltungen und Werbezettel für Ausflüge und andere Aktivitäten.

Touristeninfo in Artenara, dem höchsten Inseldorf

Information

Presse

Die alle zwei Wochen in deutscher Sprache erscheinende Zeitschrift **VIVA** (www.viva-canarias.es) informiert über Insel-Ereignisse der vergangenen und Kulturveranstaltungen der kommenden Wochen, auch Angaben zu „Ebbe und Flut" werden gemacht. Weniger anspruchsvoll ist das Magazin **Gran Canaria Olé** (www.grancanariaole.de), vorerst kostenlos ist einzig das Monatsmagazin **das neue boulevar**d (mit sehr viel Werbung). Wer des Spanischen mächtig ist, kann aktuelle Veranstaltungstipps der kanarischen Tagespresse entnehmen: **La Provincia** und **Canarias** 7 konkurrieren um die Gunst der Leser (www.laprovincia.com, www.canarias7.es).

Deutsche Tageszeitungen, Zeitschriften und Illustrierte findet man in Las Palmas sowie in allen Urlaubsorten von Bahía Feliz bis Puerto de Mogán. Weiter nördlich entlang der ca. 80 km langen Küstenstraße von Puerto de Mogán über Agaete nach Las Palmas ist man von Informationen gänzlich abgeschnitten; dort gibt es – ebenso wie im Zentrum – keinen einzigen Laden, der deutsche Zeitungen führt!

Radio und Fernsehen

In größeren Hotels ist via Satellit und Kabel der Empfang **deutscher Fernsehsender** möglich – meist sind freilich nur wenige Stationen eingespeist. Will man am kommenden Tag wandern, lohnt ein Blick auf die Wetterkarte im Anschluss an die spanischen Nachrichten.

Lokale Radiosender im Inselsüden versorgen Urlauber mit deutschsprachi-

Verbrauchertipps

- **Juristisch in Not:** Rechtsanwältin Heidi Sewald, Tel. 928001046, www.heidisewald.com.
- **Körper in Not:** Krankengymnastin Claudia Hesse, Tel. 928264545, www.fisiocanteras.com.
- **Laptop in Not:** HPC Informática (Israel), Calle Los Martínez de Escobar 26, Tel. 928224515.
- **Beschwerde tut not:** In allen Hotels, Restaurants, Bars und öffentlichen Einrichtungen müssen amtlich beglaubigte Preislisten aushängen. Werden dem Gast Preise zugemutet, die nicht mit der Liste übereinstimmen, genügt oft die einfache Frage nach dem Beschwerdebuch *(libro de reclamaciones)*, um das Problem aus der Welt zu schaffen. Das Buch ist dem Gast auf dessen Verlangen auszuhändigen. Die „Beschwerdeblätter" bestehen jeweils aus einem Original und drei Kopien und können vom Gast auch in deutscher Sprache ausgefüllt werden. Eine der Kopien muss der Besitzer des Betriebs innerhalb eines Monats bei der Tourismusbehörde abgeben; Registriernummern sorgen dafür, dass die Klage nicht „verlorengeht". Die Beschwerde wird von der Behörde geprüft – wird dem „Täter" wiederholt „unsauberes" Verhalten nachgewiesen, droht der Lizenzentzug.
- **Urin und Hundekot:** Während des Picknicks nichts auf den Boden werfen, sonst riskiert man eine Anzeige! Mit hohen Geldstrafen wird auch belegt, wer in der Öffentlichkeit uriniert, spuckt, Zigarettenkippen wegwirft oder den Kot seines Hundes nicht beseitigt.
- **Diebstahl:** siehe „Sicherheit"
- **Versicherung:** siehe „Versicherungen"
- **Zeitunterschied:** Auf Gran Canaria besteht eine Stunde Zeitdifferenz zur MEZ, d.h. Einreisende aus Mitteleuropa müssen nach der Ankunft ihre Uhren um eine Stunde zurückstellen. Bedingt durch die Nähe zum Äquator ist es in den Wintermonaten länger hell als in Mitteleuropa, in den Sommermonaten wird es früher dunkel.

gen Nachrichten, aktuellen Tipps und Musik:

- **Mix FM Radio:** 101 MHz, www.mix101.net.
- **Radio Rondo:** 98,2 Mhz, www.radiorondo.radio.de.

Internet

Man erwarte nicht zu viel von „Gran Canaria im Internet". Zwar ist die Insel häufig im Web vertreten, doch was da so munter veröffentlicht wird, ist meist nichts als Werbung – auch dort, wo sie als uneigennützige Info verkleidet ist. Viele Autoren von Websites haben den Idealismus der frühen Jahre abgestreift und zeigen, woran sie wirklich interessiert sind. Sie fragen: „Wie viel zahlt mir der touristische Betrieb, wenn über den Eintrag auf meiner Homepage eine Buchung erfolgt?" und präsentieren ausschließlich die an Werbung interessierten Veranstalter und Hoteliers. Restaurantbesitzer erzählen Horrorgeschichten von „Internet-Spezialisten", die hohe Summen für einen Eintrag auf ihrer angeblich so großartigen Homepage verlangen.

Allgemeines

- **www.grancanaria.com:** Homepage des Patronato de Turismo mit einem Überblick über touristisch interessante Aspekte der Insel. Informiert wird über das aktuelle Wetter und anstehende Veranstaltungen. Es gibt Fotos, Webcams und Videos, auf denen idyllische Landschaften und hübsche Dörfer zu sehen sind.
- **www.turismodecanarias.com:** Website des Tourismusministeriums der Kanarischen Regierung mit Infos, Bildergalerien und Videos.
- **www.lovecanarias.com:** Vorgestellt werden in spanischer Sprache Feste, Kulturevents und kanarische Gastronomie.
- **http://turismo.maspalomas.com:** Nützliche Infos für Touristen im Süden der Insel, auch Stadtpläne und Tourenvorschläge für Naturliebhaber.
- **www.gay-maspalomas.com:** Infos zur Schwulenszene auf Gran Canaria.
- **www.lowcosttoursgrancanaria.com:** Die britische Agentur wirbt mit einer breiten Palette von Ausflugstouren zu relativ günstigen Preisen.

Unterkunft

- **www.grancanariafincas.com:** Website der „Asociación Gran Canaria Natural" mit Landunterkünften.
- **www.airbnb.com:** Auf dieser Seite werden auch Privatwohnungen angeboten.
- **www.booking.com:** Online-Buchung und Hotelbewertung.
- **www.tripadvisor.de:** Hotelbewertungen, Tipps, Urlaubsfotos und Videos.

Essen und Trinken

- **www.larutadelbuenyantar.com:** Ausgewählte Restauranttipps für Gran Canaria.
- **www.maspalomas-tonight.com:** Restaurants, Kneipen und Discos – Homepage des Vergnügens an der Costa Canaria.

Verkehr

- **www.globalsu.net:** Aktueller Fahrplan aller Insellinien mit Preisen.
- **www.guaguas.com:** Stadtbusse von Las Palmas.

Hinweis: Aktivurlauber finden die für sie wichtigen Online-Adressen bei den Ortsbeschreibungen. Die Websites der größten Last-Minute-Anbieter werden unter „Buchung der Reise", die der Landhaus-Vermittler unter „Unterkunft" genannt.

Internetzugang ist in den meisten Hotels in Form von WLAN oder bereitgestelltem Computer gesichert. Doch ist dieser Service oft nicht im Preis inbegriffen, 15 Minuten kosten 1 € oder mehr. **Gratis surfen** kann man dagegen in den öffentlichen Bibliotheken *(biblioteca pública)* und in allen Cafés mit WIFI-Schild.

Kinder

Kanarier sind kinderfreundlich: Ob im Restaurant oder im Bus, stets sind die Jüngsten willkommen, man schäkert und spielt mit ihnen, interessiert sich für ihr Alter und ihren Namen. Und wenn Kinder etwas ausgefressen haben, ist man bemüht, sich den Ärger nicht anmerken zu lassen – statt zorniger Blicke ernten Kinder gutmütiges Klatschen!

Strand

Aufgrund seiner langen Sandstrände ist Gran Canaria **ideal für einen Familienurlaub.** Für Babys und Kleinkinder gibt es im Winter nichts Schöneres, als einige Wochen unter südlicher Sonne zu ver-

Vorsichtige Annäherung

Kinder

Zustellbett für ihren Sprössling vor, das den freien Platz erheblich einschränkt. Viele ziehen deshalb Ferienhäuser und Bungalows vor, auch Unterkünfte auf dem Land sind beliebt: diese sind großzügiger konzipiert.

Attraktionen

Wasser- und Vergnügungsparks gibt es in den Touristenzentren des Südens (siehe Costa Canaria). Einen Ausflug dorthin sollte man sich für Tage aufheben, an denen es am Strand zu windig ist und die rote Fahne ein Badeverbot erzwingt. Spaß macht auch ein Besuch im **Tier- und Pflanzenpark** (siehe Los Palmitos) und der **Ritt auf einem Kamel,** eine **U-Boot-Fahrt** in Puerto de Mogán (siehe dort), eine **Whale-Watching-Tour** oder ein **Schiffstrip** in der zwischen den Ferienorten im Südwesten pendelnden Fähre (siehe Sport & Erholung, „Boots- und Schiffsausflüge"). Gern schwingen Kinder den Schläger in den verspielt gestalteten **Minigolf-Anlagen** in Patalavaca/Anfi (siehe dort) und in Playa Amadores (siehe dort).

Leider sind die Preise für viele „Attraktionen" in den vergangenen Jahren in die Höhe geschnellt. Noch immer günstig ist der Besuch der **Eselfarm** bei Santa Lucía (siehe dort) – die gesamte Familie kann dort schöne Stunden verbringen.

bringen, die atlantische Luft zu atmen und im Meer zu planschen. Am Strand können sich die Kinder einmal richtig austoben und all das tun, was ihnen im Alltag versagt ist: nackt herumlaufen, sich im Sand wälzen und einbuddeln, wieder ins Meer springen und sich „reinwaschen". Kinder bleiben hier nicht lange allein – unter südlicher Sonne fällt es leicht, Hemmungen zu überwinden und Freundschaften zu schließen ...

Unterkunft

Die kanarischen Hotels haben sich auf Kinder eingestellt; zumeist verfügen sie über einen **separaten flachen Pool** und einen mehr oder weniger großen **Spielplatz.** Oft bieten sie auch einen **Mini-Club,** in dem Kinder mit Spiel & Sport bei Laune gehalten werden. Im Doppelzimmer finden Eltern in der Regel ein

Picknick

An landschaftlich reizvollen Flecken hat die spanische Forstgesellschaft Picknick-Plätze *(zonas recreativas)* eingerichtet.

Sie sind mit Feuerstellen zum Grillen, mit Tischen und Bänken, Trinkwasser, Feuerholz und WCs ausgerüstet. Die größeren besitzen auch Kinderspielplätze. An Werktagen hat man die Natur fast für sich allein (siehe „Routenplanung")!

Gefahren

Bei Ausflügen ins Landesinnere sollten Eltern darauf achten, dass ihre Sprösslinge nicht mit dem kaktusartigen **Kandelaberwolfsmilchgewächs** in Berührung kommen, denn diese scheiden eine milchartige, stark ätzende Flüssigkeit aus. Auch die knallroten **Früchte der Opuntienkakteen** sollten Kinder meiden: Sie sind zwar essbar – doch erst nach Entfernung ihrer extrem stacheligen Haut!

Kleidung

An Gran Canarias Küsten benötigt man vorwiegend leichte Sommerkleidung. Doch abends kann es kühl werden – Pullover oder gar Jacke könnten da angenehm sein. Eine schützende Kopfbedeckung braucht, wer im Sommer in die Berge zieht, um zu wandern. Plant man im Winter Ausflüge ins Gebirge, sollte man vorsichtshalber einen Regenschutz dabeihaben.

◁ An den flachen Stränden lässt es sich gut spielen

Medizinische Versorgung

Gesetzlich krankenversicherte Patienten können sich im Krankheitsfall gegen Vorlage der Europäischen Versicherungskarte kostenfrei bei spanischen Ärzten behandeln lassen, sofern sie sich direkt ans **Krankenhaus** in Las Palmas *(hospital)* oder an ein staatliches **Gesundheitszentrum** *(centro de salud)* wenden. Die Versicherungskarte nebst Anschriftenliste der Gesundheitszentren bekommt man von der Krankenkasse.

Sucht man direkt einen Arzt auf, zahlt man diesem in der Regel die vor Ort erbrachten Leistungen und erhält von der Krankenkasse jene Summe zurück, die beim entsprechenden Arztbesuch im Heimatland angefallen wäre. Zur Erstattung der Kosten benötigt man **ausführliche Quittungen** mit Namen des Arztes und des Patienten, Datum, Art, Umfang und Kosten der Behandlung. Um Abzüge bei der Rückerstattung einzelner Leistungen zu vermeiden, empfiehlt sich der Abschluss einer privaten Reisekrankenversicherung (siehe „Versicherungen").

Medikamente

Apotheken *(farmacias)* sind durch ein **grünes Kreuz auf weißem Grund** gekennzeichnet und öffnen zu den normalen Geschäftszeiten. Der Kauf von Medikamenten lohnt sich; sie sind durchweg preiswerter als in Deutschland. Viele sind auch ohne Rezept, allerdings oft unter anderem Namen, erhältlich. Feier-

Die böse Sonne ...

Ein bisschen Sonne ist gut, doch zuviel Sonne ist schädlich, führt zu Alterung der Haut und vielleicht gar zu Krebs. Wer blonde Haare und eine helle Haut hat, ist besonders gefährdet, schon nach zehn Minuten rötet sich die Haut. Mit dunkelblonden Haaren kann man max. 20, mit noch dunkleren 40 Minuten ungeschützt in der Sonne bleiben. Sonnencreme sollte man 30 Minuten vor der Sonnenexposition auftragen, je nach Haar- und Hautfarbe Lichtschutzfaktor 15–60. Am stärksten ist die UV-Strahlung zwischen 11 und 16 Uhr. In Mitteleuropa liegt der UV-Index im Sommer bei 5–7 (= hoch), auf den Kanaren bei 8–12 (= extrem). Meiden Sie deshalb mittags und am frühen Nachmittag den Strand und bleiben Sie im Schatten! Vorteilhaft sind dunkle Kleidung, Sonnenbrille (mit CE-Gütesiegel) und Kopfbedeckung. Nach dem Baden sollte der Sonnenschutz erneuert werden. Die aktuellen UV-Werte können im Internet bei den meisten Wetterportalen abgefragt werden.

tags- und Nachtdienst *(farmacia de guardia)* sind an der Eingangstür der Apotheken und in den kanarischen Tageszeitungen angezeigt.

Nachtleben

Zentren des Nachtlebens auf Gran Canaria sind die Städte Playa del Inglés und Las Palmas. In Playa del Inglés wimmelt es von Vergnügungslokalen zumeist deutschen und englischen Zuschnitts. Hier gibt es schicke Bars und gemütliche Kneipen, natürlich auch Clubs für alle Altersgruppen. Nur schade, dass das bunte Treiben erst so spät beginnt, in der Hauptstadt füllen sich viele Discos erst gegen 1 Uhr und bleiben bis zum Morgengrauen geöffnet.

Glücksspiele

Sowohl in Las Palmas als auch in San Agustín und Meloneras (beide an der Costa Canaria) gibt es **Casinos,** in denen man, sofern man gut gekleidet ist und seinen Pass nicht im Hotel vergessen hat, beim Black Jack oder Roulette sein Glück versuchen kann. Viele Urlauber gehen gern in eine der großen **Bingohallen,** die früher fast nur von Briten, inzwischen aber auch von Deutschen und Kanariern frequentiert werden.

Notfälle

Der **Notruf 112** ist eine Zentrale für alle Notfälle: Polizei, Arzt und Feuerwehr. Die Nummer ist kostenlos auch übers deutsche Handy anwählbar. Der Anschluss ist rund um die Uhr besetzt, geantwortet wird auf Deutsch oder Englisch. Man sage genau, wo man sich befindet und worum es geht. Wurde der Reisepass oder Personalausweis gestohlen, muss man den Verlust bei der örtlichen Polizei melden und zwecks Beschaffung eines für den Rückflug nötigen Ersatzausweises Kontakt mit dem Konsulat aufnehmen. Auch in dringenden Notfällen, bei Vermisstensuche und Todesfällen ist der Konsul um Hilfe be-

müht (siehe „Diplomatische Vertretungen" und „Sicherheit").

Weitere wichtige Rufnummern:

- **Deutsche Rettungsflugwacht** Stuttgart: 0049-711-701070
- **Fernsprechauskunft national:** 11818
- **Fernsprechauskunft international:** 11825
- **Sperrung der Kredit- o. Maestro-Karte:** siehe „Geldfragen"

Öffnungszeiten

Für **Geschäfte** in Touristenstädten gelten ebenso wie für sämtliche Bäckereien und Blumenläden keine festgelegten Zeiten – sie können auch sonntags und rund um die Uhr öffnen. Im übrigen Gran Canaria sind Geschäfte meist 9–13 und 17–20 Uhr geöffnet, Samstagabend und Sonntag bleiben sie geschlossen. Große Supermärkte und Einkaufszentren öffnen meist 10–21 Uhr, manchmal auch sonntags. In den Sommerferien öffnen viele Läden nur vormittags; am Faschingsdienstag ist in Las Palmas kaum ein Laden geöffnet!

- **Apotheken:** meist Mo–Fr 9–13 und 17–20 Uhr.
- **Banken:** Mo–Fr 9–14, Sa 9–13 Uhr, im Sommer nur Mo–Fr 9–13 Uhr.
- **Post:** Mo–Fr 8.30–20 Uhr, Sa 9.30–13 Uhr, im Sommer kürzer.

Relaxen im Pool hoch über dem Meer – im Wellness-Hotel Gloria Palace in Playa Amadores

Post

Briefmarken *(sellos)* bekommt man beim Postamt *(correos)* und in Tabakläden *(estancos)*, oft auch an der Hotelrezeption. Bitte beachten, dass die Post vielerorts nur vormittags geöffnet ist! Die offiziellen Briefkästen erkennt man an ihrer gelben Farbe, hier bitte nur Briefe einwerfen, die mit Marken der staatlichen Post frankiert sind. Anders frankierte Briefe werden nicht befördert. Die „Laufzeit" beträgt in der Regel 4–7 Tage, während der Weihnachtsferien 2–8 Wochen.

Routenplanung

Die schönsten Straßen Gran Canarias liegen im Zentrum und im Nordwesten. An spektakulären Punkten wurden Aussichtsterrassen gebaut, die über das zerklüftete Inselinnere einen herrlichen Ausblick eröffnen. Auf einigen Touren kommt man auch an Picknickplätzen mit Holztischen, Feuer- und Wasserstellen vorbei. Am Wochenende, wenn die Kanarier ins Grüne fahren, wird dort gegrillt und gezecht, was das Zeug hält – werktags hat man die Plätze fast für sich allein!

Traumstraßen

1. Auf der GC-60, die **vom Süden ins Inselzentrum** führt (ausgeschildert „Fataga"), sind die Bettenburgen der Costa Canaria schon nach wenigen Minuten vergessen. Am Mirador knapp oberhalb von Mundo Aborigen genießt man einen ersten imposanten Ausblick auf die Bergrücken des Barrancos. Vorbei am Abzweig nach Arteara kommt man zum Palmendorf **Fataga**, in San Bartolomé, Cruz Grande und Ayacata starten herrliche Wanderungen.

2. Obligatorisch ist die **Runde um den Roque Nublo.** Kommt man von Süden, folgt man ab **Ayacata** der GC-600 und passiert nach 2 km die Passhöhe La Goleta, von der man in 30 Min. zum Roque Nublo hinüberspazieren kann. Etwa 3 km östlich befindet sich die Picknickzone Llanos de la Pez, den besten Ausblick auf den zerklüfteten Tejeda-Talkessel hat man vom Mirador Degollada Becerra an der GC-150. Am aussichtsreichen Pass in **Cruz de Tejeda** (Wetterscheide!) zweigt man links ab und fährt über **Tejeda**, dem schönsten Bergdorf der Insel (zur Ortserkundung an der Tankstelle rechts einbiegen!) nach Ayacata zurück. Bei Km. 6,3 lohnt ein Abstecher zum Kultberg Roque Bentayga.

3. In **Arguineguín** fährt man auf der GC-505 in einen einsamen Barranco.

> Im Inselzentrum

Die Straße endet nach 22 km am **Stausee von Soria**. Danach kehrt man zum Weiler Barranquillo Andrés zurück und folgt der asphaltierten Straße, die in die GC-605 Mogán–Ayacata einmündet (s.u.).

4. Die GC-605 **von Mogán nach Ayacata** ist schmal, aber asphaltiert und gut befahrbar, bei Regen *(lluvia)* wird sie gesperrt. Am Ufer eines großen Stausees, der **Presa de Cueva de las Niñas,** liegt ein rustikaler Picknickplatz.

5. Großartig ist die Fahrt auf der GC-200 **von Mogán nach Agaete:** erst auf einer malerischen Höhenstraße nach La Aldea de San Nicolás, dann auf 30 km Länge eine atemberaubende Tour längs der **Steilküste!** Der Mirador del Balcón, eine in die Klippen geschlagene Terrasse 600 m über dem Meer, bietet Weitsicht bis Teneriffa. In Agaete lohnt ein Abstecher ins gleichnamige Tal (Kenner sagen: „das Schönste der Insel"!).

6. Auf vielen Karten nur schwach eingezeichnet, aber gut befahrbar ist die GC-210 von La Aldea de San Nicolás durch den **„Grand Canyon" ins Bergland.** Nach 13 km hat man die Wahl zwischen zwei großartigen Touren: rechts auf der GC-606 kurvig-steil via El Carrizal zur Nordsüdachse Ayacata–Tejeda oder geradeaus ins höchstgelegene Dorf **Artenara**. Dort genießt man eine grandiose Aussicht aufs Gebirgsmassiv. Bei gutem Wetter könnte man einen Abstecher ins Naturschutzgebiet des **Tamadaba** (GC-216) anschließen. Nahe der nördlichen

Organisierte Ausflugsfahrten

Wer die Geselligkeit in den Vordergrund stellt, beteiligt sich an einer **organisierten Busreise.** Gruppentouren werden von den Reiseveranstaltern organisiert, im Süden gibt es auch Werbefahrten.

Vorteil der organisierten Fahrt: Man muss sich die Lust auf Wein und Kräuterschnaps nicht versagen und hat keine Polizeikontrolle zu fürchten. Auch kann man sich ganz auf die Landschaft konzentrieren und kommt, wenn man Glück hat, in den Genuss einer unterhaltsamen Einführung in kanarische Kultur durch die Reisebegleitung. Nicht zu empfehlen ist der organisierte Ausflug in die Hauptstadt. Da die regulären Busverbindungen zwischen den Urlaubsorten und Las Palmas häufig und preiswert sind, sollte man diese Fahrt auf eigene Faust durchführen.

Die umstrittenen **Jeep-Touren** führen zu Stellen, die, wie es heißt, „von Bussen nicht erreicht werden können". Oft wälzt sich der Geländewagen-Trupp mehr als 100 km über holprige Pisten durch Schluchten und schroffes Gebirge, vorbei an Stauseen und kleinen Dörfern. Dabei kommt es laut kanarischer Presse zu Missfallenskundgebungen seitens der Bewohner, die sich vor allem vom Lärm belästigt fühlen.

Routenplanung

Vulkankraters hinweg blickt man auf die grünen, leider zersiedelten Hänge des Nordens.

8. Im Südosten gehört der **Barranco de Guayadeque** zu den schönsten Bergstrecken. Am obersten Ende der GC-103 kann in einem Höhlenrestaurant gespeist werden.

Zeitbedarf

Ausflüge sollte man **früh starten.** Beim Blick auf die Karte wirken die geplanten Routen nicht lang, doch auf den Bergstrecken und der Nordwest-Küstenstraße kommt man aufgrund der vielen Serpentinen nur langsam voran. **Schnellstraßen** gibt es nur entlang der Nord-, Ost- und Südküste der Insel. Die Südautobahn endet bei Puerto de Mogán, die Nordautobahn bei Agaete. Kommt man von Süden, braucht man die Hauptstadt Las Palmas nicht mehr zu durchfahren. Auf der GC-3 umfährt man sie in großem Bogen, wählt kurz vor Taramaceite die Abfahrt GC-23 und gelangt über einen Kreisel auf die Küstenautobahn GC-2 Richtung Agaete.

Abbruchkante des Tamadaba (bei Km. 7) befindet sich ein Picknickplatz in lichtem Kiefernwald.

7. Von Artenara nach Tejeda kommt man am schnellsten auf der südlich der Wetterscheide verlaufenden GC-210. Länger ist die nördlich führende Strecke über den Aussichtsbalkon Pinos de Gáldar: Über die Flanken eines erloschenen

Sehenswerte Orte

Das schönste Bergdorf ist Tejeda, einen tollen Ausblick hat man auch von Artenara. Weitere attraktive Orte sind im Norden Agaete, Gáldar und Guía, Firgas, Arucas und Teror, im Süden Agüimes und Fataga. Längs der Küste lohnt ein Stopp in Puerto de Mogán, Puerto de la Aldea, Puerto de las Nieves und Las Palmas.

Stausee Cueva de las Niñas – mit Picknickplatz

Sicherheit

Quer über die Insel mit Bus 18

Im Zentrum sind die Busse rar. Immerhin gibt es die wunderbare **Linie 18,** mit der man von Maspalomas über San Bartolomé de Tirajana, Tejeda und Cruz de Tejeda bis Vega de San Mateo (dort Anschluss nach Las Palmas) vorstoßen kann. Wer sich eine Bustour zusammenstellen möchte, findet Anregungen im Kapitel „Verkehrsmittel". Der provisorische Fahrplan ist im Anhang dieses Buchs abgedruckt.

Diebstahl

Vom Risiko des Diebstahls bleibt kein Ferienziel verschont, auch Gran Canaria nicht. Für Wertsachen und Dokumente, die in der Unterkunft verloren gehen, übernehmen Hotels bekanntermaßen keine Haftung, daher empfiehlt es sich, diese im **Safe** – gegen Quittung und Gebühr – zu deponieren.

Wer den **Mietwagen** unterwegs abstellt, sollte keine Gegenstände sichtbar im Auto liegen lassen. Auch an stark besuchten Stränden ist Vorsicht geboten. Es kann nicht ausgeschlossen werden, dass sich Langfinger unter die Badegäste mischen und genau registrieren, wann sich Touristen ins Meer stürzen und ihr

Sport und Erholung

Hab und Gut unbewacht zurücklassen. Am besten trifft man eine Übereinkunft mit den Strandnachbarn und löst einander beim Blick auf die Privatsachen ab.

Protokoll

Wird man trotz aller Vorsichtsmaßnahmen Opfer eines Diebstahls, so muss, um spätere Ansprüche bei der Versicherung geltend machen zu können, ein Polizeiprotokoll angefertigt werden. Wer kein Spanisch spricht, lässt sich, bevor die Meldung *(denuncia)* bei der Polizeistelle *(Guardia Civil)* erfolgt, beim Konsulat ein zweisprachiges Formblatt, die **„Schadensmeldung"** ausstellen. Wurde der Personalausweis gestohlen, wird ein Ersatzausweis erst dann vom örtlichen Konsul ausgestellt, wenn diesem die Anzeige- und Verlustbestätigung der örtlichen Polizeibehörde vorliegt, dazu zwei Passfotos und möglichst auch eine Kopie des gestohlenen Ausweises.

> Oft ist die Brandung stark

Badeurlaub

Bei angenehmen Luft- und Wassertemperaturen kann man das ganze Jahr über baden. Die Sonne scheint an der Costa Canaria an mehr als 300 Tagen im Jahr, im Norden nicht ganz so häufig. Im Süden befindet sich auch mit dem **5 km langen Dünengürtel** zwischen Maspalomas und Playa del Inglés der mit Abstand schönste Badestrand, schmaler sind die Badebuchten von Puerto Rico, Patalavaca/Anfi und Amadores, Tauro, Taurito und Puerto de Mogán. Im Westen und Norden sind, abgesehen vom 3 km langen Hauptstadtstrand, die Bademöglichkeiten beschränkt.

Die wichtigsten Strände werden bei den einzelnen Orten vorgestellt. An touristisch erschlossenen Buchten kann man Sonnenschirme und Liegen mieten, die tägliche Reinigung ist dort garantiert. Tretboote kann man in den Ferienorten des Südens ausleihen, auch Banana Trips werden nur dort angeboten.

Blaue Flagge

Die Blaue Flagge, ein von der EU-Umweltkommission verliehenes Prädikat, weht an Stränden, die **frei von Schmutz und Schadstoffen** sind und über eine gute Infrastruktur mit Duschen, Umkleidekabinen, Rettungs- und Erste-Hilfe-Stationen verfügen. Auf Gran Canaria wurden zuletzt die Strände von Maspa-

lomas, Playa del Inglés, San Agustín und Amadores prämiert, aber auch der Stadtstrand von Las Palmas und Melenara bei Telde.

Erholung pur – Meerwasser und Atlantikbrise

Der Aufenthalt am Meer ist Balsam für den Körper. Das Reizklima, die küstenspezifische UV-Strahlung vereint mit der vom Wind zerstäubten Gischt, reinigt die Atemwege und verbessert die Durchblutung. Die Meeresbrise enthält heilende Mineralsalze, Salz und Jod, außerdem ist sie weitgehend frei von Pollen – Allergiker können aufatmen.

FKK

Für Freunde des Nacktbadens ist in Maspalomas ein eigener Strandabschnitt (zona naturista) reserviert. Wer kleine Strände bevorzugt, folgt der Straße nach Mogán, von der mehrere Pisten abzweigen. Nacheinander folgen Montaña Arena und Playa Carpintera, nach 1,5 km die Playa Triana und weitere 600 m später der lange Llano de Militara. Die Strände verfügen über Parkplatz und Toilettenhäuschen und sind werktags nur wenig besucht. Im Südwesten wird das Nacktbaden in Tiritaña, Cruz de Piedra, Veneguera, Tasartico und Güigüí toleriert, im Nordwesten nur in Guayedra (www.naturismo.org).

Risiken

Viele Urlauber unterschätzen die Kraft des Atlantiks und schwimmen zu weit aufs Meer hinaus. Sie wissen nicht, dass bei nahender Ebbe, also in der Phase des ablaufenden Wassers, das Wasser **Sogkraft** entwickelt. Dazu kommt, unabhängig von den Gezeiten, die bestehende **Unterströmung.** Wird man vom Sog erfasst, sollte man ihm ein Stück nachgeben, um an anderer Stelle, sobald er an Stärke verliert, seitlich aus ihm herauszuschwimmen.

An viel besuchten Stränden halten „Baywatcher" Wacht und hissen die **Flagge:** Bei **Grün** darf man ins Meer gehen, bei **Gelb** wird zu Vorsicht gemahnt, und bei **Rot** heißt es: „Baden verboten" – Hält man sich nicht daran, droht vielerorts eine saftige Geldstrafe. Eine weiße Flagge mit Meduse zeigt Quallenalarm an: Wegen möglicher Hautätzungen sollten Sie nicht ins Wasser steigen!

Wer an unbeflaggten Felsstränden nicht von der Flut überrascht werden will, informiert sich in der Presse über die **Gezeiten.** Die kanarischen Zeitungen La Provincia und Canarias 7 veröffentlichen die Daten auf ihrer Wetterseite (Ebbe = *bajamar,* Flut = *pleamar*), eine entsprechende Tabelle befindet sich auch in der deutschsprachigen Wochenzeitung VIVA.

Wasserparks

Die Gewalt des Meeres braucht nicht zu fürchten, wer den Wasserpark in **Maspalomas** aufsucht. Dort kann man sich auf riesigen Wasserrutschen, auf Springtürmen und im Wellenbad vergnügen. Für die Pausen zwischen Planschen und Schwimmen bieten sich Sonnenterrassen und Snack Bars an.

Wassersport

Surfen

Warum einen anstrengenden zehnstündigen Flug in die Karibik auf sich nehmen, wenn sich ein optimales Revier quasi vor der eigenen Haustür befindet? Surfer preisen die Kanarischen Inseln als „europäisches Hawaii", schätzen den starken Nordostwind und die hohen Wellen. Für Neueinsteiger ist der im Windschatten des Passats gelegene Südwesten geeignet, Fortgeschrittene ziehen die Gegend um Bahía Feliz im Südosten vor, wo die Windverhältnisse vor allem **im Winter** gut sind und sich die wichtigste Surfschule etabliert hat:

■ **Club Mistral, Bahía Feliz,** Carretera Sur Km. 44, Tel./Fax 928157158, www.club-mistral.com.

Im Sommer verlagern sich die Aktivitäten auf den Osten der Insel. Die Busse der Surfbasen fahren dann an die Starkwind-Spots bei Pozo Izquierdo, nach Salinas de Arinaga, Ketchup und Vargas. Gefragt bei Könnern ist vor allem Pozo Izquierdo (siehe dort), wo sich die internationale Surf-Elite im Juli zu den Ausscheidungswettkämpfen des World Cup trifft.

▷ Spaß am Strand

Wellenreiten

Wichtigster Anziehungspunkt für Wellenreiter ist die Hauptstadt **Las Palmas**. Vor allem am Wochenende sieht man viele Canarios dort üben. Einige von ihnen haben schon an Wettkämpfen teilgenommen oder sind gerade dabei, zur nationalen Elite vorzustoßen. Body- und Waveboards *(tablas de surf)* kann man vor Ort kaufen.

Segeln

Gran Canaria ist eine beliebte **Zwischenstation bei Atlantiküberquerern.** Segler überholen das Boot und nehmen ausreichend Proviant an Bord, bevor sie sich von den Passatwinden in die Karibik treiben lassen. Wie einst *Kolumbus* von den Passatwinden in die Neue Welt befördert wurde, landen die heutigen Abenteurer nach zwei bis drei Wochen Fahrt auf den Kleinen Antillen. Der bedeutendste Segeltörn startet in der zweiten Novemberhälfte ab Las Palmas (ARC Atlantic Rally for Cruisers, www.worldcruising.com). Weitere Yachthäfen (mit Bootsverleih) befinden sich in Pasito Blanco, Puerto de Mogán und Puerto Rico.

Tauchen

Dank ganzjährig milder Wassertemperaturen ist Gran Canaria ein beliebtes Tauchziel, man entdeckt Unterwasserlandschaften mit reicher Meeresflora und -fauna. Auf dem Meeresgrund verstecken sich gut getarnte Muränen, aus Felsspalten lugen Papageienfische. Die besten Spots liegen im Südosten, z.B. im Unterwasserpark von Arinaga, wo sich die Inselplattform in etwa 30 m Tiefe aufs offene Meer ausdehnt.

Deutschsprachige Tauchschulen befinden sich vorwiegend an der Costa Canaria und im Südwesten. Sie bieten Flipperkurse für Kinder, Schnuppertauchen im Pool, Anfänger- und Fortgeschrittenenkurse sowie Fotosafaris. Um größtmögliche Sicherheit zu gewähren, ist die Teilnehmerzahl auf 5 Personen pro Lehrer begrenzt. Kurse können direkt bei der Tauchschule oder über Reiseveranstalter gebucht werden; TUI und Thomas Cook arbeiten mit Tauchschulen in den Hotels Buenaventura und IFA Interclub Atlantic zusammen. Wer an einem Kurs teilnehmen will, muss ein tauchärztliches Attest vorlegen (auch vor Ort erwerbbar); Kinder benötigen zusätzlich eine Einverständniserklärung der Erziehungsberechtigten.

Boots- und Schiffsausflüge

Badeausflüge

Die Touren starten vormittags gegen 10 Uhr, die meisten **ab Puerto Rico** (Puerto Base). Die Reeder haben im Hafen Stände für den Verkauf der Tickets postiert, man kann diese am Tag der Fahrt bzw. im Vorverkauf über Reiseveranstalter erwerben. Man schippert die Südwestküste entlang, kann ins Wasser springen und schnorcheln oder auf einer

▷ Fertig zum Tauchtrip!

Riesen-Banane reiten; meist ist ein Essen an Bord inbegriffen.

Whalewatching

Im Herbst, wenn sie von der fischreichen Arktis in wärmere Gefilde ziehen und im Frühjahr, wenn sie zurückkehren, kann man **Wale und Delfine** vor den kanarischen Küsten sehen. Boote dürfen sich ihnen nur bis 60 m nähern, Schnorcheln und Schwimmen sind in ihrem Umkreis verboten. Die Ausflüge starten in Puerto Rico.

U-Boot

Die **Yellow Submarine** startet zu einer Reise zum Meeresgrund im Yachthafen von **Puerto de Mogán.** Von großen Hotels an der Costa Canaria wird man im Gratis-Bus abgeholt, die Abfahrtszeiten sind an den Rezeptionen bekannt.

Hochseeangeln

Kommerzielle Angeltouren starten von **Puerto Rico** und **Puerto de Mogán.** Unterwegs wird alles Wichtige auf Deutsch oder Englisch erklärt und man bekommt Einblick in die Kunst des *Trawling,* der „Schleppangelei" und des *Bottom-Fishing,* der „Meeresgrundfischerei". Laut Skipper können Schwert- und Tunfisch, Hammerhai, Muräne und Seeaal gefangen werden. Die Teilnehmerzahl ist in der Regel begrenzt, Vorkenntnisse sind nicht erforderlich. Beste Fangzeit sind die Monate Mai bis November. Wer

Längs der Küste im Shuttle-Schiff

Die Fähren Blue Bird und die Líneas Salmón, pendeln mehrmals täglich zwischen Pasito Blanco, Arguineguín, Patalavaca/Anfi, Puerto Rico und Puerto de Mogán. Großer Andrang herrscht am Dienstag und Freitag, wenn in Arguineguín bzw. Puerto de Mogán der Wochenmarkt stattfindet. Bei Wahl eines Rückfahrttickets kann man den Zeitpunkt der Rückreise selbst bestimmen; Tickets erhält man an der Mole bzw. auf dem Schiff.

■ **Líneas Blue Bird,** Mobil: 629989633.
■ **Líneas Salmón,** Mobil: 649919383, www.lineassalmon.com.

nicht angeln, sondern nur zuschauen will, zahlt weniger.

Fähre

Fahrten **längs der Südwestküste** siehe Tipp. Über Fährverbindungen zu den **Nachbarinseln** informiert das Kapitel „Weiterreise".

Radfahren

„Trotz zubetonierter Küsten", schrieb die Zeitschrift *bike*, ist Gran Canaria „die landschaftlich aufregendste und vielfältigste Insel der Kanaren". Dank großzügiger EU-Zuschüsse ist das Straßennetz inzwischen gut ausgebaut. Radler freut's, können sie doch nun von den viel befahrenen Küstenstraßen auf **einsame Nebenstrecken** ausweichen. Da ist es nicht weiter schlimm, dass es nur selten separate Radwege oder befahrbare Randstreifen gibt.

Die Südhälfte präsentiert sich mit einsamen Canyons, Kiefernwäldern und Stauseen als ideales Radrevier. Dort gibt es spannende **Offroad-Pisten,** auf denen Abfahrten von 30 km Länge möglich sind. Freilich muss man erst einmal in die Berge hinauf, um in den Genuss eines Downhills zu kommen. Nur konditionsstarke Fahrer werden den Aufstieg auf 600 bis 1900 m meistern, ohne die Insel zu verdammen.

Da die öffentlichen wie auch die von Reiseveranstaltern gecharterten Busse Räder nicht mitnehmen, muss, wer es leichter angehen will, ein Großraumtaxi *(taxi grande)* bestellen oder bei der Bike-Station einen Shuttle-Transfer buchen.

Erster Tag

Allen, die mit Fahrrad anreisen und vom Flughafen sogleich in die Natur aufbrechen wollen, sei für den ersten Tag die folgende Strecke empfohlen:

■ Km 0,0 Flughafen/Südkreisel, Höhenunterschied: 10 m
■ Km 5,7 Kreuzung Cruce de Arinaga, 50 m
■ Km 10,8 Agüimes, 350 m
■ Km 20,3 Temisas, 800 m
■ Km 28,6 Santa Lucía, 800 m
■ Km 35,3 Risco Blanco, 1100 m
■ Km 43,6 San Bartolomé, 887 m

Am südlichen Flughafen-Kreisel folgt man der parallel zur Autobahn verlaufenden Landstraße zum Cruce de Arinaga, biegt dort rechts in die GC-100 ein und fährt nach Agüimes. In der hüb-

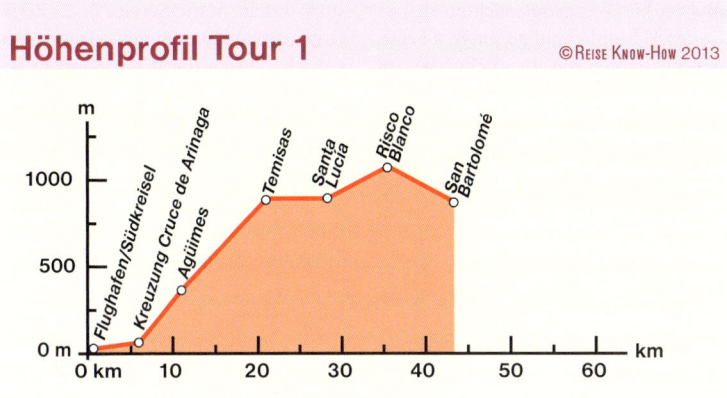

schen Altstadt gibt es mehrere kleine Hotels der mittleren Preisklasse. Auf der GC-550 geht es in die Bergwelt des Südens hinauf, in der Dorfbar von Temisas kann man sich stärken (Hinweis: Südwestlich des Dorfes befindet sich der gleichnamige Campingplatz, der aber nur ab Agüimes über die GC-551 Richtung Era del Cardón erreichbar ist!). Über das Palmendorf Santa Lucía gelangt man auf einem schönen Umweg via Risco Blanco (GC-654) nach **San Bartolomé.** Dieser Ort liegt am Schnittpunkt wichtiger Inselstraßen und verfügt über Hotel und Pension.

2./3. Tag

Wer unterwegs kein Auto sehen will, fährt über Cruz Grande 3 km nordwärts und biegt dann links ab zum Stausee Chira. Es folgt ein langer Downhill auf Piste durchs **Naturschutzgebiet Pilancones** zur Küste hinab.

Verleihstellen

Bike-Stationen an der Costa Canaria und der Costa Mogán verleihen Räder der verschiedensten Art und verfügen über eine Reparaturwerkstatt. Die bekanntesten sind Free Motion und Happy Biking, von ihnen werden auch Ausflüge, Shuttle-Service und Fahrtechnik-Kurse organisiert.

Free Motion ist das **größte Outdoor-Center** der Insel, der Schwerpunkt liegt auf Biken. Für individuelle Touren stehen bestens gewartete Mountainbikes, Trekking- und Rennräder bereit. Wer lieber in einer Gruppe unterwegs ist, kann auch organisierte Touren mit Begleitbus buchen. Zur Wahl stehen Ausflüge unterschiedlichen Schwierigkeitsgrads. Bei den gemütlichen „Randwandertouren" fährt ein Begleitbus mit, d.h., wer müde ist, kann jederzeit in den Bus umsteigen. Die „Mountainbike-Touren", bei denen man auch über Schotterpisten fährt, setzen eine gute Kondition voraus.

„Bike & Fun"-Angebote richten sich an die ganze Familie und an jüngere Leute. Daneben gibt es die anspruchsvolle, aus fünf Touren bestehende „Mountainbike-Week" sowie eine Kombination von Rad-, Wander- und Quadtouren. Bei allen Ausflügen wird man morgens vom Hotel abgeholt und nachmittags zurückgebracht.

■ **Free Motion,** Av. Alféreces Provisionales (Hotel Sandy Beach), Local 9, Playa del Inglés, Tel. 928777 479, www.free-motion.net, mit Filialen in Meloneras und Puerto de Mogán.

Happy Biking, die vom Österreicher *Johannes Schöfecker* geleiteten **Bike Station,** verleiht Mountainbikes mit Federgabel bzw. vollgefedert, City- und Rennräder, Kickboards und Kinderanhänger. Zur Ausstattung gehören Helm, Wasserflasche, Reparaturset und eine Karte. Angeboten werden geführte, täglich wechselnde Mountainbike-Touren für Gruppen von 5 bis 15 Personen: leichte Rolltouren, gemütliche Geländefahrten und anspruchsvolle Gipfeltouren mit Transfer, Tourguide, Ausrüstung, Versicherung und Picknick.

■ **Happy Biking,** IFA Hotel Continental, Av. de Italia 2, Playa del Inglés, Tel. 928766832, www.happy-biking.com.

Das Hotel Villa del Monte in Santa Brígida im nördlichen Bergland versteht sich als **Biker-Zentrum** der gehobenen Art. Man wohnt bei *Petra Wonisch* in einem 100 Jahre alten Landhaus mit fünf hübschen Zimmern; das Radzentrum verfügt über Werkstatt und abschließbaren Abstellraum. Es werden Räder verliehen, man erhält detailliertes Kartenmaterial, auf Wunsch Shuttle-Service in die Berge. Organisierte Mountainbike-Touren führen z.B. „durch die Weinberge", unterwegs besucht man eine Bodega und eine Töpferei, man kommt am Golfplatz und am Vulkankrater Bandama vorbei. Und einmal im Jahr, meist im Frühjahr, veranstaltet *Petra* das **Bike Festival Gran Canaria,** das mit dem klassischen **Open MTB Marathon** endet.

■ **Villa del Monte**,** Castaño Bajo 9, GC-15 Km. 4,2, Tel. 928644389, Fax 928641588, www.canary-bike.com.

Motorrad

An der Südküste gibt es Verleiher mit Modellen von Yamaha, Honda und Suzuki. Schon seit Jahren bewährt:

■ **Sun Fun,** C.C. Gran Chaparral, Playa del Inglés, Tel./Fax 928763829, www.sunfun-motorrad.com.

Gran Canaria – ein Wanderparadies

Während seines Urlaubs sollte man mindestens einmal die herrliche Berglandschaft zu Fuß erkunden. Am schönsten präsentiert sich die Insel im Frühjahr, wenn die Hänge und Ebenen mit Blüten übersät sind. In diesem Buch werden im Kapitel **„Die 12 schönsten Wanderungen"** attraktive und abwechslungsreiche Touren vorgestellt, die alle gut markiert sind. Sie machen mit den unterschiedlichsten Naturräumen vertraut, jeder Barranco hat seinen eigenen Reiz, oft auch sein eigenes Mikroklima! Zusätzlich zu den ausführlich beschriebenen Touren finden Sie in den Ortskapiteln weitere „Wandertipps".

Sport und Erholung

Wellness & Spa

Viele Hoteliers haben den „gesundheitsbewussten" Qualitätstouristen entdeckt und ihre Häuser mit Wellness-Einrichtungen aufgerüstet. Sie werben mit „Erlebniswelten" rund ums Wasser und Therapien von Aroma bis Thalasso. Für die Relax-Stimmung sorgen sonnige Farben und exotische Düfte, wobei es vorkommen kann, dass eine Sauna zur „Tropengrotte", eine Untersuchungsliege zur „Mental Bank" und ein normaler Pool zum „Vital-Center" aufgewertet wird. Bei der Buchung sollte man darauf achten, dass außer der Aufmachung auch die medizinische Funktionalität stimmt – immerhin werden Antistress-, Gesundheits- und Wohlfühlwochen versprochen und auch berechnet. Geschultes Personal sollte vor Ort sein, damit die Badekur nicht mit einem Kreislaufkollaps endet. Auf keinen Fall sollte man sich mit dem Hinweis zufrieden geben, die Inanspruchnahme der Wellness-Einrichtung erfolge „auf eigene Gefahr". Die vorerst **besten Wellness-Hotels** liegen im Süden: Gloria Palace (San Agustín und Playa Amadores), Palm Beach, Grand Hotel Residencia, Costa Meloneras und Villa del Conde.

Wandern im Inselzentrum kann anstrengend sein …

Zum Zuschauen: Lucha Canaria

Der aus prähispanischer Zeit überlieferte **kanarische Ringkampf** erfreut sich auf Gran Canaria enormer Beliebtheit. Er wird im regionalen Fernsehen stundenlang übertragen und erzielt hohe Einschaltquoten. Es handelt sich eher um einen Geschicklichkeitssport als eine harte, kämpferische Auseinandersetzung. Zu Beginn verneigt man sich vor seinem Gegner und erweist ihm so besondere Achtung: Der Kampf soll fair und sauber sein. Anschließend krallen sich die Männer mit der Linken im Saum der hochgekrempelten Shorts des Gegners fest und verharren regungslos, bevor sie versuchen, ihn mit geschicktem Griff aus dem Gleichgewicht zu bringen, ohne dabei zu schlagen, zu boxen und zu würgen. Sieger ist derjenige, dem dies mindestens zweimal gelingt.

Weil sich jede Gruppe aus zwölf *luchadores* (neuerdings gibt es auch weibliche Kämpferinnen) zusammensetzt, können sich die abendlichen Wettkämpfe über mehrere Stunden hinziehen. Sie finden meist am Wochenende statt und werden auf Plakaten angekündigt. *Terreros* (Ringkampfpavillons) befinden sich z.B. in Playa del Inglés, El Tablero, Arguineguín, Puerto de Mogán und natürlich in Las Palmas. In kleineren Orten erlebt man Lucha Canaria im Rahmen der Patronatsfeste.

Sport und Erholung

tercourt Kurse an (auch buchbar über Reiseveranstalter).

Klettern

Beste Spots sind die bis zu 230 m aufragenden **Basaltwände rund um das Bergdorf Ayacata.** Im Restaurant Casa Melo liegt ein handschriftliches „Kletterbuch" *(libro de escalada)* aus, in dem Zeichnungen und spanische Texte die Erfahrungen der einheimischen Kletterer wiedergeben. Beliebt sind auch die zerklüfteten **Steilwände des Tamadaba,** Gran Canarias ältestem Gebirgsstock im Nordwesten und die **50 Steige an der Felsfestung Fortaleza** im Barranco Sorrueda (Santa Lucía) im Süden der Insel (www.climbincanarias.com).

Luftsport

Beste Adresse für das **Fliegen** und **Fallschirmspringen** ist der Aeródromo El Berriel bei Bahía Feliz (GC-500, Km. 7,5, nördlich San Agustín). Wer die Insel aus der Vogelperspektive kennenlernen möchte, fliegt im Hubschrauber oder einer kleinen Propellermaschine über das Zentrum und den Süden der Insel (*vuelo turístico,* Tel. 928157965 und 636526900, www.islas-helicopters.com). Beliebt ist auch der **Tandemsprung,** für den keinerlei Ausbildung nötig ist. Nach einem 20-minütigen Steigflug springt man mit einem ausgebildeten Profi aus etwa 3000 m Höhe. Der freie Fall dauert 25–50 Sekunden, dann zieht der Begleiter die Reißlinie, worauf sich der Schirm öffnet und man sanft in den Dünen landet. Die Landestelle befindet sich neben

Weitere Aktivangebote

Tennis

Viele Hotels besitzen eigene, oft mit Flutlicht ausgestattete Tenniscourts, die auch von Nicht-Gästen genutzt werden können. Im Hotel Buenaventura (Playa del Inglés) bietet die Tennisschule Cen-

der Parkfläche am Südende von Anexo II in Playa del Inglés (Paraclub de Gran Canaria, Tel. 928157000, www.skydive grancanaria.com).

Reiten

Im Raum Maspalomas hat man die Möglichkeit, an geführten Ausritten in die Bergregion teilzunehmen. Sie dauern ein bis drei Stunden, daneben gibt es Unterricht im klassischen Reiten und Springreiten. Mehrere Reitställe konkurrieren um die Gunst der Gäste, gute Noten bekam zuletzt **Pretty Horse** an der Straße nach Los Palmitos (siehe „Maspalomas").

Spaniens ältester Golfplatz in Bandama

Golf

Mit vorerst sieben Plätzen hat sich Gran Canaria zu einem wichtigen Winterreiseziel für Golfer entwickelt. Diese können hier täglich und zu jeder Jahreszeit, abwechselnd in grüner, jungvulkanischer und wüstenhafter Landschaft ihrem Lieblingssport nachgehen. Die Anlagen stehen auch Nicht-Clubmitgliedern offen, außer in Bandama kann überall Equipment gemietet werden. Unterricht wird auf allen Plätzen erteilt, angeschlossen sind Spezial-Shops und Restaurants. Die 18-Loch-Greenfees schwanken zwischen 60 und 125 €, im Sommer zahlt man etwas weniger; viele 4- und 5-Sterne-Hotels in Maspalomas und Meloneras räumen ihren Gästen Greenfee-Ermäßigung ein. Infos: www.grancanaria golf.info.

Sprachurlaub

Sprachkurse bucht man am besten in der Hauptstadt **Las Palmas.** Man lernt in internationalen Gruppen und ist in kanarisches Ambiente eingebunden. Was man im Unterricht erlernt, kann man in den nachfolgenden Gesprächen in Cafés oder am Strand praktisch umsetzen. Die Gran Canaria School of Languages hat ihre Unterrichtsräume in einer strandnahen Residenz nahe der Plaza de Farray. Angeboten werden ein- bis vierwöchige Kurse, die auch im Rahmen eines Bildungsurlaubs anerkannt werden. Gruppenunterricht wird in der Regel vormittags, Privatunterricht nachmittags gegeben. Man wohnt in der Schule oder in angemieteten Häusern nahebei.

■ **Gran Canaria School of Languages,** Grau Bassas 27, Las Palmas, Tel. 928267971, Fax 928278980, www.grancanariaschool.com.

Wer den gesamten Winter in Las Palmas verbringt, kann achtmonatige Gruppenkurse in der staatlichen Escuela Oficial de Idiomas belegen; sie beginnen jeweils im September und sind billig, der Gesamtpreis beläuft sich auf lediglich 50 €. Allerdings ist die Anmeldungsprozedur umständlich: Man muss die Formulare persönlich (!) im Mai übergeben und erhält die Zulassung einige Wochen danach in der Schule.

■ **Escuela Oficial de Idiomas,** Fernando Guanarteme 51, Tel. 928266056, Fax 928276940, www.eoilpgc.com.

Macht man Urlaub im Süden, bieten sich Sprachkurse bei inlingua an:

■ **inlingua Sprachschule,** Plaza Morro Jable, Complejo Guayres A-4 (San Fernando), Tel./Fax 928765 237, www.inlingua-canarias.com.

Telefonieren

Die Vorwahl für Gran Canaria von Deutschland, Österreich und der Schweiz lautet **0034 für Spanien,** dann folgt die neunstellige Nummer des Anschlussinhabers. Bei Gesprächen von Spanien ins Ausland wählt man **0049 für Deutschland, 0043 für Österreich und 0041 für die Schweiz,** danach die Ortsvorwahl ohne Anfangsnull und die Rufnummer des Teilnehmers. Die nationale Fernsprechauskunft ist unter der Nummer 11818, die internationale unter 11825 zu erreichen.

Das eigene **Mobiltelefon** lässt sich auf Gran Canaria problemlos nutzen. Wegen hoher Gebühren sollte man bei seinem Anbieter nachfragen oder auf dessen Website nachschauen, welcher der Roamingpartner günstig ist und diesen per manueller Netzauswahl voreinstellen. Nicht zu vergessen sind die passiven Kosten, wenn man von zu Hause angerufen wird (Mailbox abstellen!). Der Anrufer zahlt nur die Gebühr ins heimische Mobilnetz, die teure Rufweiterleitung ins Ausland zahlt der Empfänger.

> Kabinen werden seltener:
Telefonieren mit Telefónica

Wesentlich preiswerter ist es, sich von vornherein auf SMS zu beschränken, der Empfang ist in der Regel kostenfrei.

Ist das Mobiltelefon SIM-lock-frei, kann man sich auch eine **Prepaid-Karte** *(tarjeta prepago)* besorgen und diese gegen die deutsche SIM-Karte einwechseln. Die wieder aufladbare Karte samt neuer Telefonnummer erhält man bei einer der zahlreichen Niederlassungen der Netzbetreiber (z.B. Orange oder Movistar). Vorteil: kostenfreier Empfang von Anrufen – Nachteil: Freunde im Heimatland kennen die Rufnummer nicht, müssen erst informiert werden ...

Notrufnummern stehen unter dem Stichwort „Notfälle".

Unterkunft

Preiskategorien

Um dem Leser eine Vorstellung zu vermitteln, in welchem Preisrahmen sich die in diesem Buch vorgestellten Unterkünfte bewegen, wurden die Hotels, Pensionen und Apartments in vier Preisklassen unterteilt. Die Preise gelten jeweils für **ein Doppelzimmer ohne Frühstück.**

- Untere Preiskasse *: bis 45 €
- Mittlere Preisklasse **: 40–90 €
- Obere Preisklasse ***: 90–130 €
- Luxuspreisklasse ****: über 130 €

Vom Fünfsterneplushotel bis zum Ferienapartment, vom Landhaus bis zur Höhlenwohnung, vom Hostel bis zum Campingplatz: Gran Canaria bedient jeden Geschmack und Geldbeutel. Die meisten Betten gibt es an der Süd- und Südwestküste, aber auch abseits der Ferienzentren wird man fündig.

Buchungsportale

Wer sich über die Unterkunft im Internet (z.B. via www.booking.com) vorab informiert, erhält für den angepeilten Zeitraum umgehend eine Preiskalkulation, dazu eine bunte Palette von „Bewertungen". Doch Vorsicht! Viele der vermeintlich subjektiven Urlauberkommentare entpuppen sich – wie Studien belegen – als Eigenwerbung der Hotels, manchmal auch als Angriff auf die Konkurrenz.

Pauschal

Wer wenig selbst organisieren will, bucht pauschal, d.h. Flug und Transfer, Unterkunft und Reiseleitung werden vom Reiseveranstalter in einem Paket angeboten. Bevor man sich freilich für eine bestimmte Anlage entscheidet, sollte man ihre Lage auf dem Ortsplan prüfen. Liegt sie mehrere Kilometer vom Strand entfernt, so ist zu fragen, ob ein hoteleigener Bus-Shuttle im Preis eingeschlossen ist. Und reist man einzeln, so erkundige man sich, welche Hotels „Doppelzimmer zur Einzelbelegung" anbieten. „Einzelzimmer" sind oft kleiner, nicht selten mit Blick auf Straße und Betonlandschaft.

Vorsicht ist auch bei der Lektüre der Kataloge bzw. der entsprechenden Internetseiten geboten. Formulierungen mögen zwar korrekt sein, könnten aber falsche Erwartungen wecken. Einige der „Sprachfallen", die Werbetexter für Touristen bereitstellen, werden in dem Kasten auf der rechten Seite vorgestellt und „entziffert".

Individuell

Wer große Ferienzentren nicht mag, macht einen Bogen um Costa Canaria und Costa Mogán und wählt Unterkünfte in kleineren, untouristischen Orten. Hier reicht das Angebot von Pensionen und Privatzimmern über Apartments bis zu Landhäusern. Wo Buchung via Internet nicht möglich ist, empfiehlt es sich, ein paar Tage im Voraus anzurufen und das gewünschte Zimmer zu reservieren – ein paar Spanisch-Sprachkenntnisse erweisen sich da als nützlich. Die Vorwahl für Spanien lautet 0034, es folgt die

Unterkunft

Telefonnummer des gewünschten Hauses auf Gran Canaria. In den Ortskapiteln werden die Unterkünfte detailliert vorgestellt.

Landurlaub

Landhotels gibt es in Tejeda und Cruz de Tejeda, im Tal von Agaete, in Fontanales und Arucas, Bandama und Vega de San Mateo, Fataga und San Bartolomé de Tirajana. Alternativ bieten sich kleinere Häuser an: Mit Unterstützung der EU wurden in den Berggemeinden zahlreiche Landhäuser in traditionell kanarischem Stil restauriert und zu Urlaubsunterkünften umgestaltet. **Turismo Rural** lautet das Zauberwort: Der Besucher verbringt seinen Urlaub „am Rande der Zivilisation" und genießt unzerstörte Natur. Nur selten leben die Besitzer mit im Haus – in der Regel haben Gäste die Finca für sich allein. Einige Häuser bestehen nur aus einer Wohneinheit für zwei Personen, in anderen können kleine Gruppen unterkommen. Die Vermietung der Häuser erfolgt in der Regel auf Wochenbasis, das Preisniveau ist relativ hoch. Infos:

- **Gran Canaria Fincas,** Tel. 928334175, www.grancanariafincas.com.
- **Grantural,** Tel. 902157281, www.ecoturismocanarias.com.
- **Econaturacanaria,** Tel. 928360317, www.naturacanaria.com.
- **Casitas Canarias,** Tel. 928464464, www.casitascanarias.com.
- **Casas Rurales Canarias,** Tel. 928271952, www.ruralhousecanary.es.
- **Santa Lucía Rural,** Tel. 928330262, www.santaluciarural.com.

Beispiele für Katalog- und Internetsprache

- **„Direktflug":** mit Zwischenlandung, also kein „Nonstop-Flug"
- **„lebhafte Atmosphäre":** Lärmbelästigung
- **„aufstrebender Touristenort":** vielerorts Baukräne und mangelnde Infrastruktur
- **„verkehrsgünstige Lage":** im lauten Stadtbereich
- **„direkt am Meer":** ein 500 m breiter Dünenstreifen könnte dazwischenliegen
- **„naturbelassener Strand":** am Strand liegt Abfall
- **„ideal für Sonnenanbeter":** ansonsten ist nicht viel los
- **„gemütlich und romantisch":** extrem einfach
- **„neueröffnetes Hotel":** noch ist nicht alles perfekt
- **„Hotel für junge und unternehmungslustige Gäste":** Trubel rund um die Uhr
- **„sauber und zweckmäßig eingerichtet":** ohne jeden Komfort
- **„aktiv und kreativ":** lautstarke Animation
- **„diverse Sportmöglichkeiten":** Benutzung der Anlagen ist im Reisepreis wahrscheinlich nicht enthalten

Einige dieser Beispiele sind einer Veröffentlichung des *wdv Wirtschaftsdienstes* entnommen:

- *H.E. Scholz, W.C. Ehrnsperger*, **„Lügen haben kurze Beine",** Edition abenteuer & reisen, wdv Wirtschaftsdienst (Frankfurt).

- **LasCasasCanarias,** Tel. 922491900, www.lascasascanarias.com.
- **Canarias Reisen (D),** Tel. 02924-9746930, www.islas-canarias-reisen.de.
- **Finca Ferien (D),** Tel. 05067-6526, www.fincaferien.de.

Hotels

Wer komfortabel wohnen möchte und bereit ist, zu zweit um die 100 € pro Nacht auszugeben, könnte seinen **dreiwöchigen Urlaub „Von Ort zu Ort"** folgendermaßen planen:

- 3x Las Palmas (Hotel Reina Isabel)
- 3x Puerto de las Nieves (Hotel Roca Negra)
- 3x Cruz de Tejeda (Parador)
- 3x Puerto de Mogán (Hotel Cordial Mogán Playa)
- 3x Playa Amadores (Hotel Gloria Palace)
- 3x Meloneras (Hotel Costa Meloneras)
- 2x Agüimes (Casa de los Camellos)

Pensionen

Für Urlauber, die preiswert reisen und spontan für zwei oder drei Nächte eine Bleibe suchen, gibt es viele gute Adressen, **Doppelzimmer und Apartments für 25–40 €**. An der Südküste ist's freilich eng, da gibt es nur Platz in San Fernando, einem wenig attraktiven Vorort von Playa del Inglés, und in El Tablero oberhalb Maspalomas. Eine größere Auswahl hat man im **Südwesten** (Puerto de Mogán, La Aldea de San Nicolás) und im **Nordwesten** (Agaete). Gut ist die Situation auch in der Hauptstadt **Las Palmas**. Viele kleine Hotels und Pensionen gibt es im **Bergland**. Besonders attraktiv ist Tejeda, weiter südlich Fataga. Mein Vorschlag:

- 3x Las Palmas
- 2x Agaete
- 2x La Aldea de San Nicolás
- 4x Tejeda
- 2x Fataga
- 3x Puerto de Mogán

Herbergen/Hostels

Die einzige offizielle Herberge auf Gran Canaria befindet sich in Santa María de Guía im Nordwesten der Insel. Daneben gibt es eine Surferherberge in Pozo Izquierdo sowie informelle Hostels in Puerto de Mogán, La Aldea de San Nicolás, Las Palmas und Artenara.

Camping

Die Gemeinschaft der Camper verteilt sich auf mehrere einfache, ganzjährig geöffnete Anlagen. Gut ausgestattet ist **Camping Playa de Vargas** im Inselosten (siehe Agüimes) mit modernen sanitären Anlagen, Minimarkt, Lokal und Grillplatz. Am schönsten gelegen ist **Camping El Pinillo** im Barranco de Arguineguín (siehe Arguineguín), wo man auch preiswert in Holzhütten *(cabañas)* übernachten kann. Weitere Anlagen findet man am Strand von **Tasartico** und in **Temisas** (zwischen Santa Lucía und Agüimes). Für Wanderer im zentralen Bergland empfiehlt sich das **Campamento El Garañón** (siehe Ayacata).

An ausgewählten Orten des Berglands darf man mit Genehmigung der Umweltbehörde **kostenlos zelten.** Die Inselregierung *(Cabildo Insular)* verwaltet 13 spartanisch, ohne Duschen, Läden und Bars ausgestattete Campingzonen *(zonas de acampada);* sie befinden sich rund um Tejeda, Artenara und San Bartolomé de Tirajana. Leser empfehlen vor allem

◁ Grand Hotel Residencia in Maspalomas
△ Eine schöne Unterkunft auf dem Land: Casita Karina bei Teror

258gc sg

die Plätze Tamadaba, Llanos de la Pez und Presa de las Niñas. Die Erlaubnis zum Zelten bekommt man beim „Bürgerservice des Cabildo" im Gebäude Insular 1, etwa 100 m vom Busbahnhof San Telmo in Las Palmas entfernt. Vorzulegen ist der Personalausweis, anzugeben der gewünschte Termin (max. eine Woche) und die Zahl der Personen. Die Erlaubnis wird sporadisch kontrolliert, ohne *permiso* wird man aufgefordert, sich so schnell wie möglich eine zu besorgen.

■ **OIAC** (Oficina de Información y Atención al Ciudadano), Calle Profesor Agustín Millares Carló s/n, Tel. 928219229, Fax 928219468, oiac@grancanaria.com, Mo–Fr 8.30–14 (Do auch 17–19), Sa 9–12 Uhr.

Gloria Palace Royal –
hoch über dem Meer in Playa Amadores

Verkehrsmittel

Strand und Sonne allein machen auf Dauer nicht glücklich. Es lockt das Hinterland mit dem, was vielleicht anders ist, noch nicht aufgesogen von der Kultur des immer Gleichen. Organisierte Busausflüge befriedigen dieses Bedürfnis nur zum Teil, zu oft versanden sie im Staub von Sioux City und fotogerechtem Ritt auf Esel und Dromedar. Mit Fahrrad, Motorrad und Auto sieht man schon beträchtlich mehr, und wer auf den folgenden Seiten liest, dass das Bussystem in weiten Teilen der Insel gut funktioniert, bekommt vielleicht gar Lust, auf öffentliche Verkehrsmittel umzusteigen.

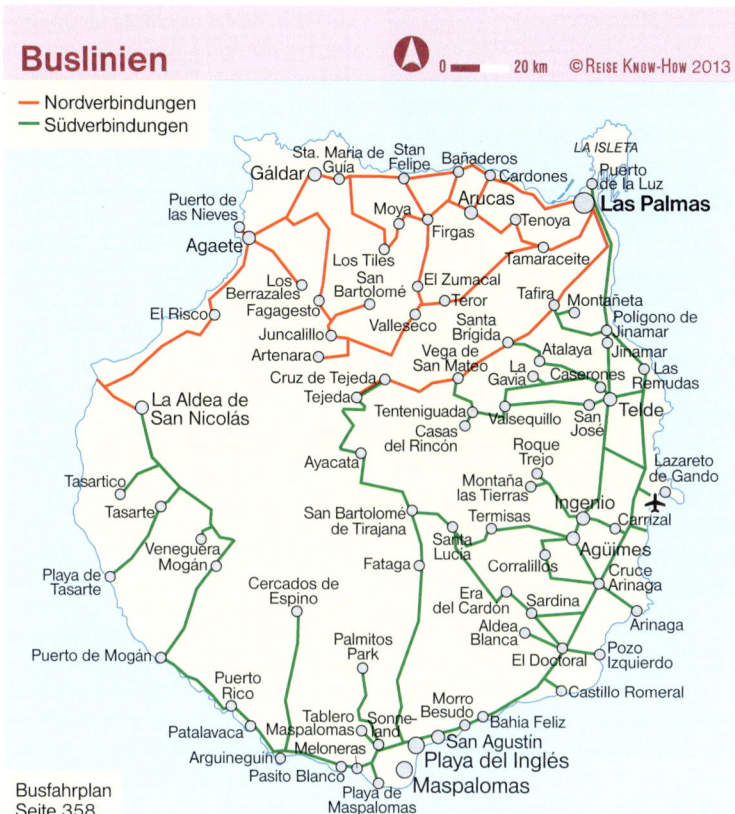

Busse

Die Busse werden in Anlehnung ans Kubanische *guaguas* genannt. Das Unternehmen GLOBAL steuert mit seinen **blauen Überlandbussen** (Stadtbusse = gelb!) fast alle Dörfer und Städte der Insel an. Gut zu wissen: Gepäckstücke (aber nicht Fahrräder) werden auf allen Bussen kostenlos befördert! Sehr gut sind die Verbindungen von und nach Las Palmas sowie zwischen den Tourismusmetropolen der Costa Canaria und der Costa Mogán (Linien 1, 32, 33, 39, 91). Mehrmals täglich verkehrt ein Bus zwischen Maspalomas im Süden und Tejeda im Bergland. Die meisten Orte im Bergland sind weiterhin nur mit dem Auto erreichbar; kein Bus verkehrt zwischen Ayacata und Mogán sowie zwischen Artenara und La Aldea de San Nicolás.

Infobüros von GLOBAL befinden sich an den Busbahnhöfen. Umständlich

Verkehrsmittel

Inselrundfahrt mit öffentlichen Bussen

Von einer Inselrundfahrt an nur einem einzigen Tag ist abzuraten. Sie ist technisch möglich, aber anstrengend; viel Zeit verliert man immer noch in La Aldea de San Nicolás, weil die Fahrpläne der Nord- und Südlinie nicht optimal aufeinander abgestimmt sind.

Empfehlenswert ist eine **mehrtägige Tour.** Ohne jede Mühe gelangt man etwa vom Flughafen mit Linie 60 zur Hauptstadt Las Palmas. Wem es nicht gefällt, den Beginn seines Urlaubs in einer Großstadt zu verbringen, kann vom Busbahnhof sogleich weiterfahren ins schöne Agaete: Eine private Unterkunft bekommt man dort zu jeder Jahreszeit! Mit Bus 101 gelangt man nach La Aldea de San Nicolás, mit Bus 38 von dort weiter nach Puerto de Mogán – auch in diesen beiden Orten findet man leicht ein Quartier.

und wenig touristenfreundlich ist der Kauf der **Tarjeta sin contacto (Trans GC-SUMA),** einer Magnetkarte, mit der sich die Fahrten auf allen Inselstrecken erheblich verbilligen. Beantragen kann man die Karte vorerst nur am Infoschalter im Busbahnhof Parque San Telmo (Las Palmas) – dafür bitte Pass und Foto mitbringen! Erst nach einer Woche (!) darf man die „kontaktlose Karte" abholen und in Las Palmas oder auch einer der vielen anderen Verkaufsstellen der Insel aufladen lassen. Für eingezahlte 15–59 € bekommt man eine Gutschrift *(bonificación)* von 20 %. Diese erhöht sich auf 30 % für 60–99 € und auf 40 % (Rentner 60 %) für 100 € und mehr. Im Bus schiebt man die Karte beim **Ein- und Ausstieg** in den Automaten, bekommt jedoch keinen Beleg darüber, wie viel Geld von der *tarjeta* abgebucht wurde. Aktuelle Infos zum Verfahren, das hoffentlich bald geändert wird, gibt es im Internet unter www.globalsu.net.

Was mit Bus machbar ist, lässt sich mit Hilfe des in diesem Buch abgedruckten **Busfahrplans (siehe Anhang)** ermessen. Details können sich ändern, darum empfiehlt es sich, die Angaben vor Ort zu überprüfen. An den Busbahnhöfen und bei der Touristeninformation bekommt man (mit etwas Glück) den neuesten Plan. Im Internet findet man aktuelle Änderungen, den detaillierten Streckenverlauf und Preisinfos unter www.globalsu.net.

Taxis

In allen größeren Orten der Insel gibt es Taxistände, erkennbar an einem Schild mit weißem T vor blauem Hintergrund. Den Weg dorthin erspart ein Anruf über die Hotelrezeption. Man kann natürlich auch an der Straße stehen und winken – meist dauert es nicht lange, bis ein weißes Taxi (mit dem Schild „SP": *Servicio Público* neben dem Nummernschild) hält. Das grüne Licht auf dem Dach bzw. das Schild „Libre" zeigt an: Es ist frei.

Der **Fahrpreis** wird in der Regel mit dem Taxameter berechnet, zum festgelegten Grundpreis von ca. 2 € wird die Zahl der Kilometer mit einem bestimmten Betrag multipliziert und addiert. Die Tarife sind nicht einheitlich festgelegt, jede Gemeinde darf sie variieren. Taxifahrer sind verpflichtet, dem Fahrgast auf dessen Wunsch die aktuelle Preisliste *(lista de precios)* vorzulegen. Darauf sind auch alle Zuschläge verzeichnet, die berechnet werden könnten. Von 22 bis

Taxi-Tipp Flughafen

Für Einzelreisende, Familien & Gruppen gibt es zum sicheren Festpreis einen privaten Transfer vom und zum Flughafen per Taxi, Limousine oder Bus. Er wird über die Website www.las-palmas-24.com organisiert, der Preis ist bei keinem anderen Unternehmen günstiger. Für Gepäck, Nacht- und Sonntagsfahrten werden keine Zuschläge erhoben. Bei der Reservierung wird auf eine Vorauszahlung verzichtet.

6 Uhr wird generell ein Aufpreis fällig, mit weiteren Zuschlägen muss rechnen, wer sonntags fährt, zum Hafen *(puerto)* bzw. Flughafen *(aeropuerto)* möchte oder Gepäck mit Übergröße dabei hat. Die Rufnummern der wichtigsten Taxiunternehmen finden sich in der Kurzinfo der jeweiligen Region.

Versicherungen

Krankenversicherung

Wichtig ist vor allem der Krankenschutz. Mit der **europäischen Krankenversicherungskarte EHIC** (European Health Insurance Card), gültig für alle Länder der EU und die Schweiz, können sich Mitglieder einer gesetzlichen Krankenkasse kostenlos in den Gesundheitszentren und im Krankenhaus behandeln lassen (siehe „Medizinische Versorgung"). Freie Arztwahl hat man freilich nur, wenn man eine private Zusatzversicherung abgeschlossen hat. Reguläre Auslandskrankenversicherungen sind billig und können kurzfristig abgeschlossen werden, gelten allerdings nur für maximal zwei Monate. Für Versicherungen mit einer längeren Laufzeit zahlt man deutlich mehr. Und plant man eine mehr als sechsmonatige Reise, ist Vorsicht geboten: Meldet man sich korrekterweise bei der Einwohnerkontrolle ab, kündigen viele Krankenkassen den Versicherungsschutz!

Bei der Wahl der Versicherung sind **Leistungsunterschiede zu prüfen.** Besteht Vollschutz ohne Summenbegrenzung? Werden Zahnbehandlungen übernommen? Ist die Behandlung einer Krankheit, die schon vor Antritt der Reise bestand, am Urlaubsort abgedeckt? Zu klären ist auch, ob ein Rücktransport im Falle eines Unfalls oder einer schweren Krankheit übernommen wird bzw. an welche Bedingungen er geknüpft ist. Heißt es etwa, er sei „sinnvoll nach Meinung des Arztes" oder aber, er sei „medizinisch notwendig"?

Gleichfalls wichtig ist die automatische Verlängerung der Versicherung bei verhinderter Rückreise im Krankheitsfall. Ansonsten gehen die u.U. enormen Behandlungskosten zu Lasten des Patienten!

Die Versicherungsgesellschaft sollte bei **Eintritt eines Notfalls umgehend verständigt** werden. Will man die Auslagen erstattet bekommen, sind ausführliche **Quittungen** vorzulegen – mit Datum, Namen, Bericht über Art und Umfang der Behandlung sowie Betrag.

Andere Versicherungen

Aufgrund der vielen Ausschlussklauseln ist zu prüfen, ob es sich lohnt, weitere Versicherungen abzuschließen. So tritt die **Reiserücktrittsversicherung** nur in Kraft, wenn man vor der Reise einen schweren Unfall hat, gekündigt oder schwanger wird, nach Arbeitslosigkeit einen neuen Job bekommt, die Wohnung abgebrannt ist u.Ä. Höhere Gewalt in Form von Streiks, Terroranschlägen und Naturkatastrophen gilt hingegen nicht.

Die **Reisegepäckversicherung** lohnt selten, da z.B. Gepäck, das bei Flugreisen verloren geht, in der Regel nur nach Kilopreis und ohnehin nur der Zeitwert nach Vorlage der Rechnung ersetzt wird. Wurde eine Wertsache nicht im Safe aufbewahrt, gibt es bei Diebstahl auch keinen Ersatz. Kameraausrüstung und Laptop dürfen beim Flug nicht als Gepäck aufgegeben worden sein. Ebenfalls nicht versichert ist Gepäck im unbeaufsichtigt abgestellten Fahrzeug. So ist die Liste der Ausschlussgründe endlos. Überdies deckt die **Hausratsversicherung** Verluste bei Einbruch und Raub oft auch im Ausland. In jedem Fall muss der Versicherung als Schadensnachweis ein Polizeiprotokoll vorgelegt werden.

Eine **Privathaftpflichtversicherung** hat man in der Regel schon. Hat man eine **Unfallversicherung,** ist zu prüfen, ob diese im Fall plötzlicher Arbeitsunfähigkeit aufgrund eines Unfalls im Urlaub zahlt. Auch durch manche Kreditkarten oder eine Mitgliedschaft im Automobilclub ist man für bestimmte Fälle schon versichert. Die Versicherung über die Kreditkarte gilt jedoch meist nur für den Karteninhaber.

Weiterreise

Nachbarinseln

Mit dem Flugzeug: Vom Flughafen Gando starten mehrmals täglich Flüge nach Nord- bzw. Süd-Teneriffa, Fuerteventura, Lanzarote und La Palma, seltener nach Gomera und El Hierro. Info: Binter, www.bintercanarias.com.

Mit Fähre oder Tragflächenboot: Alle kanarischen Inseln sind ab Las Palmas, die Westinseln auch ab Agaete zu erreichen. Die Fahrzeit nach Teneriffa und Fuerteventura beträgt 1–4, nach Fuerteventura 2–6 und nach Lanzarote 8 Stunden. Fährt man mit Olsen via Agaete, ist der Buszubringer von Las Palmas kostenlos. Leider ändern sich auf den Kanarischen Inseln häufig die Fahrpläne. Wer die aktuellen Abfahrtszeiten und Preise erfahren möchte, wende sich an ein Reisebüro vor Ort oder erkundige sich online:

- **Fred Olsen,** Tel. 902-100107, www.fredolsen.es.
- **Trasmediterránea,** Tel. 902-454645, www.trasmediterranea.es.

▷ Mit der Fähre zu den Nachbarinseln – hier: Puerto de las Nieves

■ **Armas,** Tel. 902-456500, www.naviera-armas.com.

Afrika

Für Flugexkursionen zum afrikanischen Festland ist ein gültiger Reisepass erforderlich. Über notwendige Impfungen sollte man sich vorher informieren. Binter fliegt ab Las Palmas mehrmals wöchentlich nach El Aaiun, Marrakesch, Agadir und Casablanca. Zusätzliche Verbindungen bietet Royal Air Maroc.

■ **Binter,** Tel. 902391392, www.bintercanarias.com.
■ **Royal Air Maroc,** Tel. 902210010, www.royalairmaroc.com.

Stopover Barcelona

Preiswerter geht es nicht: mit einem Billigflieger für ca. 60 € nach Barcelona, dort ein paar Tage bleiben und dann für noch weniger Geld z.B. mit RyanAir zurück nach Deutschland. Die katalanische Hauptstadt muss man gesehen haben: mehr als 50 Museen, Gaudí und Picasso, die Ramblas, eine zu allen Tageszeiten beliebte Flaniermeile – und gleich daneben die verführerisch dunklen Gassen des Barrio Gótico.

Für alle, die sich mal etwas Besonderes leisten wollen: Nahe der Kathedrale liegt das von modernem Design inspirierte **Hotel Barcelona Catedral** – nur ein paar Schritte von den Ramblas und der Plaza Cataluña entfernt, und auf dem Dach ein Pool mit Ausblick (Dels Capillans 4, Tel. 093-3042366, www.barcelonacatedral.com, 80 Zimmer).

- Was bietet die Insel? | 326
- Warmes Klima
  zu allen Jahreszeiten | 326
- Landschaftliche Vielfalt | 329
- Attraktive Strände und Küsten | 330
- Naturreichtum | 331
- Kultur und Festkalender | 334
- Archäologische Fundstätten | 339
- Geschichtlicher Überblick | 341
- Steckbrief Gran Canaria | 349

Land und Leute

◁ Aussichtspunkt in der Bergwelt des Südens

Was bietet die Insel?

„Afrikanische Sonne", „Insel des ewigen Frühlings", „ein Paradies für Strandläufer" – so oder ähnlich lauten die Werbesprüche der Reiseveranstalter: Eine Insel, auf der man das ganze Jahr über baden und am Strand liegen, sich erholen und faulenzen kann. An der Südküste darf man sich „wie zu Hause" fühlen, in vielen Bars und Restaurants spricht man deutsch. Dazu kommt das Versprechen von Flirt und Heiterkeit, Unterhaltung und Action rund um die Uhr. Wen stört es da, dass, wenn nicht gerade Krise ist, immer noch weitergebaut wird, Baufieber und Spekulation grassieren? Die Ferienmaschine rollt, neue Urlaubsorte schaffen Superlative. Bisher freilich bleiben diese auf den Süden und Südwesten der Insel begrenzt, wo die große Mehrzahl aller Gran-Canaria-Touristen ihren Urlaub verbringt.

Wer sich nur zwischen Flughafen und Costa Canaria bewegt, ahnt nicht, welche Fülle von Landschaftseindrücken die Insel bereithält. Nur wenige Kilometer jenseits der Touristensiedlungen beginnt das „andere", vielen Urlaubern unbekannte Gran Canaria. Wenig befahrene Straßen führen durch eine kontrastreiche Landschaft. Krater und tiefeingeschnittene Schluchten erinnern an den vulkanischen Ursprung der Insel: ein „versteinertes Gewitter aus Feuer und Lava" (so der spanische Schriftsteller *Unamuno*). Von den knapp 2000 m hohen Gipfeln im Zentralmassiv senkt sich eine Vielzahl tief eingeschnittener Kerbtäler zur Küste hinab, die miteinander verzahnt und dem Besucher oft nur schwer zugänglich sind. Knapp die Hälfte der Insel steht unter Naturschutz, der Inselwesten und Teile des Zentrums wurden im Jahr 2005 zum **UNESCO-Biosphärenreservat** erklärt.

Warmes Klima zu allen Jahreszeiten

Die Kanarischen Inseln liegen auf dem gleichen Breitengrad wie Florida und die Westsahara und kennen doch weder feuchtwarme Schwüle noch staubtrockene Wüstenhitze. Das privilegierte Klima ist der ozeanischen Lage zu verdanken: Der **Kanarenstrom** – so wird der auf Höhe der Azoren abdriftende Ausläufer des Golfstroms genannt – dämpft die subtropischen Temperaturen. Für Abkühlung sorgt auch der **Nordostpassat,** der im Spanischen *viento alisio* (elysischer Wind) genannt wird. Weht er (und das ist meist der Fall), kommt es im Nordosten der Insel häufig zu Wolkenbildung, während im Süden und Westen die Sonne scheint. Die Wolken werden auf einer Höhe von 500 bis 1000 m an die steilen Hänge gedrückt, wobei es zeitweise zu Niederschlägen kommt.

Temperaturen

Dank der atlantischen Meeresströmungen und des Nordostpassats ist es an den Küsten das ganze Jahr über **angenehm mild:** Im Winter bewegen sich die Ta-

Warmes Klima zu allen Jahreszeiten

Mittlere Tages- und Nachttemperaturen in °C

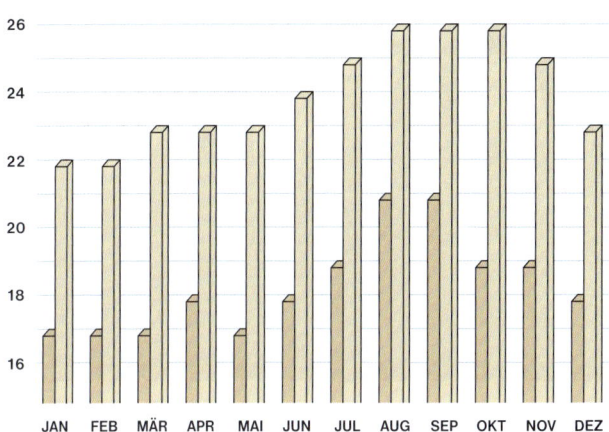

Regentage pro Monat

Wassertemperatur in °C

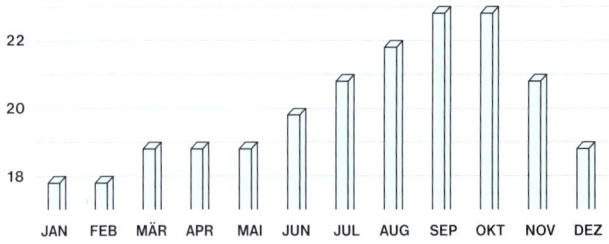

Die hier genannten Daten sind Durchschnittswerte, die sich auf die Costa Canaria und die Südwestküste beziehen. Die Temperaturen an der Nordküste und in Las Palmas sind etwa 2 °C niedriger, auch kann es dort hin und wieder regnen. Besonders oft regnet es in den nördlichen Mittelgebirgen – wer einen Ausflug in diese Region plant, sollte stets vorher einen Blick auf die Wetterkarte werfen!

gestemperaturen zwischen 18 und 24 °C, im Sommer zwischen 22 und 30 °C. Die Nachttemperaturen fallen kaum unter 15 °C. Baden kann man an jedem Tag des Jahres. Im Winter ist das Wasser zwischen 17 und 21 °C warm, im Sommer zwischen 21 und 24 °C.

Schnee auf der Insel?

Nicht umsonst heißt Gran Canarias höchster Berg „Schneegipfel" (Pico de las Nieves). Nahebei gibt es einen „Schneebrunnen", in dem noch im 19. Jh. Eis zum Kühlen gehortet wurde. Zwischen Januar und März kann es in Höhenlagen über 1200 m tatsächlich schneien! Sobald die ersten Bilder davon über das Fernsehen flimmern, springen die Kanarier in ihre Autos und fahren ins Inselzentrum, wo sie verzückt einen Schneemann bauen. Derweil schauen sommerlich gekleidete Touristen, die sich vom Süden ins Landesinnere verirrt haben, ungläubig aus ihren Mietautos ...

Reisezeit

Viele Urlauber fliehen in die Wärme, wenn es in Mitteleuropa ungemütlich wird. Doch auch im Sommer ist Gran Canaria eine Reise wert. Im Vergleich zum afrikanischen Festland wird es auf der Insel nie zu heiß – ausgenommen an jenen wenigen Tagen, da der Wind auf Südost schwenkt und von der Sahara herüberweht. Dann sprechen die Einheimischen von *scirocco* oder *calima,* einem drückenden Afrikawind, der feine Mineralsalzkörner mit sich führt und den Himmel grau färbt.

Mikroklimata

Das zentrale Gebirgsmassiv teilt die Insel in **zwei Klimazonen.** Auf der Nordhälfte ist es oft bewölkt, auf der warmen Südhälfte dagegen – insbesondere im Südwesten – scheint fast unentwegt die Sonne. Die Wolkenbildung im Norden entsteht durch den Nordostpassat, des-

Landschaftliche Vielfalt

sen Winde sich über dem Meer mit Feuchtigkeit anreichern. Erreichen sie die Nordküste Gran Canarias, werden sie an den 600–1700 Meter hohen Bergen gebremst. Die Luft steigt auf und kühlt ab, wobei sie als Kondensat Wolken ausbildet. Im Sommer kann es geschehen, dass sich die Wolkendecke tagelang über die Nordhälfte legt; an solchen Tagen klagen die Bewohner über die *panza del burro,* einen Himmel „so grau wie der Bauch eines Esels".

◁ „Die Regierung verkauft das Klima" – Protest gegen die globale Erwärmung am Canteras-Strand
△ Almen im Norden

Gran Canaria bietet auf wenig Raum eine erstaunliche Landschaftsvielfalt, weshalb sie gern als **„Miniaturkontinent"** bezeichnet wird. Im Zentrum erhebt sich eine bizarre Gebirgslandschaft mit verwitterten Vulkanruinen und kahlen Hängen, Kiefernhainen und Stauseen. Vom Cumbre, einem bis zu 2000 m aufragenden Gebirgszug, senken sich strahlenförmig mehr als 20 Täler und Schluchten zu den Küsten hinab. Im Norden gedeiht üppige Vegetation, die hügelige Berglandschaft mit saftigen Weiden mutet mitteleuropäisch an. An der Westküste fallen zerklüftete Felswände abrupt ins Meer; die sich landeinwärts ziehenden Schluchten erinnern an den Grand Canyon. Der Süden ist eher karg: Die Küsten sind von weit ausladenden, feinsandigen Badebuchten gesäumt,

die bei Maspalomas in eine wüstenartige Dünenlandschaft übergehen.

Attraktive Strände und Küsten

Auf Gran Canaria kann man das ganze Jahr über baden und Wassersport treiben. Die Küste erstreckt sich über 236 km, davon sind **32 km Sand- und 24 km Kiesstrand.** Die beliebtesten Sandstrände befinden sich im Süden, wo die Küste am flachsten ist und die Sonne am häufigsten scheint. Sie sind feinsandig und hell, erstrecken sich auf 6 km Länge von Playa del Inglés bis Maspalomas. Die angrenzenden **Dünen** stehen unter Naturschutz und können auf ausgewiesenen Wegen zu Fuß durchquert werden. Auch wer die Touristenstädte des Südens nicht mag – die Dünen sollte sich kein Gran-Canaria-Urlauber entgehen lassen!

In diesem Buch werden alle wichtigen Strände bei der jeweiligen Ortsbeschreibung vorgestellt: so die mit Karibiksand aufgeschütteten Badebuchten im Südwesten (Anfi/Amadores), die oft nur zu Fuß erreichbaren Strände an der Steilküste des Westens (z.B. „Güi-Güi"), die Surf- und Taucherstrände im Osten und natürlich der großartige Stadtstrand von Las Palmas („Las Canteras").

⌃ Wellenstaffel

Naturreichtum

Auch auf Gran Canaria spürt man den **Wechsel der Jahreszeiten:** Der Frühling ist farbenprächtig und blütenreich, im Sommer dominieren Ocker- und Brauntöne. Im Oktober geht es in den mittleren Höhenlagen herbstlich zu: Äpfel, Feigen und Esskastanien werden reif, danach verfärben sich die Blätter der Bäume. Der erste Winterregen belebt die Vegetation und bald darauf sind Berghänge und Täler von einem grünen Flaum bedeckt.

Flora

Die Flora der Kanarischen Inseln ist einzigartig. Über 500 Pflanzenarten wachsen nur hier und nirgendwo sonst auf der Welt. Viele von ihnen gab es im ausgehenden Tertiär auch rund ums Mittelmeer, doch während sie dort infolge der Eiszeit ausstarben, vermochten sie auf dem Archipel dank warmer Meeresströmungen zu überleben.

Dickblattgewächse sieht man vor allem im Süden. Die bis zu 2 m große **Kandelaberwolfsmilch** (Euphorbia canariensis) erinnert mit ihren dornigen Armen an mexikanische Riesenkakteen. Der kleinere **Feigenkaktus** (Opuntia ficus) wurde Mitte des 19. Jahrhunderts gepflanzt. Auf seinen fächergroßen Blättern züchtete man Schildläuse, die in getrocknetem Zustand zermahlen und zur Herstellung eines karminroten Farbstoffs für Lippenstifte verwendet wurden. Das Fleisch der stacheligen Kaktusfrüchte genießt man heute als süße Delikatesse. Gleichfalls für den Süden typisch sind die elegante **Kanarische Palme** (Phoenix canariensis) und der bizarre **Drachenbaum** (Dracaena draco). Beide findet man z.B. in den fruchtbaren Oasen des Tirajana-Kessels.

Im feuchten, dem Nordostpassat ausgesetzten Inselnorden ändert sich das Bild. **Lorbeer- und Kiefernbäume** (Laurus canariensis, Pinus canariensis), rosettenförmige Steinblumen (Aeonium) und Myrthengewächse, **Wacholder- und Ölbäume** (Juniperus cedrus) bilden eine durchgängig grüne Vegetationsdecke. In den Gärten wachsen **Orangen** und **Zitronen, Pflaumen, Äpfel** und **Feigen, Avocados** und **Papayas,** es blühen Hibiskus, Bougainvilleen und Papageien-

Botanische Gärten

Ein lebendiges Museum kanarischer Flora ist der weitläufige **Jardín Canario** bei Tafira (siehe dort) – fast alle Pflanzen des Archipels sind hier vereint – vom majestätischen Drachenbaum bis zum filigranen Dornlattich. Nicht ganz so spannend, aber auch sehenswert sind **Cactualdea** bei La Aldea de San Nicolás, der **Huerto de las Flores** in Agaete, der **Jardín de la Marquesa** bei Arucas und der **Parque Agrícola** in Santa Brígida (weitere Infos in den Ortskapiteln). Einige Hotelanlagen sind so üppig bepflanzt, dass sie gleichfalls zur botanischen Exkursion einladen. Zu den schönsten zählen die Gärten von Cordial Mogán Playa (siehe Puerto de Mogán) und Costa Meloneras (siehe Meloneras). Wie der Name andeutet, ist das Hotel Palm Beach (siehe Maspalomas) in eine Palmenoase integriert. Gleiches gilt für das Landhotel Molino de Fataga (siehe Fataga).

Naturreichtum

blumen. Nahe Arucas und Guía finden sich noch **Bananenplantagen,** im Tal von Agaete gedeihen **Kaffee** und **Tabak.**

Fauna

Wanderer dürfen sich freuen: Nirgendwo stoßen sie auf giftige Schlangen und Skorpione, wohl aber auf die hübschen **Geckos** und **Skinks,** die sich zwischen Steinen am Wegesrand sonnen, und manchmal auch auf größere, wenngleich harmlose Eidechsen, die mit der ausgestorbenen afrikanischen Rieseneidechse verwandt sind.

Wer in freier Natur nach dem gelbgefiederten, trillernden **Kanarienvogel** Ausschau hält, wird jedoch enttäuscht: Nur in Käfigen kann man ihn finden. Der sog. Kanarienvogel ist eine deutsche Züchtung und mit dem kanarischen, eher unauffälligen *Serinus canaria* nur entfernt verwandt.

Außer Wandervögeln, die auf Gran Canaria überwintern, finden sich zahlreiche europäisch-mediterrane sowie afrikanisch-saharische Vogelarten. Besonders häufig sind **Kolkraben, Falken** und **Maurenvögel,** an der Küste auch **Seidenreiher.** Hübsch ist der *Pico picapinos* anzuschauen, der an roter Haube und rotem Bauch leicht zu erkennen ist, gern an der Rinde von Kiefernbäumen pickt und das Gebiet um den Stausee Chira bevorzugt.

Die kanarische Kiefer – ein Feuerspezialist

Im Sommer 2007 wurden beim bisher größten Brand in der Geschichte der Insel zahlreiche Kiefern zerstört. Ein Forstarbeiter, der entlassen werden sollte, hatte nahe Ayacata das Feuer gelegt … Bei großer Hitze und starkem Wind raste das Feuer westwärts über die Insel und verwüstete die Naturschutzgebiete Inagua-Pajonales bis hinab zum Bergmassiv von Veneguera, Tauro und Los Palmitos. Insgesamt verbrannten mehr als 11.000 Hektar. Doch das Unglaubliche geschah: Schon wenige Monate später schlugen 90 % der verkohlten Kiefern grüne Triebe aus, womit einmal mehr bewiesen war, dass die kanarische Kiefer *(Pinus canariensis)* ein „Feuerspezialist" ist. In Millionen von Jahren hat sie sich an die vulkanische Umgebung angepasst und eine bis zu 15 cm dicke Borke ausgebildet, die den „Lebensnerv" des Baums schützt. Selbst den zu Asche verwandelten Nadelteppich vermag sie zu nutzen: Die freigesetzten mineralreichen Nährstoffe lassen sie noch schneller wachsen!

◁ Natternköpfe
strecken ihr Haupt wie Schlangen –
auf den Kanaren wachsen 23 verschiedene Arten

Kultur und Festkalender

Modernes kulturelles Leben spielt sich vor allem in **Las Palmas** ab. Dort gibt es nicht nur die bedeutendsten Museen, sondern auch Kunstausstellungen und Konzerte, Filme und Theater, Oper und Ballett. In jüngster Zeit beginnt sich freilich auch an der früher kulturarmen **Costa Canaria** etwas zu regen. Im Kongresszentrum in Meloneras finden Konzerte und Shows statt, beim Kulturverein in Playa del Inglés können Karten bestellt werden.

Feste und Folklore

Jeder Ort und jeder Berufsstand hat seinen eigenen (männlichen oder auch weiblichen) Schutzheiligen. Ihm zu Ehren finden Feste statt, die sich über eine ganze Woche oder noch länger erstrecken. Der Veranstaltungsreigen schließt alles ein, was den Bewohnern Spaß macht: Sport, Spektakel und Tanz. Im Mittelpunkt jeder Fiesta steht die *romería* (Prozession): Ein langer Zug von Menschen folgt der Heiligenfigur und zieht zu archaischer Musik durch die Straßen. Auf die Prozession folgt das Vergnügen. Grillbuden werden aufgebaut, man brutzelt Fisch oder Fleisch. Dazu erklingt Folklore, die von lateinamerikanischer Rhythmik bestimmt, oft auch balladenartig ist. Zu den populärsten Ensembles gehören **Los Gofiones** und **Mestisay,** ihre Gesänge erzählen von Liebe, Emigration und Tod. Spätestens ab Mitternacht gehört der Dorfplatz der Jugend, die zu Salsa und Merengue tanzt.

Inselfeste und Events

In der folgenden Übersicht werden nur die wichtigsten Fiestas vorgestellt. Feste der Schutzheiligen werden von den Gemeinden oft auf das folgende Wochenende verlegt, um den auf den Nachbarinseln lebenden „Exilanten" die Teilnahme zu ermöglichen. Eine Liste mit den genauen Daten für das laufende Jahr bekommt man beim Tourismusamt von Las Palmas.

Wann ist was los?

Über anstehende Events informieren die deutschsprachigen Zeitschrift VIVA und Olé (alle zwei Wochen) sowie die kanarischen Tageszeitungen auf ihren Kulturseiten. Im Internet finden man Tipps auf folgenden Seiten (meist auf Spanisch):

- www.grancanariacultura.com
- www.gobiernodecanarias.org/cultura
- www.ociolaspalmas.com

> Karneval: zwei Wochen Ausnahmezustand

Kultur und Festkalender

■ **5./6. Januar:** *Cabalgata de los Reyes Magos.* Am Vorabend des 6. Januar heißt man in Las Palmas die Heiligen Drei Könige mit einem Umzug *(cabalgata)* willkommen. Kleinere Umzüge gibt es z.B. auch in Gáldar, Agüimes und Telde. Am nächsten Tag feiert man **Weihnachten:** Auf den Straßen zeigen Kinder stolz ihre Geschenke.

■ **Januar–Februar:** *Festival de Música de Canarias.* Um den 8. Januar beginnt das vierwöchige **Festival klassischer Musik** in Las Palmas. Infos: www.festivaldecanarias.com.

■ **2. Februar:** *Fiesta de Nuestra Señora de la Candelaria.* Mehrtägiges Fest zu Ehren der Schutzheiligen in Ingenio.

■ **Februar:** *Fiesta del Almendro en Flor.* In der Regel wird am ersten Wochenende des Monats in Tejeda, eine Woche später auch in Valsequillo die **Mandelblüte** gefeiert.

■ **Februar–März:** *Fiesta de Carnaval.* **Karneval** wird vor allem in Las Palmas zelebriert – ein zweiwöchiger Ausnahmezustand mit Maskenbällen und durchtanzten Salsa-Nächten, bunten Umzügen, Body-Painting-Shows und kostümierter Hunde-Parade. Noch größeren Zulauf als zur „Karnevalskönigin" hat die Wahl der Drag Queen, zu der schrill kostümierte Transvestiten auf Plateau-Sohlen antreten. Mit der „Verbrennung der Sardine" gehen die Feiern zu Ende, Faschingsdienstag ist arbeitsfrei. Von der Hauptstadt zieht der Karneval in andere Inselorte weiter, u.a. nach Playa del Inglés und Gáldar. Infos: www.lpacarnaval.com.

■ **Februar–April:** *Festival de Ópera.* Beim **Opernfestival** von Las Palmas werden im Abstand von 2 bis 3 Wochen vier Opern in Starbesetzung aufgeführt. Infos: www.operalaspalmas.org.

■ **März–April:** *Semana Santa.* Festliche Veranstaltungen mit prachtvollen Prozessionen finden zu **Ostern** vor allem in Las Palmas statt. Interessant sind auch die Passionsspiele in Santa Lucía am Karfreitag, die „Verbrennung des Judas" in Teror und In-

Kultur und Festkalender

genio. Offizielle Feiertage sind Karfreitag *(Viernes Santo)* und Ostersonntag *(Domingo de Pascua)*, nicht aber der Ostermontag.

■ **April/Mai:** *Fiesta del queso en flor.* Am letzten Sonntag im April und am ersten Sonntag im Mai feiert man in Guía bzw. Montaña Alta das **Käsefest.**

■ **1. Mai:** *Día del Trabajo.* Am Tag der Arbeit bleiben alle Geschäfte geschlossen. Fällt er auf einen Sonntag, wird er auf Montag verlegt.

■ **30. Mai:** *Día de Canarias.* Am kanarischen Feiertag wird vielerorts die Regionalflagge gehisst, es gibt Konzerte und folkloristische Darbietungen. Viele Menschen verbringen den Tag am Strand und in den Bergen.

■ **Mai/Juni:** *Fiestas de Corpus Christi.* Am 2. Sonntag nach Pfingsten wird **Fronleichnam** farbenprächtig in Szene gesetzt: Häuserfassaden werden mit Fahnen und Girlanden geschmückt, Plätze und Straßen mit Teppichen aus Blütenblättern ausgelegt. Besuchen Sie an diesem Tag die Kathedrale Santa Ana in Las Palmas oder die Kirchen von Arucas und Teror!

■ **13. Juni:** *Fiesta de San Antonio de Padua.* Der hl. Antonius wird in Mogán und Santa Brígida geehrt. Viehmarkt und Pferderennen stehen im Mittelpunkt der mehrtägigen Feierlichkeiten.

■ **24. Juni:** *Fiesta de San Juan.* Am Tag des hl. Johannes wird die Gründung von Las Palmas gefeiert. Vor und nach diesem Tag treten dort bekannte Pop- und Folkloregruppen auf. Weitere Patronatsfeste finden in Telde und Arucas statt. Am Vorabend werden an vielen Inselstränden die Johannisfeuer entzündet.

■ **29. Juni:** *Fiesta Rama Chica.* Die Bewohner von San Pedro inszenieren eine Variante der berühmten *Bajada de la Rama,* die fünf Wochen später in Agaete gefeiert wird.

■ **Ende Juni:** *Fiesta del Albaricoque.* In Fataga feiert man die Aprikosenernte mit einer Prozession, viel Tanz und Musik.

■ **Juli:** *Festival de Jazz.* Zu Beginn des Monats kommen für eine Woche europäische und amerikanische Musiker nach Las Palmas. Infos: www.canariasjazz.com.

■ **16. Juli:** *Fiesta de Nuestra Señora del Carmen.* Carmen ist die Schutzheilige der Fischer und bewahrt sie vor dem Untergang. Die schönste Bootsprozession zu ihren Ehren führt von Arguineguín nach Puerto de Mogán.

■ **25. Juli:** *Fiesta de Santiago.* In Gáldar und San Bartolomé finden Umzüge und Märkte zu Ehren des Apostels Jakobus (Santiago, el Chico) statt.

■ **4./5. August:** *Bajada de la Rama.* Die Bewohner des Agaete-Tals feiern das volkstümlich-religiöse „Fest des Zweiges".

◁ Riesen-Maskottchen auf der Promenade
▷ Marokko ist nah

■ **15. August:** *Fiesta de la Asunción de la Virgen.* Das Himmelfahrtsfest ist in ganz Spanien ein Feiertag.

■ **2. Augusthälfte:** *Fiesta de la Virgen de la Cuevita.* Prozession zu Ehren der Höhlenjungfrau in Artenara.

■ **24. August:** *Fiesta de San Bartolomé.* Der Schutzheilige von San Bartolomé wird geehrt.

■ **8. September:** *Fiesta de la Virgen del Pino.* Feiertag auf Gran Canaria: Zehntausende Kanarier pilgern nach Teror, wo sie der Schutzpatronin des Archipels, der „Jungfrau des Kiefernbaums", Ehre erweisen.

■ **10./11. September:** *Fiesta del Charco.* Schlammfest in einem „Tümpel" am Strand von La Aldea de San Nicolás.

■ **Mitte September:** *Fiesta de las Marías.* Großes Marienfest in Santa María de Guía.

■ **28. September:** *La Fiesta del Perro Maldito.* Valsequillo feiert die Freilassung und das Einfangen des verwunschenen Hundes *(perro maldito)*.

■ **Ende September:** *Traída del Agua y del Gofio.* Fest am letzten Samstag des Monats zu Ehren von Nuestra Señora del Rosario in Agüimes. Dabei erinnert man an eine alte landwirtschaftliche Tradition und bringt den *gofio,* eine der wichtigsten Zutaten der kanarischen Gastronomie, zur Mühle.

■ **Anfang Oktober:** *Fiesta de la Virgen del Rosario.* Zweiwöchiges Volksfest zu Ehren der Rosenkranz-Madonna in Agüimes.

■ **6. Oktober:** *Fiesta de la Naval.* Seefahrtsfest in Las Palmas im Gedenken an den Sieg über die Flottenverbände von Sir *Francis Drake.*

■ **12. Oktober:** *Día de la Hispanidad.* Der spanische **Nationalfeiertag** ruft auf den Kanaren gemischte Gefühle hervor. Man gedenkt der Eroberung der Neuen Welt und preist spanische Sprache und Kultur als zivilisationsbringende Kraft.

■ **Mitte Oktober:** *Fiesta de la Virgen de la Luz.* Die „Jungfrau des Lichts" wird mit einer Prozession in Las Palmas geehrt.

Kultur und Festkalender

Feiertage

Fast alle Geschäfte bleiben an diesen Tagen geschlossen.

- **1. Januar:** *Año Nuevo*
- **6. Januar:** *Los Reyes Magos*
- **Faschingsdienstag** *(Carnaval)*
- **Karfreitag** *(Viernes Santo)*
- **Ostersonntag** *(Domingo de Pascua)*
- **1. Mai:** *Día del Trabajo*
- **Fronleichnam** *(Corpus Cristi)*
- **30. Mai:** *Día de Canarias*
- **15. August:** *Asunción de la Virgen*
- **8. September:** *Virgen del Pino*
- **12. Oktober:** *Día de la Hispanidad*
- **1. November:** *Todos los Santos*
- **6. Dezember:** *Día de la Constitución Española*
- **8. Dezember:** *N.S. de la Inmaculada Concepción*
- **25. Dezember:** *Navidad*

- **Ende Oktober:** *Masdanza*. Zum Festival für zeitgenössischen Tanz kommen junge Ensembles aus aller Welt nach Playa del Inglés. Infos: www.masdanza.com.
- **1. November:** *Todos los Santos*. Außer Blumenläden bleiben zu **Allerheiligen** alle Geschäfte geschlossen. Man pilgert zu den Gräbern der Vorfahren, legt Kränze nieder und entzündet Kerzen. In den Medianías, den Orten auf „mittlerer Höhe" (Santa Brígida u.a.), feiert man am Vorabend die *Fiesta de los Finaos,* das „Totenfest"; dazu werden Kastanien gegrillt und Nüsse verzehrt.
- **17. November:** *Fiesta de San Gregorio*. Zweiwöchiges Volksfest im Stadtteil San Gregorio von Telde.
- **2. Novemberhälfte:** *Atlantic Rallye for Cruisers (ARC)*. Am vorletzten Sonntag starten Segelprofis aus aller Welt von Las Palmas nach Bahía Rodney auf der Karibikinsel St. Lucia. Die zurückzulegende Strecke beträgt 2700 Seemeilen. Am Abend vor dem Start findet im Jachthafen von Las Palmas ein großes Abschiedsfest statt. Es beginnt mit Grill, Folklore und Tanz und endet um Mitternacht mit einem Feuerwerk.
- **6. Dezember:** *Día de la Constitución Española*. Der Tag der spanischen Verfassung ist mit dem gleichfalls arbeitsfreien 8. Dezember ein guter Vorwand für die längste *puente* (Brücke) des Jahres: Viele Canarios schaffen es, gleich mehrere Tage der Arbeit fernzubleiben und auf Reisen zu gehen.
- **8. Dezember:** *Fiesta de Nuestra Señora de la Inmaculada Concepción*. Mariä Empfängnis – ein offizieller Feiertag.
- **2. Sonntag im Dezember:** *Fiesta de Santa Lucía*. Das Fest der schwedischen Lichterkönigin wird vor allem in Santa Lucía gefeiert, wo eigens eine „Königin" aus Schweden eingeflogen wird. In einem langen weißen Kleid – mit einer Lichtkrone auf dem Haupt – durchschreitet sie die Stadt, in ihrem Gefolge Jungen und Mädchen, weiß gekleidet wie ihr strahlendes Vorbild. Eine Woche später, am dritten Sonntag des Monats findet in Santa Lucía das Fest der Landarbeiter statt.
- **Mitte Dezember:** *Fiesta de la Belén*. Während der Weihnachtswochen (bis zum 6. Januar) werden vielerorts Krippenlandschaften errichtet. Man sieht Frauen und Männer in kanarischer Tracht, Fischer, Bauern und Winzer, Kamele, Schafe und Ziegen – alles en miniature. Originell ist die aus Sand errichtete Riesenkrippe am Nordende des Canteras-Strandes von Las Palmas.
- **24./25. Dezember:** *Fiesta de la Navidad*. **Weihnachten** auf Gran Canaria: Am Heiligabend trifft sich die Familie zum Festmahl, lässt sich einen deftigen Hühnertopf und vielleicht einem gebratenes Zicklein schmecken, um anschließend zur Mitternachtsmesse zu gehen. Der 25.12. ist Feiertag – noch einmal treffen sich die Familien zum Festschmaus.
- **31. Dezember:** *Año Nuevo*. Viele Gemeinden verabschieden sich vom abgelaufenen Jahr mit einem großen Feuerwerk. Bewohner kommen auf ih-

rem Dorfplatz zusammen, vernaschen zu jedem Glockenschlag eine Weintraube und trinken Sekt. In Las Palmas findet das Feuerwerk meist an der Promenade des Canteras-Strandes statt. Der 1. Januar (Año Nuevo) ist ein Feiertag.

Archäologische Fundstätten

Über die Ureinwohner weiß man wenig: Noch immer rätseln Wissenschaftler darüber, wann genau die Bewohner von Nordwestafrika auf die Inseln übersetzten, warum man keine Boote von ihnen fand und warum sie offensichtlich keinen Kontakt zu den Nachbarinseln unterhielten.

Als die spanischen Konquistadoren 1478 auf Gran Canaria landeten, war die Insel in zwei Hoheitsgebiete unterteilt: im Westen (Gáldar) herrschte **Tenesor Semidán**, im Osten (Telde) **Doramas**. Es lebten hier ca. 30.000 Menschen berberischer Herkunft, die sich *Canarii* nannten. Erst nach fünf blutigen Jahren gelang es den spanischen Truppen, den Widerstand der Bewohner zu brechen. Danach wurden viele überlebende Altkanarier zu Sklaven herabgewürdigt, ihre Kultur ausgelöscht. Im alltäglichen Sprachgebrauch blieben nur einige Ortsnamen wie Artenara, Tirajana, Tejeda und Güi Güi erhalten.

Die Altkanarier hatten ein Gespür für geheimnisvolle Orte. Das begreift man, wenn man einige der in diesem Buch vorgestellten archäologischen Fundstätten aufsucht. Herrschaftliche Versammlungsplätze gaben den Blick frei auf zerklüftete Küsten und das Meer. Kollektive Getreidespeicher wurden in versteckten **Höhlen** eingerichtet, Opferstätten auf kahlen Berggipfeln platziert – hier war man dem regenspendenden Gott am nächsten. Bis zum heutigen Tag finden sich im Vulkangestein natürliche Höhlen, die die Altkanarier als Wohnstätte nutzten. Wo die geologische Struktur Höhlenbehausungen nicht zuließ, bauten sie Steinhäuser, die zu kreis- oder ovalförmigen Siedlungen angeordnet waren.

Cenobio Valerón – Getreidespeicher im Höhlenlabyrinth

Archäologische Fundstätten

Besonders sehenswert: Fundstätten mit Stern (*)

1 **Cueva Pintada***, mit geometrischen Mustern bemalte Höhle
2 **Nekropole La Guancha,** Reste einer Totenstadt
3 **Maipéz,** Beerdigungsstätte
4 **Cenobio de Valerón***, weitverzweigtes Höhlensystem in imposanter Lage
5 **Museo Canario***, Kultur der Altkanarier
6 **Roque Bentayga***, Kultstätte
7 **Cuatro Puertas,** Höhlenanlage mit Kultplatz
8 **Museo de Sitio de Guayadeque***, archäologische und naturkundliche Ausstellung
9 **Museo Castillo de la Fortaleza,** privates Ethnomuseum
10 **Fortaleza Grande***, Schauplatz des „letzten Gefechts"
11 **Arteara***, Nekropole
12 **Mundo Aborigen,** rekonstruiertes altkanarisches Dorf

Eine sehr gute Einführung in die untergegangene Welt der Altkanarier bietet das **Museo Canario** in Las Palmas. Hier befindet sich die größte Sammlung altkanarischer Mumien und Tongegenstände des gesamten Archipels. Einen Besuch lohnt auch die **Cueva Pintada** in Gáldar, eine rekonstruierte Siedlung mit der namensgebenden „Bemalten Höhle" *(cueva pintada)*. Bei Guía, wenige Kilometer entfernt, befindet sich das Höhlenlabyrinth **Cenobio de Valerón**. Nekropolen der Ureinwohner finden sich bei **Agaete** und **Arteara**. Eine beliebte Wanderung führt zum **Roque Nublo**, einer bizarren Felsformation, an der die Altkanarier ihrem Gott *Alcorán* huldigten. Am Eingang zum **Barranco de Guayadeque** schuf man ein informatives Museum, am **Roque Bentayga** ein kleines Info-Zentrum.

Geschichtlicher Überblick

Ab 2000 v. Chr.

In mehreren aufeinanderfolgenden Schüben werden die Kanarischen Inseln besiedelt. Da die Bewohner jedoch keinen Kontakt zur übrigen Welt haben und schriftliche Zeugnisse aus jener Zeit fehlen, ist über die Frühgeschichte der Altkanarier nur wenig bekannt. Auf Felsen eingeritzte altlybische Zeichen lassen den Schluss zu, dass die Urbewohner berberischer Herkunft waren und mit Booten von der Küste Nordwestafrikas auf den Archipel gelangten.

Ab 1100 v. Chr.

Seefahrer aus dem Volk der Phönizier und Karthager erkunden den Ostatlantik und laufen dabei die afrikanische Küste, möglicherweise auch die östlichen Kanarischen Inseln an.

Um 800 v. Chr.

Die antiken Schriftsteller *Homer* und *Hesiod* berichten von paradiesischen Inseln jenseits der Straße von Gibraltar.

25 v. Chr.

Der römische Vasall König *Juba II.* von Mauretanien entsendet Schiffe zum Archipel. Diese Expedition wird vom Historiker *Plinius d. Ä.* (23–79 n. Chr.) kolportiert. In seiner „Naturgeschichte" beschreibt er die Insulae Fortunatae und versieht sie mit Namen. Dabei ist auch von einer *Insula Canaria* die Rede.

2. Jh. n. Chr.

Der Geograf *Ptolemäus* erstellt eine Weltkarte, auf der die *Insula Canaria* erstmals eingezeichnet ist. El Hierro markiert die Westgrenze der damaligen Welt, durch sie wird der Nullmeridian gezogen.

4. Jh. n. Chr.

Mit dem Zerfall des Römischen Reiches geraten die Kanarischen Inseln in Europa in Vergessenheit.

Geschichtlicher Überblick

999

Im 7. Jahrhundert erobern die **Araber** den nordafrikanischen Raum. Dem Araber *Ben Farroukh* gelingt im Jahr 999 die Wiederentdeckung der Kanarischen Inseln, doch verknüpfen sich damit keine Eroberungsabsichten.

1336

Lanzarotto Malocello, ein Genuese in portugiesischen Diensten, landet auf der später nach ihm benannten Insel Lanzarote, die 1339 auf der Landkarte des Mallorquiners *Angelino Dulcert* offiziell markiert wird.

1341

Eine weitere portugiesische Expedition, angeführt von *Angiolino del Tegghia*, startet zum Archipel und nimmt Altkanarier als Sklaven an Bord.

1344

Auch **Papst Clemens VI.** meldet Besitzansprüche an. Er erklärt den Archipel zum Fürstentum Fortunie und vergibt es als Lehen an seinen Günstling, den französischen Adligen *Luis de la Cerda*.

1351

Eine mallorquinische Expedition, die aus Kaufleuten und Missionaren besteht, erreicht Gran Canaria. Auf dem Programm steht die **Christianisierung** der Altkanarier. Der Ort Telde, Hauptstadt eines der beiden „Königreiche" auf Gran Canaria, wird zum Bistum deklariert.

1377

Bei der ersten kastilischen Erkundungsfahrt werden 170 Altkanarier geraubt und als **Sklaven** auf dem Markt von Sevilla verkauft. Etwa zur gleichen Zeit werden erstmalig Missionare auf Gran Canaria getötet. Man sah in ihnen Verbündete der christlichen Sklavenjäger, brachte sie auch in Verbindung mit bisher auf dem Archipel unbekannten Krankheiten: Diesen, so berichtet der Chronist *Torriani,* fielen drei Viertel der Bevölkerung zum Opfer.

1402–05

Jean de Béthencourt, normannischer Adliger in kastilischen Diensten, erobert gemeinsam mit dem Edelmann *Gadifer de la Salle* die Insel Lanzarote und darf sich daraufhin mit dem Titel „König der Kanarischen Inseln" schmücken. Die Eroberung wird auf Fuerteventura und El Hierro ausgedehnt, doch scheitert der Versuch, auch Gran Canaria einzunehmen. *Béthencourt* kehrt nach Spanien zurück und überlässt die Verwaltung der Inseln seinem Neffen.

1424

Gran Canaria lässt sich nicht erobern: Auch ein Versuch der Seemacht Portugal, die Insel mit 2500 Mann einzunehmen, schlägt fehl.

Geschichtlicher Überblick

1474

Die Heirat von **Isabella von Kastilien** und **Ferdinand von Aragón** markiert eine wichtige Etappe bei der Herausbildung des spanischen Staates: Die vormals um die iberische Vormachtstellung konkurrierenden Königreiche Kastilien und Aragón vereinigen sich.

1478

Die spanische Krone entsendet den Militärführer **Juan Rejón** nach Gran Canaria, um die Insel zu unterwerfen. Die Truppen landen am 29. April in Las Palmas und stoßen auf erbitterten Widerstand.

1479

Mit päpstlicher Billigung wird im **Vertrag von Alcâcovas** der Kanarische Archipel **endgültig Spanien zugesprochen**. Im Gegenzug erhält Portugal Westafrika und alle sonstigen atlantischen Inseln.

1481–83

Der **Widerstand der Altkanarier wird gebrochen. Tenesor Semidán**, Herrscher über das Königreich von Gáldar, wird 1481 gefangen genommen, **Doramas**, Machthaber im Hoheitsgebiet von Telde, fällt in einer Schlacht bei Arucas zwei Jahre später.

1483

Mit der **Kapitulation** vom 29. April wird Gran Canaria dem entstehenden spanischen Imperium angegliedert. Die Sieger setzen die vorgefundene wirtschaftliche und politische Ordnung außer Kraft und etablieren an ihrer Stelle das spanische Herrschaftsmodell.

Von den ursprünglich 20.000 Inselbewohnern haben nur 1200 die Conquista überlebt; sie werden nun als billige Arbeitskraft auf den neu entstehenden **Zuckerplantagen** eingesetzt.

1492

Auf seiner ersten Fahrt in die Neue Welt läuft **Kolumbus** in der letzten Augustwoche Gran Canaria an. Weitere Besuche folgen in den Jahren 1493, 1498 und 1502.

Die Insel wird aufgrund ihrer privilegierten geostrategischen Lage ein „Herzstück imperialer Kommunikation" zwischen Europa, Afrika und Amerika. Gran Canaria dient fortan spanischen Flotten als maritime Versorgungsstation und Stützpunkt im afrikanischen Sklavenhandel.

1526

Auf Gran Canaria wird erstmalig die **Inquisition** aktiv und lässt sechs Personen auf dem Scheiterhaufen verbrennen, darunter zum Christentum konvertierte Juden und Moslems.

Ab 1595

Englische Korsaren versuchen, die spanische Flotte im Atlantik abzufangen, um an das amerikanische Silber und Gold zu gelangen: *Hawkins* und *Drake* attackieren Gran Canaria, werden jedoch zurückgeschlagen. Eine holländische Armada unter Führung von *van der Does* besetzt 1599 Las Palmas, kann erst bei Santa Brígida gestoppt und zum Rückzug von der Insel gezwungen werden.

17./18. Jh.

Das wirtschaftliche Machtzentrum verschiebt sich von der Iberischen Halbinsel in den Nordseeraum. England und Holland, bald auch Frankreich dominieren den internationalen Handel. Gran Canaria verliert geostrategisch und wirtschaftspolitisch an Bedeutung, der Weinanbau ist nicht so erfolgreich wie auf Teneriffa. Immer mehr Kanarier sehen sich zur **Emigration** nach Mittel- und Südamerika gezwungen.

1822

Las Palmas de Gran Canaria hat soviel Einfluss eingebüßt, dass es als Hauptstadt des Archipels von Santa Cruz de Tenerife abgelöst wird.

1852–1881

Die spanische Krone gewährt den kanarischen Häfen den Freihandelsstatus, unter Anleitung des Ingenieurs *Juan León y Castillo* wird der **Bau des Hafens** von Las Palmas *(Puerto de la Luz)* verwirklicht. Damit wird Gran Canaria attraktiv für den internationalen Handelsverkehr.

Ab 1884

Der **britische Einfluss** erreicht auf Gran Canaria seinen Höhepunkt: Im Hafen von Las Palmas prangt eine große Tafel mit der Aufschrift CANARY ISLANDS. Es werden Kohledepots, Wasser- und Elektrizitätswerke errichtet, britische Gesellschaften starten den Anbau neuer Exportgüter, insbesondere Bananen.

Großbritannien sieht im Hafen von Las Palmas einen idealen Stützpunkt auf dem Weg in seine westafrikanischen Kolonien. Doch auch andere europäische Staaten, insbesondere das Deutsche Reich, entdecken die geostrategischen Vorzüge des Archipels und beginnen sich für die Inseln zu interessieren.

1898

Als sich Kuba, Puerto Rico und die Philippinen von der spanischen Herrschaft befreien, wird Gran Canaria zur **militärischen Festung** ausgebaut. In Madrid befürchtet man ein Erstarken auch der kanarischen Unabhängigkeitsbewegung. Die USA erwägen eine Invasion des Archipels, im gleichen Jahr werden Angebote der Regierungen Großbritanniens, Frankreichs, Belgiens und Deutschlands, Gran Canaria zu kaufen, in Madrid abschlägig beschieden.

▷ Nicht nur Engländer, auch Deutsche zeigten um 1900 Präsenz

1898–1914

Großbritannien bleibt auf dem Archipel wirtschaftlich führend und wehrt **Versuche Deutschlands, sich gleichfalls zu etablieren,** ab. Dennoch gelingt es der deutschen Marine 1911, Kriegsschiffe im Hafen von Las Palmas zu stationieren und von hier aus die marokkanische Städte Agadir und Mogador zu besetzen.

1914–1918

Der U-Boot-Krieg im Ostatlantik führt zu einer totalen **Isolation der Insel** von der Außenwelt. Der britische Konsul notiert: „In der neutralen Welt gab es wohl nur wenige Häfen, die vom Krieg so sehr betroffen waren wie diese Inseln."

Ab 1918

Der wirtschaftliche Einfluss der Briten geht zurück, Bananen werden billiger aus den Kolonien in Mittelamerika bezogen. Die spanische Regierung bemüht sich um **Reintegration der „vergessenen Inseln",** investiert in den Bau von Straßen, Stauseen und den Bau eines Flughafens.

1927

Die Kanarischen Inseln werden in zwei Provinzen aufgeteilt: **Las Palmas wird Hauptstadt aller östlichen Inseln** (Gran Canaria, Fuerteventura, Lanzarote), Santa Cruz de Tenerife die der westlichen Inseln (Teneriffa, La Palma, Gomera, El Hierro).

1930

Im Osten Gran Canarias wird der **Flughafen von Gando** eingeweiht.

1936

Am 18. Juli gibt der nach Teneriffa zwangsversetzte General *Franco* das Signal zum Aufstand gegen die demokratisch gewählte Regierung in Madrid. Es beginnt ein dreijähriger **Bürgerkrieg**, in dessen Verlauf auch Gran Canaria von Anhängern der Volksfront „gesäubert" wird.

1940

Der deutsche **Militärplan Felix-Isabella** sieht die Eroberung der britischen Kronkolonie Gibraltars vor, die Briten antworten mit dem Geheimpapier **Operation Pilgrim**, das für den Fall eines Angriffs auf Gibraltar die Invasion der Kanarischen Inseln vorsieht. Aufgrund des weiteren Kriegsverlaufs rücken die Deutschen jedoch von ihrem ursprünglichen Angriffsplan ab.

1954

Auf dem Flughafen Gando landet eine **erste deutsche Touristengruppe,** die bei *Dr. Tigges* einen Pauschalurlaub gebucht hat. Urlaubsziel ist die Stadt Las Palmas. Andere Reiseveranstalter ziehen nach:

> Die Zeiten des Booms sind vorerst vorbei ...

Drei Jahre später sind es bereits 22.000 Urlauber, die die Insel bereisen.

Ab 1960

Die staatliche Außenhandelskontrolle wird von der Franco-Regierung gelockert: Ausländischen Unternehmern wird gestattet, unbegrenzte Summen zu investieren und die in Spanien erzielten Gewinne frei ins Ausland zu transferieren. Zusätzliche Anreize sind die abgewertete Peseta und die niedrigen Löhne. Auf Gran Canaria kommt es darauf zu einem gewaltigen **Bauboom**. Im Raum Playa del Inglés entsteht das größte zusammenhängende Touristenzentrum Spaniens.

1965–1975

Bei Pasito Blanco im Süden Gran Canarias werden Mitglieder der geheimen **NATO-Eingreiftruppe Gladio** ausgebildet. Ihre Aufgabe: Putsch gegen unerwünschte demokratisch gewählte Regierungen in Westeuropa.

1975

Nach dem Tod *Francos* beginnt der Prozess der Demokratisierung, der auch auf dem Kanarischen Archipel ein Erstarken der **Unabhängigkeitsbewegung** zur Folge hat. Nach Anschlägen auf ausländische Hotels kommt es zu einem drastischen Rückgang touristischer Buchungen. Erst als der Kopf der Bewegung, der Rechtsanwalt *Antonio Cubillo*, bei einem vom spanischen Geheimdienst und

westdeutschen Verfassungsschutz gemeinsam geplanten Anschlag in Algier ausgeschaltet wird, steigt die Zahl der auf den Archipel kommenden Touristen wieder an.

1979

Seitens der **NATO** wird der Aktionsradius vom Nordpol bis zum Äquator ausgedehnt, der Kanarische Archipel ausdrücklich ihrem Sicherheitsbereich unterstellt.

1982

Die Kanarischen Inseln erhalten ein **Autonomiestatut,** dürfen fortan vor allem in den Bereichen Kultur und Wissenschaft selbstständig handeln. Der gleichberechtigte Status der Inseln Gran Canaria und Teneriffa wird in der Regionalverfassung festgeschrieben.

1991–95

Der Archipel profitiert von den Kriegen im Irak und auf dem Balkan, zählt zu den „touristischen Kriegsgewinnlern" (SZ).

1995–2000

Die **EU vergibt Gelder in Milliardenhöhe** für „ultraperiphere Regionen". Auf dem kanarischen Archipel fließt das Geld vor allem in den Bau von Straßen, Brücken und Tunneln, gefördert wird

Geschichtlicher Überblick

Quo Vadis, Canarias?

Die kanarische Provinz musste sich 2012 dem spanischen Rettungsschirm unterstellen. Doch auch Madrid steht vor dem Bankrott: Das spanische „Wirtschaftswunder" ist passé, das Land kann sich am Finanzmarkt nur zu hohen Zinsen refinanzieren. Vorbei ist die Zeit der billigen Bankkredite, die der Wirtschaft einen fast zwei Jahrzehnte währenden Aufstieg und weiten Teilen der Bevölkerung immensen Wohlstand (auf Pump) bescherte. Die laufenden Staatsschulden gehen – wie in den Nachbarstaaten, so auch in Spanien – weitgehend auf die Rettung der Banken zurück. Und hier wie anderswo darf das Finanzkapital als Urheber der Krise der Regierung die Richtung vorgeben, wie bei dem Abtragen des Schuldenbergs zu verfahren sei. Angesagt ist eine Umverteilung von unten nach oben, der Steuerzahler hat für private Anleger, die sich verzockt haben, zu haften. Über die Medien wird verkündet, nur durch einen radikalen Abbau des Sozialstaats, durch tiefe Einschnitte im Gesundheitswesen, in Bildung und Kultur sei die Staatsschuld abzutragen. Damit freilich ist der soziale Frieden in Spanien erschüttert. Auch auf den Kanarischen Inseln werden Urlauber mit Arbeitsniederlegungen konfrontiert. Der Begriff Kapitalismus ist wieder in aller Munde, Klassengegensätze manifestieren sich in Form von Massenprotesten. Neben der roten wird auch die weiß-blau-gelbe Fahne der kanarischen Region geschwungen. Nach dem Vorbild Kataloniens und des Baskenlands wird auf den Kanarischen Inseln die Frage diskutiert, wie lange man sich noch von „Madrid" bevormunden lassen soll.

auch der Tourismus auf dem Lande. Im Süden ist statt billiger Bettenburgen „Qualitätstourismus" angesagt. Es entstehen Golfplätze sowie Vier- und Fünfsternehotels.

2001–2005

Der von der Regierung erlassene totale Baustopp wird ignoriert.

Ab 2003

Immer mehr **Schwarzafrikaner** versuchen, mit Booten das „gelobte Land" *(Canarias)* zu erreichen, werden dort aber nicht mit offenen Armen empfangen. Viele Kanarier möchten nicht daran erinnert werden, dass bis ins 20. Jahrhundert zahlreiche Mitglieder ihrer Familien gleichfalls zur Emigration in andere Länder gezwungen waren.

2005

Der Inselwesten und Teile des Zentrums werden zum **UNESCO-Biosphärenreservat** erklärt.

2006

Die spanische Regierung beschließt, in Las Palmas eine **Casa de África** zu eröffnen. Gran Canaria wird damit eine wichtige Rolle bei der wirtschaftlichen

> An der Playa de la Verga: der Schwan als Tretboot

Erschließung des schwarzen Kontinents zuerkannt. Der Hafen wird zukünftig als Operationsbasis für „humanitäre Intervention" in Afrika genutzt.

2007

Beim bisher größten **Brand** in der Geschichte der Insel werden im Südwesten ausgedehnte Waldflächen zerstört.

2008–2010

Die globale Finanzkrise erreicht auch die Kanaren (Platzen der Immobilienblase, Zusammenbruch der Bauindustrie).

2011

Die politischen Unruhen in Nordafrika sorgen für einen Anstieg der Touristenzahlen auf den kanarischen Inseln.

2012–2013

Die Arbeitslosigkeit steigt auf über 30 %, viele Bürger können die hohen, von den Banken leichtfertig vergebenen Kredite nicht zurückzahlen. Der Staat braucht allein 60 Milliarden Euro, um seine maroden Banken zu retten.

Literaturtipps | 352
Kleine Sprachhilfe | 352
Busfahrplan | 358
Register | 366
Der Autor | 372

Anhang

◁ Ständchen am Meer

Literaturtipps

■ *Izabella Gawin:* **Gran Canaria. Die schönsten Tal- und Höhenwanderungen,** Bergverlag Rother: München 2012.
■ *Dieter Schulze:* **Wandern auf Gran Canaria,** DuMont Reiseverlag: Ostfildern 2012.

Allen, die ausgiebig wandern wollen, sei eines der beiden oben genannten Bücher empfohlen – sie beinhalten zahlreiche Rundwanderungen. Vorteil beider Bände: Die Autoren überprüfen die Touren regelmäßig vor Ort.

■ *Harald Braem:* **Der Kojote im Vulkan,** Verena Zech Verlag: Santa Úrsula 2012. Kanarische Märchen und Mythen, von einer Generation zur nächsten weitergeleitet und nun vom Kulturforscher *Harald Braem* neu erzählt. En passant erfährt man Einiges über Drachenbäume und heilige Quellen, die Pfeifsprache El Silbo und die spanischen Konquistadoren.

■ *Karl Brodhäcker:* **Tödlicher Abgrund.** Verena Zech Verlag: Santa Úrsula 2008.

Leichtsinn, Schwindel, Sonne und touristisches Milieu – im Süden Gran Canarias lassen sich aus diesem Mix spannende Kriminalgeschichten schmieden. Der Autor hat sein Material 25 Jahre vor Ort gesammelt.

■ *Gerta Neuroth* (Hg.): **Kanarische Inseln:** Eine literarische Einladung, Wagenbach: Berlin 2010. Kanarische Autoren fabulieren über Mythen und Magie der Kanaren. Dem Blick auf die Inseln, so wünscht es sich die Herausgeberin, soll eine neue Richtung gewiesen werden.

■ *Peter und Ingrid Schönfelder:* **Die Kosmos-Kanarenflora,** 2. Aufl., Kosmos: Stuttgart 2012.

Ein unentbehrlicher Reisebegleiter für alle, die die Pflanzen der Kanarischen Inseln nicht nur sehen und genießen, sondern auch bestimmen wollen.

■ *Dieter Schulze / Izabella Gawin:* **Spanisch für die Kanarischen Inseln,** Kauderwelsch Band 161, Reise Know-How Verlag: Bielefeld.

Ein praxisnah orientierter Reisesprachführer, mit dem man Spanisch im Allgemeinen und das „kanarische Spanisch" im Besonderen erlernt: Ausspracheregeln, Wörterlisten und wichtige Redewendungen. Eingestreute Exkurse machen zugleich auf unterhaltsame Art mit der Mentalität der Canarios vertraut. Man bekommt Verhaltenstipps und erfährt spielerisch und ganz nebenbei einiges über die Sitten und Unsitten auf den Inseln. Ein begleitender AusspracheTrainer ist auf CD erhältlich.

Kleine Sprachhilfe

Dieser kleine Sprachführer soll dabei helfen, sich auf Gran Canaria zurechtzufinden: bei der Unterkunftssuche und im Restaurant, bei der Autovermietung und beim Einkaufen. Und natürlich macht es Spaß, mit dem Schafhirten von Artenara ein paar Worte zu wechseln, mit der Marktfrau am Käsestand oder mit dem Busfahrer auf dem Weg in den Norden. Damit man beim Essen nichts Falsches bestellt, kann man auf das gastronomische Glossar zurückgreifen. Wer länger auf Gran Canaria bleiben will, dem sei der Sprechführer **„Spanisch für die Kanaren – Wort für Wort"** aus der Kauderwelsch-Reihe empfohlen (siehe „Literaturtipps").

Betonung und Aussprache

Bei der **Betonung** gilt es folgende Grundregeln zu beachten:
■ Aufeinander folgende Vokale werden getrennt gesprochen, jedoch nicht abgehackt, sondern elegant verschliffen *(soy, baile)*.

Kleine Sprachhilfe

- Mehrsilbige Wörter, die auf Vokal, n oder s enden, werden auf der vorletzten Silbe betont *(uno, peseta, buenas tardes)*; Ausnahmen werden mit einem Betonungs-Akzent gekennzeichnet *(adiós, pensión)*.
- Wörter, die auf einen Konsonanten (außer n und s) enden, müssen auf der letzten Silbe betont werden *(hotel, ayer)*.
- Wörter, die auf Vokal plus y enden, werden gleichfalls auf der letzten Silbe betont *(estoy)*.

Die **Aussprache** der folgenden Buchstaben(-kombinationen) weicht vom Deutschen ab:
c vor dunklen Vokalen wie k *(casa)*, vor hellen Vokalen wie engl. stimmloses th *(gracias)*
ch wie tsch *(ocho)*
h wird nicht gesprochen *(holá)*
j wie ch in „acht" *(Juan)*
ll wie j *(valle)*
ñ wie nj *(mañana)*
qu wie k *(queso)*
s wie ss *(casa)*
y wie j *(apoyo)*, am Wortende wie i *(hoy)*
z wie engl. stimmloses th *(diez)*

Das umgedrehte Fragezeichen (¿) vor dem Fragesatz ist eine typisch spanische Besonderheit. Analog wird vor dem Befehlssatz ein umgedrehtes Ausrufezeichen (¡) gesetzt.

Allgemeines

Guten Morgen, guten Tag (vormittags)!	*¡Buenos días!*
Guten Tag (nachmittags)!	*¡Buenas tardes!*
Guten Abend, gute Nacht!	*¡Buenas noches!*
Auf Wiedersehen!	*¡Adiós!*
Tschüss!	*¡Hasta luego!*
Vielen Dank!	*¡Muchas gracias!*
Sprechen Sie Deutsch?	*¿Habla Usted alemán?*
ja, nein	*sí, no*
ein wenig	*un poco*
nichts	*nada*
Wie geht es Ihnen?	*¿Como está Usted?*
Entschuldigen Sie!	*¡Perdón!*
Einen Augenblick, bitte!	*¡Un momento, por favor!*
Wo liegt …?	*¿Dónde está …?*
Wie heißt …?	*¿Cómo se llama …?*
Wann ist … geöffnet?	*¿A que hora está abierto …?*
Wie spät ist es?	*¿Qué hora es?*
Haben Sie …?	*¿Tiene …?*
Gibt es …?	*¿Hay …?*
Ich möchte gern …	*Quisiera …*
Ich brauche …	*Necesito …*
rechts/links	*a la derecha/ a la izquierda*
geradeaus	*todo derecho*
oben/unten	*arriba/abajo*
heute/morgen/gestern	*hoy/mañana/ayer*
von … bis	*de … hasta*
Lassen Sie mich bitte in Ruhe!	*¡Por favor, déjeme en paz!*
Hau ab!	*¡Lárgate!*
Hör sofort auf!	*¡Basta ya!*
Hilfe!	*¡Socorro!*

Wochentage

Montag	*lunes*
Dienstag	*martes*
Mittwoch	*miércoles*
Donnerstag	*jueves*
Freitag	*viernes*
Samstag	*sábado*
Sonntag	*domingo*

Monate

Januar	*enero*
Februar	*febrero*
März	*marzo*
April	*abril*
Mai	*mayo*

Juni	*junio*
Juli	*julio*
August	*agosto*
September	*septiembre*
Oktober	*octubre*
November	*noviembre*
Dezember	*diciembre*

Zahlen

1	*uno, una*
2	*dos*
3	*tres*
4	*cuatro*
5	*cinco*
6	*seis*
7	*siete*
8	*ocho*
9	*nueve*
10	*diez*

Unterkunftssuche

Hotel, Apartment, Pension	*hotel, apartamento, pensión*
Landhaus	*casa rural*
Haben Sie ein Einzel-/Doppelzimmer?	*¿Tiene una habitación individual/doble?*
mit eigenem Bad	*con baño propio*
Wieviel kostet es?	*¿Cuánto cuesta?*
mit Frühstück	*con desayuno*
mit Halb-/Vollpension	*con media pensión/pensión completa*
Kann ich das Zimmer sehen?	*¿Puedo ver la habitación?*

Im Restaurant

Die Speisekarte (Weinkarte), bitte!	*¡La carta (carta de vinos), por favor!*
Kellner, Kellnerin	*camarero, camarera*
Hören Sie! (Anrede des Kellners/der Kellnerin)	*¡Oiga, por favor!*
Ich möchte etwas essen (trinken)	*Quisiera comer (beber) algo.*
Guten Appetit!	*¡Qué aproveche!*
Prost!	*¡Salud!*
Die Rechnung bitte!	*¡La cuenta, por favor!*
Wo ist die Toilette?	*¿Dónde están los servicios?*

Beim Autoverleih

das Auto	*el coche*
der Vertrag	*el contrato*
der Führerschein	*el permiso de conducir*
der Preis	*el precio*
die Kreditkarte	*la tarjeta de crédito*
Benzin bleifrei	*gasolina sin plomo*
die Tankstelle	*la gasolinera*
die Straße	*la carretera*
der Parkplatz	*el aparcamiento*
Wo kann man ein Auto mieten?	*¿Dónde se puede alquilar un coche?*

Einkaufen

Wo ist der Markt?	*¿Dónde está el mercado?*
Gibt es auch eine Fischhalle?	*¿Hay también una pescadería?*
Laden	*tienda*
Bäckerei	*panadería*
Apotheke	*farmacia*
Post	*correos*
Briefmarke	*sello/estampilla*
Wieviel kostet das?	*¿Cuánto cuesta?*
Das ist teuer/billig.	*¡Es caro/barato!*
Das gefällt mir!	*¡Esto me gusta!*
Das ist alles!	*¡Más nada!*
Kann ich mit Kreditkarte bezahlen?	*¿Puedo pagar con tarjeta de crédito?*

Unterwegs

acantillado	Steilküste
barranco	Schlucht
bosque	Wald
camino	Weg
camino real	Wanderweg, „königlicher Pfad"
carretera	Landstraße
cruce	Kreuzung
cruz	Kreuz
cueva	Höhle
cumbre	Gipfelregion
degollada	Sattel
embalse	Stausee
ermita	Kapelle
faro	Leuchtturm
fuente	Quelle
iglesia	Kirche
jardín	Garten
llano	Ebene
mirador	Aussichtspunkt
montaña	Berg
pico	Berggipfel
presa	Stausee
pueblo	Dorf
puente	Brücke
punta	Landzunge
roque	Felsen
valle	Tal

Gastronomisches Glossar

aceite – Öl
aceitunas – Oliven
agua mineral – Mineralwasser
   con gas – mit Kohlensäure
   sin gas – ohne Kohlensäure
aguacate – Avocado
ahumado – geräuchert
ajo – Knoblauch
al ajillo – mit Knoblauch zubereitet
al salmorejo – in pikanter Weinsoße
albaricoque – Aprikose
albóndigas – Fleischklöße
alcachofas – Artischocken
almejas – Muscheln
almendras – Mandeln
almendrados – Mandelmakronen
anchoas – Sardellen
arepas – gefüllte Teigtaschen
arroz – Reis
asado – gebraten
atún – Tunfisch
azúcar – Zucker

bacalao – Kabeljau
batata – Süßkartoffel
bebida – Getränk
besugo – Seebrasse
bien hecho – ganz durch
bienmesabe – Mandelmus
bistec – Beefsteak
bizcochos – süßes Gebäck
bocadillo – belegtes Brötchen
bonito – kleiner Tunfisch

cabrito en adobo – pikant eingelegtes Zickleinfleisch
café solo – Espresso
café carajillo – Espresso mit Brandy
café cortado – Espresso mit etwas Milch
café con leche – Milchkaffee
calamares a la romana – panierte Tintenfischringe
calamares en su tinta – Tintenfisch in eigener Soße

caldo – Fleischbrühe
caldo de pescado – Fisch- und Meeresfrüchtesuppe
caña – Bier vom Fass
carne – Fleisch
casero – hausgemacht
cazuela – Fischgericht mit Kartoffeln
cebolla – Zwiebel
cerdo – Schweinefleisch
cereza – Kirsche
cerveza – Flaschenbier
chorizo – pikante Paprikawurst
chuleta – Kotelett
churros con chocolate – fettgebackene Hefekringel mit heißer Schokolade
cochinillo – Spanferkel
cocido – 1. gekocht, 2. Fleisch- und Gemüseeintopf
coliflor – Blumenkohl
conejo – Kaninchen
consomé – Kraftbrühe
cordero – Lamm
crema – Creme, Suppe
crudo – roh

dulces – Süßigkeiten

embutido – Wurst
empanada – gefüllte Maismehltasche
ensalada – Salat
ensaladilla rusa – Kartoffelsalat mit Tunfisch und Gemüse
escalope – Schnitzel
espárragos – Spargel
estofado – Schmorbraten

flan – Karamelpudding
fresa – Erdbeere
frito – gebacken
fruta del mar – Meeresfrüchte
fruta – Obst

gambas – Garnelen
garbanzos – Kichererbsen
gazpacho – kalte Gemüsesuppe

gofio – Mehl aus geröstetem Getreide und Mais
guisantes – Erbsen

helado – Speiseeis
hielo – Eis (zum Kühlen)
hierbas – Kräuter
hígado – Leber
huevo – Ei
huevo duro – hartes Ei
huevo pasado – weiches Ei
huevo frito – Spiegelei
huevos revueltos – Rührei

jamón – gekochter Schinken
jamón serrano – luftgetrockneter Schinken
judías – Bohnen
jugo – Saft

langosta – Languste
langostinos – Riesengarnelen
lapas asadas – gegrillte Muscheln
leche – Milch
lechuga – grüner Salat
legumbres – Gemüse, Hülsenfrüchte
lenguado – Seezunge
lentejas – Linsen
licor – Likör
limón – Zitrone
lomo – Rückenstück

mantequilla – Butter
manzana – Apfel
mariscos – Meeresfrüchte
media ración – halbe Portion
medio hecho – halb durch
melocotón – Pfirsich
menú del día – Tagesmenü
merluza – Seehecht
mero – Zackenbarsch
miel – Honig
mojo verde – grüne Soße mit Koriander und Knoblauch
mojo rojo – rote Soße mit Chilischoten u. Knoblauch

morcilla – Blutwurst
mostaza – Senf

naranja – Apfelsine
nata – Schlagsahne
nueces – Nüsse

paella – Reisgericht mit Meeresfrüchten, Fleisch und Gemüse
pabellón criollo – Reisgericht mit dunklen Bohnen, Fleisch, Ei und Banane
pan – Brot
panecillo – Brötchen
papas – Kartoffeln
papas fritas – Pommes frites
papas arrugadas – Kartöffelchen mit Salzkruste
parrillada – Grillplatte
pastel – Kuchen, Torte
pata de cerdo – zartes Schweinefleisch
pechuga – Brust
pepinillo – saure Gurke
pepino – Salatgurke
pera – Birne
perejil – Petersilie
pescado – Fischgericht
pez – Fisch
pez espada – Schwertfisch
pimienta – Pfeffer
pimiento – Paprikaschote
pincho, pinchito – Spieß
piña – Ananas
plátano – Banane
pollo – Hähnchen
polverones – leichte Gebäckstücke
potaje – Gemüseeintopf
puchero – Eintopf aus Fleisch und Gemüse
pulpo – Krake, Oktopus

queso asado – gegrillter Käse
queso de almendras – Mandelkuchen
queso duro/semiduro – gereifter/halbreifer Käse
queso tierno – Frischkäse
queso a la brasa – gegrillter Ziegenkäse

queso del país – palmerischer Käse

ración – große Portion
rape – Seeteufel
ropa vieja – herzhaftes Fleischgericht mit Kichererbsen

sal – Salz
salchichas – Würstchen
salchichón – Salami
salsa – Soße
salmón – Lachs
sancocho – Fisch mit Süßkartoffeln und Gemüse
sangría – Rotweinbowle mit Zitrusfrüchten
setas – Speisepilze
solomillo – Filetsteak
sopa – Suppe
sopa de garbanzos – Kichererbsensuppe
sopa de verduras – Gemüsesuppe

tapa – kleines Tellergericht, Zwischenmahlzeit
tarta – Torte
té – Tee
tortilla española – Omelett mit Kartoffelstücken
tortilla francesa – Omelett
turrón – feste, süße Masse aus Mandeln und Eiern

uvas – Weintrauben

vegetariano – vegetarisch
verdura – Gemüse
vieja – karpfenähnlicher Fisch
vinagre – Essig
vino – Wein
vino blanco – Weißwein
vino rosado – Roséwein
vino tinto – Rotwein
vino dulce – süßer Wein
vino semiseco – halbtrockener Wein
vino seco – trockener Wein

zanahorias – Möhren
zumo – Saft

Busfahrplan

(Auszug: Januar 2013)

Linie 1: LAS PALMAS–MASPALOMAS–PUERTO DE MOGÁN (3 Std.)

Las Palmas–Puerto de Mogán
Mo–Fr 5.40–19.00 alle 20 Min., 19.30–23.30 jede Std.
Sa–So 5–19.30 jede halbe Std., 20.30–23.30 jede Std.
Puerto de Mogán–Las Palmas
Mo–Fr 7.10, 7.30, 8.10–20.10 alle 20 Min., 21.20–23.20 jede Std.
Sa–So 7.00–20.00 jede halbe Std., 21.20–23.20 jede Std.

Linie 11: LAS PALMAS–AGÜIMES (50 Min.)*

Las Palmas–Agüimes
tgl. 5.50–21.50 jede Std.
Agüimes–Las Palmas
tgl. 6.00–22.00 jede Std.
*weitere Verbindungen Mo–Fr mit Linie 21

Linie 18: MASPALOMAS–SAN BARTOLOMÉ (1 Std.)–AYACATA (1:30 Std.)–TEJEDA (2 Std.)

Maspalomas–Tejeda*
Mo–Sa 8.00 (bis Ay.), 9.30, 11.00 (bis S.B.), 15.00, 19.30 (bis S.B.)
Sa 9.30, 15.00
Tejeda–Maspalomas
Mo–Fr 7.00 (ab S.B.), 9.30 (ab Ay.), 11.30, 14.00 (ab S.B.), 17.00
Sa 11.30, 17.00
*weiter nach Cruz de Tejeda und San Mateo mit Bus 305
ACHTUNG: Mit Linie 18 wird noch experimentiert, hier sind Änderungen zu erwarten!

Linie 30: LAS PALMAS–FARO MASPALOMAS (1:30 Std.)

Las Palmas (Catalina)–Faro Maspalomas*
Mo–Fr 6.45, 7.45, 8.45, 9.45–19.25 alle 20 Min., 19.55, 20.35, 21.05
Sa–So 6.45-8.45 jede Std., 9.45–19.15 jede halbe Std., 19.55, 20.35, 21.05
Faro Maspalomas–Las Palmas (Catalina)
Mo–Fr 8.00, 8.30–18.30 alle 20 Min., 19.50, 21.25
Sa–So 8.30–20.30 jede Std., 21.25
*Weitere Verbindungen von und nach Las Palmas (San Telmo)

Linie 32: PLAYA DEL INGLÉS–PUERTO DE MOGÁN* (1:15 Std.)

Playa del Inglés–Puerto de Mogán
Mo–Fr 8.30 jede halbe Std. bis 17.00, 18.00, 18.30
Sa 9.00 jede halbe Std. bis 12.00, 13.00, 13.30
Puerto de Mogán–Playa del Inglés
Mo–Fr 7.55, 8.55, 9.55–18.25 jede halbe Std., 19.25
Sa 8.55, 9.55 jede halbe Std. bis 13.25, 14.25
*nach Puerto Rico nur mit Linie 1, 33 und 91!

Linie 33: PLAYA DEL INGLÉS–PUERTO RICO–PUERTO DE MOGÁN (1:10 Std.)

Playa del Inglés–Puerto de Mogán
Sa 12.35, 13.45 jede halbe Std. bis 18.15,
So 8.45 jede halbe Std. bis 18.15
Puerto de Mogán–Playa del Inglés
Sa 13.45, 14.45 jede halbe Std. bis 17.15, 18.15, 18.45, 19.15
So 8.45, 9.45 jede halbe Std. bis 17.15, 18.15, 19.15

Linie 34: SAN BARTOLOMÉ–SANTA LUCÍA–TEMISAS–AGÜIMES–EL DOCTORAL (1:30 Std.)

San Bartolomé–Temisas–Agüimes–El Doctoral
Tgl. 6.45, 10.30, 14.30, 18.00

El Doctoral–Agüimes–Temisas–San Bartolomé
Tgl. 8.00, 12.00, 16.30, 19.30

Linie 38: PUERTO DE MOGÁN– LA ALDEA DE SAN NICOLÁS (1:30 Std.)

Puerto de Mogán–La Aldea de San Nicolás
Mo–Sa 7.00, 11.30, 16.00, 19.30
So 7.00, 16.00
La Aldea de San Nicolás–Puerto de Mogán
Mo–Sa 5.45, 8.00 (nur Mo–Fr), 9.00, 14.05, 17.30
So 9.00, 19.45

Linie 39: PLAYA DEL INGLÉS–PUERTO RICO– PLAYA AMADORES (45 Min.)

Playa del Inglés–Playa Amadores
Mo–Fr 8.55 jede Std. bis 18.55
Sa 8.55 jede Std. bis 11.55
Playa Amadores–Playa del Inglés
Mo–Fr 9.50 jede Std. bis 18.50
Sa 9.50 jede Std. bis 13.50

Linie 45: BAHÍA FELIZ–LOS PALMITOS (30 Min.)

Bahía Feliz–Playa del Inglés–Los Palmitos
Mo–Fr 9.30 jede halbe Std. bis 12.00
Sa 9.30 jede halbe Std. bis 11.30
So 9.30, 10.00, 11.00, 11.30
Los Palmitos–Playa del Inglés–Bahía Feliz
Mo–Fr 13.30 stdl. bis 16.30, 18.00
Sa 14.30, 15.30, 16.30, 18.00, So 13.30 stdl. bis 17.30

Linie 50: LAS PALMAS– FARO MASPALOMAS (1 Std.)

Las Palmas–Faro Maspalomas
Mo–Fr 7.05, 16.05, 17.05
Sa–So 9.05–15.05 jede Std., 16.05 (Sa), 17.05
Faro Maspalomas–Las Palmas
Mo–Fr 8.05, 17.05, 18.05
Sa–So 10.05–16.05 jede Std., 17.05 (Sa), 18.05

Linie 58: LAS PALMAS–TAFIRA ALTA (20 Min.)

Las Palmas–Tafira Alta
tgl. 6.35–21.35 jede Std.
Tafira Alta–Las Palmas
tgl. 6.35–21.35 jede Std.

Linie 60: LAS PALMAS– AEROPUERTO/FLUGHAFEN (25 Min.)

Las Palmas (San Telmo)–Aeropuerto
tgl. 5.45–20.15 jede halbe Std., 21.40, 22.40*
Aeropuerto–Las Palmas (San Telmo)
tgl. 6.15–20.15 jede halbe Std., 21.15, 22.15, 23.15**
*ab Las Palmas (Catalina) jede Std. 6.00–20.00
**bis Las Palmas (Catalina) jede Std. 6.15–20.15

Linie 66: AEROPUERTO– FARO MASPALOMAS (1 Std.)

Aeropuerto–Faro Maspalomas
tgl. 7.20–20.20 jede Std.
Faro Maspalomas–Aeropuerto
tgl. 6.20–19.20 jede Std.

Linie 70: PUERTO RICO–LOS PALMITOS (45 Min.)

Puerto Rico–Maspalomas–Los Palmitos
tgl. 10.00, 10.30, 11.00, 12.00
Los Palmitos–Maspalomas–Puerto Rico
tgl. 14.30, 15.35, 16.35, 17.15

Linie 80: LAS PALMAS–TELDE (25 Min.)*

Las Palmas–Telde**
Mo–Fr 7.15–21.35 alle 20 Min.,
Sa 7.30–14.00 jede halbe Std.
Telde–Las Palmas***
Mo–Fr 6.25–20.25 alle 20 Min.
Sa 6.25–12.55 jede halbe Std.
*weitere Verbindungen mit Linie 12

**15 Minuten früher: Abfahrt Las Palmas (Catalina)
***Weiterfahrt bis Las Palmas (Catalina)

Linie 84: MOGÁN–PUERTO DE MOGÁN (20 Min.)

Mogán–Puerto de Mogán
tgl. 8.30–12.30 jede Std., 17.00, 18.00, 19.30, (So 20.00), 22.00, 23.30
Puerto de Mogán–Mogán
tgl. 8.00–12.00 jede Std., 13.00 (nur So), 16.30 (Mo–Sa), 17.30, 18.30, 20.40 (So), 21.40 (Mo–Sa), 22.40 (So), 23.00

Linie 90: AMADORES–MASPALOMAS–TELDE (1.40 Std.)*

Amadores–Maspalomas–Telde
Mo–Fr 9.20–20.20 jede Std.
Sa 9.20–13.20 jede Std.
Telde–Maspalomas–Amadores
Mo–Fr 7.30–17.30 jede Std.
Sa 7.30–12.30 jede Std.
*weitere Verbindungen mit Linie 36

Linie 91: LAS PALMAS–PUERTO RICO–PLAYA DEL CURA (2:30 Std.)

Las Palmas–Playa del Cura
tgl. 6.15–20.15 jede Std.
Playa del Cura–Las Palmas
tgl. 7.35–20.35 jede Std.

Linie 101: GÁLDAR–AGAETE (30 Min.)–LA ALDEA DE SAN NICOLÁS (2 Std.)

Gáldar–La Aldea
Mo–Sa 7.30, 11.15, 15.45, 19.30
So 7.30, 15.45
La Aldea–Gáldar
Mo–Sa 5.45, 9.00, 14.05, 17.30
So 9.00, 17.30

Linie 102: GÁLDAR–AGAETE (30 Min.)–EL VALLE (1 Std.)

Gáldar–El Valle
tgl. 7.05 (ab Agaete), 10.30, 14.30, 18.30
El Valle–Gáldar
tgl. 7.40, 11.40, 15.40, 19.40

Linie 103: LAS PALMAS–GÁLDAR (1 Std.)–AGAETE–PUERTO DE LAS NIEVES (1:30 Std.)*

Las Palmas–Puerto de las Nieves
tgl. 6.00–22.00 jede Std.
Puerto de las Nieves–Las Palmas
tgl. 5.30–22.30 jede Std.
*bei vielen Verbindungen umsteigen in Gáldar

Linie 116–117: LAS PALMAS–MOYA (1 Std.)

Las Palmas–Moya
Mo–Fr 7.45–19.45 jede Std.
Sa–So 7.45–19.45 alle 2 Std.
Moya–Las Palmas
Mo–Fr 8.18–20.18 alle 1–2 Std.
Sa–So 8.18–20.18 alle 2 Std.

Linie 127: MOYA–FONTANALES (30 Min.)

Moya–Fontanales
Mo–Fr 8.45, 11.45, 15.00, 16.40
Sa–So 8.45, 15.00, 19.00
Fontanales–Moya
Mo–Fr 9.10, 12.10, 15.30, 17.10, 20.10
Sa–So 9.10, 16.10, 19.30

LINIE 201/202: LAS PALMAS–FIRGAS (1 Std.)

Las Palmas–Firgas
Mo–Sa 8.00, 16.45, 19.00
Firgas–Las Palmas
Mo–Sa 9.20, 15.40, 19.20 (ab Las Madres)

Busfahrplan

Linie 206: LAS PALMAS–BAÑADEROS–ARUCAS (1 Std.)*

Las Palmas–Arucas
Mo–Fr 6.55–19.55 jede Std., 22.10
Sa–So 7.15–20.15 jede Std., 22.30
Arucas–Las Palmas
Mo–Fr 6.00–19.00 jede Std., 21.00
Sa–So 6.15–19.15 jede Std., 21.15
*weiter nach Firgas mit Linie 211

Linie 216: LAS PALMAS–TEROR (1 Std.)

Las Palmas–Teror
tgl. 6.30, 7.30, 8.00–21.00 jede Std.
Teror–Las Palmas
tgl. 6.00–20.00 jede Std., 8.00 (nur Sa/So)

Linie 220: LAS PALMAS–TEROR–ARTENARA (2 Std.)

Las Palmas–Teror–Artenara
Mo–Fr 11.00*, 14.15*, 19.00*
Sa 11.00*, 16.15
So 8.15, 16.15
Artenara–Teror–Las Palmas
Mo–Fr 6.20**, 15.40**, 20.15**
Sa 6.20**, 18.45
So 10.45, 18.45
*ab Teror, 1 Std. vorher Bus 216 ab Las Palmas
**bis Teror, dann mit Bus 216 nach Las Palmas

Linie 303: LAS PALMAS–SANTA BRÍGIDA (45 Min.)–SAN MATEO (1 Std.)

Las Palmas–San Mateo
tgl. 6.30–22.30 jede halbe Stunde
San Mateo–Las Palmas
tgl. 6.00–21.30 jede halbe Stunde, 23.30

Linie 305: SAN MATEO–LAS LAGUNETAS (15 Min.)–CRUZ DE TEJEDA (35 Min.)–TEJEDA (55 Min.)

San Mateo–Tejeda
Mo–Sa 8.00*, 10.30, 12.30, 14.00, 16.00, 20.00
So 8.00*, 16.00
Tejeda–San Mateo
Mo–Sa 7.00, 9.00*, 11.30, 13.00, 15.00, 17.00
So 9.00*, 17.00
*via La Culata

Linie 311: LAS PALMAS–BANDAMA–SANTA BRÍGIDA (1 Std.)

Las Palmas–Bandama
tgl. 5.55–20.55 jede Stunde, 13.55 nur Sa
Santa Brígida–Bandama–Las Palmas
tgl. 6.40–21.40 jede Stunde

REISE KNOW-HOW
das komplette Programm fürs Reisen und Entdecken

Weit über 1000 Reiseführer, Landkarten, Sprachführer und Audio-CDs liefern unverzichtbare Reiseinformationen und faszinierende Urlaubsideen für die ganze Welt – *professionell, aktuell und unabhängig*

Reiseführer: komplette praktische Reisehandbücher für fast alle touristisch interessanten Länder und Gebiete **CityGuides:** umfassende, informative Führer durch die schönsten Metropolen **CityTrip:** kompakte Stadtführer für den individuellen Kurztrip **world mapping project:** moderne, aktuelle Landkarten für die ganze Welt **Edition REISE KNOW-HOW:** außergewöhnliche Geschichten, Reportagen und Abenteuerberichte **Kauderwelsch:** die umfangreichste Sprachführerreihe der Welt zum stressfreien Lernen selbst exotischster Sprachen **Kauderwelsch digital:** die Sprachführer als eBook mit Sprachausgabe **KulturSchock:** fundierte Kulturführer geben Orientierungshilfen im fremden Alltag **PANORAMA:** erstklassige Bildbände über spannende Regionen und fremde Kulturen **PRAXIS:** kompakte Ratgeber zu Sachfragen rund ums Thema Reisen **Rad & Bike:** praktische Infos für Radurlauber und packende Berichte außergewöhnlicher Touren **sound)))trip:** Musik-CDs mit aktueller Musik eines Landes oder einer Region **Wanderführer:** umfassende Begleiter durch die schönsten europäischen Wanderregionen **Wohnmobil-TourGuides:** die speziellen Bordbücher für Wohnmobilisten mit allen wichtigen Infos für unterwegs

Erhältlich in jeder Buchhandlung und unter www.reise-know-how.de

www.reise-know-how.de

REISE KNOW-How online

Unser Kundenservice auf einen Blick:

Vielfältige Suchoptionen, einfache Bedienung

Alle Neuerscheinungen auf einen Blick

Schnelle Info über Erscheinungstermine

Zusatzinfos und Latest News nach Redaktionsschluss

Buch-Voransichten, Blättern, Probehören

Shop: immer die aktuellste Auflage direkt ins Haus

Versandkostenfrei ab 10 Euro (in D), schneller Versand

Downloads von Büchern, Landkarten und Sprach-CDs

Newsletter abonnieren, News-Archiv

Die Informations-Plattform für aktive Reisende

Entdecken Sie zwei
Ferienziele der besonderen Art
Insel Lanzarote und Insel La Palma

Izabella Gawin
978-3-8317-1957-0
20 Wanderungen mit Karten
Über 100 tolle Fotos | 396 Seiten
Kleine Sprachhilfe Spanisch
14,90 Euro [D]

Dieter Schulze
978-3-8317-2229-7
12 Wanderungen mit Karten
Über 80 tolle Fotos | 408 Seiten
Kleine Sprachhilfe Spanisch
14,90 Euro [D]

www.reise-know-how.de

Entdecken Sie mit unseren Reiseführern die Inseln Gomera und Fuerteventura
Schillernde Korallenriffs · Palmenbewachsene Küstenhänge

Izabella Gawin
978-3-8317-2210-5
396 Seiten | **14,90 Euro [D]**

Auf Fuerteventura

- den besten Surfspot der Insel finden
- durch eine Landschaft rötlicher Vulkankrater wandern
- sich im Mühlenmuseum in Tiscamanita auf die Spuren Don Quixotes begeben

Auf Gomera

- die dramatische Aussicht vom Mirador Ermita del Santo genießen
- im lebhaften Hafenviertel Vueltas einkehren
- bei einer Bootstour entlang der Westküste Wale und Delfine beobachten

Dieter Schulze
978-3-8317-2164-1
408 Seiten | **14,90 Euro [D]**

Reisepraktische Infos von A bis Z | Sorgfältige Beschreibung der Sehenswürdigkeiten | Tipps für Ausflüge und Aktivitäten | Praktische Übersichtskarten | Über 100 Fotos | Kleine Sprachhilfe Spanisch

www.reise-know-how.de

Register

Acusa 220
Afrika 156, 323, 349
Agaete 85, 297
Agaete-Tal 91, 256
Agüimes 183
Alcaravaneras 154
Aldea de San Nicolás 76
Alkohol 273, 280, 284, 287
Altavista 251
Altkanarier 33, 87, 100, 103, 107, 175, 203, 339
Anfi 55
Angeln 305
Anreise 268
Anreise (Land- und Seeweg) 270
Apotheken 295
Arbeitslosigkeit 349
Archäologische Fundstätten 339
Archäologischer Park 33
Arguineguín 54, 296
Arinaga 187
Arteara 33, 340
Artenara 217, 251, 297
Arucas 114, 276
Atlantisches Zentrum für Moderne Kunst 150
Auditorium 161
Ausflugsfahrten 298
Ausreisebestimmungen 279
Autofahren 271
Automobilclubs 273
Ayacata 205, 228, 241, 244, 297
Ayagaures 41
Azulejos 73

Badeausflüge 304
Badeurlaub 300
Bahía Feliz 18
Bandama 132, 263
Banken 286, 295
Barcelona 323
Barranco de Arguineguín 57
Barranco de Azuaje 113
Barranco de Guayadeque 180, 298
Barranco de Guiniguada 145
Barranco de la Virgen 113
Barranco de los Cernícalos 178
Behinderte 274
Bentayga 213, 340
Benzin 272, 287
Bingohallen 294
Blauer Tümpel 254
Blütenkäse 106
Bodega 91, 129
Bootsausflüge 304
Botanische Oase 86
Botanischer Garten 36, 117, 129, 331
Botschaften 274
Brand 333, 349
Burro-Safari 202
Bus 287, 298, 299, 319, 320
Busfahrplan 358

CAAM 150
Caldera de Bandama 132, 263
Caldera de los Marteles 208
Caminos Reales 72, 241, 250
Camping 317
Campo Internacional 36
Canteras-Strand 156
Cárdenes, Abraham 209
Casa de África 156, 349
Casa de Colón 149
Casa de Los Tilos 261
Casas del Camino 257
Casino 24, 45, 294
Castillo de la Luz 160
Castillo de San Cristóbal 151
Castillo del Romeral 189
Catalina-Park 157
Cenobio de Valerón 106, 340
Centro Atlántico de Arte Moderno 150
Centro de Plantas Medicinales 208
Centros Comerciales 45, 275

Register

Cercados de Araña 204
Cercados de Espino 57
Ceresa, Antonio 97
Charca de Maspalomas 36
Charco Azul 254
Chira 204
Confital-Strand 161
Costa Canaria 13
Cruz de Juan Pérez 233, 243
Cruz de Tejeda 214, 224, 231, 235, 296
Cruz Grande 204, 241, 245
Cuatro Puertas 179, 340
Cueva Pintada 100, 148, 340
Cuevas Bermejas 180

Dedo de Dios 96
Degollada de los Hornos 242
Degollada de Manzanilla 246
Degollada del Dinero 246
Degollada del Sargento 251
Diebstahl 279, 299
Diözesanmuseum 147
Diplomatische Vertretungen 274
Dokumente 279
Doramas 339, 343
Dunas de Maspalomas 35
Dünen 14, 25, 35, 300, 330

Einkaufen 275
Einkaufszentren 275
Einreisebestimmungen 279
Eintopf 280
Einwohner 7
El Hornillo 258
El Juncal 213
El Risco 254
El Roque-Pagador 108
El Tablero 42
Embalse de Gambuesa 41
Eselfarm 202
Essen 280, 290
Estación Espacial 47
EU-Heimtierausweis 279

Fähre 306, 322
Fahrradverleih 308
Fallschirmspringen 310
Faro de Arinaga 187
Fataga 195
Fauna 333
FEDAC-Läden 275
Feiertage 338
Fernsehen 289
Feste 138, 334
Festung La Fortaleza 248
Feuer 333, 349
Fiesta de la Rama 88
Finanzkrise 349
Finca de Osorio 122
Finca Montecristo 41
Firgas 112
Fisch 281
FKK 26, 46, 301
Flaggen 300, 302
Fleisch 283
Flora 331
Fluggepäck 268
Flughafen 268
Flugzeug 268, 322
Folklore 334
Fontanales 110
Fortaleza Grande 203, 340
Fremdenverkehrsämter 288
Führerschein 279

Gáldar 99
Gartenstadt 154
Geld 286
Geldautomaten 286
Gepäckversicherung 322
Geschichte 341
Gesundheit 269, 293
Getränke 284
Gofio 124, 283
Golf 47, 311
Grand Canyon 79, 297
Grill-Museo 73

Guía 105
Güigüí 74

Hafenviertel 156
Hauptstadt 135
Herbergen 317
Heuschrecken 112
Hochseeangeln 305
Höhlen 58, 100, 107, 148, 179, 180, 204, 220, 339
Hostels 317
Hotels 316

Individualurlaub 314
Information 288
Ingenio 179
Inselrundfahrt 320
Internet 290, 314
ITC 189

Jachthafen 154
Jardín Canario 129, 331
Jardín de los Hespéride 117
Jeep-Touren 298
Jugendherberge 317
Jungfrauenschlucht 114

Kaffee 285
Kaktusgarten 76
Kalköfen 187
Kamel-Safari 34
Kanarienvogel 333
Kanarischer Garten 129
Karneval 33, 138, 335
Käse 106, 284
Keramik 220
Kiefer 333
Kinder 36, 279, 291
Kleidung 293
Klettern 310
Klima 7, 224, 326
Kolumbus, Christoph 149, 343
Kolumbushaus 149
Königsweg 72, 241, 250

Konquistadoren 339
Konsulate 274
Krankenhaus 293
Krankenversicherung 321
Kreditkarte 286
Krokodilpark 186
Krüss, James 133
Kultur 138, 334
Kunsthandwerk 275

La Aldea de San Nicolás 76, 297
La Atalaya 133
La Culata 217, 232, 239
La Cumbre 232
La Fortaleza 248
La Goleta 205, 228, 231, 243
La Isleta 160
La Ortiguilla 231
La Sorrueda 203
Landkarte 272
Landurlaub 315
Lanzarote 123
Las Arenas 163
Las Palmas 135, 275, 312
Literaturtipps 352
Llano de la Piedra 249
Llanos de la Paz 207
Llanos de Pargana 242
Llanos del Garañón 207, 232, 242
Lomo Quiebre 67
Lorbeerwald 110, 261
Los Tilos 110, 261
Lucha Canaria 310
Lugarejos 220

Maipéz 87, 340
Mandelbaumhaine 238
Markt 276
Maroa 55
Maspalomas 34
Mauren 176
Medikamente 293
Medizinische Versorgung 293

Meloneras 42
Mercado 276
Mietwagen 271, 287, 299
Mirador de Fataga 33
Mirador de la Vuelta del Palomar 259
Mirador de Tasartico 74
Mirador Degollada Becerra 217, 232
Mirador Degollada de las Palomas 217
Mirador del Balcón 78
Mirador El Cornical 263
Mirador La Esquina 218
Mirador La Sorrueda 250
Mobiltelefon 312
Mogán 71, 297
Mojo-Soße 283
Molino de Viento 72
Monagas 120
Montaña Berbique 259
Montaña de Arucas 116
Montaña de las Vueltas 258
Monte Lentiscal 128
Monte León 41
Morales, Tomás 109
Motorrad 308
Moya 109, 261
Mudéjar 176
Muelle Santa Catalina 156
Mundo Aborigen 33, 340
Museo Antonio Padrón 102
Museo Canario 148, 340
Museo Castillo de la Fortaleza 200
Museo de Esculturas Abraham Cárdenes 209
Museo de Piedras y Artesanía 179
Museo de Sitio de Guayadeque 180, 340
Museo de Tradiciones 209
Museo Diocesano de Arte Sacro 147
Museo Elder de la Ciencia y la Tecnología 157
Museo León y Castillo 177
Museo Manrique de Lara 118
Museo Pérez Galdós 143
Museo Tomás Morales 109
Museo Tres Cruces 210
Museo y Parque Arqueológico Cueva Pintada 101

Nachtleben 294
Natur 331
Naturmedizin 208
Naturschutzgebiet Güigüí 74
Naturschwimmbecken 94, 103
Nekropole La Guancha 103, 340
Norden 81
Notfall 289, 294
Notrufnummer 273, 294

Öffnungszeiten 295
Osten 171

Padrón, Antonio 102
Pajonales 73
Palmitos-Park 40
Palmitos, Los 40
Parque Botánico 36, 117, 129, 331
Parque Doramas 154
Parque San Telmo 141
Parque Santa Catalina 157
Pasito Blanco 45
Patalavaca 55
Pauschalurlaub 314
Pensionen 316
Pérez Galdós, Benito 143
Personalausweis 279
Pflanzen 331
Pico de Bandama 132
Pico de las Nieves 7, 178, 205, 207, 217
Pilgerwege 256
Pinar de Tamadaba 220
Pinos de Gáldar 220
Playa Amadores 58
Playa Chica 77
Playa de Cabrón 187
Playa de Carpinteras 46
Playa de Guayedra 93
Playa de la Verga 55
Playa de las Canteras 160
Playa de San Agustín 22
Playa de Taurito 63
Playa de Tauro 62

Playa de Veneguera 67
Playa del Águila 18
Playa del Cura 63
Playa del Inglés 25
Playa del Llano de los Militares 46
Playa del Risco 93
Playa Triana 46
Plaza Santa Ana 145
Post 295, 296
Pozo Izquierdo 188
Preise 278, 287
Preiskategorien (Restaurants) 285
Preiskategorien (Unterkunft) 314
Presa de Cueva de las Niñas 297
Presa de las Niñas 214
Presa de los Hornos 242
Presa de Soria 57
Presse 289
Pueblo Canario 154
Puerto de las Nieves 94
Puerto de Mogán 64
Puerto Rico 58

Radfahren 306
Radio 289
Raumfahrtzentrum 47
Reisepass 279
Reiserücktrittsversicherung 322
Reisezeit 328
Reiten 311
Ringkampf 310
Roque Bentayga 213, 340
Roque Nublo 205, 228, 230, 296, 340
Routenplanung 296
Rumfabrik 115
Rundflug 310
Runzelkartoffeln 283
Ruta de los Molinos 202

Salinas de Tenefé 189
Salobre 46
San Agustín 22
San Bartolomé de Tirajana 197, 224, 245

San Felipe 108
San Fernando 276
San Francisco 176
San Gregorio 178
San Juan 176
San Mateo 123, 276
San Nicolás 76
San Pedro 256, 259
Santa Brígida 126
Santa Lucía 200, 248
Santa María de Guía 105
Sardina del Norte 103
Schiffsausflüge 61, 304
Schluchten 245
Schnee 328
Schwule 32
Segeln 304
Semidán, Tenesor 99, 339, 343
Sicherheit 299
Siete Pinos, 259
Sioux City 18
Skulpturenpark 87
Sonne 294
Sonnenland 36
Soria 57, 297
Souvenirs 277
Spa 309
Sport 300
Sprachhilfe 352
Sprachurlaub 312
Stausee Chira 204
Stausee Soria 57, 297
Stickerei 179
Strände 291, 330
Straßen 296
Strömung 302
Süden 13
Südwesten 50
Supermarkt 287
Surfen 188, 302

Tagoror 180
Tamadaba 85, 256, 297, 310

Tapa 280
Tasarte 74
Tasartico 74
Tauchen 187, 304
Taxi 287, 320
Tejeda 208, 224, 235, 237, 238, 240, 296, 298
Telde 175
Telefonieren 312
Temisas 204
Temperaturen 326
Tennis 310
Tenteniguada 178
Teror 118, 276
Theater Galdós 143
Tiere 333
Tiere (Einfuhr von) 279
Tierpark 186
Timesharing 55
Töpferei 133
Totenstadt 103
Tragflächenboot 322
Triana 141
Trinken 284, 290
Trinkgeld 287
Turismo Rural 315

U-Boot 64, 305
Unamuno, Miguel de 218
UNESCO-Biosphärenreservat 326
Unfall 273
Unterkunft 290, 292, 314
Unterkunft (Preise) 287

Valleseco 123
Valsendero 114
Valsequillo 178
Vecindario 189
Vega de San Mateo 123, 178, 276
Vegueta 145
Veneguera 73
Venezuela 120
Verkehr 290
Verkehrsmittel 318

Verkehrsmittel (Preise) 287
Verkehrsregeln 272
Versicherungen 321
Verwaltung 7
Vorwahl 312

Währung 286
Wandern 58, 72, 78, 92, 112, 122, 132, 199, 204, 205, 213, 215, 219, 220, 223, 308
Wasserpark 302
Wassersport 58, 302
Wein 126, 129, 284, 287
Weinmuseum 129
Weiterreise 322
Wellenreiten 304
Wellness 309
Westen 51
Whalewatching 61, 305
Windmühle 72
Wirtschaft 7
Wissenschaftsmuseum 157
Wochenmärkte 276

Yellow Submarine 64, 305
Yumbo Center 32

Zeitunterschied 7, 289
Zelten 317
Zentrales Bergland 191
Zoll 280

Der Autor

Dr. Dieter Schulze, Buchautor und Fotograf, verbringt die Wintermonate regelmäßig auf den Kanarischen Inseln. Er durchstreifte Gran Canaria zu Fuß und mit dem Auto, testete die Hotels der Ferienstädte und die abgelegenen Unterkünfte im Zentrum. Neben Büchern über Fuerteventura und Lanzarote, Teneriffa, Gomera und La Palma schrieb er für den REISE KNOW-HOW Verlag, zusammen mit *Izabella Gawin,* das Buch „Spanisch für die Kanarischen Inseln".